Ingmar Stapel

Roboter-Autos mit dem ESP32

Bauen, programmieren, steuern

Rheinwerk
Computing

Liebe Leserin, lieber Leser,

es ist wirklich faszinierend, was man heute mit ein paar Handgriffen selbst bauen kann: Mit etwas einfacher Elektronik und einem freien Nachmittag flitzt schon bald dein eigenes Roboter-Auto durch die Wohnung! Was du dafür brauchst und wie das genau funktioniert, erklärt dir Ingmar Stapel Schritt für Schritt in diesem Buch.

Falls du noch keine Erfahrung mit Programmieren hast, ist das kein Problem. Alle Programme, die du zur Steuerung brauchst, sind bereits für dich vorbereitet. Ingmar Stapel zeigt dir außerdem, wie du den Code mithilfe von Künstlicher Intelligenz anpassen kannst – so behältst du immer den Überblick und verstehst, was dein Roboter macht. Schritt für Schritt tastest du dich so an die Programmierung heran.

Doch das ist noch längst nicht alles! Du baust und programmierst dein Roboter-Auto nicht nur – im letzten Schritt trainierst du es sogar zu einem selbstfahrenden, schlauen Begleiter. Es kann seine Umgebung erkennen und sich ganz allein bewegen. Wenn du deinen Roboter mit einem alten Smartphone ausstattest, kann er lernen, Hindernissen auszuweichen und eigene Wege zu finden. Für den Straßenverkehr ist das zwar nichts – aber für spannende Rennen um den Wohnzimmertisch ist es ein Riesenspaß!

Bevor du dich ins Abenteuer stürzt, noch ein kleiner Hinweis in eigener Sache: Dieses Buch wurde mit viel Sorgfalt geschrieben, lektoriert und produziert. Trotzdem können natürlich Fehler passieren. Wenn du Anmerkungen oder Ideen hast, schreib mir gerne – Fragen und Verbesserungsvorschläge sind jederzeit willkommen!

Dein Christoph Meister
Lektorat Rheinwerk Computing

christoph.meister@rheinwerk-verlag.de
www.rheinwerk-verlag.de
Rheinwerk Verlag · Rheinwerkallee 4 · 53227 Bonn

Auf einen Blick

Wir hoffen, dass Sie Freude an diesem Buch haben und sich Ihre Erwartungen erfüllen. Falls Sie Anregungen, Wünsche und Kommentare haben, lassen Sie es uns wissen: **service@rheinwerk-verlag.de**.

Informationen zu unserem Verlag und Kontaktmöglichkeiten finden Sie auf unserer Verlagswebsite **www.rheinwerk-verlag.de**. Dort können Sie sich auch umfassend über unser aktuelles Programm informieren und unsere Bücher und E-Books bestellen.

Autor Ingmar Stapel
Lektorat Christoph Meister
Fachgutachten Jörg Rippel
Copy-Editing Petra Bromand, Düsseldorf
Typografie & Layout Vera Brauner
Satz SatzPro, Krefeld
Herstellung Vera Brauner
Covergestaltung Bastian Illerhaus
Coverbilder shutterstock: 1465889981 © ka100500; iStock: 2205991662 © Ahmad Darmansyah, 97751777 © prill
Druck mediaprint solutions, Paderborn

PEFC
PEFC/04-31-0810

Dieses Buch wurde mit mineralölfreien Farben auf chlorfrei gebleichtem und FSC®-zertifiziertem Offsetpapier (90 g/m²) gedruckt.
Der Umwelt zuliebe wurde auf die Einschweißfolie verzichtet.
Hergestellt in Deutschland.

Bibliografische Information der Deutschen Nationalbibliothek:
Die Deutsche Nationalbibliothek verzeichnet diese Publikation in der Deutschen Nationalbibliografie; detaillierte bibliografische Daten sind im Internet über *http://dnb.dnb.de* abrufbar.

ISBN 978-3-367-11144-2

1. Auflage 2025

Rheinwerk Verlag GmbH • Rheinwerkallee 4 • 53227 Bonn
service@rheinwerk-verlag.de

Inhalt

Teil III Level Up: Das Roboter-Auto fährt autonom

Materialien zum Buch

Auf der Webseite zu diesem Buch stehen folgende Materialien zum Download bereit:

- **Programmbeispiele für die Arduino IDE**
- **Vorlagen für den 3D-Druck**

Du findest alle Programme online

Im Buch werden nicht alle Programme für das Roboter-Auto abgedruckt, da einige sehr lang sind und oftmals Code aus anderen Teilen wiederholen. Du musst den Code also nicht abschreiben, sondern kannst ihn einfach herunterladen, am Computer lesen und dort mit ihm arbeiten. Ich werde alle Programme erklären, sodass du eine vollständige Steuerung für dein Roboter-Auto erhälst.

Gehe auf *https://www.rheinwerk-verlag.de/6202* und klicke auf den Reiter MATERIALIEN. Dort siehst du die Dateien samt einer Kurzbeschreibung des Dateiinhalts. Klicke auf den Button HERUNTERLADEN, um den Download zu starten.

Eine Einkaufsliste mit allem, was du für das Auto brauchst, findest du unter *https://custom-build-robots.com/Einkaufsliste* sowie in Abschnitt 7.12.

Vorwort

Mit diesem Buch hältst du nicht nur eine Anleitung zum Bau eines Roboter-Autos in deinen Händen, sondern eine Einladung zu einem dreiteiligen Abenteuer des Entdeckens, Programmierens und Erschaffens. Ganz nach dem Motto »Learning by Doing« wirst du dir mit diesem Buch die spannenden Themen der Elektronik, der künstlichen Intelligenz und der Robotik spielerisch erarbeiten.

Im **ersten Teil** des Buches lernst du einige Grundlagen wie zum Beispiel zum Thema Löten oder der Spannungsversorgung im Roboter-Auto. Mit diesem Basiswissen ausgestattet wird dir der Bau deines ferngesteuerten Roboter-Autos leicht von der Hand gehen. Danach folgt der **zweite Teil,** der etwas theoretischer ist und dir mit der einzigartigen »Prompt-Schule« das Wissen an die Hand gibt, wie du im Dialog mit modernen KI-Assistenten dein Roboter-Auto programmierst – eine Fähigkeit, die dir weit über das Roboter-Auto-Projekt hinaus helfen wird. Im **dritten Teil** verwandeln wir zusammen dein Roboter-Auto schließlich in einen intelligenten OpenBot, der ein modernes Smartphone als Gehirn nutzt, um zum Beispiel mit selbst trainierten KI-Modellen das autonome Fahren zu lernen. Du lernst auch das Roboter-Auto visuell mit einer Block-Programmiersprache zu programmieren und bringst so deinem Roboter-Auto weitere KI-Fähigkeiten bei, abseits vom autonomen Fahren durch einfaches Kombinieren der verschiedenen Coding-Blöcke.

Zugegeben, bei einem Do-it-yourself-Projekt dieser Komplexität wird nicht immer alles auf Anhieb fehlerfrei funktionieren. Aber gerade das gemeinsame Tüfteln, das Suchen nach Lösungen und das Erfolgserlebnis, wenn das Roboter-Auto die ersten selbstständigen Runden im Zimmer dreht, sind unglaublich lohnend und machen enorm viel Spaß!

Die Idee zu diesem Buch und dem Roboter-Auto entstand aus einem ganz persönlichen Projekt: dem gemeinsamen Bau von Roboter-Autos mit meiner Tochter. Es war wunderbar zu sehen, wie ihre Neugier wuchs, wie sie mithalf, Bauteile sortierte und die ersten Kabelverbindungen im Roboter-Auto anschloss. Aus diesem Vater-Tochter-Projekt, das uns viele schöne gemeinsame Stunden bescherte, reifte die Idee, diese Erfahrung zu teilen.

So wird dieses Roboter-Auto auch Teil eines besonderen Projekttages in der 2. Klasse meiner Tochter sein. Die Vorstellung, wie die Kinderaugen leuchten werden, wenn sie ihren eigenen, selbstgebauten Roboter zum Leben erwecken, ist eine wunderbare Motivation. Dieses Buch soll auch anderen Eltern, Lehrern oder Jugendlichen die Möglichkeit geben, solche unvergesslichen Momente des Lernens und Schaffens zu erleben.

In diesem Buch habe ich all mein Wissen und meine Erfahrungen zusammengetragen, um dich auf dieser spannenden Reise zu begleiten: vom physischen Bau des Roboters über die revolutionäre Art des Programmierens im Dialog mit KI-Assistenten bis hin zur Krönung – der Erschaffung eines autonomen Fahrzeugs mit eigenem, selbst trainiertem KI-Modell.

Wenn du also bereit bist, dich auf diese spannende Entdeckungsreise zu begeben, dann leg los! Bau nicht nur ein Roboter-Auto, sondern schaffe deine ganz persönliche Erfolgsgeschichte – vielleicht ja auch gemeinsam mit der nächsten Generation von Tüftlern und Makern, die du beim Bau ihres eigenen Roboter-Autos begleitest, so wie ich mit meiner Tochter zusammen.

Viel Spaß beim Bauen, Programmieren und Entdecken!

Herzlichen Dank

An allererster Stelle gilt mein tiefster Dank meiner Frau und meiner wunderbaren Tochter. Ohne eure Geduld, euer Verständnis und eure tatkräftige Unterstützung wäre auch dieses Buch nicht entstanden. Es gab viele Stunden, in denen ich am Roboter tüftelte, an den Texten und Bildern arbeitete – und besonders viel Zeit in die Gestaltung des 3D-Modells investierte.

Besonderer Dank geht an meine Tochter, die nicht nur geduldig meine »Bastelzeiten« hingenommen hat, sondern dieses Buch auch maßgeblich mitgestaltet hat. Ihre Ideen sind direkt in das 3D-Design des Roboter-Autos eingeflossen, und die Begeisterung, die der 3D-Drucker bei uns beiden ausgelöst hat oder wenn unser KI-Modell einen Banana-Dance ausführte, war eine tolle Motivation, immer weiter an diesem Buch zu schreiben. Dieses gemeinsame Erschaffen, Ausprobieren, Annehmen von Herausforderungen und die pure Freude am fahrenden Roboter-Auto haben dieses Projekt so besonders gemacht. Du warst meine wichtigste Co-Autorin und Testerin auf dieser Reise!

Die Idee, dieses Projekt als Projekttag in deiner 2. Klasse umzusetzen, war eine wunderbare Inspiration und hat gezeigt, wie viel Begeisterung in jungen Köpfen steckt, wenn Technik greifbar und zum Leben erweckt wird. Ein großes Dankeschön geht an deine Klassenlehrerin J. M. und die Schulleitung für diese tolle Möglichkeit.

Ein herzliches Dankeschön geht auch an Jörg Rippel, der mich mit seinem Fachwissen und erstklassigen Humor beim Schreiben des Buches unterstützt hat. Nicht zuletzt möchte ich mich bei allen Makern, Tüftlern und DIY-Enthusiasten wie dem OpenBot-Projekt bedanken, die durch ihre Projekte und Veröffentlichungen eine unendliche Quelle der Inspiration darstellen.

Vielen Dank euch allen!

Einleitung: Was dieses Buch leistet und was dich erwartet

Roboter prägen immer stärker unsere Gesellschaft, und ihr Siegeszug ist nicht mehr aufzuhalten. Wer möchte nicht die Technik, die in Robotern steckt, verstehen, selbst die Zukunft mitgestalten und ein spannendes Roboter-Auto bauen?

Mikrocontroller wie der ESP32 erfreuen sich wachsender Beliebtheit und werden in unzähligen Projekten eingesetzt. Ihre Leistungsfähigkeit und integrierte Funktionen wie Bluetooth und WLAN machen sie zur idealen Basis für innovative Do-it-yourself-Projekte. Während allgemeine Informationen zum ESP32 in Büchern, auf Webseiten und in Foren detailliert erläutert werden, fehlt es oft an einer Anleitung zur konkreten Umsetzung eines komplexen Projekts wie eines Roboter-Autos. Diese Lücke möchte ich mit dem dir vorliegenden Buch schließen. Ich führe dich Schritt für Schritt durch die einzelnen Projektphasen mit dem Ziel, dass du lernst, dein eigenes zunächst noch ferngesteuertes Roboter-Auto zu bauen, das du dann am Ende des Buches von einem selbst trainierten KI-Modell steuern lassen kannst.

Dieses Buch ist unterteilt in drei Teile, die dich vom Anfänger zum fortgeschrittenen Roboter-Entwickler machen.

- Im **ersten Teil** legen wir das Fundament, und dazu vermittle ich dir das notwendige theoretische Wissen, das du brauchen wirst, gefolgt von der Praxis, dem konkreten Bau des Roboter-Autos. So werde ich kurz auf die Werkzeuge eingehen, die notwendig sind, um zum Beispiel das Chassis zu bauen, oder auch wie du mit einem Lötkolben richtig arbeitest. Da ich schon einige Roboter-Autos gebaut habe, stelle ich dir vor, wie du zum Beispiel aus Pappe, Klemmbausteinen oder mit einem 3D-Drucker dein ganz individuelles Chassis bauen kannst. Wenn du so weit bist, tiefer in die Theorie einzusteigen, werden wir uns zusammen das Thema der passenden Spannungsversorgung für das Roboter-Auto erarbeiten. Da auch Daten im Roboter-Auto von zum Beispiel Sensoren übertragen werden müssen, stelle ich dir im Detail den I2C-Bus vor. Dieser ermöglicht es uns, eine effiziente und schnelle Kommunikation zwischen Sensoren im und am Roboter-Auto umzusetzen. Nach dieser Theorie steigen wir dann konkreter ein und besprechen die Komponenten, die es unserem Roboter-Auto ermöglichen, zu fahren – wie den ESP32, das Gehirn des Roboter-Autos, und den Motortreiber, der die Motoren ansteuert. Dann wird es auch schon konkret, und du wirst dein Roboter-Auto aufbauen und programmieren, sodass es am Ende des ersten Teils ferngesteuert fahren kann.
- Im **zweiten Teil** geht es darum, die notwendige Software für dein Roboter-Auto zu schreiben. Du lernst aber nicht direkt das Programmieren, sondern wie du mithilfe von KI-Assistenten den Programmcode generieren lässt, um zum Beispiel die Mess-

werte der verbauten Sensoren auszulesen. Kurz gesagt startet der zweite Teil mit einer Prompt-Schule, die dir das notwendige Wissen vermittelt, welche Prompt-Techniken und Vorgehen es gibt, um Programmcode für das Roboter-Auto generieren zu lassen. Wenn du die Prompt-Schule abgeschlossen hast, wird es praktisch, und ich stelle dir klassische Sensoren in der Robotik vor wie ein Kompassmodul oder einen Ultraschallsensor und noch viele weitere. Anschließend werden wir zusammen für jeden Sensor, den ich dir vorgestellt habe, einen Prompt schreiben und den zugehörigen Code generieren lassen. Wenn es nicht auf Anhieb klappt, keine Sorge, ich stelle dir auch alle Programme zum Download bereit. Am Ende dieses zweiten Teils hast du die Grundlagen verinnerlicht, wie du KI-Assistenten für die Programmierung nutzen kannst, und kannst jetzt das erlangte Wissen auch abseits der Robotik für zum Beispiel die Programmierung oder Textgenerierung einsetzen. Dieser Teil schließt dann mit Gedanken zur Zukunft des Bildungssystems und einem Versuch eines Ausblicks, wie sich das Thema der generativen KI weiterentwickeln kann.

- Im **dritten und letzten Teil** entfesseln wir das volle Potenzial deines Roboter-Autos und bauen es um. Wir verwandeln es zusammen in einen sogenannten *OpenBot*, der ein Smartphone als Gehirn nutzt. Auf dem Smartphone werden wir verschiedene KI-Modelle ausführen, die ihre Steuerbefehle für das Roboter-Auto über Bluetooth an den ESP32 senden und so das Roboter-Auto steuern. Du lernst nicht nur, fertige KI-Modelle auszuführen, sondern auch, wie du Daten sammelst und auf Basis dieser Daten deine eigenen KI-Modelle am PC trainierst. So lernt dein Roboter-Auto bzw. jetzt der OpenBot, autonom zu fahren in der Umgebung, in der du die Trainingsdaten gesammelt hast. Wenn du dann noch weitermachen möchtest, kannst du mit visuellen Programmierblöcken den OpenBot programmieren und ihm so ganz einfach und spielerisch neue Fähigkeiten wie zum Beispiel einen Bananen-Tanz beibringen.

Du benötigst keine Vorkenntnisse in der Robotik oder Programmierung, um dieses Roboter-Auto-Projekt zu meistern. Du musst aufgeschlossen sein und vor allem bereit sein, Neues zu lernen und dir auch ein paar theoretische Grundlagen anzueignen, bevor es dann an das Machen geht. Mit dem im Buch erlangten Wissen und den Erfahrungen kannst du dein Roboter-Auto beliebig individualisieren und weit über die hier gezeigten Beispiele hinaus weiterentwickeln.

Alle für den Bau des Roboter-Autos notwendigen Komponenten werden im Buch detailliert beschrieben und ihre Funktionen im Detail erläutert.

TEIL I

Baue dein eigenes Roboter-Auto

Kapitel 1

Dein Roboter-Auto zum Selberbau

Vielleicht stellst du dir die Frage: Warum soll ich überhaupt ein Roboter-Auto selbst bauen? Es gibt diese doch fix und fertig zu kaufen! In diesem Kapitel versuche ich, eine Antwort zu geben, warum es so wichtig ist, selbst etwas zu erschaffen und weshalb der Bau eines eigenen Roboter-Autos sehr spannend und zugleich lehrreich sein kann. Auch gehe ich darauf ein, für wen alles dieses Projekt gedacht ist.

Jetzt tauchen wir tiefer in dein persönliches Roboter-Auto-Projekt ein und klären, warum dieses Projekt aus meiner Sicht so lohnenswert ist. Dieses Buch nimmt dich über seine verschiedenen Kapitel mit auf eine spannende Entdeckungsreise, bei der du am Ende dein ganz eigenes Roboter-Auto gebaut und programmiert hast – und dabei richtig viel gelernt hast über Technik, moderne KI-Assistenten und mit Sicherheit auch über dich selbst! In den folgenden drei Kapiteln erfährst du, was dieses Roboter-Auto-Projekt so besonders macht und was dich in diesem Buch erwartet.

1.1 Warum überhaupt ein Roboter-Auto bauen?

Du fragst dich vielleicht, warum du dir die Mühe machen solltest, ein Roboter-Auto selbst zu bauen, wenn doch das Angebot in Onlineshops so groß ist, dass du dich kaum für ein Modell entscheiden kannst. Die Angebote sind vielversprechend, die Modelle toll designt und überbieten sich mit Funktionen und technischen Raffinessen.

Es macht aber einen riesigen Unterschied, etwas selbst zu erschaffen oder einfach nur zu kaufen! Wenn du dein eigenes Roboter-Auto baust, lernst du dabei nicht nur, wie es funktioniert, sondern auch, wie man Probleme löst, logisch denkt und eigene Ideen in die Tat umsetzt.

Stell dir vor, dein Roboter-Auto fährt zum ersten Mal los – ein Moment voller Stolz und Zufriedenheit, wie ihn dir der profane Klick auf einen Sofort-kaufen-Button nicht geben kann! Du hast die Elektronik verkabelt, den Code geschrieben und jedes Teil zusammengefügt. Du hast mit Sicherheit Höhen und Tiefen erlebt und eben nicht aufgegeben, sondern dich mit dem Projekt Roboter-Auto auseinandergesetzt. Das ist viel befriedigender, als auf den Paketboten zu warten und ein fertiges Spielzeug auszupacken, oder? Du wirst verstehen, was unter der Haube passiert und wie all die Bauteile zusammenarbeiten, die in Summe dein Roboter-Auto ausmachen. Du bist auch in der Lage, dein Roboter-Auto zu reparieren oder anzupassen. Dieses Wissen und die Erfahrungen sind Gold wert, egal ob du später Ingenieurin, Programmiererin oder ein kreativ denkender Kopf wirst.

Selbermachen macht unglaublich viel Spaß, du lernst dabei eine Menge und hältst am Ende etwas Einzigartiges in den Händen, das für dich einen viel größeren Wert hat als ein Artikel in einem Warenkorb.

So ein Selbermachprojekt zeichnet sich durch Folgendes aus:

- **Es ist spannend:** Vom ersten elektronischen Bauteil bis zur ersten selbstständigen Fahrt – jeder Schritt ist ein kleines Erfolgserlebnis.
- **Du lernst dabei:** Ganz nebenbei lernst du viel über Elektronik, verstehst, wie Motoren und Sensoren funktionieren und wie man einem Mikrocontroller beibringt, was er tun soll.
- **Du programmierst auf eine neue Art:** Statt selbst Code zu schreiben, besuchst du unsere »Prompt-Schule«. Dort lernst du, wie du einem KI-Assistenten die richtigen Anweisungen gibst, damit er die Programmierarbeit für dich erledigt.
- **Dein Roboter ist einzigartig:** Weil du ihn selbst gebaut und vielleicht sogar schon mit 3D-gedruckten Teilen individualisiert hast, gibt es ihn so kein zweites Mal.
- **Du verstehst die Technik:** Du bist kein einfacher Benutzer oder Käufer, sondern du weißt genau, was in deinem Roboter steckt und warum es so funktioniert. Das ist ein tolles Gefühl!
- **Es macht Spaß, Probleme zu lösen:** Manchmal funktioniert etwas nicht sofort. Das ist normal! Dann ist Detektivarbeit gefragt. Die Suche nach Fehlern und das Finden von Lösungen sind super Lernmomente, die dir auch Durchhaltevermögen beibringen.
- **Du erlebst eine Verwandlung:** Dein Roboter-Auto wird sich von einem ferngesteuerten Roboter-Auto in einen intelligenten OpenBot verwandeln, der ein Smartphone als Gehirn nutzt und mit selbst trainierten KI-Modellen autonom fährt.

Dieses Projekt ist nicht nur Basteln, es ist eine praktische Einführung in MINT-Themen (Mathematik, Informatik, Naturwissenschaft, Technik) auf eine Art, die Spaß macht und motiviert.

1.2 Für wen ist dieses Projekt geeignet?

Dieses Buch und das Roboter-Auto-Projekt an sich sind für alle gedacht, die neugierig sind und gerne etwas Neues in ihrem Leben lernen möchten, von dem sie vielleicht noch keine konkrete Vorstellung haben, was es ist und ob sie es können. Es ist perfekt, wenn du eine Herausforderung suchst, wenn du wissen willst, wie Technik funktioniert und wie man Roboter selbst zum Leben erweckt.

- **Für junge Technik-Entdecker (ab 10 Jahren):** Die Anleitung ist so geschrieben, dass du auch als Kind oder Jugendlicher ab etwa 10 Jahren mit der Unterstützung zum Beispiel deiner Eltern gut mitkommst. Wenn du jünger, aber trotzdem total begeistert bist, kannst du dich unter Anleitung deiner Eltern oder Lehrer an das Projekt heranwagen. Dann klappt es auch für die ganz kleinen Technikfans!
- **Für Roboter-Neulinge:** Du brauchst absolut keine Vorkenntnisse im Programmieren oder in der Elektronik. Wir fangen bei null an und erklären dir alles Schritt für Schritt. Und das Beste: Dank unserer Prompt-Schule musst du kein Programmier-Profi sein, um deinem Roboter-Auto coole Funktionen beizubringen. Du wirst staunen, was du alles mithilfe von KI-Assistenten schaffen kannst!
- **Für Eltern, Lehrer und Betreuer:** Wenn du Kindern oder Jugendlichen einen spannenden und praxisnahen Einblick in die Welt der Technik geben möchtest, ist dieses Projekt genau richtig. Es eignet sich hervorragend als gemeinsames Familienprojekt, für eine Schul-AG oder einfach zum Ausprobieren in der Freizeit.

1.3 Mehr als nur Likes: dein Projekt, deine Zukunft

In unserer heutigen modernen Welt mit ihren Annehmlichkeiten ist es leicht, sich in den unzähligen Angeboten von Social Media und leichten Unterhaltungen zu verlieren. Ein Like hier, ein schneller Kommentar, ein kurzes Short dort – und schon sind Stunden vergangen, obwohl man noch gar nicht alles der unzähligen Freunde und Follower gesehen hat. Das ist zwar manchmal entspannend und zugleich auch stressig, um ja nichts zu verpassen, aber bringt dich das wirklich weiter?

Stell dir vor, du könntest diese Zeit nutzen, um etwas Bleibendes zu schaffen, etwas, was dich schlauer macht, auf das du Jahre später noch stolz sein kannst und von dem du gerne erzählst. Genau darum geht es bei diesem Roboter-Auto-Projekt!

Gerade weil die Schule häufig nicht alle MINT-Themen (Mathematik, Informatik, Naturwissenschaft, Technik) so vermitteln kann, wie es für dich spannend und praxisnah wäre, liegt es an dir, deine eigenen Interessen zu entdecken und zu vertiefen. Dieses Buch bietet dir die Chance, genau das zu tun.

Anstatt passiv Inhalte zu konsumieren, wirst du aktiv gestalten und lernen. Du wirst nicht nur etwas über Elektronik, das Promptschreiben und künstliche Intelligenz erfahren, sondern auch wichtige Fähigkeiten wie Problemlösung, Ausdauer, Konzentration und kreatives Denken trainieren. Diese Fähigkeiten sind in unserer schnelllebigen Welt mit ihren technischen Errungenschaften unglaublich wertvoll geworden – viel wertvoller als das nächste Like oder die neuesten KI-generierten Videos angesagter Vlog Channels.

Nutze deine Zeit klug. Investiere sie in Projekte, die dich inspirieren, die dich fordern und die dir ein echtes anhaltendes Gefühl von Erfolg geben. Dein Roboter-Auto wartet darauf, von dir gebaut, zum Leben erweckt und angefasst zu werden. Es ist deine Chance, nicht nur ein cooles Gerät zu bauen, sondern auch in dich selbst zu investieren und deine Zukunft und vielleicht die Zukunft auch vieler anderer aktiv mitzugestalten.

Das Wichtigste ist deine Lust am Entdecken und Ausprobieren! Egal, ob du allein tüftelst oder gemeinsam mit anderen – dieses Projekt wird dich begeistern und dir zeigen, wie viel Spaß es macht, selbst etwas zu erschaffen.

Bist du bereit, dein eigenes Roboter-Auto zu bauen und zu programmieren? Dann lass uns loslegen!

Kapitel 2

Die richtige Ausrüstung: Werkzeuge für das Roboter-Auto-Projekt

Ein guter Handwerker braucht gutes Werkzeug! Bevor wir die Einzelteile deines Roboters zusammenfügen, werfen wir einen Blick auf die Helferlein, die dir den Bau erleichtern und für feste Verbindungen sorgen. Rüste dich richtig aus, damit dein Roboter-Abenteuer reibungslos startet!

Um aus den vielen Einzelteilen ein funktionierendes Roboter-Auto zu bauen, brauchst du nicht nur die elektronischen Komponenten und ein Chassis, sondern auch ein paar Werkzeuge. Das richtige Werkzeug kann den Zusammenbau erheblich erleichtern, für stabilere Verbindungen sorgen und die Arbeit sicherer machen. In diesem Kapitel stelle ich dir die Werkzeuge vor, die du für dein Roboter-Auto-Projekt benötigst, und erkläre kurz, wofür du sie brauchst. Keine Sorge, es sind keine teuren Spezialwerkzeuge, sondern meist Dinge, die man in einem Elektronik- oder Hobbykeller findet oder günstig besorgen kann, wenn du sie noch nicht hast.

2.1 Warum die richtigen Werkzeuge wichtig sind

Stell dir vor, du willst ein Bild aufhängen, hast aber keinen Hammer für den Nagel. Ähnlich ist es beim Bau eines Elektronikprojekts. Die passenden Werkzeuge helfen dir dabei:

- **Präzise zu arbeiten:** Elektronische Bauteile sind klein. Mit dem richtigen Werkzeug kannst du präzise Verbindungen herstellen und Beschädigungen vermeiden.
- **Zeit zu sparen:** Die Arbeit geht schneller und einfacher von der Hand, wenn du das passende Werkzeug hast.
- **Sichere Verbindungen zu schaffen:** Insbesondere beim Löten sorgen die richtigen Werkzeuge für feste und zuverlässige elektrische Verbindungen.

- **Sicher zu arbeiten:** Einige Werkzeuge, wie zum Beispiel ein Seitenschneider oder Lötkolben, erfordern etwas Vorsicht. Meine Tipps und Hinweise helfen dir, sicher mit ihnen umzugehen.

2.2 Die wichtigsten Werkzeuge für dein Roboter-Auto-Projekt

Hier findest du eine übersichtliche Liste der Werkzeuge, die du für den Bau deines Roboter-Autos benötigen wirst:

- **Seitenschneider:** Du benötigst einen kleinen Seitenschneider, um Drähte, Kabelbinder oder überstehende Pins abzukneifen. Ein feiner Seitenschneider für Elektronikarbeiten ist ideal, da er scharfe Klingen für saubere Schnitte hat.
- **Skalpell:** Sehr hilfreich ist ein richtig scharfes Messer, ein sogenanntes Skalpell, wenn du dein Roboter-Auto-Chassis aus fester Pappe bauen möchtest. Mit so einem scharfen Messer ist der Zuschnitt sehr leicht, und vor allem hast du ein ganz sauberes Schnittkantenbild.
- **Abisolierzange:** Um die Isolierung von Kabeln sauber und einfach zu entfernen, ist eine Abisolierzange sehr hilfreich. Es gibt einfache Modelle oder solche, die sich automatisch auf den Kabeldurchmesser einstellen.
- **Feile:** Es kann immer wieder vorkommen, dass etwas gefeilt werden muss – um vielleicht etwas glatt zu feilen, nachdem es abgeschnitten wurde. Daher solltest du eine kleine flache Metallfeile für dieses Projekt bereitlegen.
- **Schrumpfschlauch:** Wenn du abisolierte Kabel, die du miteinander verbunden hast, wieder sicher isolieren möchtest, dann brauchst du einen Schrumpfschlauch. Das ist ein dünner Schlauch (zum Beispiel mit ca. 4 mm Durchmesser), der sich bei Wärme stark zusammenzieht. So umschließt er die blanke Lötstelle fest und isoliert sie wieder zuverlässig. Achte darauf, dass der Schrumpfschlauch die offene Stelle gut überdeckt, am besten mit jeweils etwa 7 mm Überstand an Anfang und Ende der Lötstelle.
- **Schraubendreher-Set:** Du benötigst kleine Schraubendreher, insbesondere Kreuzschlitz-Schraubendreher (PH0 oder PH1) für die Schrauben des Motortreibers (L298N) und für eventuelle Schrauben im Chassis. Ein Set mit verschiedenen Größen ist immer praktisch.
- **Pinzette:** Eine feine Pinzette hilft dir, kleine Bauteile zu greifen und zu positionieren, insbesondere beim Löten oder beim Einstecken von Jumper-Kabeln an eng zugänglichen Stellen.
- **Heißklebepistole (optional, aber sehr nützlich):** Eine kleine Heißklebepistole ist ideal, um Komponenten schnell und einfach im Chassis zu fixieren oder Kabel sauber zu

verlegen. Der Vorteil von Heißkleber ist, dass er die Teile nicht dauerhaft verbindet und bei Bedarf leicht wieder gelöst werden kann (im Gegensatz zu Sekundenkleber).

- **Lötkolben und Lötzinn:** Viele elektronische Verbindungen, insbesondere an den Pins des ESP32 oder kleineren Modulen, werden gelötet. Ein einfacher Lötkolben mit einstellbarer Temperatur (ca. 30 bis 40 Watt Leistung) und Elektronik-Lötzinn (idealerweise bleifrei) sind unerlässlich. Wähle einen Lötkolben, der gut in der Hand liegt und nicht zu klobig ist.

Wichtiger Sicherheitshinweis

Ein Lötkolben wird sehr heiß! Berühre niemals die Spitze, und arbeite immer auf einer feuerfesten Unterlage. Sorge für gute Belüftung, da beim Löten Dämpfe entstehen. Lasse den Lötkolben niemals unbeaufsichtigt eingeschaltet.

- **»Dritte Hand«, Helferlein mit Klemmen:** Dieses Werkzeug hat meist zwei bewegliche Klemmen und oft eine Lupe. Es ist unglaublich nützlich, um kleine Bauteile oder Kabel festzuhalten, während du lötest. So hast du beide Hände frei für den Lötkolben und das Lötzinn.
- **Sekundenkleber (Gel):** Für das Verkleben der 3D-gedruckten PLA-Teile oder das Fixieren von Kabeln ist ein guter Sekundenkleber (am besten als Gel, da er nicht so schnell verläuft) sehr nützlich. Achte darauf, einen Kleber zu wählen, der für Kunststoffe geeignet ist.
- **UHU Hart oder Kunststoffkleber:** Eine Alternative oder Ergänzung zu Sekundenkleber für das Verkleben der 3D-gedruckten PLA-Teile.
- **Schutzbrille (empfohlen):** Beim Abkneifen von Drähten mit dem Seitenschneider können kleine Drahtstücke wegfliegen. Eine Schutzbrille schützt deine Augen. Auch beim Umgang mit Klebstoffen ist Vorsicht geboten.
- **Klebeband:** Isolierband oder doppelseitiges Klebeband kann beim vorübergehenden Fixieren von Komponenten oder zum Bündeln von Kabeln nützlich sein.
- **Kabelbinder:** Kleine Kabelbinder helfen dir, Kabel ordentlich zu verlegen und zu fixieren, um Kabelsalat zu vermeiden und sicherzustellen, dass sich keine Kabel in den Rädern verfangen.

2.3 Gut verlötet ist halb gewonnen – Grundlagen des Lötens

Für den Bau deines Roboter-Autos wirst du immer wieder Bauteile zum Beispiel mit Kabeln miteinander verbinden müssen – und Löten ist dabei eine wichtige und grundlegende Fähigkeit. Keine Sorge, wenn du noch nie einen Lötkolben in der Hand hattest!

Mit ein wenig Übung und dem richtigen Wissen gelingen dir bald saubere und stabile Lötverbindungen. Dieses Kapitel führt dich in die Grundlagen des Lötens ein und zeigt dir, worauf es ankommt.

2.3.1 Der Lötprozess – eine Anleitung zur perfekten Lötstelle

Beim Löten ist es wichtig, dass du den Lötkolben vor Beginn des eigentlichen Lötvorgangs auf seine Arbeitstemperatur aufheizt. Das dauert meist nur wenige Minuten. Wenn du zum Beispiel zwei Bauelemente oder ein Kabel an eine Platine löten möchtest, ist es empfehlenswert, die zu verbindenden Metallflächen zuerst einzeln dünn mit Lötzinn zu überziehen – diesen Vorgang nennt man *Verzinnen*.

Nach dem Verzinnen führst du die beiden Teile zusammen, erwärmst sie gleichzeitig mit dem Lötkolben und gibst bei Bedarf noch ein klein wenig frisches Lötzinn hinzu. Durch das vorherige Verzinnen fließt das Lot beim verbindenden Lötvorgang wunderschön ineinander. So entsteht eine feste, glänzende und elektrisch gut leitende Lötstelle. Mit dieser Methode vermeidest du auch effektiv sogenannte *kalte Lötstellen*. Das sind fehlerhafte Lötverbindungen, die oft matt aussehen, brüchig sind und den elektrischen Strom nicht zuverlässig oder gar nicht leiten – eine häufige Fehlerquelle bei Elektronikprojekten!

Übung macht den Meister: Leg doch gleich einmal los und übe das Löten! Nimm dir zwei einfache Litzenkabel. Ein Litzenkabel besteht nicht aus einem einzelnen dicken Draht, sondern aus vielen haarfeinen Kupferdrähten, die miteinander verdrillt sind. Das macht das Kabel besonders flexibel und bruchsicher – perfekt für bewegliche Teile in deinem Roboter-Auto.

Isoliere die Enden des Litzenkabels etwa 5 bis 7 mm ab, und verdrille die feinen Kupferdrähte leicht. Verzinne nun jedes Kabelende einzeln: Halte dazu die Lötspitze an das Kabelende und führe etwas Lötzinn zu, bis es schön verläuft und die Drähte umschließt. Anschließend hältst du die beiden verzinnten Kabelenden aneinander, erwärmst sie mit dem Lötkolben und lässt sie sauber miteinander verschmelzen. Nach dem Abkühlen sollte eine stabile Verbindung entstanden sein.

2.3.2 Wichtiges Lötzubehör – was du noch brauchst

Neben einem guten Lötkolben oder einer Lötstation gibt es ein paar unverzichtbare Verbrauchsmaterialien und nützliche Helfer.

Lötzinn und die richtige Temperatur

Es gibt verschiedenes Lötzinn (auch Lot genannt), das für Elektronikarbeiten eingesetzt wird. Die Zusammensetzung des Lötzinns bestimmt dessen Schmelztemperatur und damit auch die Temperatur, die du an deiner Lötstation einstellen solltest.

Kennzeichnung Lötzinn	Schmelztemperatur-bereich	Empfohlene Arbeitstemperatur des Lötkolbens
S-Sn60Pb40	180–190 °C	280–330 °C
S-Pb50Sn50	180–215 °C	290–340 °C
S-Pb60Sn40	180–235 °C	290–340 °C
S-Sn97Ag3	220–225 °C	330–380 °C
S-Sn99Cu1	230 °C	330–380 °C
S-Sn97Cu3	230–250 °C	340–390 °C

Tabelle 2.1 Schmelztemperaturen gängiger Lötzinn-Typen

Für meine Lötarbeiten am Roboter-Auto verwende ich das Lötzinn S-Sn97Ag3 anstatt des Lötzinnes S-Sn60Pb40, das Blei enthält (60 % Zinn, 40 % Blei). Das bleifreie Lötzinn wie S-Sn99Cu1 (Zinn mit Kupferanteil) oder als Alternative S-Sn97Ag3 (Zinn mit Silberanteil) benötigt zwar eine leicht höhere Löttemperatur (meist um 220–230 °C), ist aber für dich und die Umwelt gesünder, da diese Lötzinne kein Blei (Pb) enthalten, das giftig ist.

!

Vorsicht beim Umgang mit Flussmitteln!

Egal ob das Flussmittel im Lötzinn integriert ist oder du es zusätzlich aufträgst: Sorge immer für eine gute Belüftung deines Arbeitsplatzes. Die beim Löten entstehenden Dämpfe (auch vom Flussmittel) solltest du nicht direkt einatmen! Ein kleiner Ventilator, der den Dampf direkt von dir wegzieht, ist hier sehr nützlich und zu empfehlen. In Industriebetrieben gibt es für den Schutz der Mitarbeiter daher Lötrauchabsaugungen, die die Luft vom Arbeitsplatz gezielt wegführen.

2.3.3 Entlötlitze – wenn mal was danebengeht

Manchmal setzt man zu viel Lötzinn ein oder möchte ein Bauteil wieder von einer Platine entfernen. Hier kommt die Entlötlitze ins Spiel. Das ist ein feines Geflecht aus Kupferdrähten, das mit Flussmittel getränkt sein kann. Du legst die Entlötlitze auf die zu entfernende Lötstelle und drückst mit dem heißen Lötkolben darauf. Das flüssige Lötzinn wird dann durch die Kapillarwirkung von der Entlötlitze aufgesaugt. So kannst du überschüssiges Lot entfernen oder Lötpunkte »freilegen«. Eine andere Möglichkeit zum Entlöten ist eine Entlötpumpe, aber für die typischen Arbeiten am Roboter-Auto ist eine Entlötlitze oft praktischer.

2.3.4 Lötspitzen – das richtige Werkzeug für jede Aufgabe

Die Lötspitze ist der Teil des Lötkolbens, der direkten Kontakt mit der Lötstelle hat und die Wärme überträgt. Lötspitzen sind Verschleißteile und können und müssen von Zeit zu Zeit gewechselt werden. Es gibt sie in vielen verschiedenen Formen und Größen, passend für unterschiedliche Lötaufgaben:

- Für größere Lötstellen (zum Beispiel dicke Kabel für die Spannungsversorgung der Motoren) eignet sich eine breitere, meißelförmige oder flache Lötspitze.
- Für feine Arbeiten an den Pins des ESP32-Mikrocontrollers, an Sensormodulen oder LEDs ist eine kleine meißelförmige Lötspitze ideal. Damit kannst du auch kleinste Lötpunkte präzise und sicher setzen.
- Je feiner die Lötspitze wird, umso mehr Übung brauchst du beim Löten, und so kleine, feine Bauteile werden wir im Roboter-Auto nicht miteinander verbinden.

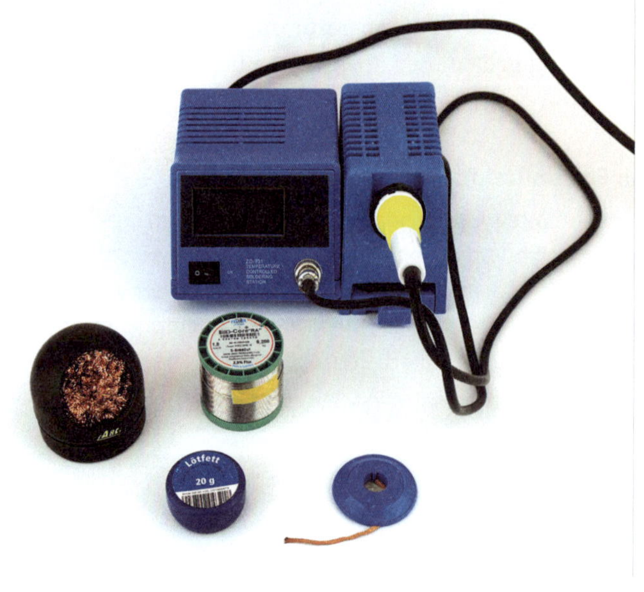

Abbildung 2.1 Lötstation mit Zubehör

Halte deine Lötspitze immer sauber (abstreifen an einem feuchten Schwamm oder Messingwolle) und gut verzinnt, damit sie die Wärme optimal überträgt.

2.3.5 Praktische Helferlein: die »Dritte Hand«

Beim Löten hat man oft das Problem, dass man eigentlich drei Hände bräuchte: eine für den Lötkolben, eine für das Lötzinn und eine, um die zu verlötenden Bauteile in Position zu halten. Das ist die Aufgabe für die sogenannte *Dritte Hand*. Das ist ein kleiner Ständer mit beweglichen Armen und Krokodilklemmen, der die Bauteile für dich festhält.

Durch die vielfältigen Einstellmöglichkeiten der Arme und Klemmen kannst du Kabel, Platinen oder Bauteile exakt aufeinander ausrichten, sicher fixieren und anschließend sauber miteinander verlöten, ohne dass etwas verrutscht. Oft ist auch eine Lupe integriert, was bei kleinen Bauteilen sehr hilfreich ist.

Ein praktischer Tipp: Die Metallzähne der Krokodilklemmen können manchmal recht scharf sein. Um empfindliche Bauteile oder dünne Kabelisolierungen (vor allem, wenn diese beim Lötvorgang selbst heiß werden) nicht zu beschädigen, kannst du kurze Stücke Schrumpfschlauch über die Zähne der Klemmen ziehen.

Abbildung 2.2 Dritte Hand für Lötarbeiten

2.4 Vorbereitung ist alles

Bevor du mit dem Aufbau des Roboter-Autos beginnst, sorge dafür, dass du alle benötigten Werkzeuge zur Hand hast. Richte dir einen sauberen Arbeitsplatz ein, an dem du genügend Platz hast und der auch gut beleuchtet ist. Wenn du zum ersten Mal lötest, schau dir am besten ein paar Video-Tutorials an oder lass dir von jemandem helfen, der Erfahrung hat. Sorge für eine gute Belüftung, wenn du lötest, denn deine Gesundheit und Sicherheit gehen immer vor!

Mit der richtigen Ausrüstung bist du bestens vorbereitet, um die nächsten Schritte anzugehen und dein Roboter-Auto erfolgreich zusammenzubauen.

Kapitel 3

Das Chassis: die Basis deines Roboter-Autos

Du möchtest dein eigenes, individuelles Roboter-Auto bauen? Hervorragend! Das Chassis ist das Skelett deines Fahrzeugs – es trägt alle Komponenten und bestimmt maßgeblich das Aussehen und die Fahreigenschaften.

In diesem Kapitel stelle ich dir drei spannende Möglichkeiten vor, ein Chassis für dein Roboter-Auto zu bauen: mit moderner 3D-Drucktechnik, flexiblen Klemmbausteinen oder dem kreativ-nachhaltigen Material Pappe.

Jede Methode hat ihren eigenen Charme und ihre eigenen Anforderungen. Der 3D-Druck erlaubt präzise und maßgeschneiderte Designs, erfordert aber Zugang zu einem 3D-Drucker. Klemmbausteine bieten eine unendliche Flexibilität und einfachen Zusammenbau, setzen aber eine entsprechende Steinesammlung voraus. Pappe ist extrem kostengünstig und regt die Kreativität an, verlangt aber etwas handwerkliches Geschick.

Auf meinem eigenen Blog *www.custom-build-robots.com* habe ich ein paar Chassis-Ideen in einer Übersicht für dich zusammengestellt. Die gezeigten Chassis habe ich zum Teil selbst gebaut, oder sie zeigen die Chassis der Leserinnen und Leser des Buches, die mir Bilder zugesendet haben. So hoffe ich, dass du gute Ideen bekommst, wie du vielleicht auch dein Chassis bauen könntest. Ich zeige nicht nur selbst gebaute Chassis in der Übersicht, sondern auch Lösungen kompatibler Roboter-Auto-Bausätze, die mit dem dir vorliegenden Buch kompatibel sind.

Hier geht es zur Übersicht: *https://custom-build-robots.com/ESP32-Chassis*

In den folgenden drei Kapiteln stelle ich dir drei Arten von Chassis vor. Wenn du dich am Ende des für eine Variante entschieden hast, wäre dann auch der richtige Zeitpunkt, in das Machen zu kommen und mit dem Bau des eigenen Chassis zu beginnen.

3.1 Präzision aus dem Drucker: das 3D-gedruckte Chassis

Du willst ein Roboter-Auto bauen, das sehr stabil ist und bei dem alle Teile exakt zusammenpassen? Dann ist ein 3D-gedrucktes Chassis genau das Richtige für dich! Mit dieser modernen Technik kannst du Bauteile in gleichbleibend hoher Qualität selbst herstellen, wenn du einen 3D-Drucker daheim hast und die Druckdateien für die Bauteile dir vorliegen.

Das Beste am 3D-Druck ist, dass du komplexe Formen und spezielle Halterungen für deine Sensoren, Anbauteile und vielleicht für eine kleine Taschenlampe direkt ins Design des Chassis einbauen kannst. Das ist so, als hättest du ein Zeichenbrett mit Bleistift, Lineal und Geodreieck auf deinem Computer. Dafür nutzt du aber nicht wirklich einen Bleistift und ein Zeichenbrett, sondern ein CAD-Programm. CAD ist die Abkürzung für **C**omputer-**A**ided **D**esign, also Computer-gestütztes Design. Mit solch einem Programm kannst du deine eigenen Bauteile virtuell gestalten oder bestehende Vorlagen bearbeiten, bevor sie gedruckt werden. Das Ergebnis? Ein sehr robustes und passgenaues Chassis, das genau auf deine Wünsche zugeschnitten ist.

Zeitaufwand

Wenn du dein Chassis oder dazu passende eigene Komponenten selbst in einem CAD-Programm entwirfst, braucht das Zeit – besonders am Anfang, wenn du noch lernen musst, wie das Arbeiten in einem CAD-Programm überhaupt funktioniert. Aber mit jeder Stunde Übung und den vielen Beispielvideos auf zum Beispiel YouTube macht das Designen eigener Modelle immer mehr Spaß. Es ist wie eine digitale Werkstatt: Du designst deine eigenen Bauteile selbst, druckst das Bauteil, merkst dann vielleicht, dass etwas nicht ganz passt, gehst zurück ins CAD-Programm, korrigierst es und druckst es erneut.

Je mehr Erfahrung du hast, umso mehr Spaß macht es, selbst etwas zu Entwerfen, das du dann auch in der Hand halten kannst. Dieser Prozess aus Design, Druck und Korrektur kann sich je nach Komplexität und deiner Erfahrung eine Weile hinziehen, bis alles perfekt sitzt. Aber keine Sorge, das gehört dazu, und du lernst dabei superviel!

So habe ich zum Beispiel mehrere Monate viele Abende lang damit verbracht, das Roboter-Auto-Chassis für den 3D-Druck zu entwerfen. Aber die Begeisterung für den 3D-Druck wurde immer größer, auch wenn ich ca. 4 kg Kunststoff ausgedruckt habe an Chassis und Komponenten die eben nicht sofort gepasst haben. Aber jetzt nach dieser Lernphase drucke ich mir alles Mögliche aus, das überhaupt nichts mehr mit dem Roboter-Auto zu tun hat, wie individuelle Pokale, Geburtstagsgrüße, die in Torten gesteckt werden können, oder kleine Helfer im Haushalt.

Der eigentliche 3D-Druck kann je nach Größe des Chassis und Komplexität deines Modells mehrere Stunden pro Bauteil dauern (oft 1 bis 3 Stunden oder sogar länger). Das Gute ist: Dein Drucker arbeitet voll automatisch, und du musst nicht danebenstehen. Aber wenn ich ehrlich bin, hat es mir viel Freude bereitet, immer wieder in den 3D-Drucker zu schauen und zu beobachten, wie das eigene Design Form annimmt. Du kannst den Druck über Nacht laufen lassen oder in der Zwischenzeit etwas anderes machen.

Alternativ kannst du auch einen Druckservice nutzen, der deine Modelle für dich anfertigt, also ausdruckt. Sobald die Teile des Chassis gedruckt sind, ist die Montage der Komponenten meist zügig geschafft, wie im Fall der von mir bereitgestellten Druckdateien.

3.1.1 Was du benötigst

Damit du dein 3D-gedrucktes Chassis erfolgreich ausdrucken kannst – sei es durch den Druck meiner fertigen Modelle oder eine Kombination aus eigenem Design individueller Anpassungen am Chassis selbst oder von Anbauteilen –, brauchst du ein paar Dinge. Diese kleine Übersicht zeigt dir, basierend auf meinen eigenen Erfahrungen mit 3D-Design und 3D-Druck, was alles dazugehört:

- **CAD-Software:** Ich selbst habe für das Design des Roboter-Auto-Chassis, das du hier im Buch siehst, das Programm Fusion 360[1] von Autodesk verwendet. Das Gute dabei ist, dass Fusion 360 für den privaten Gebrauch kostenlos ist. Sehr geholfen beim Start mit Fusion 360 haben mir die unzähligen Videos, die es im Internet zu Fusion 360 gibt. So ist mir das Einarbeiten in das Programm selbst sehr leichtgefallen. Aber mach dir keine zu großen Sorgen, wenn der Start nicht ganz so einfach ist. Es macht superviel Spaß, wenn du siehst, wie deine Ideen digital entstehen und dann im 3D-Drucker real werden! Alternativen sind zum Beispiel Tinkercad (super für Einsteiger) oder auch FreeCAD.
- **3D-Modell (STL-Datei):** Die STL-Dateien sind die digitale Vorlage deines Chassis. Stell dir die STL-Datei wie eine digitale Bauanleitung für dein 3D-Modell vor. Sie enthält alle Informationen über die Form und Oberfläche deines Chassis, aber keine Farbe oder Materialangaben – quasi das bloße Skelett in 3D. Dein 3D-Drucker braucht diese Datei, um zu wissen, was er wie genau ausdrucken soll.

1 Autodesk und Fusion 360 sind Marken von Autodesk, Inc. Dieses Buch und sein Inhalt stehen in keiner Verbindung zu Autodesk, Inc., werden von Autodesk, Inc. nicht gesponsert, unterstützt oder sind von Autodesk, Inc. autorisiert.

Du kannst meine fertigen STL-Dateien für das im Buch beschriebene Roboter-Auto-Chassis nutzen. Hier kannst du sie herunterladen: *https://custom-build-robots.com/3D-Druck*

Oder du designst mit einer CAD-Software dein komplett eigenes Chassis oder passt meines an.

- **Zugang zu einem 3D-Drucker:** Entweder du hast einen eigenen 3D-Drucker bei dir zuhause, oder du nutzt einen Dienstleister, einen Makerspace oder eine Bildungseinrichtung in deiner Nähe.
- **Filament:** Das ist das »Druckmaterial«. PLA oder PETG sind gängige und gut geeignete Materialien für unser Roboter-Auto. Sie sind relativ einfach zu drucken und bieten genug Stabilität. Mehr zu den Druckmaterialien wie PLA erfährst du in Abschnitt 4.3.
- **Slicer-Software:** Dieses Programm übersetzt dein 3D-Modell, also die STL-Datei, in die speziellen Druckbefehle, den sogenannten G-Code für deinen 3D-Drucker. Der G-Code enthält die Steuerbefehle und wie genau der 3D-Drucker das Modell ausdrucken soll. Häufig ist die Slicer-Software bereits ein Bestandteil der 3D-Drucker-Software und wird vor dem eigentlichen Druck ausgeführt.
- **Werkzeug:** Für die Montage brauchst du Schraubendreher, eventuell eine kleine Zange und natürlich passende Schrauben und Muttern (meist M2 oder M3), um alle Komponenten sicher am und im Chassis zu befestigen.

3.1.2 Der Fertigungsprozess: vom Entwurf zum gedruckten Chassis

Du hast eine eigene Idee, wie du dein Roboter-Auto gestalten möchtest, oder verwendest meine bereitgestellten 3D-Modelle? Großartig! In den folgenden Kapiteln möchte ich dir einen Einblick geben, wie du von deiner individuellen Idee oder der vorbereiteten 3D-Datei zu deinem fertigen, 3D-gedruckten Chassis kommst. Es geht um die Schritte vom Design über den Druck bis hin zu den kleinen letzten Handgriffen.

- **Modell wählen oder erstellen:** Entscheide dich, ob du mein fertiges Chassis-Design nutzen möchtest oder dein eigenes konstruierst oder ein bestehendes Modell anpasst. Wenn du selbst designst, denk daran, schon im CAD-Programm alle wichtigen Befestigungspunkte für deine Motoren, den ESP32, den Motortreiber, den Akku und Sensoren einzuplanen.
- **Vorbereitung für den 3D-Druck:** Jetzt kommt die Software für deinen 3D-Drucker ins Spiel und der Schritt, das Modell zu slicen. Du lädst deine STL-Datei in dein 3D-Druckprogramm. Hier stellst du über die Konfiguration des 3D-Drucks die Weichen für einen erfolgreichen Druck. Achte besonders auf folgende Punkte:

- **Material:** Wähle das passende Profil für dein Filament (zum Beispiel PLA oder PETG).
- **Schichthöhe:** Die Feinheit deines Drucks. Sie bestimmt, wie dünn jede einzelne Schicht ist, die dein 3D-Drucker übereinanderlegt. Stell dir vor, du baust etwas auf, das aus ganz vielen dünnen Schichten besteht:

  Eine kleine bzw. dünne Schichthöhe (zum Beispiel 0,1 mm) bedeutet superdünne Schichten aus dem Druckmaterial, das du gewählt hast. Dein Modell wird dadurch sehr glatt und detailreich, aber der Druck dauert länger.

  Eine größere bzw. höhere Schichthöhe (zum Beispiel 0,3 mm) sind dickere Schichten, die übereinandergelegt werden. Der Druck geht schneller, aber du siehst die einzelnen Schichten am Modell wesentlich deutlicher. Für unser Roboter-Auto ist 0,2 mm ein super Mittelweg – es ist schnell genug und sieht trotzdem gut aus!
- **Infill (Fülldichte) – die innere Struktur deines Modells:** Ein 3D-Drucker druckt die äußere Hülle deines Modells massiv, aber das Innere des 3D-Modells, das er druckt, ist oft nicht komplett ausgefüllt mit Druckmaterial. Dort befinden sich Hohlräume gefüllt mit Luft. Die Fülldichte, auch Infill genannt, gibt an, wie voll mit Material das Innere deines gedruckten Teils ist. Stell dir vor, du hast einen Schokoriegel:

  Bei 100 % Fülldichte bestünde er aus massiver Schokolade – super stabil, aber auch schwer und teuer, weil viel Material verbraucht wird.

  Bei 0 % Fülldichte wäre der Schokoriegel hohl und mit viel Luft gefüllt – nicht sehr stabil und nicht sehr lecker.

  Eine Fülldichte von 15 % bis 25 % bedeutet, dass der Drucker ein Muster wie zum Beispiel Bienenwaben im Inneren druckt, das dem Teil genug Stabilität gibt, ohne zu viel Material zu verbrauchen oder es zu schwer zu machen. Für unser Chassis reicht dieser Wert vollkommen aus, um stabil zu sein.
- **Stützstrukturen (Support):** Aktiviere diese Funktion, wenn dein Modell überhängende Teile hat, die sonst während des Drucks »in der Luft« hängen würden und ohne Abstützung nach unten fallen würden.
- **Haftung (Adhesion):** Damit dein Modell während des Drucks fest auf der Bauplatte klebt und sich keine Ecken ablösen, kannst du eine Option wie *Brim* oder *Skirt* wählen. Ein Skirt zieht nur eine Linie um dein Bauteil, um die Düse vorzubereiten. Ein Brim ist wie ein kleiner Rand, der direkt am Modell haftet und die Auflagefläche vergrößert. Den Brim musst du später vorsichtig entfernen.

► **Der Druck:** Sobald die Slicer-Software die Druckdatei (meist G-Code) erstellt hat, überträgst du sie auf deinen 3D-Drucker und startest den Druck. Das erfolgt alles in deiner

3D-Drucker-Software. Besonders wichtig ist die erste Schicht. Schau genau hin! Wenn du siehst, dass hier schon etwas schiefgeht, brich den Druck lieber sofort ab, reinige das Druckbett und starte von Neuem. So sparst du Filament, Zeit und Nerven.

- **Nachbearbeitung:** Dein Chassis ist fertig gedruckt und abgekühlt? Super! Jetzt entfernst du noch vorsichtig alle Stützstrukturen, falls du welche verwendet hast. Manchmal musst du auch Kanten leicht nachschleifen oder die Löcher für die Schrauben noch etwas säubern, damit alles perfekt passt.

3.1.3 Vorbereitung der Montage der Komponenten im Chassis-Design

Ein gut designtes 3D-gedrucktes Chassis verfügt über passgenaue Aussparungen und Schraublöcher für die zu befestigenden Komponenten und für den passgenauen Zusammenbau des Chassis selbst. Ich habe hier selbst viele Anläufe gebraucht, musste mir aber auch vom 3D-Design über den 3D-Druck alles zunächst einmal selbst für das hier gezeigte Roboter-Auto-Chassis erarbeiten. Wenn anschließend alle Befestigungen, Löcher, Aussparungen an der richtigen Stelle in der passenden Größe im 3D-Design angebracht sind, ist die Montage des 3D-Modells sehr schnell durchgeführt, und das Roboter-Auto sieht richtig gut aus. Das hat mich mit sehr viel Freude erfüllt, und die Wahl der bunten Farben hat natürlich meine Tochter sehr begeistert.

3.1.4 Zusammenfassung

Das 3D-gedruckte Chassis ist ideal, wenn du Wert auf Präzision, Stabilität und ein maßgeschneidertes Design legst und Zugang zu einem 3D-Drucker hast. Auch eignet sich der 3D-Druck sehr gut, wenn du mehrmals das gleiche 3D-Modell drucken möchtest. Es erlaubt eine saubere Integration aller Bauteile und bietet die Chance, vom 3D-Design bis zum 3D-Druck den eigenen Horizont stark zu erweitern und ganz neue Fähigkeiten zu erlernen, die im Anschluss an das Roboter-Auto-Projekt weiter genutzt werden können.

Abbildung 3.1 Das 3D-Druck-Chassis

Wenn du Zugriff auf einen 3D-Drucker hast oder einen Druckservice nutzen möchtest und dich das bunte und passgenaue Design des 3D-Druck-Chassis anspricht, kannst du jetzt die Druckdateien herunterladen und den Druck des Chassis angehen.

3.2 Flexibel und kreativ: das Chassis aus LEGO®-Bausteinen

Wer kennt sie nicht? Die bunten Klemmbausteine bieten eine unglaublich flexible und einfach zu handhabende Methode, um ein Roboter-Chassis zu bauen. Gerade wenn du bereits eine LEGO®[2]-(Technic-)Sammlung besitzt, ist dies ein schneller und spaßiger Weg zum eigenen Roboter-Auto. Spezielle Werkzeuge oder Klebstoffe sind dann nicht nötig und du kannst direkt loslegen.

Zeitaufwand für den Aufbau

Der grundlegende Bau des Chassis, wenn auch die besonderen Steine vorhanden sind, um die Motoren an diesen zu befestigen, dauert oft nur 30 bis 60 Minuten. Das Tüfteln an individuellen Aufbauten und Verzierungen kann natürlich beliebig viel Zeit in Anspruch nehmen – der Spaßfaktor ist dabei garantiert hoch!

3.2.1 Was du benötigst

Vielleicht hast du ja im Kinderzimmer oder noch aus deiner Jugend eine große Bausteinsammlung, auf die du für den Bau des Roboter-Chassis zurückgreifen kannst.

Für den Bau des Roboter-Auto-Chassis mit LEGO®-Bausteinen ist es wichtig, dass die TT-Motoren sich fest in das Chassis integrieren lassen. Daher beachte bitte Folgendes:

- **LEGO®-Bausteine:** Eine Auswahl an LEGO®-Technic-Lochbalken, Platten und Verbindungselementen ist ideal.
- **Motorhalterung:** Das Herzstück ist die Befestigung der Getriebemotoren. Hierfür hat sich eine Kombination aus spezifischen Steinen und Schrauben bewährt, die ich dir in der folgenden Tabelle aufliste.
- **Schrauben und Muttern:** Für den Bau der Motorhalterung brauchst du M3-Schrauben und -Muttern.
- **Werkzeug:** Einen kleinen Schraubendreher und eine Zange, damit du die Muttern der Motorhalterung gut festziehen kannst.

2 LEGO® ist eine Marke der LEGO-Gruppe, die dieses Buch weder sponsert noch autorisiert oder unterstützt.

3.2.2 Aufbau der Getriebemotorhalterung

Die gängigen gelben TT-Getriebemotoren lassen sich hervorragend mit LEGO®-Technic-Teilen befestigen. Für jeden der vier Motoren benötigst du idealerweise die folgenden oder ähnliche Teile:

Name	Breite	Länge	Steine-ID	Anzahl pro Motor
Technik-Lochstein 1 × 4	1	4	3701	1
Technik-Lochstein 1 × 2	1	2	3700	1
Basisstein 2 × 4	2	4	3001	1

Tabelle 3.1 Bausteine für die Motorhalterung

Zusätzlich brauchst du passende Schrauben und Muttern, um die Motoren sicher an den Steinen zu fixieren. In Tabelle 3.2 siehst du die von mir verwendeten Schrauben.

Name	Durchmesser	Länge	Anzahl pro Motor
Schraube	M3	30 mm	2
Mutter	M3	–	2

Tabelle 3.2 Schrauben für Motorhalterung

In Abbildung 3.2 siehst du die Einzelteile für eine Motorhalterung.

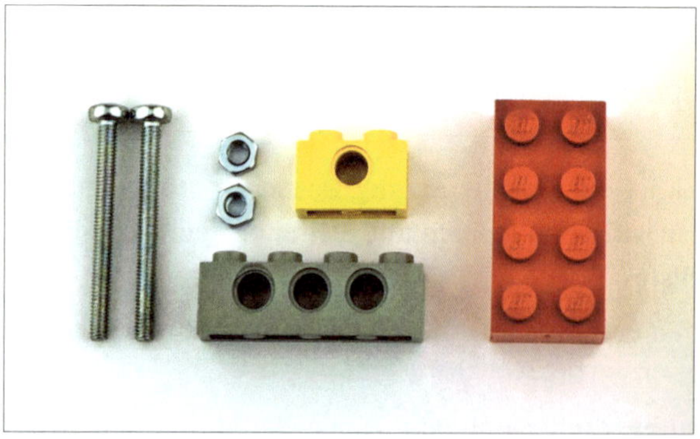

Abbildung 3.2 LEGO®-Bausteine für die Motorhalterung

Die LEGO®-Bausteine für die Getriebemotorenhalterung werden mit den Schrauben zusammengesetzt. Abhängig davon, wie dein Chassis aussehen soll und ob zwei oder vier

Motoren zum Einsatz kommen, musst du die Halterung eventuell spiegelverkehrt aufbauen, sodass ein Motor links am Chassis befestigt werden kann und einer rechts. In Abbildung 3.3 siehst du, wie ich die Bausteine an den TT-Motoren befestigt habe.

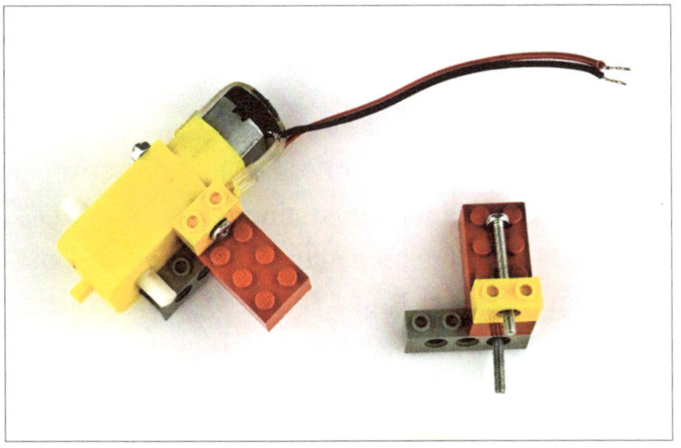

Abbildung 3.3 LEGO®-Motorhalterung montiert

Motorausrichtung

Achte darauf, dass die Lötanschlüsse der Motoren nach innen zum Chassis zeigen. Oft haben die Motoren auf der gegenüberliegenden Seite eine kleine Plastiknase – diese sollte nach außen (zu den Rädern) zeigen, damit sie bei der Montage der LEGO®-Steine nicht stört, siehe Abbildung 3.4.

Abbildung 3.4 LEGO®-Grundebene des Chassis

Wenn du die beiden M3-Schrauben durch die Steine und den TT-Motor gesteckt hast, ziehe die Muttern fest an. Halte die Muttern dafür mit einer Zange fest, wenn sie durchrutschen. Jetzt hat der Aufbau der Motorenhalterung eine sehr hohe Stabilität erreicht, und du kannst die Motoren in deinem LEGO®-Bausteine-Chassis verbauen.

3.2.3 Fahrgestell montieren

Baue jetzt um die zwei oder vier TT-Motoren zusammen mit den Motorhalterungen mithilfe weiterer LEGO®-Steine ein Chassis, das deinen Vorstellungen entspricht. Es sollte mindestens 19 bis 21 cm lang sein und 13 bis 15 cm breit, damit du später alle Komponenten gut im Roboter-Auto unterbekommst. Durch das Setzen von zusätzlichen Längs- und Querverstrebungen gibst du dem Chassis noch extra Steifigkeit und auch Halt für eine zweite Ebene, auf der die Elektronik untergebracht werden kann.

3.2.4 Zusammenfassung

Ein LEGO®-Chassis ist schnell gebaut, extrem flexibel und erfordert keine besonderen Werkzeuge. Es ist ideal, wenn du schnell ein Chassis bauen möchtest, das du auch jederzeit ganz einfach anpassen und erweitern kannst. Wenn du zum Beispiel zusammen mit deinen Kindern gerne kreativ bist, könnt ihr weiter mit bunten Steinen bauen. Die Stabilität ist für die meisten Anwendungen deines Roboter-Autos ausreichend, und wenn sich einmal etwas löst, ist es auch schnell wieder repariert.

Das Chassis, fertig aufgebaut mit Querverstrebungen, sieht bei mir wie in Abbildung 3.5 aus. Hier kann jetzt mit dem Aufbau des Elektronikträgers begonnen werden.

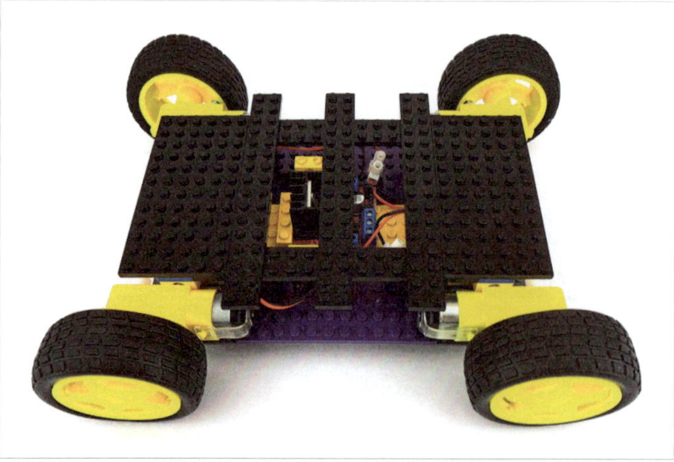

Abbildung 3.5 LEGO®-Grundebene des Chassis versteift

Wenn dich das Chassis aus Klemmbausteinen anspricht und du passende Steine zuhause hast, um vor allem die TT-Motoren zu befestigen, kannst du direkt mit dem Bau loslegen und ausprobieren.

3.3 Günstig und individuell: das Chassis aus Pappe

Ein Roboter-Auto aus Pappe? Absolut! Diese Variante ist unschlagbar günstig, fördert die Kreativität und ist erstaunlich stabil, wenn man sie richtig baut. Perfekt für Bastler, Schulprojekte oder wenn du einfach vorhandene Materialien nutzen möchtest. Dein *Cardboard-Roboter* kann so individuell aussehen, wie du es möchtest.

Zeitaufwand für den Aufbau

Plane hierfür etwa 2 bis 4 Stunden ein. Das exakte Zuschneiden und Verkleben erfordert etwas Geduld und Übung, macht aber auch viel Spaß.

3.3.1 Was du benötigst

Wichtig ist, dass du eine stabile Pappe, zum Beispiel von Versandkartons oder Obst-/Gemüsekisten aus dem Einzelhandel, verwendest. Eine Dicke von 2 bis 4 mm ist ideal, und diese Dicke lässt sich auch noch gut bearbeiten. Zu dicke Pappe lässt sich schwer schneiden, falten und die Befestigung der Motoren ist auch nicht mehr so einfach.

Wenn du mit einem scharfen Messer und Pappe arbeitest, dann lege unbedingt eine stabile Unterlage unter die Pappe, die auch Einschnitte bekommen darf. In Abbildung 3.6 habe ich eine Holzplatte als Schneidebrett untergelegt.

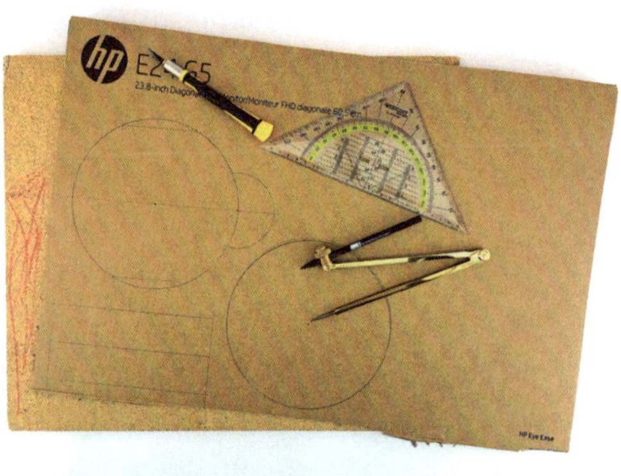

Abbildung 3.6 Pappe vorbereitet zum Ausschneiden

Werkzeuge

Für den Bau des Chassis aus Pappe benötigst du nicht viele Werkzeuge. Tabelle 3.3 gibt dir eine Liste der Werkzeuge, die mir sehr gut weitergeholfen haben:

Werkzeug	Beschreibung
Skalpell	zum Schneiden der Pappe
Geodreieck/Lineal	für das Einzeichnen der Maße
Zirkel	für das Kreisezeichnen auf der Pappe
Schneidelineal	Metalllineal oder stabile Leiste für gerade Schnitte
Bleistift	für die Zeichnungen auf der Pappe
Schere	für diverse Schnitte
Heißklebepistole	für das Verkleben des Chassis notwendig

Tabelle 3.3 Werkzeugliste für das Chassis aus Pappe

!

Verletzungsgefahr!

Sei mit dem Cuttermesser extrem vorsichtig! Schneide immer vom Körper weg, und benutze eine feste Schneidematte. Unachtsamkeit kann schmerzhaft sein!

3.3.2 Modellzeichnung und Zuschnitt

Du kannst entweder frei entwerfen oder dich hier im Buch auf den folgenden Seiten inspirieren lassen. Das Grundprinzip, das ich gewählt habe, ist sehr einfach: eine Bodenplatte, an der die Motoren befestigt werden, und auf die Bodenplatte ein weiterer Boden für die elektronischen Komponenten und Aufbauten.

- **Bodenplatte:** Diese bildet die Basis des Chassis, die die Motoren und Teile der Elektronik je nach Größe aufnimmt. Zeichne die Form, einen Kreis, auf die Pappe auf, wie in Abbildung 3.7 gezeigt. Geeignete Maße für den Durchmesser können ca. 18 bis 22 cm sein.
- **Aufbau/Fahrerhaus (optional):** Wenn du möchtest, kannst du einen Aufbau gestalten, der zum Beispiel den ESP32 schützt oder Platz für eine Kamera bietet, die mitfährt. Zeichne die einzelnen Teile wie in Abbildung 3.7 gezeigt auf, und schneide sie aus. Anschließend klebe die Pappstücke nach deiner Vorstellung zusammen.

- **Elektronikträger:** Es ist oft sinnvoll, eine separate Pappplatte zuzuschneiden, die auf die Motoren oder auf kleine Stützen gelegt wird, die auf der Bodenplatte angebracht sind. Auf dieser Platte befestigst du dann den ESP32, den Motortreiber und die weiteren Komponenten.

Abbildung 3.7 zeigt auf der linken Seite die Bodenplatte mit einer Ausbuchtung für die kleine Möbelrolle und auf der rechten Seite den Elektronikträger. Die kleineren Pappstücke werden als Abstandshalter zwischen der Bodenplatte und dem Elektronikträger dienen.

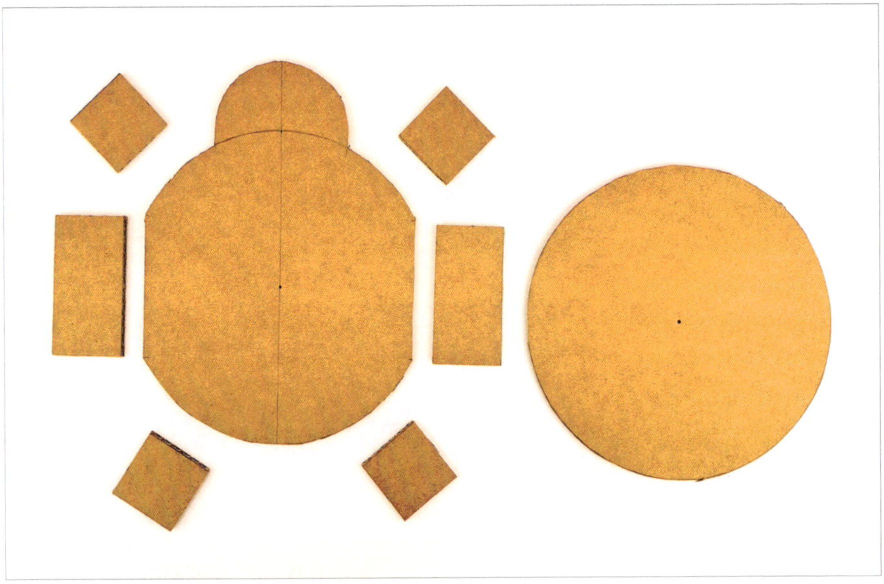

Abbildung 3.7 Zuschnitt der Pappe

Einbau der Getriebemotoren und der Elektronik

- **Motorkabel:** Löte die Kabel an die Motoren an, wie in Abschnitt 10.5 beschrieben, *bevor* du sie einklebst.
- **Löcher für Kabel:** Schneide oder drücke mit einem spitzen Bleistift für jeden Motor ein kleines Loch in die Pappe, und führe so nah am Motor wie möglich die Kabel nach oben.
- **Motoren festkleben:** Positioniere die Motoren so, dass die Antriebsachsen so weit wie möglich vorne liegen. So kommt mehr Gewicht auf die Hinterseite des Roboter-Autos und auf das dritte Rad dort, das sich dann leichter in die Fahrtrichtung ausrichtet. Achte darauf, dass die Motoranschlusskabel ins Innere zeigen und nicht nach außen. Sehr wichtig ist es, dass die Motoren parallel befestigt werden, sodass du einen guten Geradeauslauf deines Roboter-Autos erreichst.

  Klebe jetzt die Motoren mit Heißkleber an der Unterseite der Bodenplatte fest.

- **Räder montieren:** Stecke die Räder auf die Achsen, wenn der Kleber fest geworden ist. Prüfe den Freilauf der Räder; sie sollen nicht an der Pappe schleifen. Falls ein Rad an der Pappe schleift, entferne die störende Pappe mit einem Messer oder der Schere.
- **Möbelrolle:** Befestige jetzt auf der Hinterseite der Bodenplatte die kleine Möbelrolle mit zum Beispiel etwas Klebstoff aus der Heißklebepistole. So schleift das Heck des Roboters nicht auf dem Boden, und der Roboter kann gut Kurven fahren und sich auf der Stelle drehen.

Abbildung 3.8 Motoren auf der Möbelrolle

- **Elektronik montieren:** Befestige den ESP32, den Schalter, den Batteriehalter, Motortreiber, Spannungswandler und die weiteren Bauteile auf der Oberseite der Bodenplatte. Ich habe die Bauteile immer erst Probe gelegt, um deren ideale Positionierung zu finden, bevor ich sie endgültig festgeklebt habe.

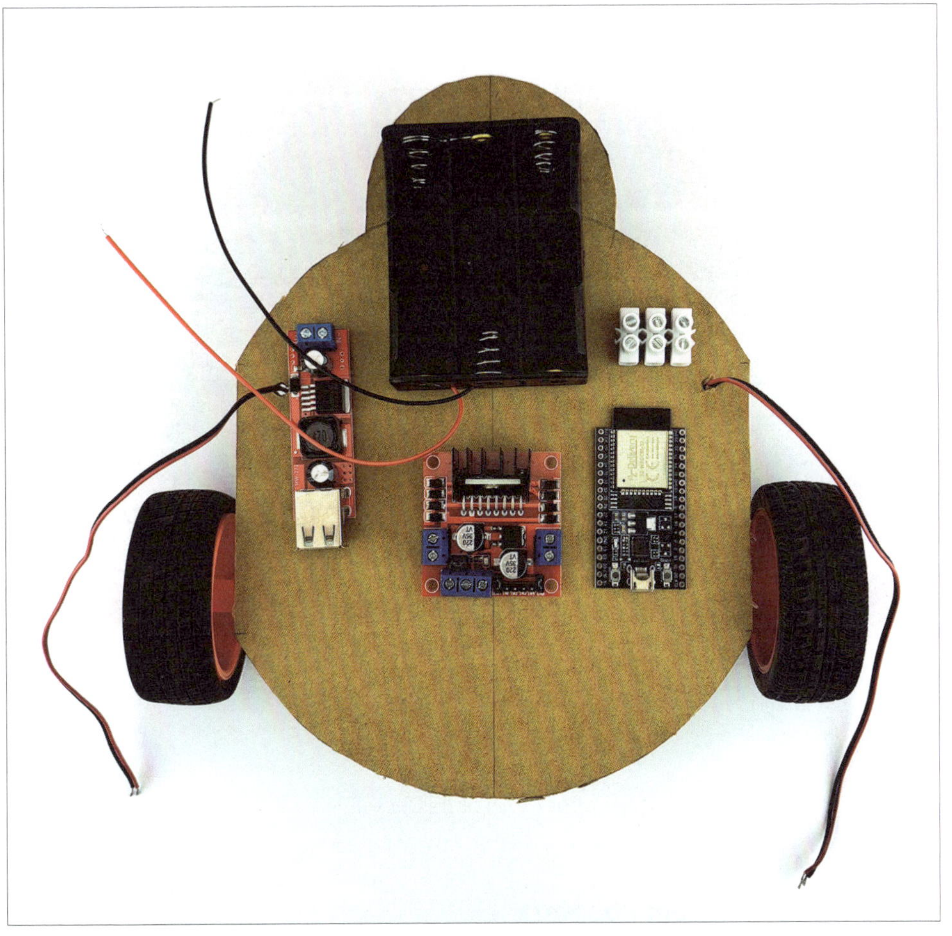

Abbildung 3.9 Bodenplatte mit Komponenten (Probeplatzierung)

3.3.3 Zusammenfassung

Das Papp-Chassis ist die kostengünstigste und eine sehr kreative Methode. Mit etwas Sorgfalt beim Bau erhältst du ein überraschend stabiles und absolut individuelles Roboter-Auto, das sich leicht erweitern und reparieren lässt. Pappe ist ideal für Bastler und Kreative, die gerne das Roboter-Auto zum Beispiel individuell verzieren möchten.

Viele meiner ersten Roboter-Autos habe ich aus Pappe gebaut, da diese günstig ist und sich leicht anpassen lässt. Vielleicht überzeugt dich das ja auch, und du legst gleich los mit dem ersten Entwurf deines kreativen Roboter-Auto-Chassis aus Pappe.

Abbildung 3.10 Chassis des Papp-Autos (noch ohne Deckel)

3.4 Deine Wahl, dein Roboter!

Ob du dich für die Präzision des 3D-Drucks, die Flexibilität von LEGO® oder die Kreativität von Pappe entscheidest – das Chassis ist das Herzstück deines ESP32-Roboter-Autos. Jede Methode hat ihre Vor- und Nachteile in Bezug auf Kosten, Aufwand, Stabilität und Individualisierbarkeit.

Wähle die Methode, die am besten zu deinen Fähigkeiten, deinen Ressourcen und deinen kreativen Vorstellungen passt. Und denk daran: Der Spaß am Bauen, Tüfteln und Experimentieren steht immer im Vordergrund! Im nächsten Kapitel werden wir uns dem 3D-gedruckten Chassis ausführlich widmen.

Kapitel 4
3D-Druck-Chassis: So erhältst du das Chassis und andere Teile

Schicht für Schicht zum Chassis deines Roboter-Autos: Wir tauchen ein in den 3D-Druck! Entdecke, wie diese additive Fertigungsmethode funktioniert, welche Materialien sich am besten eignen und wie du deine eigenen Bauteile erhältst – selbst wenn du keinen Drucker besitzt.

Nachdem du im vorherigen Kapitel gelernt hast, welche Chassis-Varianten es gibt, tauchen wir jetzt tiefer in den 3D-Druck ein: Dein Roboter-Auto braucht ein stabiles und passgenaues Grundgerüst – das Chassis. Im weiteren Verlauf des Buches und des Roboter-Auto-Projekts setzen wir auf Teile, die mit einem 3D-Drucker hergestellt wurden. Das ermöglicht nicht nur ein robustes und leichtes Design, sondern auch die Möglichkeit, dein Roboter-Auto individuell anzupassen und sogar eigene Bauteile zu entwerfen.

Aber was ist 3D-Druck eigentlich genau? Welche Materialien gibt es? Und was machst du, wenn du keinen eigenen 3D-Drucker hast? Dieses Kapitel gibt dir alle Antworten und taucht mit dir in die faszinierende Welt des additiven Fertigungsverfahrens ein, das ich dir im jetzt folgenden Abschnitt 4.1 erklären werde.

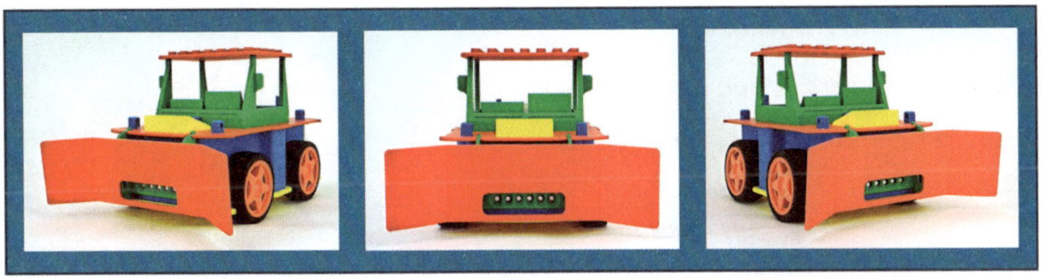

Abbildung 4.1 So kann dein Auto aussehen, wenn du einen 3D-Drucker nutzt.

4.1 3D-Druck verstehen: Schicht für Schicht zum Objekt

Stell dir vor, du kannst Gegenstände nicht nur am Computer entwerfen, sondern sie auch Schicht für Schicht Realität werden lassen! Genau das macht der 3D-Druck. Wir nutzen dafür meist das Verfahren *Fused Deposition Modeling (FDM)* oder auch *Fused Filament Fabrication (FFF)*. Das klingt kompliziert, ist aber eigentlich ganz einfach:

Ein *3D-Drucker* ist wie eine sehr präzise Heißklebepistole, die viele Bahnen Heißkleber in Schichten übereinanderlegt. Der 3D-Drucker schmilzt einen dünnen Kunststofffaden (den nennen wir *Filament*) und legt ihn in hauchdünnen Schichten als flache Linien auf einer Druckplatte ab. Dann fährt der Druckkopf ein kleines Stück nach oben oder die Druckplatte ein kleines Stück nach unten und legt die nächste Schicht darauf. Das passiert je nach Höhe des zu druckenden Objekts viele hunderte Male, und so entsteht aus vielen dünnen Schichten dein dreidimensionales Objekt – genau nach den Vorgaben eines digitalen Bauplans.

Dieser Prozess wird auch *additive Fertigung* genannt, weil wir Material hinzufügen, statt es wie beim Schnitzen oder Fräsen wegzunehmen. Für unser Roboter-Auto ist das perfekt, denn so können wir das Chassis und andere spezielle Anbauteile genauso »drucken«, wie wir sie brauchen. Die digitalen Vorlagen dafür, die STL-Dateien, stelle ich dir natürlich zur Verfügung.

4.2 Die Baupläne: Was ist eine STL-Datei?

Damit dein 3D-Drucker weiß, was er bauen soll, braucht er einen digitalen Bauplan. Dieser Plan ist eine STL-Datei. Stell sie dir wie eine digitale Bauanleitung für dein 3D-Modell vor – sie beschreibt nur die Oberfläche und Form, gibt aber keine Farbe oder Materialangaben. Der 3D-Drucker liest diese Form und setzt sie dann Schicht für Schicht wie bereits beschrieben in echtes Material um.

Die STL-Dateien für das Chassis deines Roboter-Autos und weitere Teile bekommst du natürlich von mir zum Download:

- *https://www.rheinwerk-verlag.de/6202*
- *https://custom-build-robots.com/3D-Druck*

4.3 Dein Druckmaterial: Filament-Arten für dein Roboter-Auto

Nicht jeder Kunststofffaden ist gleich! Für den FDM-3D-Druck gibt es verschiedene Materialien, die Filamente genannt werden. Für dein Roboter-Auto-Projekt sind vor allem zwei Arten interessant: PLA und PETG.

4.3.1 Polylactide: der Einsteiger-Star

Polylactide (PLA) ist das beliebteste Filament, besonders für den Einstieg. Es ist kinderleicht zu drucken und verzieht sich kaum. Es riecht auch nicht unangenehm beim Drucken und wird sogar aus nachwachsenden Rohstoffen wie Maisstärke hergestellt. Ich selbst habe für mein Roboter-Auto PLA in verschiedenen Farben benutzt und war begeistert, wie gut das Ergebnis geworden ist!

- **Vorteile:** Einfach zu verarbeiten, schrumpft kaum, wenn es abkühlt, geruchsneutral, umweltfreundlicher, stabil genug für viele Anwendungen.
- **Nachteile:** Kann bei hohen Temperaturen (zum Beispiel im Sommer im Auto) weich werden und sich verformen. Es ist etwas spröder als andere Filamente und kann bei sehr starker Belastung brechen. Ich habe bei mir immer PLA auf einem beheizten Druckbett gedruckt, auch wenn es vielleicht ohne gehen würde.
- **Für dein Roboter-Auto:** PLA ist die absolute Top-Wahl für das Chassis und alle Anbauteile, besonders wenn du noch nicht so viel Erfahrung hast. Es ist für unseren Zweck, den Bau des Roboter-Autos, vollkommen ausreichend.

4.3.2 Polyethylenterephthalatglycol: der zähe Allrounder

Polyethylenterephthalatglycol (PETG) ist schon etwas anspruchsvoller zu drucken als PLA, aber es hat dafür ein paar sehr gute Eigenschaften, wenn das gedruckte Modell robuster sein soll.

- **Vorteile:** Hält höhere Temperaturen aus, ist flexibler und bruchsicherer als PLA, klebt gut Schicht für Schicht zusammen und ist ziemlich wetterfest. Wenn du also mit dem Wissen hier aus dem Buch einen Mähroboter bauen möchtest, würde ich dir empfehlen, für das Chassis PETG zu verwenden.
- **Nachteile:** Kann beim Drucken *Stringing*, also dünne Fäden zwischen den gedruckten Teilen ziehen, wenn der Druckkopf sich zwischen Kanten oder Objekten hin und her bewegt. Auch braucht das PETG-Material eine etwas höhere Drucktemperatur als PLA und ein beheiztes Druckbett.
- **Für dein Roboter-Auto:** Wenn dein Roboter-Auto mal härtere Einsätze erleben soll oder du einfach noch robustere Teile haben möchtest, ist PETG eine gute Option. Wenn du einen Druckservice verwendest, dann frage dort auch gerne einmal nach, was sie empfehlen würden.

In diesem Buch gehen wir davon aus, dass die Teile für das Roboter-Auto aus PLA gedruckt werden. Das ist am unkompliziertesten und für den geplanten Einsatz deines Roboter-Autos im Innenbereich und für kleine Wettbewerbe perfekt!

4.4 Kein 3D-Drucker zuhause? Kein Problem!

Wenn du keinen eigenen 3D-Drucker besitzt, kannst du dir die benötigten Teile für dein Roboter-Auto auch von zum Beispiel Druckservice-Anbietern ausdrucken lassen. Hier sind ein paar Optionen:

- **Lokale Maker Spaces oder Fab Labs:** Das sind offene Werkstätten in vielen Städten. Dort gibt es oft 3D-Drucker, die du gegen eine kleine Gebühr und gegen Bezahlung des Druckmaterials nutzen kannst. In solchen Werkstätten hilft man sich normalerweise gegenseitig, und so kannst du sicher von der Erfahrung von den Makern im Space vor Ort profitieren und dir helfen lassen. Der Vorteil: Du bekommst direkt Hilfe und Tipps! Suche mal online nach dem folgenden Text: »Maker Space <Name deiner Stadt>« oder »Fab Lab <Name deiner Stadt>«.
- **Online-3D-Druck-Services:** Es gibt einige Anbieter im Internet, bei denen du deine 3D-Modelle, also die STL-Dateien, einfach hochladen kannst, um sie drucken zu lassen. Du wählst Material, Farbe und Druckqualität aus und lässt dir ein Angebot machen. Wenn der Preis und Service für dich stimmen, dann kommen die fertigen Teile bequem per Post zu dir nach Hause. Vergleiche am besten Preise und Lieferzeiten! Ich sammle auf meinem Blog auch Anbieter, die das Chassis für dich drucken können:

  https://custom-build-robots.com/3D-Druck-Service
- **Freunde, Bekannte oder Communitys:** Eine weitere Möglichkeit ist, dass du einfach mal in deinem Freundeskreis, in deiner Schule oder in Onlineforen und Hobbygruppen nachfragst. Viele 3D-Druck-Begeisterte helfen gerne bei solchen Projekten mit ihrem 3D-Drucker aus.

4.5 Dein erster 3D-Druck: wichtige Einstellungen und Tipps

Wenn du die Teile selbst druckst oder einen Druckservice beauftragst, gibt es ein paar grundlegende Punkte, die für ein gutes Druckergebnis wichtig sind. Diese Einstellungen werden in der Druckersoftware vorgenommen und beeinflussen den bereits erklärten Slicer-Prozess deiner 3D-Dateien, bevor die Dateien an den 3D-Drucker gesendet werden.

- **STL-Dateien:** Stell sicher, dass du die richtigen STL-Dateien für dein Chassis und die Anbauteile hast. Die von mir für das Roboter-Auto verwendeten Dateien findest du bei den Materialien zum Buch.
- **Material:** Wie gesagt, PLA ist die beste Wahl für den Anfang. Wenn du mehr Robustheit willst, frag nach PETG oder anderen Alternativen. Das Angebot an Druckmaterialien ist mittlerweile sehr groß.

- **Druckeinstellungen (für Selbstdrucker):** Wenn du selbst am 3D-Druckprogramm sitzt und die Slicer-Einstellungen vornimmst, haben sich für die meisten FDM-Drucker die jetzt folgenden Einstellungen bewährt und bieten einen guten Kompromiss aus Stabilität und Druckzeit:
  - **Schichthöhe (Layer Height):** Die Feinheit deines Drucks. Die Schichthöhe bestimmt, wie dünn jede einzelne Schicht ist, die dein 3D-Drucker übereinanderlegt. Eine kleine Schichthöhe (zum Beispiel 0,1 mm) macht dein Modell superglatt und detailreich, aber der Druck dauert länger. Eine größere Schichthöhe (zum Beispiel 0,3 mm) geht schneller, aber du siehst die einzelnen Schichten deutlicher. Für unser Roboter-Auto ist 0,2 mm ein super Mittelweg – es ist schnell genug und sieht trotzdem gut aus! Ich war mit dieser Schichthöhe sehr zufrieden.
  - **Fülldichte (*Infill*):** Die innere Stärke deines Modells. Dein 3D-Drucker druckt die äußere Hülle deines Modells massiv, aber innen ist es oft nicht komplett ausgefüllt. Die Fülldichte oder auch Infill gibt an, wie voll das Innere deines gedruckten Teils ist. Ein Wert von 15 bis 20 % bedeutet, dass der Drucker ein Muster im Inneren druckt, das dem Teil genug Stabilität gibt, ohne zu viel Material zu verbrauchen oder es zu schwer zu machen. Ich habe meine Bauteile mit einem Infill-Wert von 15 % gedruckt.
  - **Stützstrukturen (Supports):** Die Helfer für überhängende Teile, damit der Drucker nicht in die Luft drucken muss. Aktiviere sie nur, wenn es unbedingt nötig ist. Stützstrukturen werden gedruckt, um Teile zu stützen, die sonst in der Luft schweben würden, zum Beispiel die Außenspiegel am Fahrerhaus. Viele unserer Chassis-Teile sind so entworfen, dass sie wenig oder gar keine Stützen brauchen. Stützen müssen nach dem Druck vorsichtig entfernt werden.
  - **Druckbetthaftung (Adhesion):** Damit dein Modell kleben bleibt. Ein *Skirt* (ein paar Linien um das Bauteil herum, die es nicht berühren) reicht meist aus, damit der Druck gut startet und die Düse vorbereitet wird. Ein *Brim*, also ein dünner Rand, der direkt am Modell haftet und um dieses herumgeht, ist in der Regel nicht nötig für unsere Chassis-Bauteile, können aber bei sehr kleinen oder filigranen Teilen helfen.
- **Farbe:** Das ist das Coole am 3D-Druck! Du kannst die Teile in verschiedenen Farben drucken, um deinem Roboter-Auto einen ganz individuellen Look zu verpassen. Überleg dir vorher, welche Teile welche Farbe bekommen sollen.

Egal ob du selbst druckst oder einen Service nutzt, mit dem 3D-Druck erhältst du passgenaue und stabile Teile, die die Grundlage für deinen Roboter bilden.

Kapitel 5
Strom ist die Roboter-Energie – Grundlagen der Elektrizität für dein Roboter-Auto

Vielleicht kennst du die Grundlagen der Elektrizitätslehre aus dem Physikunterricht, hattest aber noch nicht oft die Chance, dieses Wissen praktisch anzuwenden? Dann ändern wir das jetzt gemeinsam beim Bau deines Roboter-Autos.

Falls du eine kleine Auffrischung deines Fachwissens hilfreich findest, dann lass uns direkt gemeinsam loslegen. Jetzt hast du hier die perfekte Gelegenheit dazu. Keine Sorge, wir halten es einfach und praxisnah!

Die Formeln und Konzepte, die ich dir hier vorstelle, sind grundlegend und helfen dir zu verstehen, wie die elektrischen Komponenten deines Roboters funktionieren und wie du zum Beispiel den Energiebedarf deines Roboter-Autos besser einschätzen kannst. Das ist wichtig, um später die richtigen Akkus auszuwählen oder um zu verstehen, warum manche Bauteile so und nicht anders angeschlossen werden. Wenn du in diesen Grundlagen schon fit bist, kannst du die entsprechenden Abschnitte natürlich auch überfliegen.

5.1 Elektrische Gesetze und Formeln – das kleine Einmaleins der Elektronik

Damit du die Leistungsaufnahme der Motoren und der Elektronik deines Roboter-Autos wie des ESP32 selbst berechnen oder zumindest gut einschätzen kannst, stelle ich dir im Folgenden die Reihen- und Parallelschaltung sowie Formeln mit einfachen Beispielen vor. Mit einem Multimeter – einem superpraktischen Messgerät für Elektronikbastler – könntest du später sogar die Spannung und Stromstärke an den Motoren messen und deine Berechnungen überprüfen.

5.1.1 Die Reihenschaltung – alles hintereinander

Bei der Reihenschaltung werden Bauelemente wie Perlen auf einer Schnur hintereinandergeschaltet, siehe Abbildung 5.1. Stell dir vor, der Strom muss durch jedes Bauteil einzeln durchfließen, um den Kreis zu schließen.

- **Widerstände (R):** Die einzelnen Widerstände, in Abbildung 5.1 sind das die beiden Motoren, addieren sich zum Gesamtwiderstand.
- **Spannung (U):** Die Gesamtspannung der Spannungsquelle, zum Beispiel deiner Batterie, teilt sich auf die einzelnen Verbraucher wie mehrere Motoren in der Reihe auf. Die Summe der Teilspannungen ergibt die Gesamtspannung.
- **Stromstärke (I):** Der Strom ist an jeder Stelle einer Reihenschaltung gleich groß (konstant).

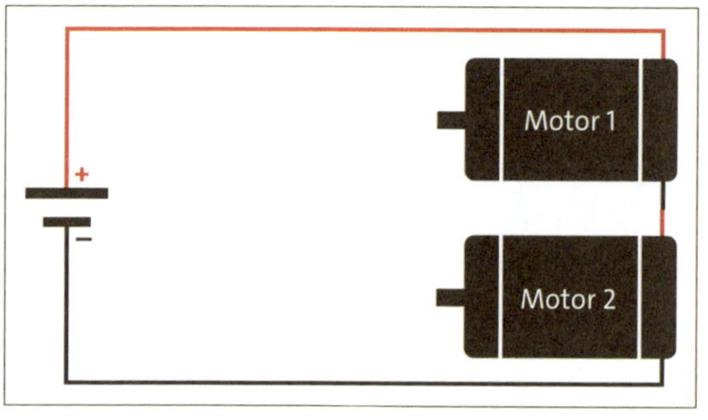

Abbildung 5.1 Reihenschaltung von zwei Motoren

Das bedeutet für dein Roboter-Auto

Wenn du zum Beispiel zwei identische Motoren, die jeweils für 6 Volt (V) ausgelegt sind, in Reihe schaltest, benötigen sie zusammen eine Spannungsquelle von 12 V, damit jeder Motor seine 6 V in der Reihenschaltung erhält. Wenn jeder Motor dabei zum Beispiel 0,5 Ampere (A) Strom verbraucht, so fließen auch durch die gesamte Reihenschaltung nur 0,5 Ampere Strom.

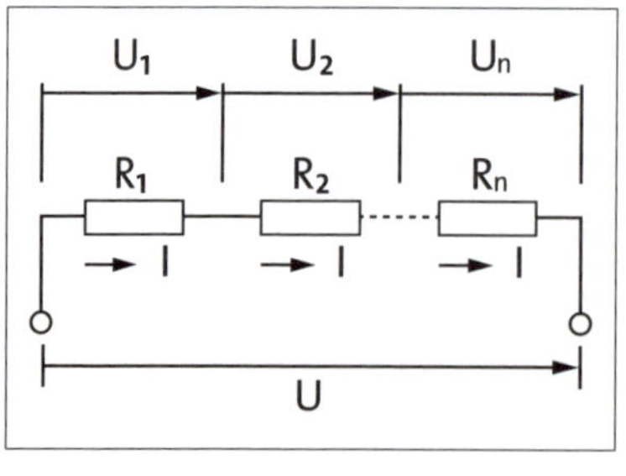

Abbildung 5.2 Reihenschaltung

Prinzip einer Reihenschaltung

Die Gesamtspannung (U) wird von dem Akku im Roboter-Auto erzeugt. Das R steht stellvertretend für den Gesamtwiderstand der beiden Getriebemotoren. I ist der Strom, der beispielsweise durch die beiden Motoren der Schaltung fließt.

Formeln für die Reihenschaltung

$U = U_1 + U_2 + U_3 + ... + U_n$

$R = R_1 + R_2 + R_3 + ... + R_n$

I = konstant

5.1.2 Die Parallelschaltung – alles nebeneinander

Bei der Parallelschaltung, wie in Abbildung 5.3 gezeigt, werden alle Bauelemente nebeneinander an die Spannungsquelle angeschlossen. Das sorgt dafür, dass sich der Strom auf die einzelnen Wege aufteilt, aber die Spannung – im Gegensatz zur Reihenschaltung – gleich bleibt.

- **Widerstände (R):** Der Gesamtwiderstand einer Parallelschaltung ist immer kleiner als der kleinste Einzelwiderstand. Das klingt vielleicht erstmal komisch, macht aber Sinn, wenn du dir vorstellst, dass du zusätzliche neue Wege für den Strom schaffst. Die Berechnung ist hier etwas anders:

  Stell dir einmal vor, der Strom würde durch Rohre fließen. Ein Widerstand ist dann wie ein verengtes Rohr. Wenn du jetzt ein zweites Rohr parallel danebenlegst, machst du es dem Wasser, also dem Strom, insgesamt leichter, zu fließen. Es gibt jetzt zwei Wege statt nur einem. Wenn du dem Strom mehr Wege, also Rohre, zum Fließen anbietest, sinkt der Widerstand insgesamt, und die berechnest diesen mit $1/R$.

  Die Formel $1/R$ drückt aus, wie »gut« oder »schlecht« ein einzelner Widerstand den Strom durchlässt (das nennt man auch Leitwert). Wenn du diese »Durchlässigkeiten« (also die Kehrwerte der Widerstände) aller parallelen Wege addierst, bekommst du die gesamte Durchlässigkeit. Und um daraus wieder den Gesamtwiderstand zu erhalten, musst du das Ergebnis wieder »umdrehen« (also den Kehrwert nehmen). So wird aus »schwer durchlassbar« dann »leichter durchlassbar« durch mehrere Wege. Der Gesamtwiderstand wird also immer kleiner, weil der Strom mehr Optionen hat, seinen Weg zu finden.
- **Spannung (U):** An allen parallel geschalteten Verbrauchern liegt die gleiche Spannung an – nämlich die Spannung der Spannungsquelle. Jeder »Weg« bekommt die volle Power der Quelle.

- **Stromstärke (I):** Die Gesamtstromstärke, die von der Quelle geliefert wird, ist die Summe der Ströme in den einzelnen parallelen Zweigen. Der Strom teilt sich auf, aber am Ende kommt alles wieder zusammen.

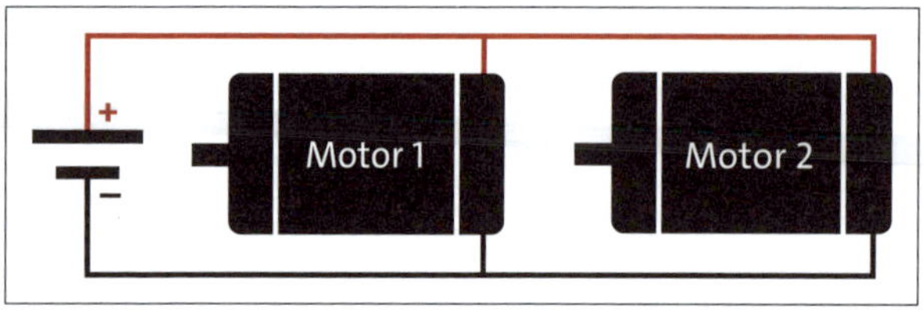

Abbildung 5.3 Parallelschaltung von zwei Motoren

Das bedeutet für dein Roboter-Auto

Wenn du zwei identische 6-V-Motoren parallelschaltest, liegen an jedem Motor die vollen 12 V der angenommenen 12-V-Spannungsquelle an. Wenn jeder Motor 0,5 A verbraucht, muss deine Spannungsquelle aber insgesamt 1 A (0,5 A + 0,5 A) liefern können.

Prinzip der Parallelschaltung

Bei der Parallelschaltung (siehe Abbildung 5.4) addiert sich immer die Stromstärke. Der Widerstand wird immer mit *1/R* gerechnet und addiert wie eingangs beschrieben. Die Spannung bleibt im Fall der Parallelschaltung konstant.

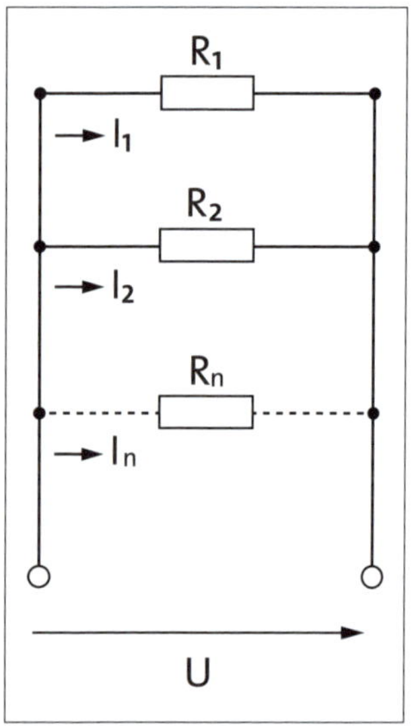

Abbildung 5.4 Parallelschaltung

Formeln für die Parallelschaltung

$1/R = 1/R_1 + 1/R_2 + 1/R_3 + ... + 1/R_n$

$I = I_1 + I_2 + I_3 + ... + I_n$

U = konstant

5.1.3 Das Ohm'sche Gesetz – der Dreiklang der Elektrotechnik

Das Ohm'sche Gesetz ist eines der wichtigsten Grundgesetze in der Elektrotechnik. Es beschreibt den Zusammenhang zwischen Spannung (U), Strom (I) und Widerstand (R) in einem elektrischen Leiter. Für dein Roboter-Auto-Projekt ist es besonders nützlich, wenn du zum Beispiel LEDs mit Vorwiderständen betreiben möchtest, damit sie nicht durchbrennen.

$R = U / I$

Wie du damit den passenden Vorwiderstand für eine LED berechnest, zeige ich dir in einem Beispiel in Abschnitt 5.4.

5.2 Die elektrische Leistung – wie viel Power steckt drin?

Die elektrische Leistung (Formelzeichen P) gibt an, wie viel elektrische Energie pro Zeit umgesetzt wird. Sie wird in Watt (W) gemessen. Die Berechnung der Leistungsaufnahme deiner Motoren, des ESP32, des OLED-Displays usw. ist wichtig, um abschätzen zu können, wie stark deine Batterie sein muss und wie lange sie ungefähr halten wird.

Die Leistung berechnest du ganz einfach mit der Formel: $P = U \times I$

- **P:** Leistung in Watt (W)
- **U:** Spannung in Volt (V)
- **I:** Stromstärke in Ampere (A)

5.2.1 Beispielrechnungen für dein Roboter-Auto

Lass uns diese Formeln nun mit ein paar Beispielen füllen, die für dein Roboter-Auto relevant sind.

In dieser Beispielrechnung soll die maximale Leistungsaufnahme der vier im Roboter-Auto verbauten TT-Getriebemotoren und des ESP32 ermittelt werden. Diese Rechnung funktioniert natürlich auch mit anderen Motoren oder Komponenten, solange dir die Eckdaten wie Betriebsspannung sowie die minimale und maximale Stromaufnahme bekannt sind. Beachte, dass die tatsächliche Leistungsaufnahme der Motoren variabel ist und stark vom benötigten Drehmoment abhängt – also davon, ob dein Roboter gerade gemütlich rollt, eine Steigung erklimmt oder auf schwierigem Untergrund mit dem Vorwärtskommen kämpft.

Ich empfehle dir, bei der Auslegung deiner Spannungsversorgung wie der Batterie oder dem Spannungsregler immer mit einem gewissen Puffer bei Stromstärke und Leistung zu rechnen. Legst du alles zu knapp aus, kann das zu Problemen führen. Ein Beispiel könnte sein, dass der ESP32 bei einer starken Motorenlast einen Reset macht, weil die Spannung, die am Spannungswandler anliegt, unter die Mindestbetriebsspannung absinkt und so der ESP32 nicht mehr ausreichend Energie bekommt. Später im Roboter-Auto, wenn du auch das Display für die Spannungsanzeige im Gesamtsystem verbaut hast, siehst du dieses Verhalten sehr gut, wenn du dein Roboter-Auto zum Beispiel auf einem Teppich auf der Stelle drehen lässt und die Motoren kräftig arbeiten müssen. Wie groß ein Puffer sein sollte, hängt von den Komponenten und ihrer Empfindlichkeit ab. Ein Puffer von ca. 15 bis 25 % hat sich beim Bau von Roboter-Autos oft als guter Richtwert erwiesen.

Technische Daten eines Beispiel-Getriebemotors (typisch für kleine Roboter-Autos):

- Typische Betriebsspannung: 3 bis 6 V (wir rechnen mit 3 V für dieses Beispiel)
- Typische minimale Stromaufnahme bei 3 V (Leerlauf): 150 mA (0,15 A)
- Typische maximale Stromaufnahme bei 3 V (Blockade/maximale Last): 2100 mA (2,1 A)

5.2.2 Beispiel: Reihenschaltung von zwei Motoren

Nehmen wir an, du schaltest zwei unserer Beispiel-Getriebemotoren (je 3 V) in Reihe an eine Spannungsquelle. Die Stromstärke I bleibt konstant (maximal 2,1 A pro Motor, also auch für die Reihenschaltung).

Die Gesamtspannung U_{ges} addiert sich:

- $U_{ges} = U_{Motor1} + U_{Motor2}$
- $U_{ges} = 3\text{ V} + 3\text{ V} = 6\text{ V}$

Somit sollte deine Spannungsquelle für diese Reihenschaltung mindestens 6 V Spannung liefern können, bei einem maximalen Strombedarf von 2,1 A.

Die maximale Leistungsaufnahme P_{max} für diese zwei Motoren in Reihe berechnet sich dann so:

- $P_{max} = U_{ges} \cdot I$
- $P_{max} = 6\text{ V} \cdot 2{,}1\text{ A} = 12{,}6\text{ W}$

5.2.3 Beispiel: Parallelschaltung von zwei Motoren

Nun schalten wir zwei unserer Beispiel-Getriebemotoren parallel an eine 3-V-Spannungsquelle. Die Spannung *U* bleibt konstant (3 V an jedem Motor). Die Gesamtstromstärke I_{ges} addiert sich aus den Einzelströmen:

- $I_{ges} = I_{Motor1} + I_{Motor2}$
- $I_{ges\_max} = 2{,}1\ A + 2{,}1\ A = 4{,}2\ A$

Deine Spannungsquelle sollte für diese Parallelschaltung also mindestens 4,2 A Stromstärke bei einer Spannung von 3 V liefern können.

Die maximale Leistungsaufnahme P_{max} für diese zwei Motoren parallel:

- $P_{max} = U \cdot I_{ges\_max}$
- $P_{max} = 3\ V \cdot 4{,}2\ A = 12{,}6\ W$

5.3 Leistungsaufnahme des gesamten Roboter-Autos in einem Beispiel

Dein Roboter-Auto hat typischerweise vier Motoren (zwei pro Seite). Eine gängige Verschaltung ist, die beiden Motoren einer Seite jeweils parallel zu schalten und diese beiden Seitenpaare dann an die Batterie anzuschließen (wobei die Batteriespannung dann der Motorspannung entsprechen muss oder ein Spannungsregler verwendet wird).

Maximale Leistungsaufnahme der vier Motoren

Wenn ein Paar parallel geschalteter Motoren (wie oben berechnet) maximal 12,6 W aufnimmt, dann benötigen zwei solcher Paare (also vier Motoren):

- $P_{Motoren\_gesamt} = 12{,}6\ W \cdot 2 = 25{,}2\ W$

Maximale Leistungsaufnahme des ESP32 (unter typischer Last)

Der ESP32 selbst wird mit 3,3 V betrieben. Die Stromaufnahme hängt stark davon ab, was er gerade tut (WLAN aktiv, Bluetooth, Rechenaufgaben). Unter Volllast mit aktiven Funkmodulen kann ein ESP32 durchaus 250 mA (0,25 A) bis zu Spitzen von 500 mA (0,5 A) oder etwas mehr verbrauchen. Rechnen wir hier mit einem großzügigen Durchschnittswert von zum Beispiel 0,3 A:

- $P_{ESP32} = U_{ESP32} \cdot I_{ESP32}$
- $P_{ESP32} = 3{,}3\ V \cdot 0{,}3\ A \approx 1\ W$

Hinweis: Wenn dein ESP32-Board über USB mit 5 V versorgt wird und einen eigenen 3,3-V-Regler hat, musst du den Energieverbrauch der gesamten Platine mit ihren Komponenten wie dem 3,3-V-Spannungswandler eigentlich mit einbeziehen, aber für eine grobe Schätzung ist der Verbrauch des ESP32-Chips selbst relevant.

Gesamte maximale Leistungsaufnahme des Roboter-Autos

- $P_{\text{Roboter-Auto}} = P_{\text{Motoren\_gesamt}} + P_{\text{ESP32}} + P_{\text{weitere\_Elektronik}}$
- $P_{\text{Roboter-Auto}} \approx 25{,}2\text{ W} + 1\text{ W}$ (+ Sensoren, OLED etc.) $\approx 26{,}2\text{ W}$ + Kleinigkeiten

Du siehst also: Die maximale Leistungsaufnahme deines Roboter-Autos ergibt sich hauptsächlich aus dem Strombedarf der vier Getriebemotoren und dem ESP32 sowie aller weiteren angeschlossenen Elektronik (Sensoren, Display, LEDs). Diesen maximalen Wert erreicht das Roboter-Auto nur selten, nämlich wenn die Motoren wirklich blockieren oder unter maximaler Last arbeiten. Bei normaler Fahrt ist die Leistungsaufnahme deutlich geringer. Trotzdem ist es gut, diesen Maximalwert für die Auslegung deiner Batterie und Spannungsversorgung im Hinterkopf zu behalten.

Aus meiner Erfahrung empfehle ich, die Motoren pro Seite in Reihe zu schalten, wenn dein Akku eine Spannung von deutlich über 6 V liefert. Für das Roboter-Auto werden wir einen Akkuhalter verwenden, der drei Akkus mit jeweils ca. 3,6 bis 4 V aufnimmt, sodass eine Spannung von ca. 12 V im Roboter-Auto anliegt. Wie du das genau machst, zeige ich dir detailliert in Abschnitt 10.6.1. Anders als bei einer Parallelschaltung kann damit besser sichergestellt werden, dass sich die Motoren bei der gewählten Energieversorgung nicht zu schnell drehen und einen Schaden erleiden aufgrund der überhöhten Spannung von ca. 12 V bei vollgeladenen Zellen.

5.4 Beispielrechnung für einen LED-Vorwiderstand

Du möchtest eine bunte LED als Beleuchtung, Blinker oder Statusanzeige in dein Roboter-Auto einbauen? Das ist eine klasse Idee! Damit die LED überhaupt leuchtet, braucht sie einen kleinen Anschubser – eine bestimmte Menge an elektrischer Spannung, die sie zum Leuchten bringt. Das ist ihre sogenannte Schwellspannung. Jede LED-Farbe hat ihre eigene Schwellspannung: Eine rote LED braucht zum Beispiel vielleicht 1,8 V, damit sie angeht und leuchtet, während eine blaue oder weiße LED oft 3,0 V oder mehr braucht. Wenn du weniger Spannung anlegst, bleibt sie einfach dunkel, da die Schwellspannung nicht erreicht wurde.

Aber Achtung: Legst du zu viel Spannung an, dann ist das, als würdest du eine kleine LED direkt an einen großen Akku wie in unserem Roboter-Auto anschließen – sie würde sofort durchbrennen! Damit das nicht passiert, braucht deine LED fast immer einen Vorwiderstand.

Der *Vorwiderstand R* ist wie ein kleiner Türsteher oder eine Bremse für den Strom. Er verbraucht einen Teil der überflüssigen Spannung, damit an der LED genau die richtige Menge ankommt und sie sicher leuchten kann, ohne Schaden zu nehmen. Er sorgt dafür, dass die LED mit dem perfekten Strom versorgt wird und nicht zu viel abbekommt.

Nehmen wir für dieses Beispiel an, du verwendest eine typische rote LED, die für folgende Werte spezifiziert ist:

- **Schwellspannung (U_F): 2,0 V**

  Die *Schwellspannung* (U_F), auch *Forward-Spannung* genannt, ist die Mindestspannung, die an der LED anliegen muss, damit sie überhaupt anfängt zu leuchten. Stell dir das wie den Startwert vor: Erst wenn diese Spannung erreicht ist, öffnet sich die Tür für den Strom, und die LED leuchtet. Für unsere rote LED sind das 2,0 V.

- **Betriebsstrom (I_F): 20 mA (das sind 0,02 A)**

  Der *Betriebsstrom* (I_F), auch *Forward-Strom* genannt, ist der ideale Strom, der durch die LED fließen sollte, damit sie hell leuchtet, ohne Schaden zu nehmen. Er ist wie die empfohlene Durchflussmenge. Wenn zu viel Strom fließt, wird die LED zu heiß und brennt durch. Der perfekte Wert wären 0,02 A bzw. 20 mA für unsere rote LED.

Du möchtest diese LED an einem digitalen Ausgangspin deines ESP32 betreiben? Dann zeige ich dir mit der Abbildung 5.5, wie du den Vorwiderstand R zwischen den GPIO-Pin (**G**eneral **P**urpose **I**nput/**O**utput) des ESP32, der eine Spannung von 3,3 V liefert, und die LED D schalten musst.

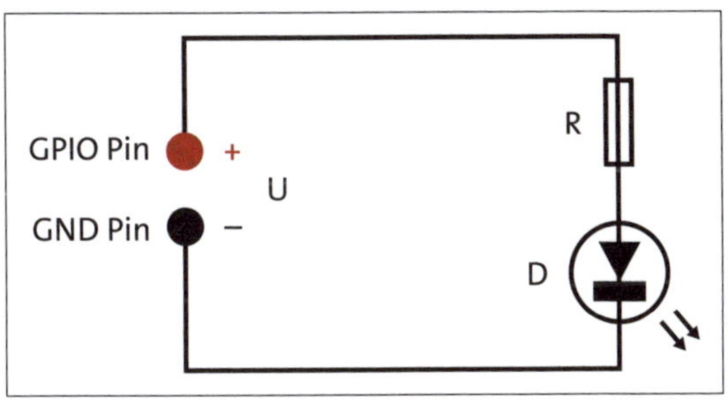

Abbildung 5.5 LED-Vorwiderstand

- **Spannung am Vorwiderstand berechnen:** Zuerst müssen wir berechnen, welche Spannung am Vorwiderstand verbraucht werden (abfallen) muss, damit an der LED genau ihre benötigte Schwellspannung von 2,0 V anliegt, bei der die LED leuchtet, ohne kaputt zu gehen:

  $U_{Spannungsabfall\_R} = U_{Quelle} - U_{LED}$

  $U_{Spannungsabfall\_R} = 3{,}3\ V - 2{,}0\ V = 1{,}3\ V$

  Am Vorwiderstand müssen also 1,3 V abfallen.

- **Größe des Vorwiderstands berechnen:** Jetzt kennst du die Spannung U (1,3 V), die am Vorwiderstand R anliegen soll, und den gewünschten Strom I (20 mA = 0,02 A), der durch die LED und somit auch durch den Vorwiderstand in dieser Reihenschaltung fließen soll, und kannst nun den Wert des Vorwiderstands mit dem Ohm'schen Gesetz berechnen:

  $R = U / I$

  $R_{Vorwiderstand} = U_{Spannungsabfall\_R} / I_F$

  $R_{Vorwiderstand} = 1{,}3\ V / 0{,}02\ A = 65\ \Omega$

Da es nicht immer Widerstände mit exakt dem berechneten Wert gibt, wählst du den nächsthöheren verfügbaren Standardwert aus der E-Reihe wie zum Beispiel 68 Ω oder 75 Ω. Die E-Reihen sind eine Standardisierung der Nennwerte von passiven elektronischen Bauelementen, wie zum Beispiel von Widerständen. Sie wurde eingeführt, um die Vielfalt der am Markt erhältlichen Werte zu begrenzen und somit die Fertigung und Lagerhaltung zu vereinfachen. Ein etwas höherer Widerstandswert aus der E-Reihe ist sicherer für die LED: Es fließt dann etwas weniger Strom, und sie leuchtet etwas dunkler, aber dafür wird ihre Lebensdauer verlängert, und sie fällt nicht so schnell aus.

Somit müsstest du für diese rote LED an einem 3,3-V-Pin deines ESP32 einen Vorwiderstand von beispielsweise 68 Ω einbauen.

Ich hoffe, dieser kurze Ausflug in die Elektrizitätslehre war spannend, und das erlernte Wissen hilft dir, Sicherheit zu haben, wenn wir im weiteren Verlauf des Buches die elektronischen Komponenten zusammenfügen.

Kapitel 6

Datenübertragung im Detail: der I2C-Bus und der ESP32

Eine zuverlässige Datenübertragung ist das A und O in der Robotik. In diesem Kapitel tauchen wir in die Funktionsweise des I2C-Busses ein, eines Standards, der es uns ermöglicht, mehrere Geräte wie Sensoren und Aktoren mit unserem ESP32 zu verbinden und intelligent zu steuern.

Stell dir vor, dein Roboter-Auto hat nicht nur ein Gehirn, den ESP32, sondern auch Sinnesorgane und Muskeln – Sensoren, die zum Beispiel Informationen über die Umgebung des Roboter-Autos liefern, und Aktoren, die Bewegungen ausführen wie Motoren. Damit all diese Komponenten miteinander über den ESP32 kommunizieren können und auch angesteuert werden können, bedarf es einer Art Nervensystem im Roboter-Auto. Dieses Nervensystem, über das die Kommunikation läuft, ist in unserem Roboter-Auto der I2C-Bus, den ich dir im folgenden Abschnitt 6.1 erklären werde.

6.1 Was ist der I2C-Bus?

I2C steht ausgeschrieben für *Inter-Integrated Circuit* und ist ein serielles Bussystem, das in den 1980er-Jahren von Philips entwickelt wurde. Es ist ein Standard für die Kommunikation zwischen integrierten Schaltungen (ICs) auf einer Leiterplatte. Im Vergleich zu anderen Kommunikationsprotokollen benötigt der I2C-Bus nur vier Drähte, damit zum Beispiel ein Sensor mit dem ESP32 Daten austauschen kann. Diese vier Drähte beschreibe ich nachfolgend kurz:

- **SDA (Serial Data Line):** Das ist die Datenautobahn. Über diese Leitung werden die eigentlichen Informationen – also die Nullen und Einsen – hin- und hergeschickt.
- **SCL (Serial Clock Line):** Das ist der Dirigent des Busses. Diese Taktleitung gibt den Rhythmus und das Tempo der Datenübertragung vor, damit alle Geräte wissen, wann sie Daten senden oder empfangen sollen.

- **V_{CC} (Versorgungsspannung):** Das ist die Energiequelle. Diese Leitung liefert die nötige elektrische Spannung, damit die Komponenten überhaupt funktionieren können. In unserem Roboter-Auto sind das meist 3,3 V.
- **GND (Erdung):** Stell dir GND wie den Rückweg für den Strom vor. Damit der Strom durch deine Schaltung fließen und Arbeit verrichten kann, muss er immer einen kompletten Kreislauf haben. GND ist quasi der Minuspol oder die Masse, über die der Strom von den Bauteilen zurück zur Spannungsquelle fließt. Ohne GND gäbe es keinen geschlossenen Stromkreis – und dann würde nichts funktionieren!

V_{CC} ist im Grunde die Energieversorgung für deine elektronischen Bauteile im Roboter-Auto. Denk an dein Smartphone: Ohne Energie geht nichts, oder? Genauso ist es mit Sensoren, Mikrocontrollern und anderen Chips in deinem Roboter. Sie brauchen eine kontinuierliche elektrische Spannungsversorgung, um ihre Aufgaben zu erfüllen. V_{CC} ist genau diese positive Versorgungsspannung, die den Bauteilen die notwendige Energie zum Leben einhaucht.

Der Ausdruck V_{CC} hat historische Wurzeln in der Transistor-Technologie, wo *CC* für *Common Collector* stand – den gemeinsamen Kollektoranschluss von Transistoren, der oft mit der positiven Betriebsspannung verbunden war. Auch wenn moderne Chips oft andere interne Architekturen nutzen, hat sich V_{CC} als gängige Bezeichnung für die positive Betriebsspannung etabliert. Du findest sie typischerweise mit Werten wie 3,3 V oder 5 V, je nachdem, welche Spannung die Bauteile benötigen, um korrekt zu funktionieren. Ohne V_{CC} bleiben dein I2C-Bus und die angeschlossenen Sensoren stumm!

Im Gegensatz zu den *GPIO-Pins* des ESP32 kann der I2C-Bus eine große Anzahl von Geräten gleichzeitig bedienen. Aber Moment mal, was sind überhaupt GPIO-Pins?

GPIO steht für *General Purpose Input/Output*. Das sind die vielseitigen Anschlüsse an deinem ESP32, die du für fast alles nutzen kannst: mal als Eingang, um ein Signal von einem Taster zu lesen, mal als Ausgang, um eine LED leuchten zu lassen. Der Haken ist: Jeder dieser GPIO-Pins kann immer nur eine einzige Aufgabe gleichzeitig erfüllen. Dein ESP32 hat aber nur eine begrenzte Anzahl dieser Pins – vielleicht 20 oder 30 je nach Modell, aber sicher nicht deutlich mehr. Wenn du viele Sensoren oder einen GPS-Empfänger anschließen möchtest, die alle direkt an einen eigenen GPIO-Pin angeschlossen werden müssten, wären die Pins deines ESP32 ganz schnell alle belegt. Dein Roboter-Auto würde zu einem echten Kabelknäuel werden!

Genau hier kommt der *I2C-Bus* ins Spiel und spielt seine Stärke aus. Obwohl der I2C-Bus selbst auch über zwei spezielle GPIO-Pins deines ESP32 läuft, nämlich SDA und SCL, die wir gerade besprochen haben, kann er dahinter eine Art digitales Netzwerk, das Nervensystem, aufbauen. Stell dir vor, diese beiden Pins sind der Zugang, den verschiedene Sensoren zum ESP32, dem Gehirn im Roboter-Auto, haben. Über diese zwei Leitungen können dann aber mindestens 112 verschiedene Geräte oder Komponenten miteinander sprechen! Jedes Gerät bekommt eine einzigartige Adresse, sodass der ESP32 genau weiß, mit wem er gerade kommuniziert, auch wenn alle am selben Bus hängen.

Das reduziert die Komplexität der Verkabelung enorm und macht sie deutlich übersichtlicher. Außerdem ist die Kommunikation über den I2C-Bus durch dieses Adresssystem viel flexibler und weniger anfällig für Störungen, als wenn du jedes einzelne Bauteil mit zig einzelnen Kabeln zu den GPIO-Pins des ESP32 verbinden müsstest. Es ist eine supereffiziente Art, viele Bauteile wie Sensoren mit wenigen Kabeln miteinander zu verbinden.

Warum ist I2C für unser Roboter-Auto wichtig?

Der I2C-Bus ist ideal für unser Roboter-Auto, weil dieser uns in der Verschaltung von Sensoren folgende Vorteile bietet:

- **Einfache Verkabelung:** Mit den im vorherigen Kapitel erklärten vier Drähten für SDA, SCL, V_{CC} und GND können wir mehrere Geräte wie Sensoren an den ESP32 anschließen. Wir müssen nicht jedes Gerät mit noch freien GPIO-Pins des ESP32 direkt verbinden
- **Mehrere Geräte:** Der ESP32 kann über den I2C-Bus mit mehreren I2C-Geräten kommunizieren. Jedes I2C-Gerät hat eine eindeutige Adresse wie eine Hausnummer, über die es im Roboter-Auto gefunden und angesprochen werden kann.
- **Datenübertragung und Geschwindigkeit:** Der I2C-Bus ist schnell genug, um die Daten der meisten Sensoren direkt auslesen zu können und auch Daten an Displays zu übertragen, damit diese zum Beispiel aktuelle Messwerte anzeigen.
- **Geringer Stromverbrauch:** I2C ist sehr genügsam, was den Stromverbrauch angeht, was besonders wichtig für batteriebetriebene Anwendungen wie unser Roboter-Auto ist.

6.2 Wie funktioniert I2C?

Der I2C-Bus wird typischerweise als Master-Slave-Schaltung aufgebaut. Der ESP32 fungiert bei der für das Roboter-Auto verwendeten Schaltung als Master. Damit initiiert und steuert der ESP32 die Kommunikation auf dem I2C-Bus. Die weiteren angeschlossenen elektronischen Komponenten wie zum Beispiel OLED-Displays und Sensoren sind als Slave angeschlossen. Die Komponenten, die als Slave angeschlossen sind, können selbst keine Kommunikation starten und warten auf eine Anfrage des Masters, um darauf zu antworten bzw. um Daten wie im Fall des OLED-Displays anzuzeigen.

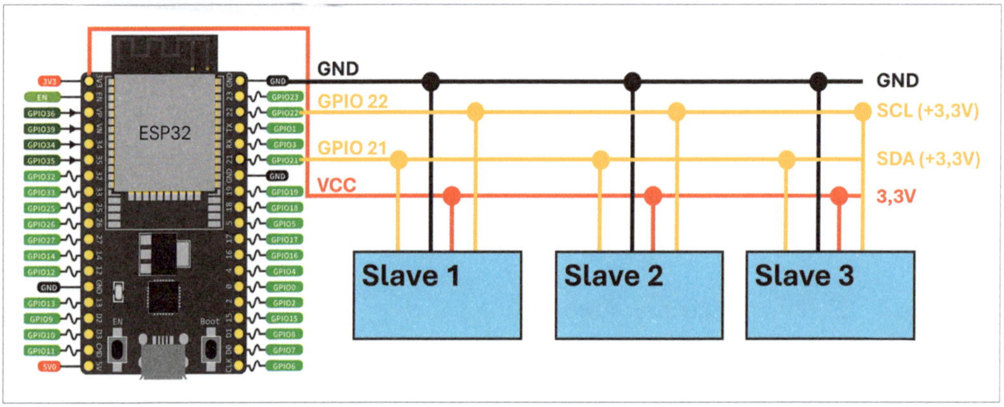

Abbildung 6.1 I2C-Bus: Master und Slave

Sollen der Messwert bzw. die Daten eines Slaves ausgelesen werden, so initiiert der Master den Lesevorgang. Der Zugriff auf den Slave erfolgt dabei über die eindeutige I2C-Adresse des Slaves, und dieser liefert den abgefragten Wert über den Bus zurück an den ESP32.

Die Datenübertragung erfolgt dann *Bit für Bit* über die SDA-Leitung, synchronisiert durch den Takt der SCL-Leitung. Aber was heißt »Bit für Bit«?

Stell dir vor, alle Informationen, die dein Roboter-Auto austauscht – egal ob eine Temperatur oder ein Befehl für das Display –, bestehen am Ende nur aus einer langen Reihe von Nullen und Einsen. Jede Null oder Eins nennen wir ein *Bit*. Ein Bit ist also die kleinste Informationseinheit, wie ein Lichtschalter, der entweder An (1) oder Aus (0) ist.

Wenn Daten *bitweise* übertragen werden, bedeutet das, dass der ESP32 diese Nullen und Einsen einzeln, nacheinander, über die SDA-Leitung schickt. Nicht alle auf einmal, sondern jedes Bit wird einzeln über die Leitung gesendet. Die SCL-Leitung sorgt dabei für den Takt, damit Sender und Empfänger genau wissen, wann das nächste Bit kommt, und sie nicht durcheinanderkommen. So wird aus vielen einzelnen Bits am Ende wieder eine ganze Information, die verstanden werden kann.

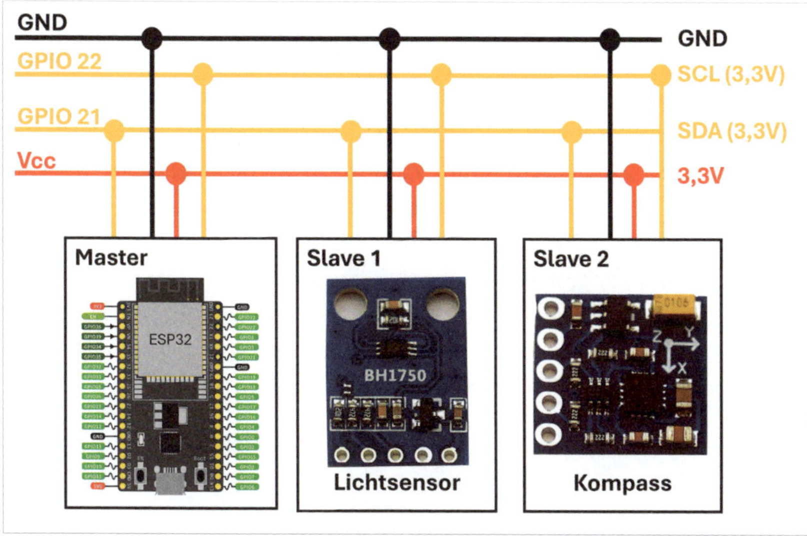

Abbildung 6.2 Kommunikation über den I2C-Bus

6.3 Der I2C-Bus des ESP32

Jede am I2C-Bus angeschlossene Komponente muss eine eindeutige I2C-Adresse besitzen. Andernfalls kommt es zu Adresskonflikten und Fehlern beim Zugriff auf die jeweilige Komponente.

Die vier Leitungen, die den I2C-Bus am ESP32 ausmachen, haben folgende Bedeutung:

- SDA (GPIO 21): die Datenleitung des I2C-Busses
- SCL (GPIO 22): die Clock-/Taktgeberleitung des I2C-Busses
- V_{CC}: die Spannungsversorgung der angeschlossenen Geräte mit typischerweise 3,3 V
- GND: die Erdung bzw. Ground-Leitung, auch ein Teil der Spannungsversorgung der angeschlossenen Geräte

6.4 I2C-Hubs: mehr Anschlüsse für Sensoren

Wenn wir die Anzahl der Sensoren und Aktoren mit I2C-Bus erhöhen, kommen wir schnell an die Grenzen der verfügbaren Anschlüsse im Roboter-Auto. Hier kommt jetzt der I2C-Hub ins Spiel. Ein I2C-Hub ist eine Platine, die den I2C-Bus über mehrere Anschlüsse, also über ihre herausgeleiteten vier Pins, bereitstellt und es uns so ermöglicht, mehrere I2C-Geräte über einen einzigen I2C-Bus-Anschluss des ESP32 zu verbinden.

I2C-Hubs verfügen somit über mehrere I2C-Anschlüsse. So kannst du an einen I2C-Hub mit acht Anschlüssen zum Beispiel sieben Sensoren komfortabel anschließen, da ein Anschluss bereits belegt ist für die Verbindung zum ESP32-I2C-Bus. Der Grove-I2C-Hub von Seeed Studio bietet den großen Vorteil, dass I2C-Geräte mit Grove-Anschlüssen oder auch mit einem Grove-Adapterkabel, das auf der einen Seite über vier Female-to-Jumper-Kabel verfügt, direkt angeschlossen werden können. Mit der Verwendung des I2C-Hubs sparst du dir den Aufwand, selbst eine Anschlussplatine mit mehreren I2C-Anschlüssen zu bauen. Auch ist durch das Grove-Stecker-Konzept eine sichere und weniger fehleranfällige Verkabelung der verschiedenen I2C-Geräte im Roboter-Auto sichergestellt.

Abbildung 6.3 Der I2C-Hub von Seeed Studio mit zwei Anschlusskabeln

6.5 DIY-I2C-Hub – meine persönliche Empfehlung

Wenn dir aber die Anzahl der vier freien I2C-Anschlüsse, die solch ein fertiger I2C-Hub bietet, zu gering für das Geld ist, das er kostet, dann kannst du dir ganz einfach auch einen I2C-Hub selbst bauen mit vielleicht gleich acht Anschlüssen. Dazu brauchst du eine Lochstreifenplatine und mehrere Pin-Leisten. Abbildung 6.4 zeigt einen von mir selbst gebauten I2C-Hub.

Abbildung 6.4 Ein I2C-Hub der Marke Eigenbau

Ein DIY-I2C-Hub ist günstig und einfach herzustellen, und du kannst eine Vielzahl an I2C-Geräten anschließen bzw. über die Anzahl der bereitgestellten Pins selbst bestimmen, wie viele du anschließen möchtest. Wichtig ist, dass die gesamte Stromaufnahme über die 3,3-V-Leitung nicht die bereitgestellte Stromstärke des ESP32 überschreitet. Denn dann kann es zu Fehlern bei den I2C-Geräten und auch in der Kommunikation auf dem I2C-Bus kommen.

Tipp

Abhilfe könnte hier ein zusätzlicher 3,3-V-Spannungswandler bringen, den du an den 5-V-Ausgang des verbauten Spannungswandlers mit den beiden USB-Ausgängen anschließt und so die 3,3-V-Leitung des eigenen I2C-Hubs zusätzlich mit 3,3 V versorgst.

6.6 Die genaue Verwendung des I2C-Busses im Roboter-Auto

In unserem Roboter-Auto werden wir den I2C-Bus verwenden, um verschiedene Sensoren oder auch ein Display anzusteuern.

- **OLED-Displays:** zur Anzeige von Informationen
- **Sensoren:** um die Umgebung wahrzunehmen (zum Beispiel Kompass, Gyroskope oder Lichtsensor)

In Abschnitt 15.3 werden wir uns dann zum ersten Mal zusammen genauer ansehen, wie ein I2C-Gerät an den ESP32 angeschlossen wird, und wir werden zusammen alles für die Datenübertragung über den I2C-Bus vorbereiten.

6.7 Level-Shifter (Pegelwandler) – die Spannungsanpassung im I2C-System

Ein wichtiger Aspekt beim Betrieb von I2C-Geräten ist die korrekte Spannungsversorgung. Dein ESP32 arbeitet typischerweise mit einer Spannung von 3,3 V. Viele Sensoren und Aktoren, die du anschließen möchtest, sind ebenfalls für diese Spannung ausgelegt.

Es ist jedoch wichtig zu wissen, dass einige Geräte eine andere Betriebsspannung benötigen, zum Beispiel 5 V. Wenn Geräte mit unterschiedlichen Spannungen an denselben I2C-Bus angeschlossen werden sollen, brauchst du einen Pegelwandler (Level-Shifter). Dieser verhindert nicht nur, dass höhere Spannungen deinen ESP32 beschädigen, sondern sorgt auch für eine reibungslose Kommunikation zwischen den 3,3-V- und 5-V-Geräten.

Der Trick dabei ist, dass wir einen bidirektionalen Level-Shifter verwenden. *Bidirektional* bedeutet, dass er in beide Richtungen übersetzen kann. Stell dir das vor wie eine zweisprachige Brücke: Wenn der ESP32 (3,3 V) ein Signal an ein 5-V-Gerät sendet, wird das Signal sicher von 3,3 V auf 5 V »angehoben«. Und wenn das 5-V-Gerät eine Antwort an den ESP32 schickt, wird das Signal vom Level-Shifter von 5 V auf 3,3 V »heruntergeregelt«. So können beide Seiten in beide Richtungen, also bidirektional, kommunizieren und sich perfekt verstehen. Es gibt keine Missverständnisse oder Schäden an den empfindlichen Bauteilen durch falsche Spannungen.

Abbildung 6.5 Bidirektionaler Level-Shifter

Aber für unser Roboter-Auto, so wie es aktuell aufgebaut ist, kommen wir mit einer Spannungsversorgung und den gewählten I2C-Geräten mit 3,3 V aus und benötigen keinen extra Level-Shifter.

Kapitel 7

Diese Hardware brauchst du für dein Roboter-Auto

Jedes tolle Projekt beginnt mit den richtigen Bauteilen! In diesem Kapitel lernst du alle wichtigen Bauteile kennen, die dein Roboter-Auto zum Leben erwecken. Von seinem Gehirn bis zu den Motoren – hier erfährst du, welche Bauteile du benötigst und was sie können.

Nachdem du nun weißt, warum der Bau eines Roboter-Autos so viel Spaß macht und was dich in diesem Buch erwartet, wird es Zeit, einen Blick auf die Hardware zu werfen – also all die elektronischen und mechanischen Teile, die du für dein Projekt brauchst. Die gute Nachricht ist: Du benötigst keine teuren oder schwer erhältlichen Spezialteile. Wir setzen auf kostengünstige und weit verbreitete Komponenten, die du einfach online oder im Elektronik-Geschäft bekommst. Lass uns gemeinsam entdecken, welche Bauteile das Herzstück deines Roboter-Autos bilden!

7.1 Das Gehirn: der ESP32-Mikrocontroller

Jeder Roboter braucht ein Gehirn, und bei unserem Projekt ist das der *ESP32-Mikrocontroller*. Der ESP32 ist ein kleines, aber sehr leistungsfähiges Entwicklungsboard, das auch noch sehr günstig ist. Stell dir den ESP32 als den Mini-Computer vor, der alle Befehle verarbeitet, Sensoren ausliest und die Motoren steuert.

Was macht den ESP32 so besonders für unser Projekt?

- **Leistungsstark:** Er hat genug Rechenleistung, um komplexe Aufgaben wie die Steuerung der Motoren, das Auslesen mehrerer Sensoren gleichzeitig und sogar parallel WLAN- und Bluetooth-Verbindungen zu verwalten.
- **WLAN und Bluetooth integriert:** Das ist superpraktisch! Wir können WLAN für das Web-Interface nutzen und Bluetooth zum Verbinden mit einem Gamecontroller – ganz ohne zusätzliche Module oder Antennen.

- **Viele Anschlüsse (GPIOs):** Der ESP32 hat viele Pins, an die du Sensoren, LEDs und andere Bauteile anschließen kannst.
- **Kostengünstig:** Trotz seiner vielen Funktionen ist der ESP32 sehr erschwinglich und kostet nur ca. 9 Euro.

Abbildung 7.1 zeigt ein typisches ESP32-Modul, wie ich es in meinen Roboter-Autos verwende.

Abbildung 7.1 ESP32-Mikrocontroller mit seinen noch losen Stiftleisten

7.2 Fortbewegung: die TT-Getriebemotoren mit Rädern

Dein Roboter-Auto braucht natürlich Räder, um sich zu bewegen, und Motoren, um diese anzutreiben. Wir verwenden zwei bis vier sogenannte TT-Getriebemotoren mit passenden Rädern. Vielleicht fragst du dich: Wofür steht das »TT« bei den Getriebemotoren? Die Abkürzung *TT* in diesem Zusammenhang steht für den englischen Begriff Tiny Toy oder Toy Type.

Es ist keine offizielle technische Abkürzung im Sinne einer Norm, sondern eher eine umgangssprachliche Bezeichnung, die sich im Hobbybereich durchgesetzt hat. Sie weist darauf hin, dass diese Motoren ursprünglich für einfache, kleine Spielzeuge oder Hobbyprojekte entwickelt wurden.

Warum also diese TT-Motoren?

- **Günstig:** Sie sind sehr preiswert und leicht zu bekommen.
- **Einfach anzusteuern:** Mit einem passenden Motortreiber-Modul kannst du sie einfach vorwärts und rückwärts laufen lassen und ihre Geschwindigkeit steuern.
- **Mit Getriebe:** Das integrierte Getriebe sorgt dafür, dass die Motoren genug Kraft haben, um das Roboter-Auto zu bewegen, auch wenn sie nicht besonders schnell drehen.
- **Zwei bis vier Motoren:** Mit zwei bis vier ansteuerbaren Motoren kannst du das Roboter-Auto sehr wendig machen und auf der Stelle drehen lassen.

In Abbildung 7.2 siehst du zwei dieser kleinen gelben Getriebemotoren, die ich in meinem Roboter-Auto verbaut habe.

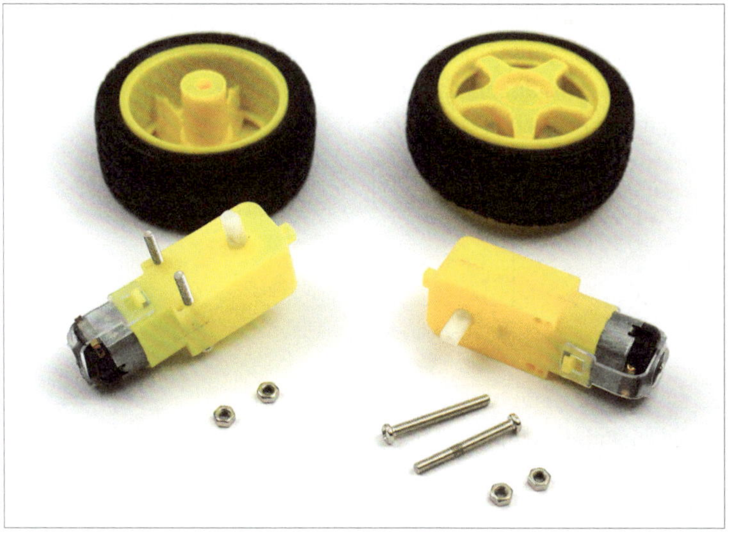

Abbildung 7.2 TT-Motoren mit M3-Schrauben und M3-Muttern zur Befestigung

7.3 Motorsteuerung: L298N-Motortreiber-Modul

Der ESP32-Mikrocontroller kann die TT-Motoren nicht direkt mit Energie über seine GPIO-Pins versorgen. Die Motoren benötigen mehr Strom, als der kleine ESP32 über die Pins liefern kann. Genau deshalb brauchen wir einen Motortreiber, der die notwendige

Leistung an die Motoren abgeben kann. Das L298N-Motortreiber-Modul ist wie ein Kraftwerk für die Motoren.

Was kann der L298N?

- **Zwei Motoren gleichzeitig steuern:** Ein L298N-Motortreiber-Modul kann zwei DC-Motoren (wie unsere TT-Motoren) unabhängig voneinander steuern. Wenn du vier Motoren in deinem Roboter-Auto verbaust, schließt du diese zum Beispiel in Reihe oder parallel an den beiden Ausgängen des L298N-Motortreibers an. Also zwei Motoren an den Ausgang A und zwei Motoren an den Ausgang B des Motortreibers.
- **Richtung und Geschwindigkeit steuern:** Du kannst über den L298N festlegen, ob sich die Motoren vorwärts oder rückwärts drehen und wie schnell sie sich drehen sollen. Die Geschwindigkeit wird über ein PWM-Signal gesteuert, das der ESP32 erzeugt und für die Steuerung der Drehgeschwindigkeit an den Motortreiber weitergibt. Dabei steht die Abkürzung *PWM* für *Pulsweitenmodulation* und ist das Steuersignal für die Regelung der Geschwindigkeit der Motoren.

  Die Periode, in der sich das Signal wiederholt, kann der Anwender mit zum Beispiel 20 ms fest vorgeben. Die Pulsweite kann innerhalb der Periode variiert werden und beispielsweise 5 ms betragen. Je größer die Pulsweite ist, umso länger legt der Motortreiber Spannung an seinen Ausgängen an, und die Motoren können sich drehen. Dieses Signal wird durch den ESP32 direkt erzeugt.

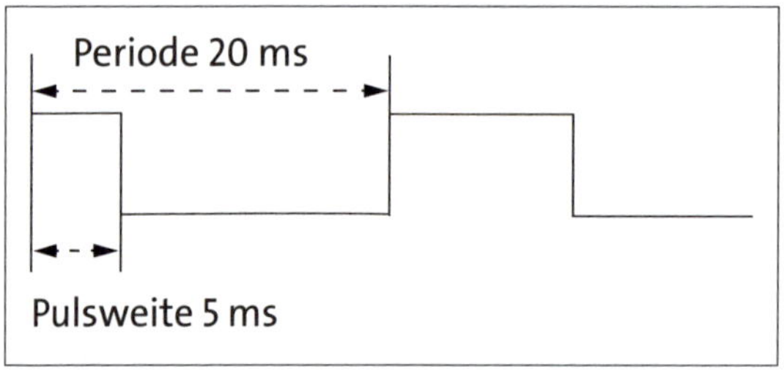

Abbildung 7.3 Schaubild zur Pulsweitenmodulation (PWM)

- **Separate Spannungsversorgung:** Die Spannungsversorgung der Motoren erfolgt direkt von der Batterie und ist von der Spannungsversorgung des ESP32 getrennt, was wichtig ist, um die notwendige Leistung bereitstellen zu können und Störungen zu vermeiden.

In Abbildung 7.4 siehst du ein typisches L298N-Motortreiber-Modul, wie du es im Roboter-Auto verbauen wirst.

Abbildung 7.4 Motortreiber L298N mit schwarzem Kühlkörper und Anschlussklemmen

7.4 OLED-Display SSD1306 – das Info-Display

Damit dein Roboter dir auch ohne Verbindung zum Computer komfortabel und direkt Informationen anzeigen kann, verwenden wir ein kleines OLED-Display. Das SSD1306-OLED-Display ist schwarz-weiß, sehr kontrastreich, benötigt nur wenig Energie und wird über den I2C-Bus angeschlossen. Über das Display werden wir dann immer wieder von unseren Programmen Statusinformationen ausgeben wie zum Beispiel, ob das Gamepad verbunden ist oder über welche IP-Adresse zum Beispiel das Web-Interface des Roboter-Autos aufrufbar ist. So ein Display, das die wichtigsten Informationen direkt anzeigt, ist superpraktisch und hat sich in meinen Projekten über die Jahre hinweg bewährt.

In Abbildung 7.5 siehst du das OLED-Display eingebaut im Fahrerhaus eines meiner 3D-gedruckten ESP32-Roboter-Autos.

Abbildung 7.5 OLED-Display SSD1306 mit aktiver Statusanzeige

7.5 Die 18650-Li-Ion-Akkus

Für unser Roboter-Auto verwenden wir drei spezielle Akkus: *18650-Lithium-Ionen-Akkus*. Aber was genau sind das für Akkus?

Stell dir diese Akkus wie kleine, zylindrische Energiebündel vor – sie sind deutlich dicker und länger als eine normale AA-Batterie, wie du sie sicher schon von daheim kennst. Sie sind extrem leistungsstark und ermöglichen es dir, mit deinem Roboter-Auto bis zu 30 Minuten herumzufahren. Das sind übrigens genau die gleichen Akkuzellen, die du oft in Laptops, E-Bikes, modernen Taschenlampen oder sogar in E-Zigaretten findest. Sie sind also echte Kraftpakete im Mini-Format!

Warum nutzen wir 18650-Akkus?

- **Wiederaufladbar:** Das ist superpraktisch! Du kannst sie immer wieder aufladen, statt ständig neue Batterien kaufen zu müssen.

- **Hohe Energiedichte:** Das bedeutet, sie speichern sehr viel Energie für ihre Größe. So hast du eine lange Fahrzeit deines Roboter-Autos, ohne dass der Akku sehr groß und schwer sein muss.
- **Relativ günstig:** Weil sie so weit verbreitet sind, sind sie gut verfügbar und kosten nicht die Welt.
- **Hohe Spannung pro Zelle:** Eine einzelne dieser Zellen liefert dir schon eine Spannung zwischen typischerweise 3 V (wenn sie fast leer ist) und 4,2 V (wenn sie voll geladen ist). Das ist deutlich mehr Energie pro Zelle als bei normalen AA-Batterien.

Wir werden drei dieser Akkus in einem Batteriehalter verwenden. Das machen wir, um eine höhere Gesamtspannung von ca. 12 V zu bekommen und damit eine längere Laufzeit für dein Roboter-Auto zu erreichen.

Sicherheit geht vor!

Sei immer vorsichtig im Umgang mit Lithium-Ionen-Akkus: Achte auf die richtige Polung im Batteriehalter (Plus und Minus müssen stimmen!), und verwende nur Akkus in gutem Zustand. Die Zellen dürfen auf keinen Fall beschädigt oder gar aufgebläht sein – das wäre ein Zeichen für einen Defekt. In so einem Fall entsorge die Akkus bitte fachgerecht, zum Beispiel bei deinem Wertstoffhof. Integriere in deinen Stromkreis direkt nach dem Batteriehalter, der die Spannungsquelle ist, eine Feinsicherung, um deinen Aufbau vor einer Überlastung durch zum Beispiel einen Kurzschluss abzusichern.

7.5.1 Upcycling: alten Akkus neues Leben einhauchen (nichts für Kinder)

Dieser Abschnitt richtet sich nicht an Kinder, sondern an Erwachsene, die schon viel Erfahrung im Bereich der Elektrotechnik haben und sich für Upcycling interessieren.

Eine spannende und nachhaltige Idee ist es, Akkus aus alten Geräten, wie zum Beispiel einem alten E-Bike-Akku, Werkzeug-Akku, einem alten Laptop-Akku oder Powerbanks, zu upcyceln. Oft stecken in solchen Akkupacks noch funktionierende 18650-Zellen, die noch genug Leistung für unser Roboter-Auto haben.

- **Wie funktioniert das?** In vielen alten Akkupacks sind die 18650-Zellen in Reihe und parallel geschaltet und oft mit einer Schutzschaltung (*BMS – Battery Management System*) versehen. Wenn der ganze Pack nicht mehr funktioniert, können einzelne Zellen darin aber noch in Ordnung sein. Mit etwas Geschick (und Vorsicht!) kannst du solche Packs öffnen und die einzelnen Zellen prüfen und entnehmen.

!

Wichtiger Sicherheitshinweis

Das Öffnen von Akkupacks und das Hantieren mit einzelnen Lithium-Ionen-Zellen erfordert Wissen und Vorsicht! Lithium-Ionen-Akkus können gefährlich sein, wenn sie falsch behandelt, kurzgeschlossen oder beschädigt werden.

Tue dies nur unter Aufsicht eines erfahrenen Erwachsenen und informiere dich vorher genau über den sicheren Umgang mit diesen Akkus!

Prüfe die Zellen immer einzeln mit einem geeigneten Ladegerät oder Akkutester, siehe Abschnitt 7.5.2.

- **Vorteile des Upcyclings:** Es ist umweltfreundlich, da du alte Ressourcen nutzt, und natürlich kann es dir Kosten sparen.
- **Was du brauchst:** Neben dem alten Akkupack benötigst du Werkzeug zum Öffnen des Akkugehäuses, einen Seitenschneider zum Trennen der Verbindungen zwischen den Zellen und unbedingt ein gutes Ladegerät für 18650-Zellen bzw. einen Tester, der auch den Zustand der Zelle prüfen kann.

Wenn du funktionierende 18650-Zellen aus einem alten Pack gewonnen hast, kannst du diese in deinem Batteriehalter für dein Roboter-Auto verwenden, genauso wie neu gekaufte Akkus.

In Abbildung 7.6 siehst du einen geöffneten Akku einer Bohrmaschine mit noch angeschlossenem Battery Management System (BMS).

Abbildung 7.6 Offener Akkupack einer Bohrmaschine

Akku-Upcycling

Auf Plattformen wie eBay oder Kleinanzeigen finden sich oft gebrauchte 18650-Zellen aus als »defekt« deklarierten Akkupacks. Oft liegt der Fehler nicht an einzelnen Zellen, wie bereits erklärt, sondern an der Ladeelektronik oder Zell-Imbalancen. Selbst wenn die gebrauchten Zellen nicht mehr ihre volle Nennkapazität (zum Beispiel 2.000 mAh) leisten, reichen oft 1.500 bis 1.600 mAh für den Betrieb des Roboter-Autos vollkommen aus. Ich konnte so günstig Zellen für dieses Projekt kaufen bzw. selbst aus alten Akkupacks gewinnen.

7.5.2 Wie du 18650-Akkus testest und ihren Zustand prüfst

Du hast schon gelernt, dass 18650-Akkus echte Kraftpakete sind und du sie im Sinne des Upcyclings aus alten Akkupacks gewinnen kannst. Aber wie erkennst du, ob deine Akkus noch fit sind oder ob es Zeit ist, sie auszutauschen? Das ist entscheidend, denn nur voll funktionsfähige Akkus liefern die volle Leistung und sind sicher im Betrieb.

Neben der sichtbaren Prüfung auf Dellen, Risse oder aufgeblähte Gehäuse gibt es zwei wichtige Werte, die dir Auskunft über den Zustand deiner 18650-Zellen geben: die Kapazität und der interne Widerstand der einzelnen Zelle.

1. **Kapazitätstest: Wie viel Power steckt noch drin?**

   Jeder 18650-Akku wird mit einer bestimmten Kapazität angegeben, zum Beispiel 2.500 mAh (Milliamperestunden) oder 3.000 mAh. Dieser Wert sagt dir, wie viel Energie der Akku speichern kann. Mit der Zeit und nach vielen Lade- und Entladezyklen nimmt diese Kapazität ab.

   Um die tatsächliche Kapazität einer Zelle zu messen, brauchst du ein spezielles Gerät, einen sogenannten Kapazitätstester oder ein Ladegerät, das diese Testfunktion bereits eingebaut hat.

   Wie funktioniert's? Du legst den Akku in das Gerät. Das Gerät lädt den Akku zuerst komplett voll. Danach entlädt es den Akku langsam und misst dabei genau, wie viel Energie (mAh) es dem Akku entnehmen kann, bis er leer ist. Manche Tester können diesen Vorgang auch mehrfach wiederholen, um einen genaueren Durchschnittswert zu erhalten.

   Was sagt dir das Ergebnis? Wenn dein Akku zum Beispiel eine Nennkapazität von 3.000 mAh hat, aber der Tester nur noch 1.500 mAh anzeigt, hat der Akku nur noch die Hälfte seiner ursprünglichen Leistung. Akkus, die deutlich weniger als 80 % ihrer ursprünglichen Kapazität haben, sind oft am Ende ihrer Lebensdauer angelangt und sollten ausgetauscht werden.

2. **Interner Widerstand: der Check für die Fitness**

   Jeder Akku hat einen internen Widerstand. Stell dir das wie einen winzigen Flaschenhals im Akku vor, der den Stromfluss etwas bremst. Je kleiner dieser Widerstand ist, desto besser kann der Akku Strom liefern, besonders wenn dein Roboter-Auto viel Power braucht, zum Beispiel, wenn es beschleunigt oder auf einem Teppich auf der Stelle dreht. Ein hoher interner Widerstand bedeutet, dass der Akku den Strom nicht mehr so gut abgeben kann, sich schneller erwärmt und die Spannung unter Last stärker einbricht.

   Wie misst du den Widerstand? Auch hierfür gibt es spezielle Akkutester oder fortschrittlichere Ladegeräte, die den internen Widerstand messen können. Der Wert wird meist in Milliohm (mΩ) angegeben.

   Was sagt dir das Ergebnis? Ein neuwertiger, hochwertiger 18650-Akku hat oft einen internen Widerstand von unter 50 mΩ. Mit zunehmendem Alter und Verschleiß steigt dieser Wert an. Akkus mit einem internen Widerstand von über 100 mΩ (oder sogar 200 mΩ, je nach Typ) sind oft nicht mehr für anspruchsvolle Anwendungen geeignet und können zu Leistungsproblemen führen.

Jetzt verstehst du vielleicht auch besser, warum E-Bike-Akkus hin und wieder ausfallen: Hier kann es reichen, dass eine Zelle von vielleicht 48 Zellen im Akkupack fehlerhaft geworden ist, das Battery Management System des Akkupacks sich aus Sicherheitsgründen deaktiviert und der gesamte Akkupack damit fehlerhaft geworden ist.

7.6 Batteriehalter mit Feinsicherung und Sicherungshalter

Dein Roboter-Auto wird von drei 18650-Akkus mit Spannung versorgt. Die drei Lithium-Ionen-Akkus im Batteriehalter liefern zusammen eine Spannung von etwa 11,1 V (wenn sie fast leer sind) bis zu 12,6 V (wenn sie voll geladen sind).

Aus meiner Erfahrung heraus ist es jetzt sehr wichtig, direkt am Ausgang des Batteriehalters – also am roten Kabel – eine *Feinsicherung* über einen Feinsicherungshalter anzuschließen, wie du ihn in Abbildung 7.7 mit dazu passender Feinsicherung siehst.

Diese Sicherung sitzt dann zwischen dem Batteriehalter und der gesamten Energieversorgung deines Roboter-Autos. Warum das wichtig ist, erfährst du in Abschnitt 7.6.2.

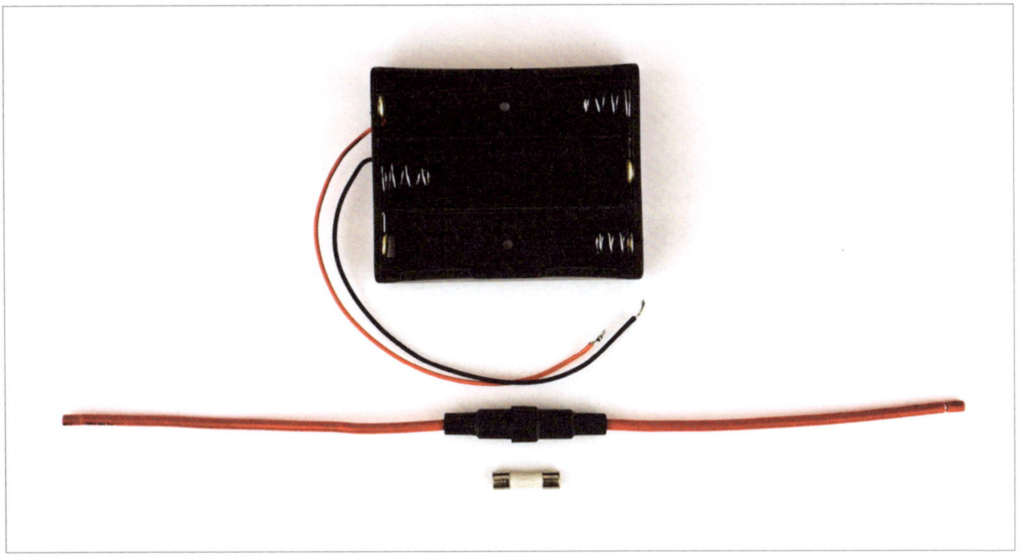

Abbildung 7.7 Batteriehalter, Feinsicherungshalter und 2-A-Feinsicherung

7.6.1 Was ist eine Sicherung?

Eine *Sicherung* ist ein kleines, aber in elektronischen Schaltungen häufig verbautes Bauteil. Stell sie dir wie einen Schutzengel für deine Elektronik vor. Es handelt sich um einen haarfeinen Draht, der extra dafür gemacht ist, bei Gefahr zu schmelzen und so den Stromkreis zu unterbrechen. Wenn zu viel Strom fließt, schmilzt dieser Draht, da er so heiß wird, dass er glüht. Das unterbricht den Stromkreis und schützt so deine elektronischen Komponenten im Roboter-Auto vor Schäden. Eine Feinsicherung ist wie ein Not-Aus-Schalter, der automatisch reagiert, bevor es gefährlich wird.

7.6.2 Schutz vor Stromspitzen und Kurzschlüssen

Die Sicherung schützt deine Elektronik im Roboter-Auto vor Stromspitzen, die zum Beispiel durch einen Kurzschluss entstehen können.

- **Was ist ein Kurzschluss?** Stell dir vor, der Strom nimmt plötzlich die Abkürzung. Das passiert, wenn Plus- und Minuspol direkt miteinander verbunden werden – oft aus Versehen, weil ein Kabel scheuert oder falsch angeschlossen wird. Der Widerstand im

Stromkreis wird dann fast null, und der Strom würde unkontrolliert und extrem hoch ansteigen. Das ist, als würde man einen Gartenschlauch direkt an einen Hydranten anschließen – der Wasserdruck wäre für den kleinen Gartenschlauch riesig, und er könnte platzen bzw. aufreißen!

- **Was ist eine Stromspitze?** Ein Kurzschluss ist ein Beispiel für eine extreme Stromspitze. Das ist ein plötzlicher, sehr hoher Anstieg des Stromflusses, der in Millisekunden passiert. Solche Stromspitzen können deine empfindliche Elektronik wie den ESP32, Motortreiber oder Sensoren sofort zerstören, weil sie nicht dafür ausgelegt sind, so viel Strom zu verarbeiten.

Genau hier greift die Feinsicherung ein: Bevor eine solche Stromspitze deine Elektronik erreicht und beschädigt, opfert sich die Sicherung selbst. Sie brennt durch, der Stromkreis ist unterbrochen, und dein Roboter-Auto und die Elektronik sind gerettet. Du musst dann zwar eine neue Sicherung einsetzen, aber das ist viel günstiger und einfacher, als neue Elektronik zu kaufen.

7.7 Die richtige Spannung: der Spannungswandler

Die 18650-Akkus liefern, je nach Ladezustand und Anzahl, eine Spannung, die für manche Bauteile – insbesondere den ESP32, der 5,0 V benötigt – zu hoch sein kann. Die TT-Motoren arbeiten oft mit einer 6-V-Spannung. Damit alle Komponenten die richtige und stabile Spannung erhalten, nutzen wir im Roboter-Auto einen *Spannungswandler*, der auch im Englischen Step-Down-Converter genannt wird.

Was macht dieses Modul?

- **Spannungswandler (Step-Down-Konverter):** Ein Spannungswandler (auch DC-DC-Wandler genannt) nimmt eine höhere Eingangsspannung zum Beispiel von deinen drei Akkus im Roboter-Auto und wandelt sie effizient in eine niedrigere, stabile Ausgangsspannung zum Beispiel von 5 V um.
- **Meist auf 5 V eingestellt:** Die Spannungswandler, die ich für meine Projekte verwende, haben meistens einen USB-Ausgang, der eine stabile 5-V-Spannung liefert. So kann ich mit einem einfachen USB-Kabel den ESP32 mit Strom versorgen.

Du schließt zum Beispiel den Akkuhalter mit drei 18650-Zellen an den Eingang des Spannungswandlers an. Einer der beiden USB-Ausgänge des Konverters (5 V) versorgt dann den ESP32 und der andere USB-Ausgang zum Beispiel LEDs, die ebenfalls eine 5-V-Spannung für ihren Betrieb benötigen.

In Abbildung 7.8 siehst du solch einen Spannungswandler, wie ich ihn gerne in meinen DIY-Projekten verbaue. Diese Bauform mit zwei USB-Ausgängen ist auch meine Empfehlung, da er sich bei mir auch unter Dauereinsatz bewährt hat, nicht heiß wurde und konstant seine Spannung von ca. 5 V bei 1,5 A abgegeben hat. Laut technischer Beschreibung kann er auch mit einem höheren Stromverbrauch belastet werden; das habe ich aber noch nie in einem längeren Test ausprobiert.

Abbildung 7.8 Spannungswandler mit doppeltem USB-A-Ausgang

7.8 Beleuchtung: NeoPixel-LEDs

Für coole Lichteffekte und zur Anzeige des Roboter-Status nutzen wir adressierbare LEDs, die oft als NeoPixel bezeichnet werden. Das sind ganz normale, gut erhältliche LEDs. Jede einzelne LED kann in Farbe und Helligkeit separat angesteuert werden.

Warum NeoPixel LEDs?

- **Jede LED einzeln steuerbar:** Du kannst jede LED in einer Kette oder einem Ring in einer anderen Farbe oder Helligkeit leuchten lassen.
- **Benötigen nur einen Pin:** Eine ganze Kette von LEDs wird über nur einen einzigen Daten-Pin vom ESP32 gesteuert. So ist es bei NeoPixel-LEDs möglich, dass jede einzelne LED in der Kette in einer individuellen Farbe leuchtet.
- **Bunte Effekte:** Du kannst laufende Lichter, Farbwechsel, Blinken und viele andere tolle Effekte programmieren, um deinem Roboter Persönlichkeit zu verleihen.

!

Stromfresser: NeoPixel und deine Spannungsversorgung

NeoPixel-LEDs machen dein Roboter-Auto zum echten Hingucker! Aber Vorsicht: Jede einzelne LED, die leuchtet, braucht Strom. Und wenn du viele LEDs verbaust, kann der Stromverbrauch schnell ganz schön in die Höhe schießen. Dann ist es wichtig, dass deine 5-V-Spannungsversorgung – das ist der Step-Down-Konverter, der die Akkuspannung auf 5 V für die LEDs regelt – ausreichend stark ist. Sonst wird er überlastet und könnte sehr heiß werden, oder die LEDs leuchten nicht richtig.

Wann wird eine extra Stromleitung nötig?

NeoPixel-LEDs sind erstaunlich effizient, aber sie können bei voller Helligkeit und weißem Licht viel Strom ziehen. Man rechnet grob mit etwa 60 mA pro LED, wenn sie auf volle Helligkeit in Weiß eingestellt ist.

Beispielrechnung

Stell dir vor, du hast einen LED-Streifen mit 100 NeoPixel-LEDs gekauft. Wenn du die alle gleichzeitig in strahlendem Weiß leuchten lässt, ist der maximale Stromverbrauch:

100 LEDs × 60 mA pro LED = 6.000 mA

6.000 mA sind 6 Ampere (A)!

Ein normales, dünnes Kabel ist für solch hohe Ströme nicht ausgelegt. Das ist, als würdest du versuchen, das Wasser aus einem riesigen Feuerwehrschlauch durch einen dünnen Gartenschlauch zu pressen – das würde nicht lange gut gehen! Das Kabel würde heiß werden, der Strom könnte nicht richtig fließen, und im schlimmsten Fall könnte das Kabel schmelzen oder einen Kurzschluss verursachen.

Faustregel

Wenn dein LED-Setup über 50 bis 60 LEDs (gerechnet bei voller Helligkeit in Weiß) hinausgeht, solltest du darüber nachdenken, zusätzliche Stromkabel zu den LEDs zu legen. Das nennt man auch *Power Injection* oder »Strom einspeisen«. Du solltest vielleicht immer nach 30 LEDs zusätzlich die Spannungsversorgung anschließen.

Das bedeutet, du versorgst zum Beispiel den 100 LEDs langen Streifen nicht nur am Anfang, sondern auch in der Mitte und am Ende noch einmal separat mit Strom von deiner 5-V-Quelle. So verteilst du den Stromfluss auf mehrere Kabelwege und entlastest das Eingangskabel. Das ist so, als würdest du nicht nur eine einzige Wasserleitung zum Haus legen, sondern mehrere, damit genug Wasser ankommt, wenn alle Duschen gleichzeitig laufen. Das sorgt für eine stabile und sichere Spannungsversorgung deiner LEDs und verhindert, dass Kabel überhitzen oder die LEDs am Ende des Streifens dunkler leuchten als die am Anfang. Aber wenn du wirklich 100 LEDs verbaust, dann muss die 5-V-Spannungsquelle auch die ca. 6 A liefern können. Mit dem von mir verwendeten Spannungswandler geht das nicht, und du würdest bei 100 LEDs mindestens zwei Stück brauchen.

Jetzt aber wieder zurück zum Roboter-Auto und den LEDs dort. Ich habe die vorderen und hinteren LEDs im Roboter-Auto selbst aus einzelnen LEDs zusammengelötet. Die 2 × 6 einzelnen LEDs habe ich mir aus der in Abbildung 7.9 gezeigten 10×10-LED-Matrix herausgebrochen.

Abbildung 7.9 RGB-LEDs mit einzeln herausbrechbaren LEDs

7.9 Fernsteuerung: Sony PS4/PS5 Gamecontroller

Um dein Roboter-Auto bequem fernzusteuern, nutzen wir einen handelsüblichen Sony[1] PS4 oder PS5 Gamecontroller.

---

1 Die Bezeichnungen Sony, PlayStation und PS$/PS5 sind geschützte Marken der Sony Interactive Entertainment Inc. Die Verwendung in diesem Buch dient ausschließlich der Identifizierung der kompatiblen Hardware und stellt keine offizielle Partnerschaft oder Unterstützung durch Sony dar.

Warum einen Gamecontroller?

- **Komfortabel zu bedienen:** Gamecontroller sind ergonomisch geformt und ermöglichen eine intuitive Steuerung mit Sticks und Buttons.
- **Bluetooth:** Die Controller kommunizieren über Bluetooth, und der ESP32 hat Bluetooth integriert, sodass keine zusätzlichen Module für die Kopplung von ESP32 und Gamecontroller benötigt werden.
- **Viele Buttons und Achsen:** Die vielen Tasten und Analog-Sticks bieten dir viele Möglichkeiten, verschiedene Funktionen deines Roboters zu steuern.

Abbildung 7.10 Sony PS5 Gamecontroller nutzen wir für die Fernsteuerung des Roboter-Autos.

Ich empfehle tatsächlich den Sony Game Controller, da ich mit ihm am wenigsten Probleme hatte, ihn mit meinen Programmen und verwendeten Bibliotheken mit dem ESP32 erfolgreich zu verbinden, und da vor allem alle Tasten und Joysticks richtig erkannt wurden.

7.10 Spannung im Blick: die digitale Spannungsanzeige

Damit du immer weißt, wie viel Energie noch in deinen Akkus steckt, bauen wir eine kleine digitale Spannungsanzeige direkt in das Cockpit des Roboter-Autos ein. Sie zeigt die aktuelle Spannung des 18650-Akkupacks in Echtzeit an.

Wir verwenden ein 0,28 Zoll großes DC LED Digital Voltmeter. Diese Module können typischerweise Spannungen bis 100 V messen, was für unseren ca. 12-V-Akkupack völlig ausreichend ist. Die Anzeige ist hell, gut ablesbar und verbraucht nur wenig Strom.

- Messbereich: 0–100 V DC
- Anzeige: helle LED-Ziffern (oft in Rot, Blau oder Grün erhältlich)
- Größe: sehr kompakt (0,28 Zoll)
- Anschluss: direkt an die Batteriepole

In Abbildung 7.11 ist die Anzeige eingebaut in das 3D-gedruckte Fahrerhaus meines Roboter-Autos.

Abbildung 7.11 Digitale Spannungsanzeige, die eine Spannung der drei 18650-Akkus von 11,6 V anzeigt

Die Platzierung der beiden Anzeigen, also des OLED-Displays und der Spannungsanzeige, nebeneinander im Fahrerhaus sieht nicht nur toll aus, sondern ist auch praktisch: Ein Blick in das Fahrerhaus genügt, um den Akkustand zu prüfen. Das hilft Kindern, ein Gefühl für Energieverbrauch zu entwickeln und ob die Akkus wieder geladen werden müssen.

Isolierung beim Einbau

Achte beim Einbau der Spannungsanzeige auf eine gute Isolierung der sehr nahe nebeneinanderliegenden Kontakte auf der Rückseite. Die Spannungsanzeige wird später so im Roboter-Auto verschaltet, dass sie über den Hauptschalter des Roboters mit ein- und ausgeschaltet wird.

7.11 Kleinmaterial: Kabel, Verbinder und mehr

Neben den Hauptkomponenten, die ich dir vorgestellt habe, benötigst du auch noch verschiedene Kleinmaterialien, um zum Beispiel alle Komponenten miteinander zu verbinden oder ordentlich zu befestigen:

- **DuPont-/Jumper-Kabel:** Diese Kabel mit Steckern (*Male*) oder Buchsen (*Female*) an den Enden sind super, um Module einfach miteinander und mit dem ESP32 zu verbinden, ohne löten zu müssen. Du benötigst verschiedene Längen und Ausführungen wie Stecker-Stecker, Stecker-Buchse und wohl am häufigsten die Version Buchse-Buchse.

  Es gibt drei Typen von Jumper-Kabeln, die für den Bau des Roboter-Autos verwendet werden und die die Verbindung der einzelnen Komponenten sehr vereinfachen. In Abbildung 7.12 sind die drei Typen von Jumper-Kabeln von oben nach unten zu sehen:

  - Female-to-Male-Jumper-Kabel
  - Male-to-Male-Jumper-Kabel
  - Female-to-Female-Jumper-Kabel

Abbildung 7.12 Verschiedene Typen von Jumper-Kabeln

- **2-adriges Silikonkabel:** Für die Spannungsversorgung der Motoren und andere Verbindungen, die gelötet werden, benötigst du flexible Kabel, die du auf die benötigte Länge kürzen kannst. Ich verwende hier immer sehr gerne ein 2-adriges Kabel mit einem Querschnitt von 0,32 mm².

Abbildung 7.13 2-adriges Silikonkabel auf 5-m-Rolle

- **JST-Stecker:** Diese kleinen JST-Stecker (*JST: Japan Solderless Terminal*) sind ideal für die Spannungsversorgung der Motoren und LEDs, da sie sich einfach verbinden und wieder trennen lassen und durch ihre Bauform eine sichere, wackelkontaktfreie Verbindung herstellen. In Abbildung 7.14 siehst du die zwei Arten von JST-Steckern, die ich in dem Roboter-Auto verbaut habe: einen mit vier Adern, um das Fahrerhaus zu verkabeln, und einen mit zwei Adern, um zum Beispiel die Spannungsversorgung zwischen Batterie und Motortreiber zu verkabeln.

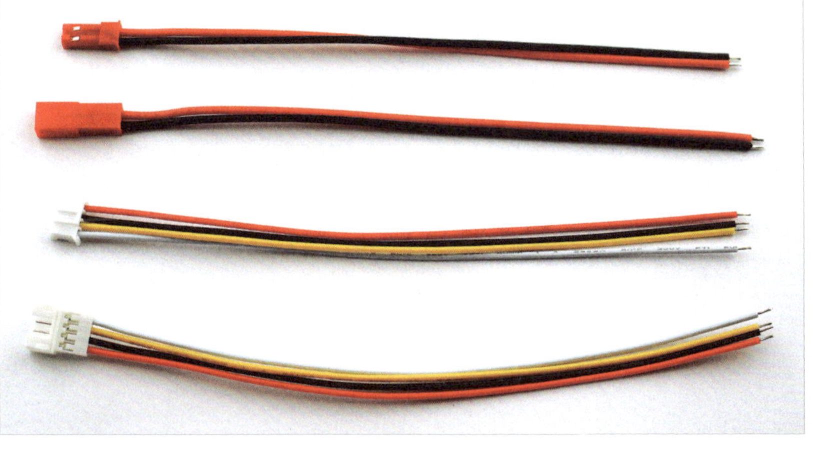

Abbildung 7.14 JST-Stecker mit zwei und vier Adern

- **USB-A-Kabel:** Für die Spannungsversorgung der LEDs im Roboter-Auto brauchst du ein ca. 20 cm langes USB-A-Kabel. Ich habe mir von einer alten Computermaus, die ich vom Wertstoffhof mit nach Hause nehmen durfte, das Kabel mit USB-A-Stecker abgeschnitten. Denn wir brauchen ein USB-A-Kabel mit offenen Enden, sodass wir die Spannungsversorgung der LEDs später damit anschließen können.
- **Kupferdraht:** Für die Reihenschaltung der LEDs benötigst du ca. 1 m Kupferdraht mit einem Querschnitt von ca. 0,5 bis 1 mm. Ich habe mir diesen Kupferdraht im Baumarkt von einer großen Rolle abschneiden lassen.
- **Schrauben und Muttern (falls nicht im Chassis integriert):** Je nach 3D-Design des Chassis benötigst du kleine M3-Schrauben und -Muttern, um zum Beispiel die TT-Getriebemotoren am Chassis zu befestigen.
- **Kabelbinder:** Zum Ordnen von etwas zu losen Kabeln haben sich kleine Kabelbinder sehr bewährt. So sieht deine Verkabelung im Inneren des Roboter-Autos gleich aufgeräumt aus.
- **Schrumpfschlauch:** Einen Schrumpfschlauch solltest du, wenn du etwas lötest, immer griffbereit haben, um saubere und sichere Verbindungen von Kabeln herstellen zu können. Ein Schrumpfschlauch ist ein spezieller Kunststoffschlauch, den du über offene Lötstellen oder Kabelverbindungen schiebst. Wenn du ihn dann erhitzt, zieht er sich zusammen und schmiegt sich fest um die Verbindung. Das schützt die Stelle vor Kurzschlüssen, Feuchtigkeit und sorgt auch dafür, dass deine Kabel nicht so leicht abbrechen. Zum Schrumpfen kannst du vorsichtig mit einem heißen Lötkolben (aber wenn möglich nicht direkt berühren!) oder ganz kurz mit einer kleinen Flamme eines Feuerzeugs darüberfahren. Pass aber auf, dass du den Schrumpfschlauch nicht verbrennst, sondern nur erwärmst, bis er sich schön festzieht!

7.12 Übersicht der benötigten Komponenten

Damit du beim Einkaufen der notwendigen Komponenten für dein Roboter-Auto nichts vergisst, findest du in Tabelle 7.1 mit allen benötigten Komponenten. Ich verweise aber auch hier wieder auf meinen Blog, auf dem ich diese Liste ebenfalls veröffentliche und aktuell halten werde:

https://custom-build-robots.com/Einkaufsliste

Komponente	Anzahl	Anmerkungen
ESP32 Dev Kit	1	das Gehirn des Roboter-Autos
TT-Getriebemotoren mit Rädern	4	für die Fortbewegung
L298N-Motortreiber	1	zur Steuerung der vier Motoren
Spannungswandler (Step-Down-Konverter)	1	zur Spannungsversorgung der Elektronik mit zwei USB-Ausgängen
USB-A-Kabel	1	20 cm langes USB-A auf Micro-USB für die Stromversorgung des ESP32
USB-A-Kabel, offenes Ende	1	ein altes USB-A-Kabel mit offenem Ende für die NeoPixel-Stromversorgung
18650-Lithium-Ionen-Akkus	3	als Energiequelle
18650-Batteriehalter	1	zum Halten der drei 18650-Akkus
Feinsicherung 2A	1	am besten direkt eine Packung mit zehn Sicherungen anstatt einzelner
Sicherungshalter	1	am besten direkt eine Packung mit ca. acht Sicherungshaltern anstatt einzelner
Lüsterklemmen	1 Pack	ein Pack kleine Lüsterklemmen, 2,5–4,0 mm^2
Einbau-Druckschalter	1	Druckschalter mit Schraubanschlüssen, 2 A Schaltleistung
OLED-Display SSD1306 (I2C)	1	zur Anzeige von Informationen
NeoPixel-LEDs	12 Stück/Ring	für die Beleuchtungseffekte
Bluetooth-Gamecontroller	1	für die Fernsteuerung

Tabelle 7.1 Einkaufsliste für dein Roboter-Auto

Komponente	Anzahl	Anmerkungen
Jumper-Kabel	40 × 20 cm	ein Sortiment von verschiedenen Ausführungen (Buchse-Buchse, Stecker-Buchse und Stecker-Stecker)
2-adriges Kabel mit Querschnitt 0,32 mm^2	5-m-Rolle	flexibles 2-adriges Kabel (rot/ schwarz) für die Spannungsversorgung
JST SM 2-Pin / 4-Pin Stecker/Buchsen	5 Paare jeweils	für den Hauptschalter, OLED-Display und Spannungsversorgung des Motortreibers
Schrauben und Muttern (M3)	20 Stück	zum Befestigen der Komponenten abhängig vom Chassis
Schrumpfschlauch	verschiedene Größen	zur Isolierung von Lötstellen

Tabelle 7.1 Einkaufsliste für dein Roboter-Auto (Forts.)

Buchempfehlung: Das umfassende ESP32-Handbuch

Wenn du tiefer in die Programmierung und die Möglichkeiten des ESP32 eintauchen möchtest, kann ich dir das Buch »Mikrocontroller ESP32 – Das umfassende Handbuch« von Udo Brandes wärmstens empfehlen. Ich nutze es selbst gerne als Nachschlagewerk.

Das Buch ist praxisnah, komplett in Farbe und enthält viele nützliche Fritzing-Schaltpläne. Es deckt alles von den Grundlagen (Arduino IDE 2.0, ESP-IDF) bis zu fortgeschrittenen Themen wie SPI, I2C, WLAN, Bluetooth, OTA-Updates und Deep Sleep ab. Ideal für Anfänger und Fortgeschrittene.

Mein Fazit: Ein hervorragendes Buch für alle, die den ESP32 wirklich verstehen und meistern wollen.

7.13 Was kommt als Nächstes?

Im folgenden werde ich dir zeigen, wie die Spannungsversorgung im Roboter-Auto umgesetzt wird und bereits ein Teil der Komponenten mit Strom versorgt wird. Die Spannungsversorgung ist, wenn du die gleichen Komponenten wählst, wie ich sie hier im Buch beschreibe, immer gleich und unabhängig davon, ob du dein Chassis aus Pappe gebaut hast oder das von mir entworfene 3D-gedruckte Modell verwendest.

Kapitel 8

Die Spannungsversorgung des Roboter-Autos

Ohne Energie läuft nichts! Dieses Kapitel führt dich in den Aufbau der Spannungsversorgung für dein Roboter-Auto ein. Lerne, wie du die Akkus sicher anschließt, den Hauptschalter integrierst und so dein Projekt mit der nötigen Power versorgst.

Mit dem fertigen Chassis aus Kapitel 3 kümmern wir uns nun um das Herzstück jedes mobilen Roboters: die Spannungsversorgung. Ich zeige dir jetzt, wie du die 18650-Lithium-Ionen-Akkus sicher mit dem Spannungswandler verbindest und einen Hauptschalter in dein Roboter-Auto integrierst. So wird dein ESP32-Roboter-Auto für Kinder zuverlässig und sicher mit Energie versorgt. Alle notwendigen Komponenten für die Spannungsversorgung werden in deinem Roboter-Auto montiert und die Kabel ordentlich nach den Möglichkeiten des gewählten Chassis verlegt.

8.1 Warum drei 18650-Akkus als Spannungsquelle?

Drei in Reihe geschaltete 18650-Li-Ion-Akkus liefern eine Spannung von etwa 11,1 bis 12,6 V abhängig vom Ladezustand der Zellen. Diese Spannung ist ideal, um:

- die TT-Getriebemotoren über den L298N-Motortreiber direkt in einer Reihenschaltung mit ausreichend Energie zu versorgen.
- den ESP32-Mikrocontroller und andere 5-V-Komponenten wie die LEDs über einen Spannungswandler stabil mit 5 V zu betreiben.

Diese Konfiguration ist leistungsstark genug für das Roboter-Auto, das wir zusammenbauen, relativ kostengünstig (besonders mit Upcycling-Zellen) und flexibel für DIY-Projekte.

8.2 Benötigte Komponenten für die Spannungsversorgung

In den jetzt folgenden Kapiteln werden wir zusammen die Spannungsversorgung für dein Roboter-Auto aufbauen. Die folgenden Bauteile werden wir als Nächstes benötigen:

- drei 18650-Li-Ion-Zellen
- Batteriehalter für drei 18650-Zellen (mit Anschlusskabeln)
- Feinsicherung und Sicherungshalter
- DC-DC-Spannungswandler mit zwei USB-Ausgängen
- einen Ein-/Ausschalter (Taster)
- Lüsterklemmen mit 1×4- und 1×3- und 3×1-Anschlüssen
- für die Spannungsversorgung ein 2-adriges Kabel, rot/schwarz mit einem Querschnitt von 0,32 mm^2
- Heißkleber mit Heißklebepistole zur Befestigung diverser Bauteile
- Schrumpfschlauch zur Isolierung von Kabeln

Der ESP32-Mikrocontroller wird in diesem Kapitel noch nicht direkt angeschlossen, aber der Platz im Roboter-Auto bzw. auf dem Elektronikträger wird bereits vorgesehen. Das ist wichtig für die spätere logische Verkabelung der elektronischen Komponenten.

8.3 Aufbau der Spannungsversorgung

Wir beginnen damit, die Hauptkomponenten der Spannungsversorgung auf dem 3D-gedruckten Elektronikträger zu positionieren und zu befestigen, sodass diese ausreichend Platz haben und gut zugänglich sind.

Ich werde dir ab jetzt den weiteren Zusammenbau der Spannungsversorgung des Roboter-Autos am Beispiel meines 3D-gedruckten Elektronikträgers zeigen. Den Elektronikträger selbst erkläre ich in Abschnitt 9.3.5 ausführlicher, wenn du das 3D-gedruckte Roboter-Auto baust. Wenn du zum Beispiel dein Roboter-Auto aus Pappe aufbaust, wird der Elektronikträger bei dir sehr wahrscheinlich auch aus Pappe sein.

Finde die beste Anordnung der Teile

Ich habe den Batteriehalter, den Spannungswandler und die Lüsterklemme mit etwas Heißkleber sicher auf dem Elektronikträger fixiert. Platziere die Lüsterklemme mit drei Anschlüssen zum Beispiel auf der Unterseite des Elektronikträgers für eine saubere Kabelführung, aus Platzgründen bietet sich beim 3D-Modell diese Position gut an.

In Abbildung 8.1 siehst du die Unterseite des Elektronikträgers mit der bereits aufgeklebten Lüsterklemme, die als zentraler Verteilerpunkt für die 12-V-Spannungsversorgung im Roboter-Auto dient.

8.3.1 Wichtige Sicherheitshinweise

Beim Basteln mit Elektronik und Akkus kann es immer zu Kurzschlüssen kommen. Daher möchte ich dir einige Sicherheitstipps geben. Wenn du diese beachtest, wirst du erfolgreich und ohne Aufregung dein Roboter-Auto bauen.

- Setze die Akkus erst ganz am Schluss ein! Arbeite nicht an der Verkabelung, während die Akkus eingelegt sind.
- Verwende eine Feinsicherung mit 2 A, die direkt in die Energieversorgung nach dem Batteriehalter integriert ist.
- Stelle sicher, dass keine abisolierten Kabelenden offen liegen oder sich berühren können (Kurzschlussgefahr!).
- Verwende Schrumpfschlauch zur Isolierung, wenn du zum Beispiel zwei Kabel miteinander verbunden hast.
- Verzinne die Enden der Litzenkabel leicht mit Lötzinn, bevor du sie in die Lüsterklemme schraubst – das sorgt für einen besseren Kontakt und verhindert abstehende Drähtchen.
- Achte penibel auf die korrekte Polung (+ an +, – an –)! Eine falsche Verkabelung kann schnell zu einem Kurzschluss führen.

Nun erfolgt die Verkabelung an der Lüsterklemme auf der Unterseite des Elektronikträgers. Diese dient dazu, die Energie, die vom Batteriehalter kommt, im Roboter-Auto zu verteilen und den Hauptschalter, Spannungswandler, Motortreiber und die Spannungsanzeige in den Stromkreis des Roboter-Autos zu integrieren.

Tabelle 8.1 beschreibt die Belegung der Lüsterklemme wie in Abbildung 8.1 nummeriert. Lies dir in Ruhe die Belegung durch, und überlege, wie du diese am besten in deinem Roboter-Auto umsetzen kannst.

Klemme	Verbindung/Kabel
1	+12 V vom Batteriehalter kommend (rotes Kabel) über die 2-A-Feinsicherung geführt
2	GND vom Batteriehalter kommend (schwarzes Kabel)

Tabelle 8.1 Belegungsübersicht der Spannungsversorgung

Klemme	Verbindung/Kabel
3	GND zum Spannungswandler (VIN–)
4	+12 V zum Spannungswandler (VIN+) **und** zum L298N-Motortreiber (V_{CC}/12 V Eingang)
5	+12 V zum Ein-/Ausschalter gehend (von Klemme 5)
6	+12 V vom Ein-/Ausschalter kommend (geschaltetes Plus)

Tabelle 8.1 Belegungsübersicht der Spannungsversorgung (Forts.)

8.3.2 Erläuterung zur Schalterintegration

Das Pluskabel, das vom Batteriehalter kommt, geht an Klemme 1. Von Klemme 1 geht ein Kabel zum Eingang des Schalters via Klemme 5. Vom Ausgang des Schalters kommt ein Kabel zurück zur Klemme 6. Alle Komponenten, die geschaltet werden sollen, wie der Spannungswandler, der Motortreiber und die Spannungsanzeige, werden dann an Klemme 4 (geschaltetes Plus) und Klemme 2/3 (GND) angeschlossen.

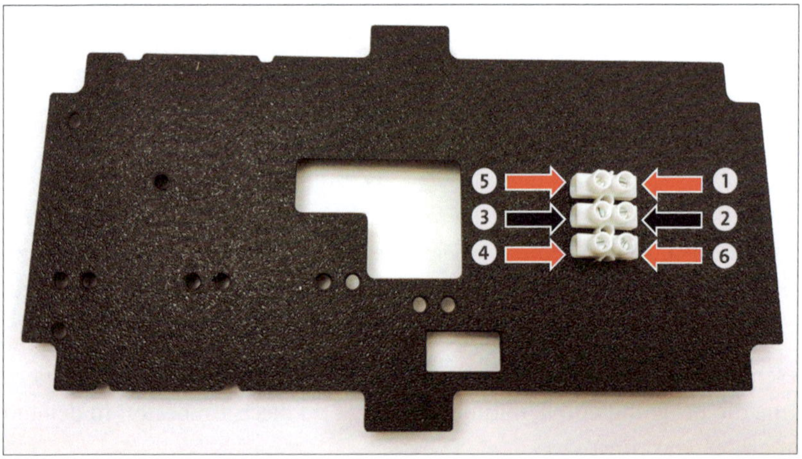

Abbildung 8.1 Die Unterseite des Elektronikträgers mit Lüsterklemme zur Stromverteilung

Achte auf die Farben

Im Bild führen rote Kabel +12 V (oder geschaltete +12 V), und schwarze Kabel führen Masse (GND).

Führe das rote und schwarze Kabel vom Batteriehalter durch das vorgesehene Loch auf die Unterseite des Elektronikträgers. Schließe das rote Kabel des Batteriehalters an dem Kabel der Feinsicherung an und das andere Kabel der Feinsicherung an der Klemme 1. So läuft der Strom von dem Batteriehalter über die Feinsicherung zur Klemme 1.

Führe als Nächstes die Kabel für den Spannungswandler VIN+ von Klemme 4 und GND zu VIN– von Klemme 3 durch die vorgesehenen Löcher auf der Oberseite des Elektronikträgers. Wenn das Kabel sauber ohne Schlaufen verlegt ist, schließe es an den Spannungswandler an.

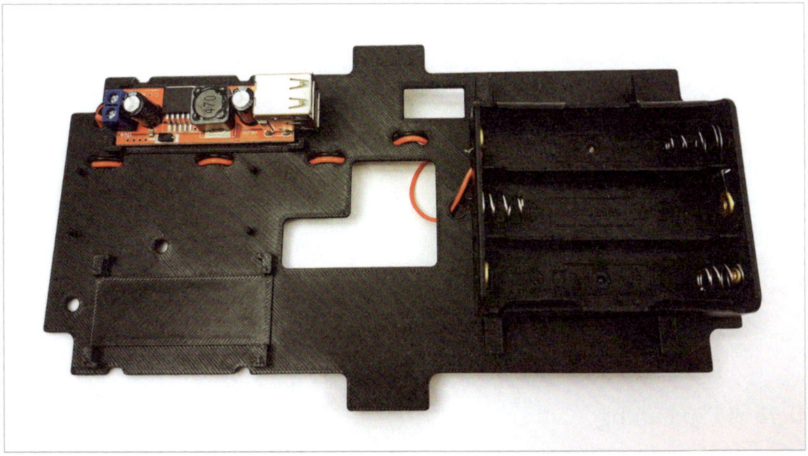

Abbildung 8.2 Oberseite des Elektronikträgers mit Spannungswandler und Batteriehalter

Als Nächstes schließen wir die Spannungsversorgung für den L298N-Motortreiber über dessen VIN+ von Klemme 4 und GND/VIN– von Klemme 3 an. Hier habe ich ein 2-adriges Kabel mit Stecker genommen, wie in Abbildung 8.3 zu sehen ist. So kann ich den Elektronikträger, wenn ich diesen einmal aus dem Roboter-Auto herausnehmen möchte, einfach vom Motortreiber durch Abziehen des Steckers trennen. Das vereinfacht eventuelle Wartungsarbeiten sehr. Auch ist in Abbildung 8.3 die Feinsicherung in ihrer Halterung oberhalb der 3er-Lüsterklemme zu sehen und wie ich den Sicherungshalter zwischen dem roten Kabel vom Batteriehalter kommend und dem Anschluss (1) der Lüsterklemme angeschlossen habe.

Nachdem du dich etwas mit der Verkabelung vertraut gemacht hast, schließen wir jetzt zusammen den JST-Stecker mit den vier Adern an. Dieser JST-Stecker mit seinen vier Kabeln in Weiß, Gelb, Rot und Schwarz ist eigentlich dafür gedacht, über das gelbe und weiße Kabel Daten zu übertragen, und das rote und schwarze Kabel sind für die Spannungsversorgung vorgesehen. Dieses Kabel verwenden wir jetzt aber etwas anders, nämlich mit allen vier Adern ausschließlich zur Spannungsversorgung.

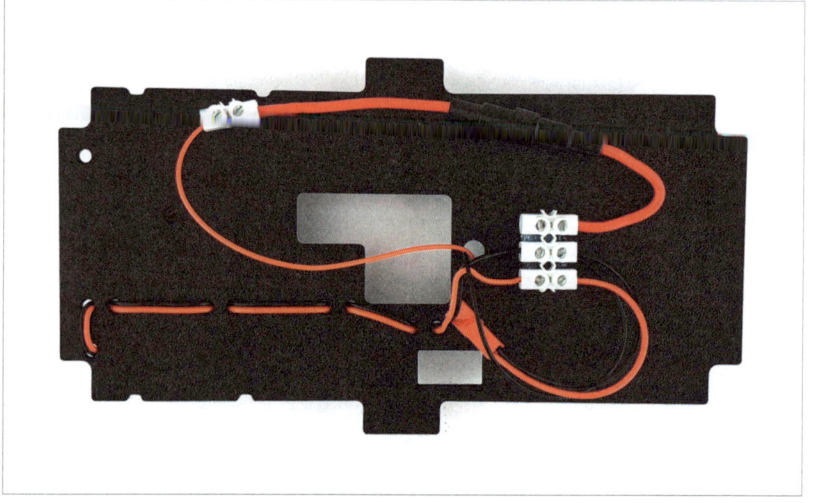

Abbildung 8.3 Die Unterseite des Elektronikträgers mit Spannungsversorgung für den Motortreiber und angeschlossener 2-A-Feinsicherung

Dokumentiere die Spannung

Daher könntest du einen kleinen Papierstreifen mit Tesafilm am Stecker anbringen, der einen Hinweis gibt, dass alle vier Adern mit 12 V beschaltet sind.

Durch diese Art der Nutzung können wir mit den vier Kabeln den Hauptschalter sowie die Spannungsanzeige im Fahrerhaus komfortabel über nur einen Stecker am 12-V-Stromkreis des Roboter-Autos anschließen. Dass wir hier wieder ein Kabel mit Stecker verbauen, bietet uns den großen Vorteil, den Deckel samt Fahrerhaus vom Unterbau des Roboter-Autos sehr einfach durch Abziehen des Steckers trennen zu können. Das erleichtert uns auch hier wieder den Zugriff in das Innere des Roboter-Autos für etwaige Wartungsarbeiten.

Dazu schiebst du von der Oberseite des Elektronikträgers kommend die vier Kabel (weiß, gelb, rot und schwarz) durch das Loch, durch das bereits die zwei Kabel der Batterie geführt sind. Schließe jetzt die vier Kabel entsprechend der Erläuterung aus Tabelle 8.1 an, wobei ich noch die Farbkodierung der vier Kabel und deren zukünftige Verkabelung im Fahrerhaus mit dem Schalter und der Spannungsanzeige im Detail erläutern möchte.

- **Weiß:** Das weiße Kabel leitet den Strom von Klemme 5 zum Ein-/Ausschalter im Fahrerhaus.
- **Gelb:** Das gelbe Kabel leitet den Strom vom Schalter zurück zur Klemme 6/4.
- **Rot:** Das rote Kabel geht zu der Spannungsanzeige im Fahrerhaus und wird an Klemme 6/4 angeschlossen.
- **Schwarz:** Das schwarze Kabel kommt zurück von der Spannungsanzeige und wird an Klemme 3/2 für GND angeschlossen.

Abbildung 8.4 zeigt die vier Kabel, wie diese an der Lüsterklemme angeschlossen werden.

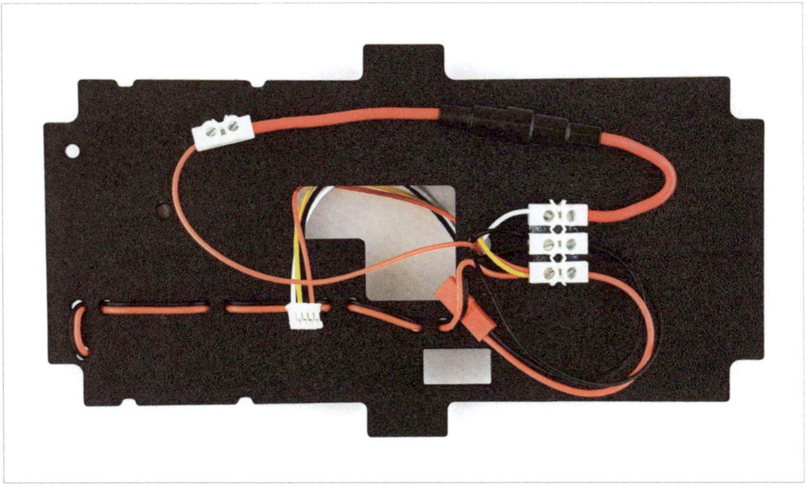

Abbildung 8.4 Unterseite des Elektronikträgers mit der Spannungsversorgung des Fahrerhauses

Jetzt hast du die Verkabelung der Spannungsversorgung der wichtigsten Komponenten – Spannungswandler, Fahrerhaus mit Stecker sowie Spannungsanzeige und Motortreiber – abgeschlossen und im Fall des Fahrerhauses vorbereitet. Die Einbindung des Fahrerhauses in die Spannungsversorgung mit Ein-/Ausschalter und Spannungsanzeige erläutere ich dir in Abschnitt 10.9.

Abhängig von deinem gewählten Chassis wird die Anordnung der einzelnen Bauteile im Chassis von meinem Elektronikträger des 3D-gedruckten Chassis abweichen. Aber die Verkabelung sollte 1:1 übertragbar sein, wenn du die gleichen Komponenten verbaut hast.

8.4 Was kommt als Nächstes?

Du hast schon einen Teil des 3D-gedruckten Chassis, nämlich den Elektronikträger, kennengelernt. Im folgenden Kapitel baust du das 3D-gedruckte Chassis komplett auf, und ich stelle dir ausführlich die Bauteile vor. Weiter erkläre ich dir kurz und knapp, worauf du beim Zusammenbau des 3D-gedruckten Chassis achten solltest.

Kapitel 9
Das 3D-Druck-Chassis – dein Roboter nimmt Gestalt an

Jedes starke Roboter-Auto braucht ein solides Fundament! In diesem Kapitel dreht sich alles um das Chassis deines Roboters – sein Skelett. Erfahre, wie wir das perfekte Gehäuse für alle Bauteile, die unser Roboter-Auto ausmachen werden, zusammenbauen und warum der 3D-Druck meiner Überzeugung nach ideal für genau so ein Projekt ist.

Bevor wir das Chassis zusammenfügen und verkleben, werfen wir einen genaueren Blick auf die einzelnen Teile des Chassis und warum es sich meiner Meinung nach so gut für unser Vorhaben, den Bau des Roboter-Autos, eignet:

- **Passgenauigkeit:** Es ist speziell für die in diesem Buch verwendeten Komponenten entworfen und bietet genau den Platz, den Bauteile wie ESP32, Motortreiber und Motoren brauchen.
- **Einzelne Chassis-Komponenten:** Die einzelnen Komponenten des Chassis können, wenn der Bedarf besteht, einzeln angepasst werden oder auch in unterschiedlichen Materialien oder Farben gedruckt werden. Das ermöglicht dir, dein Roboter-Auto allein schon über die Material- und Farbenwahl zu individualisieren.
- **Elektronikträger:** Der Elektronikträger ist ideal, um die einzelnen elektronischen Komponenten wie den ESP32, den Spannungswandler oder auch den Batteriehalter zu befestigen.
- **Stabilität und Leichtigkeit:** Die gewählte Struktur des Chassis sorgt für eine gute Stabilität bei geringem Gewicht des Materials.
- **Integrierte Halterungen:** Viele Befestigungspunkte für Schrauben oder zum Aufstecken sind bereits im Design berücksichtigt, was den Zusammenbau und das Verkleben der 3D-gedruckten Komponenten sehr erleichtert.
- **Klare Struktur:** Die Aufteilung in Bodenplatte, Rahmen und Elektronikträger hilft, den Überblick zu behalten.

Wie du an die benötigten 3D-gedruckten Teile kommst, hast du bereits in Kapitel 4 erfahren.

Hier aber noch einmal der Link zu den 3D-Druckdateien:

https://custom-build-robots.com/3D-Druck

Tabelle 9.1 gibt dir eine Übersicht über alle Komponenten, die du im 3D-Druck für dein Roboter-Auto brauchst. Ich habe auch vermerkt, wie oft du diese drucken musst.

Dateiname	Anzahl	Anmerkungen
Chassis_Bodenplatte.step	1	Auf die Bodenplatte wird das Chassis aufgebaut.
Chassis_Rahmen.step	1	Der Chassis-Rahmen bietet den Motoren Halt.
Chassis_Deckel.step	1	Verschließt das Chassis und trägt das Fahrerhaus.
Elektroniktraeger.step	1	Trägt die elektronischen Komponenten.
Fahrerhaus.step	1	Enthält die Halterungen für die beiden Anzeigen.
Fahrerhaus_Dach.step	1	Verschließt das Fahrerhaus nach oben.
Stossfaenger_vorne.step	1	Der Stoßfänger vorne ist gleichzeitig eine Halterung für den Chassis-Deckel und Anbauteile.
Stossfaenger_hinten.step	1	Am Stoßfänger hinten können ebenfalls Anbauteile befestigt werden.
Halterung_Motortreiber.step	1	Dient als Befestigung für den Motortreiber.
Auspuff.step	2	Der Auspuff ist eine optische Ergänzung.
Luftansaugung.step	1	Die Luftansaugung als optische Ergänzung stützt die Haltevorrichtung.
Motorabdeckung.step	1	Die Motorabdeckung ist eine optische Ergänzung.
Haltevorrichtung.step	6	An dieser Haltevorrichtung können wiederum unterschiedliche Halterungen wie ein Smartphone-Halter befestigt werden.

Tabelle 9.1 Tabelle der 3D-gedruckten Komponenten

In Abbildung 9.1 siehst du noch einmal alle Komponenten aus der Tabelle ausgedruckt.

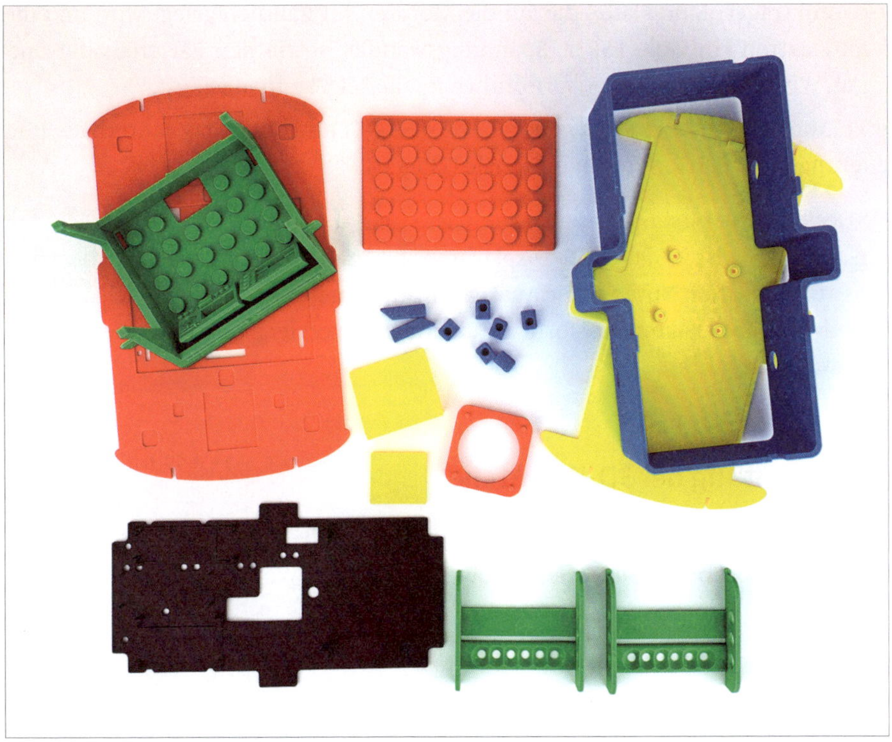

Abbildung 9.1 3D-Bauteile für das Chassis

Ich habe die Komponenten in verschiedenen Farben gedruckt, um das Roboter-Auto, das uns jetzt durch das Buch begleitet, auch hoffentlich schön aussehen zu lassen.

9.1 Aufbau des Beispiel-Chassis

Das Chassis für unser Roboter-Auto ist in mehrere Teile, die sogenannten Baugruppen, unterteilt, die später zusammengesteckt und miteinander verklebt werden. Dieses modulare Design erleichtert den Druck und den Zusammenbau erheblich und reduziert bei Fehldrucken den Materialeinsatz deutlich.

Wichtige Bereiche des Chassis sind:

- **Grundplatte:** Sie bildet die Basis und verschließt das Roboter-Auto nach unten.
- **Rahmen:** Wird auf die Bodenplatte gesetzt, und an dem Rahmen werden die vier TT-Motoren mit M3-Schrauben befestigt.

- **Elektronikträger:** Eine Platte, die auf die Motoren im Rahmen gelegt wird und die Haupt-Elektronikmodule ESP32, Spannungswandler sowie den Batteriehalter aufnimmt. Wir haben diese schon ausführlich in Kapitel 8 kennengelernt.
- **Deckel und Anbauteile:** Dazu gehören die obere Verkleidung, das Fahrerhaus und Halterungen für Sensoren oder optionale Gadgets.

Das 3D-Design berücksichtigt bereits Durchlässe für Kabel, die von dir genutzt werden können, um zum Beispiel das OLED-Display im Fahrerhaus anzuschließen. Auch sind in der Konstruktion schon Nuten sowie Aussparungen vorgesehen, die es einfach machen, die Bauteile in einer exakten Passform miteinander zu verkleben und zum Beispiel Kabel nach außen zu führen.

9.2 Vorbereitung der 3D-Druckteile

Bevor du mit dem Zusammenbau beginnst, stelle sicher, dass du alle gedruckten Teile aus Tabelle 9.1 zur Hand hast und diese gut verarbeitet sind. Worauf du kurz achten solltest:

- **Material:** Die empfohlenen Materialien wie PLA oder PETG sorgen für die nötige Stabilität.
- **Passgenauigkeit:** Teste in Ruhe, ob die Teile zusammenpassen. Kleinere Unebenheiten oder Grate (Supportreste), die beim Druck entstehen können, lassen sich oft vorsichtig mit einem kleinen Messer gut entfernen. Säubere zu enge oder nicht ganz runde Bohrlöcher gegebenenfalls vorsichtig per Hand, zum Beispiel mit einem passenden Bohrer.
- **Stabilität:** Die Teile sollten in sich stabil, also fest sein.
- **Befestigungspunkte:** Mache dich mit den vorgesehenen Nuten, Vertiefungen und Löchern vertraut, an denen du später die Anbauteile befestigt oder die Motoren festschraubst.

9.3 Dein 3D-Druck-Roboter-Chassis: die Bauteile im Detail

Schauen wir uns nun die einzelnen 3D-gedruckten Teile unseres Beispiel-Chassis genauer an, bevor wir sie montieren.

Schritt für Schritt

In diesem Schritt stecken wir alle Teile zunächst nur zur Probe zusammen. So siehst du, ob alles passt und ob Nacharbeiten notwendig sind. Das bedeutet, dass du jetzt die einzelnen Teile noch nicht miteinander verkleben wirst! Das Verkleben der Einzelteile machen wir erst später, wenn auch die Elektronik ihren Platz gefunden hat und wir sicher sind, dass alles passt.

9.3.1 Die Bodenplatte

Die Bodenplatte ist das Fundament deines Roboter-Autos. Stell sie dir wie den Kellerboden des Hauses vor. Diese 3D-gedruckte Platte hat eine spezielle Nut rundherum. In diese Nut wird später der Rahmen eingesetzt, um eine stabile Verbindung zu schaffen. Wenn du die Teile dann endgültig verklebst, ist UHU® Hart oder ein ähnlicher Kunststoffkleber gut geeignet für eine dauerhafte Verbindung.

STEP-Datei:

- Chassis_Bodenplatte.step

Abbildung 9.2 Die Bodenplatte

9.3.2 Die Motortreiberhalterung

Manchmal gibt es bei elektronischen Modulen kleine Unterschiede, auch wenn sie gleich heißen. Damit dein L298N-Motortreiber-Modul, das Kraftwerk für deine Motoren, perfekt passt, habe ich diese Motortreiberhalterung entworfen. Dieses 3D-gedruckte Bauteil ist dafür ausgelegt, dass der gängige L298N-Motortreiber einfach auf die vier Pins der Halterung gesteckt werden kann. Du klebst diese Halterung auf die Bodenplatte, und anschließend würdest du den Motortreiber aufstecken. Falls die Bohrungen deines Motortreibers doch anders sind, kannst du deinen Motortreiber auch direkt auf der Bodenplatte befestigen.

STEP-Datei:

- Halterung_Motortreiber.step

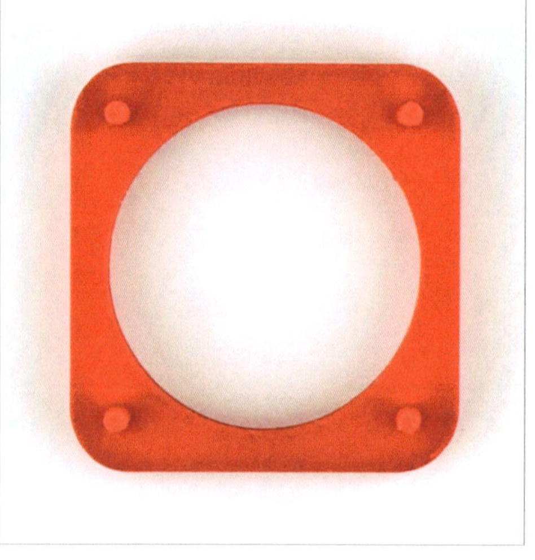

Abbildung 9.3 Die Halterung des Motortreibers

9.3.3 Der Rahmen

Der Rahmen ist ein weiteres wichtiges 3D-gedrucktes Bauteil. Er wird später auf die Bodenplatte gesetzt und passt genau in die Nut, die in der Bodenplatte einmal rundherum geht. So entsteht das Erdgeschoss deines Roboter-Autos. Der Rahmen hat Aussparungen, in die die vier TT-Motoren genau hineinpassen. Außerdem bietet er Platz für den Motortreiber und die vielen Kabel. Später legen wir den Elektronikträger – dazu gleich mehr – in den Rahmen auf den Motoren liegend ein. So sind alle wichtigen Kernkomponenten schön kompakt und gut geschützt im Inneren des Roboter-Autos untergebracht.

Passt alles?

Überprüfe jetzt schon mal, ob die Löcher im Rahmen für die Befestigungsschrauben der Motoren (M3-Schrauben) gut passen. Falls sie etwas eng sind, kannst du vorsichtig mit einem 3-mm-Bohrer durch leichte Drehbewegungen des Bohrers Kunststoff entfernen, der beim 3D-Druck zu viel aufgetragen wurde.

STEP-Datei:

- Chassis_Rahmen.step

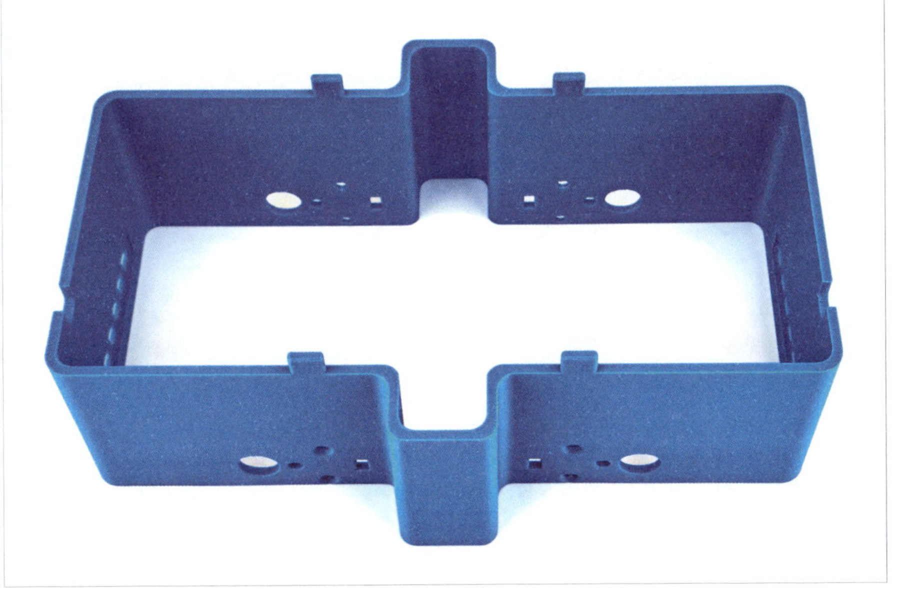

Abbildung 9.4 Der Rahmen des Autos

9.3.4 Der Stoßfänger

Damit dein Roboter auch einen kleinen Stoß oder Rempler gut verträgt, gibt es extra diesen coolen 3D-gedruckten Stoßfänger oder auch Frontschutzbügel genannt. Er wird vorne und hinten an den Rahmen gesteckt und dann mit etwas Klebstoff festgeklebt. An ihm können später auch Anbauteile befestigt werden wie Sensoren oder ein Servomotor.

Achte beim Zusammenstecken darauf, dass die kleinen Aussparungen im Rahmen, durch die später die Front- und Heck-LEDs leuchten, und die runden Löcher vorne und hinten im Frontschutzbügel genau übereinanderliegen. Falls das nicht der Fall sein sollte, tausche den vorderen mit dem hinteren Schutzbügel und prüfe, ob die Löcher für die LEDs dann besser übereinanderstehen.

STEP-Datei:

- Stossfaenger_vorne.step
- Stossfaenger_hinten.step

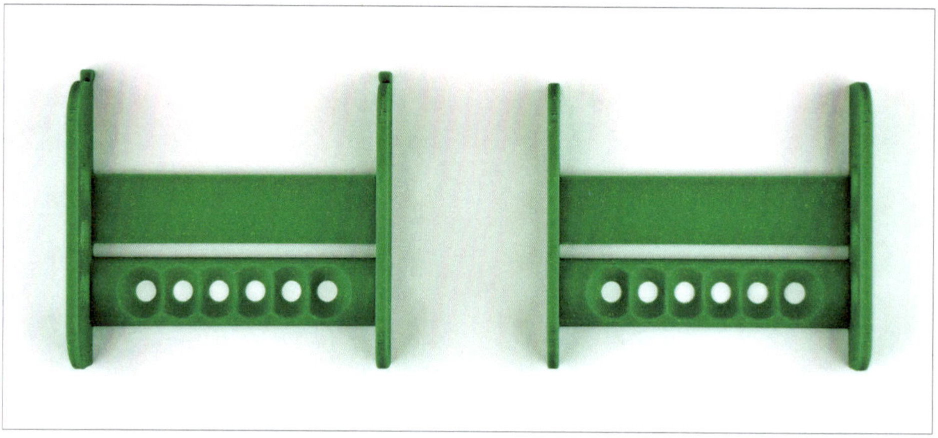

Abbildung 9.5 Der Frontschutzbügel

Wenn du dir die beiden Schutzbügel genau anschaust, hat einer der beiden oben zwei kleine Nasen. Dieser muss vorne am Roboter-Auto befestigt werden. Denn der Deckel wird später beim Aufsetzen unter diese Nasen geschoben, damit er noch zusätzlich einen besseren Halt hat.

9.3.5 Der Elektronikträger

Der Elektronikträger ist eine flache 3D-gedruckte Platte. Sie wird später, nachdem die Motoren im Rahmen sind, flach auf die Motoren gelegt. Diese Platte ist super praktisch, denn sie bietet Halterungen und Platz für die wichtigsten elektronischen Bauteile: dein ESP32-Board, den Step-Down-Konverter für die Spannungsversorgung und den Batteriehalter für die Akkus. Diese Komponenten kannst du am besten mit einem Tropfen Heißkleber auf dem Elektronikträger fixieren.

STEP-Datei:

- Elektroniktraeger.step

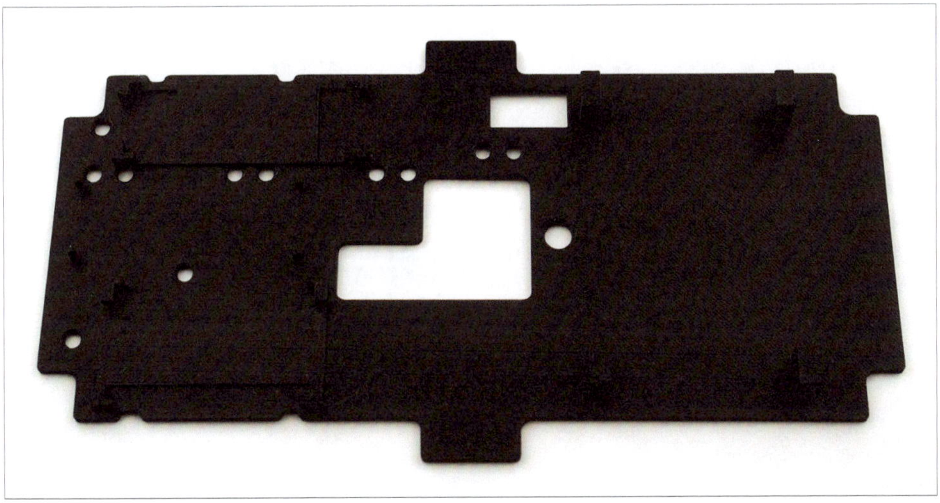

Abbildung 9.6 Der Elektronikträger

9.3.6 Der Deckel mit Anbauteilen

Der Deckel des Roboter-Autos besteht aus mehreren Teilen, die durch ihre Farben dem Roboter-Auto eine individuelle Note verleihen. Diese 3D-gedruckten Teile bilden zusammen die obere Abdeckung und die Verkleidung deines Roboters – quasi das Dach und die Karosserie. Du verklebst das Fahrerhaus mit dem Deckel erst später, nämlich dann, wenn die Elektronik in das Fahrerhaus eingesetzt ist und auch richtig funktioniert. Das kleine Dach kannst du nur stecken oder ganz am Schluss auf das Fahrerhaus kleben.

Die kleineren Anbauteile wie Motorabdeckungen, Lufteinlass vorne und Auspuffrohre kannst du jetzt schon auf den Deckel aufkleben. Achte besonders darauf, dass die sechs kleinen Halterungen, drei vorne und drei hinten, auf dem Hauptdeckel quer mit ihrer Bohrung zur Fahrtrichtung ausgerichtet sind. Sie sind dafür gedacht, dass du später weitere Anbauteile wie die Universalhalterung für zum Beispiel den Luftballon- und Nadelhalter oder die Smartphone-Halterung daran befestigen kannst.

STEP-Datei:

- Chassis_Deckel.step
- Auspuff.step
- Luftansaugung.step
- Motorabdeckung.step
- Haltevorrichtung.step

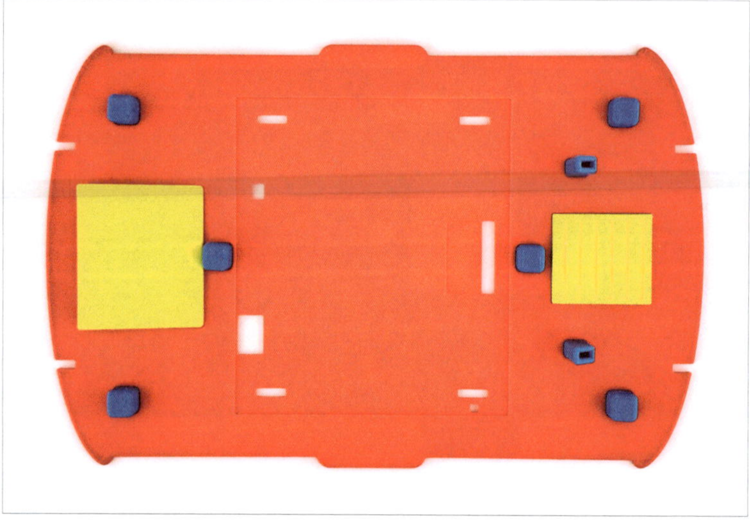

Abbildung 9.7 Die Deckel-Anbauteile

9.3.7 Das Fahrerhaus mit Dach

Das Fahrerhaus ist ein weiteres cooles 3D-gedrucktes Teil, das deinem Roboter sein typisches Aussehen gibt. Setze das Fahrerhaus jetzt nur probeweise auf den Deckel und prüfe, ob das Dach gut darauf sitzt. Noch nicht verkleben! Im Fahrerhaus finden später nämlich das OLED-Display und die digitale Spannungsanzeige ihren Platz, die wir zuerst montieren, testen und dann, wenn alles funktioniert, verkabeln werden.

STEP-Datei:

- Fahrerhaus.step
- Fahrerhaus_Dach.step

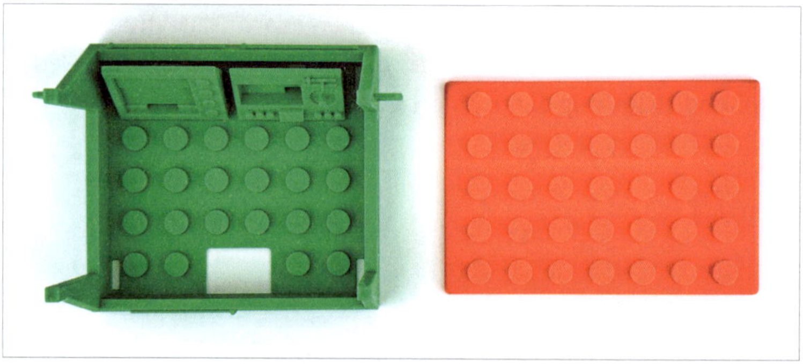

Abbildung 9.8 Das Fahrerhaus und Dach

9.3.8 Die Universalhalterung (optional)

Diese 3D-gedruckte Universalhalterung ist superflexibel einsetzbar und optional. Du kannst sie vorne oder hinten auf die drei kleinen Halterungen am Deckel aufstecken. Sie dient als Basis, um verschiedene andere Anbauteile darauf zu befestigen. Denkbar sind hier Halterungen für Sensoren, eine Kamera oder andere Gadgets, die du an deinem Roboter anbringen möchtest.

STEP-Datei:

- Halterung_fuer_Anbauteile.step

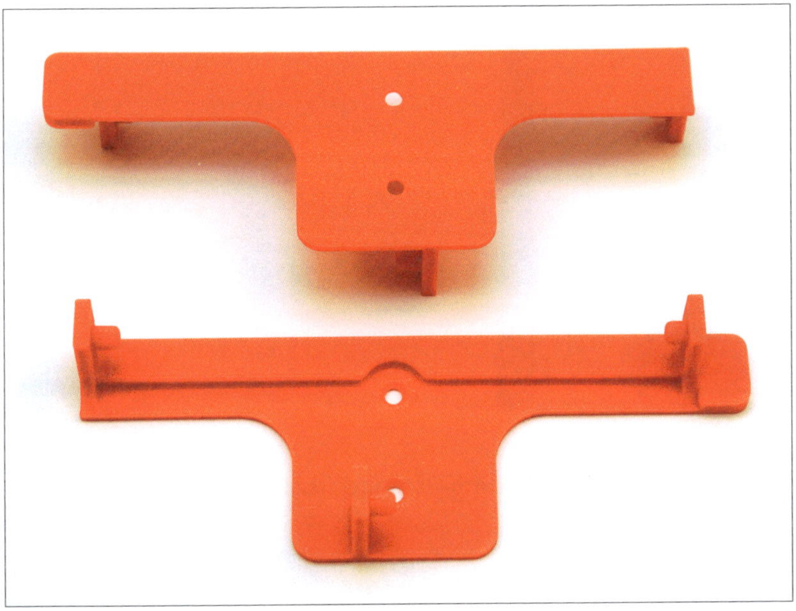

Abbildung 9.9 Die Universalhalterung

9.3.9 Der Nadel- und Luftballonhalter (optional)

Wenn du gerne Spiele mit deinem Roboter veranstalten möchtest, sind diese 3D-gedruckten Nadel- und Luftballonhalter eine lustige Ergänzung. Wenn du zwei Universalhalterungen gedruckt hast, kannst du diese Halterungen für Nadel und Luftballon mit kleinen M3-Schrauben an diesen befestigen. Eine Halterung ist für eine Nadel (vorne am Roboter), um Ballons zum Platzen zu bringen, und eine für einen Luftballon (hinten), zum Beispiel für ein Ballonstechen-Spiel.

Dann brauchst du aber zwei der Roboter-Autos, um gegeneinander in einem kleinen Wettbewerb antreten zu können.

STEP-Datei:

- Halterung_Ballon.step
- Halterung_Nadel.step

Abbildung 9.10 Der Nadelhalter (links) und Luftballonhalter (rechts)

9.3.10 Der Schiebeschild mit Bolzen (optional)

Auch dieser Schiebeschild ist optional und 3D-gedruckt. Er kann vorne, aber auch hinten auf den Schutzbügel gesteckt werden und mit den kleinen gedruckten Bolzen gesichert werden. Damit kann dein Roboter-Auto leichte Gegenstände verschieben – perfekt für kleine Aufräumaktionen oder um Hindernisse aus dem Weg zu räumen.

STEP-Datei:

- Schiebe_Schild.step
- Verbindungsbolzen.step

In Abbildung 9.12 siehst du alle Haupt-Chassis-Teile einmal probeweise zusammengesetzt, bevor mit dem Verkleben und dem Einbau der Elektronik begonnen wird. Achte bei dem Bild auf den Frontschutzbügel. Dort siehst du die bereits erwähnten zwei kleinen Nasen, unter die der Deckel für einen besseren Halt geschoben wird.

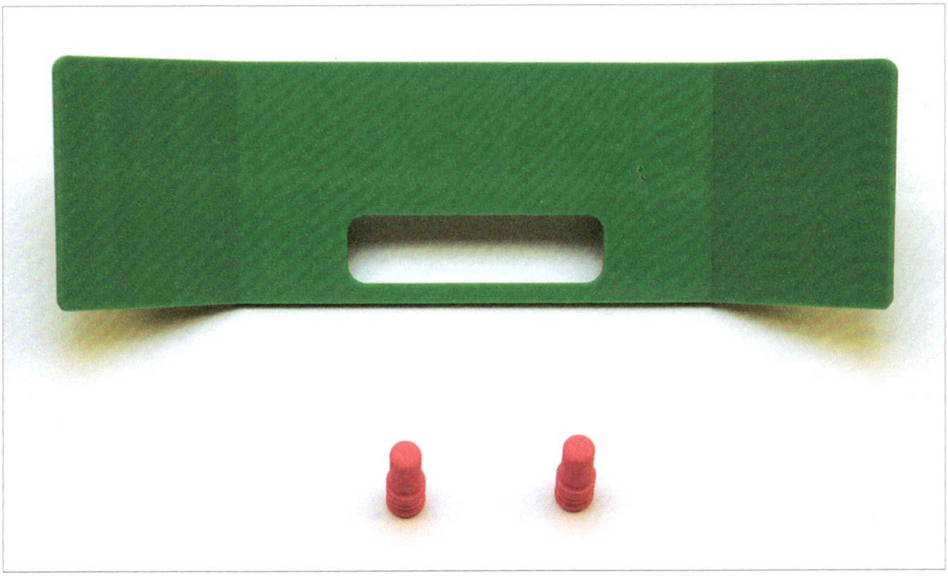

Abbildung 9.11 Der Schiebeschild

Nimm dir Zeit, die Passform zu prüfen und ein Gefühl dafür zu bekommen, wie dein Roboter-Auto zusammengebaut wird und später einmal aussehen wird.

Abbildung 9.12 Ein Probeaufbau ohne Anbauteile

9.4 Was kommt als Nächstes?

Jetzt kennst du alle 3D-gedruckten Teile des Roboter-Autos-Chassis und hast sie probehalber zusammengesteckt, wenn du dich für dieses Chassis entschieden hast. Im nächsten Kapitel widmen wir uns der Aufgabe, alles zusammenzubauen, von den 3D-gedruckten Bauteilen bis hin zur weiteren logischen Verkabelung und dem Einbau der Elektronik.

Kapitel 10
Schritt-für-Schritt-Montage des 3D-gedruckten Roboter-Autos

Aus Einzelteilen bauen wir ein Roboter-Auto! Folge der detaillierten Anleitung für das 3D-Druck-Chassis, setze dieses zusammen, integriere die elektronischen Komponenten in das Chassis, und verbinde sie logisch miteinander. Erlebe, wie dein Roboter-Auto mit jedem Montageschritt mehr Gestalt annimmt.

Jetzt wird es praktisch! Nachdem du in Kapitel 3 die verschiedenen Möglichkeiten kennengelernt hast, ein Chassis für dein Roboter-Auto zu bauen – sei es per 3D-Druck, aus LEGO®-Steinen oder aus Pappe –, und dich ganz bestimmt für eine Variante entschieden hast, geht es in diesem Kapitel um den Zusammenbau des Chassis am Beispiel des 3D-gedruckten Roboter-Autos.

10.1 Fokus auf das 3D-Druck-Beispiel

Für die detaillierten Anleitungen und Abbildungen in diesem Kapitel konzentrieren wir uns auf das 3D-gedruckte Chassis, das wir bereits in Abschnitt 3.1 vorgestellt haben. Dieses von mir speziell entworfene Chassis bietet klare Befestigungspunkte und Strukturen, die es ermöglichen, die einzelnen Montageschritte und die Verkabelung anschaulich und gut nachvollziehbar zu erklären.

Übertragbarkeit auf LEGO® und Pappe

Keine Sorge, falls du dich für ein Chassis aus LEGO® (Abschnitt 3.2) oder Pappe (Abschnitt 3.3) entschieden hast! Die mechanische Befestigung der Bauteile sieht in diesem Fall natürlich anders aus, zum Beispiel Stecken bei Klemmbausteinen oder Kleben bei Pappe. Aber die grundlegenden Schritte der Komponentenplatzierung und die Fragen, die sich damit ergeben (wo kommt der ESP32, der Motortreiber und der Akku hin?), und vor allem die elektrische Verkabelung sind absolut identisch. Du kannst die folgenden

Abschnitte also nutzen, um zu verstehen, was wohin gehört und wie es verbunden wird, und dies dann auf dein individuelles Chassis zu übertragen.

Ein *Elektronikträger*, wie wir ihn bei dem 3D-gedruckten Modell verwenden, lässt sich beispielsweise auch wunderbar aus einem Stück Pappe realisieren.

Benötigte Komponenten für diesen Abschnitt

Für die folgenden Kapitel benötigst du die nachfolgenden Bauteile, um mit diesen dein Roboter-Auto zusammenzubauen:

- ESP32-Mikrocontroller
- vier TT-Getriebemotoren
- die 3D-gedruckten Baugruppen: Bodenplatte, Rahmen (Zwischenebene), Elektronikträger, Front- und Heckschutzbügel und das Fahrerhaus
- acht M3-Schrauben mit einer Länge von 22 mm und acht M3-Muttern
- Jumper-Kabel, wenn möglich mit verschiedenen Längen
- 2-adriges Kabel für die Spannungsversorgung der Motoren (ca. 50 cm)
- Lötkolben, Lötzinn, Schrumpfschlauch
- UHU®-Hart-Klebstoff oder vergleichbarer Kunststoffkleber

10.2 Start der Roboter-Auto-Verkabelung und -Montage

Bevor du zum Beispiel die Motoren an den Rahmen schraubst, verbinden wir die beiden Hauptteile des Chassis, die Bodenplatte und den Rahmen, fest miteinander. Dies gibt dem Aufbau unseres Roboter-Autos die nötige Stabilität, um die einzelnen Schritte in den folgenden Kapiteln durchführen zu können.

Wichtiger Ausrichtungs-Check

Setze die Bodenplatte, den Rahmen sowie den vorderen und hinteren Stoßfänger probeweise lose zusammen. Prüfe sorgfältig, ob die Aussparungen für die LEDs im Rahmen exakt über den Aussparungen in den Stoßfängern liegen. Wenn nicht, drehe den Rahmen einmal um 180 Grad und prüfe erneut, ob diese Kombination besser sitzt. Eine exakte Ausrichtung ist wichtig für den späteren Einbau der LEDs.

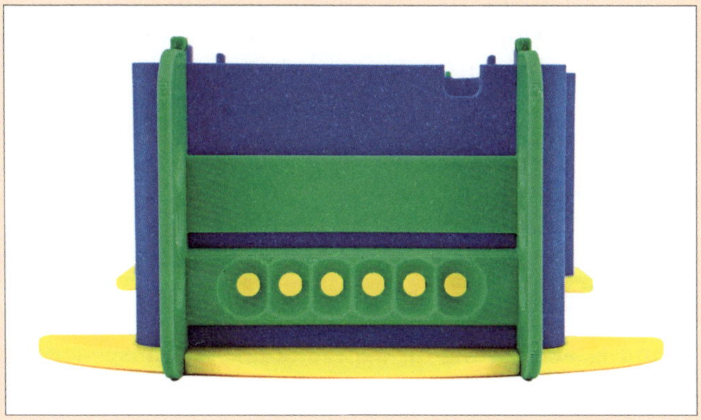

Abbildung 10.1 Die LED-Lichter für den Frontschutzbügel

Wenn alles passt, trage eine dünne Schicht Kunststoffkleber innerhalb der Nut der Bodenplatte auf. Setze dann den Rahmen passgenau in die Nut, und drücke beide Teile fest zusammen. Beschwere den Rahmen eventuell mit Büchern oder Gewichten, während der Kleber aushärtet, damit keine Spalten zwischen den beiden Bauteilen entstehen und alles plan aufliegt. Lies auch in der Anleitung zu deinem verwendeten Klebstoff nach, wie lange dieser aushärten muss, damit auch wirklich alles sicher miteinander verbunden ist.

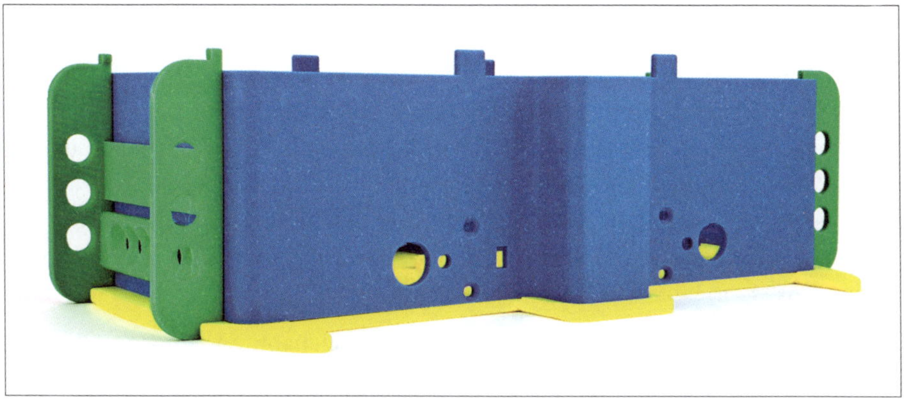

Abbildung 10.2 Das Roboter-Auto verkleben

Erst stecken, dann kleben

Den Stoßfänger vorne sowie den Stoßfänger hinten habe ich noch nicht festgeklebt, sondern nur gesteckt, um auch hier einen exakten Sitz der Bauteile zu erreichen.

Lass den Kleber nun vollständig aushärten, wie es auf der Verpackung zu deinem verwendeten Klebstoff beschrieben ist, bevor du weitermachst. In der Zwischenzeit können wir den Elektronikträger weiter vorbereiten.

10.3 ESP32 – logische Verkabelung vorbereiten

Jetzt bereiten wir die logische Verkabelung des Motortreibers und der LEDs an deinem ESP32-Mikrocontroller vor. Aber was ist damit genau gemeint?

Stell dir vor, du hast die Spannungsversorgung für dein Roboter-Auto ausgehend von dem Batteriehalter bereits vorbereitet. Das ist so, als hättest du eine Steckdose im Zimmer – da ist Strom drauf, aber du hast noch kein Gerät angeschlossen, das etwas damit macht.

Die logische Verkabelung ist der nächste Schritt. Sie ist quasi das Nervensystem deines Roboters, über das der ESP32 Befehle und Signale an seine Organe wie Motoren, LEDs und Sensoren sendet. Es geht also nicht mehr um den »groben« Strom für die Energieversorgung, sondern um die feinen Steuersignale, wie sie auch in unserem Nervensystem vorkommen.

- Dein ESP32 nutzt diese Kabel, um dem Motortreiber zu sagen: »Fahr vorwärts!«, »Fahr rückwärts!« oder »Bleib stehen!«.
- Genauso schickt er Befehle an die LEDs: »Leuchte rot!«, »Leuchte blau!« oder »Schalte dich aus!«.

Diese Signale laufen über spezielle Pins, die sogenannten GPIO-Pins (**G**eneral **P**urpose **I**nput/**O**utput), am ESP32. Das können zum Beispiel die GPIO-Pins für den I2C-Bus sein oder spezielle sogenannte *PWM-Pins* (Pulsweitenmodulation), die wir für die Steuerung zum Beispiel der Geschwindigkeit der Motoren über den Motortreiber nutzen werden. Es sind also die »Sprachverbindungen« deines ESP32 zu seinen Bauteilen über die Kabel, die das Nervensystem bilden.

Dazu benötigen wir vier lange Steuerleitungen, die sogenannten Female-to-Female-Jumper-Kabel, die am Anfang und Ende jeweils eine Buchse haben. Darüber hinaus benötigen wir eine Steuerleitung für die LED, die einen Stecker und eine Buchse hat, ein sogenanntes Male-to-Female-Jumper-Kabel. In Abschnitt 7.11 und Abbildung 7.12 sind die verschiedenen Typen von Jumper-Kabeln erklärt.

Wenn du die beiden Stiftleisten noch nicht auf deinem ESP32 angebracht hast, dann löte diese jetzt bitte fest auf deinen ESP32 auf. Denn jetzt geht es los mit der logischen Verkabelung, und du musst die Kabel am ESP32 ja befestigen, also aufstecken können.

Pass bei den GPIO-Pins auf

Bitte schließe den ESP32 und Motortreiber exakt so an die GPIO-Pins an wie nachfolgend erklärt. Denn diese Verkabelung entspricht der späteren Verkabelung, wenn du, wie in Teil 3 des Buches beschrieben, aus deinem Roboter-Auto einen OpenBot machen möchtest.

Das OpenBot-Projekt schauen wir uns ab Kapitel 24 genauer an. Es nutzt ein normales Smartphone als ein sehr leistungsstarkes Gehirn für dein Roboter-Auto. Dein Handy nutzt dabei seine eingebaute Kamera sowie Sensoren, um seine Umgebung wahrzunehmen. Eine spezielle OpenBot-App auf deinem Smartphone und die OpenBot-Software auf dem ESP32 steuern dann zusammen dein Roboter-Auto.

Daher ist es wichtig, dass du den ESP32 mit den vier langen Female-to-Female-Jumper-Kabeln und den Motortreiber exakt so wie nachfolgend beschrieben miteinander verbindest:

- IN1 (Motortreiber) ↔ GPIO 13 (ESP32)
- IN2 (Motortreiber) ↔ GPIO 12 (ESP32)
- IN3 (Motortreiber) ↔ GPIO 27 (ESP32)
- IN4 (Motortreiber) ↔ GPIO 33 (ESP32)

Zunächst steckst du die Jumper-Kabel auf die Pins am ESP32-Mikrocontroller, aber noch nicht auf den L298N-Motortreiber. Das machen wir, wenn dieser im Boden des Roboter-Autos verbaut ist.

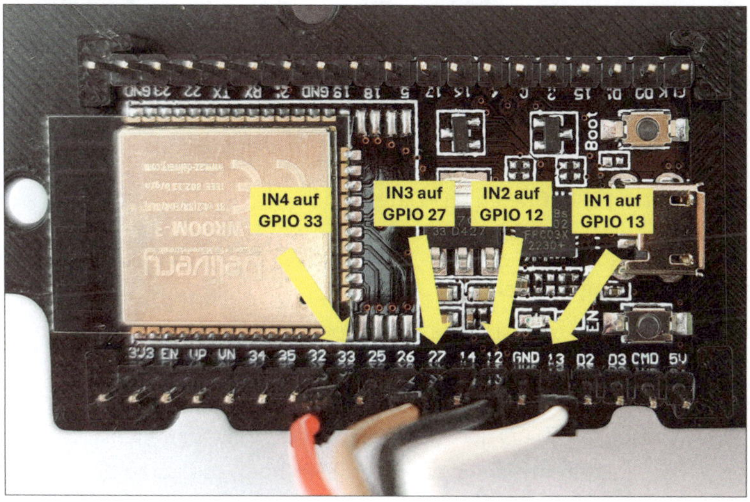

Abbildung 10.3 Verkabelung am ESP32 für den L298N-Motortreiber

10.4 LED-Daten-Pin vorbereiten

Wenn du die NeoPixel-LED-Streifen verwendest, bereite jetzt schon das Datenkabel vor. Ideal ist ein Female-to-Male-Jumper-Kabel, das du auf den GPIO-Pin 5 des ESP32 aufsteckst.

Der Daten-Pin der LED-Leiste wird ebenfalls später verbunden, wenn die LED-Leiste fest im Roboter-Auto eingebaut ist.

- LED-Daten-Anschluss ↔ GPIO 5 (ESP32)

In Abbildung 10.4 siehst du oben mittig am ESP32 das helle Jumper-Kabel. Über dieses Datenkabel wird später den LED-Lichtern die Befehle gegeben, in welchen Farben sie leuchten sollen.

Abbildung 10.4 Verkabelung am ESP32 für den LED-Daten-Pin

Empfehlung: Feste Verbindung herstellen!

Um Wackelkontakte – eine häufige Frustquelle bei Roboterprojekten – zu vermeiden, empfehle ich dir, die Jumper-Kabel, die am ESP32 aufgesteckt werden, mit etwas Klebstoff am ESP32 selbst festzukleben. Hier kannst du eine ganz kleine Menge Kunststoffkleber nehmen oder etwas Klebstoff aus der Heißklebepistole. Trage den Klebstoff an der Kante zwischen aufgestecktem Female-Stecker und ESP32 auf, sodass an die Kontakte der Pins des ESP32 selbst kein Kleber kommt.

Jetzt sitzen die Kabel gesichert auf den Pins des ESP32. Sie sollten jetzt etwas fester sitzen, als wenn du diese nur aufgesteckt hättest. Auch lassen sie sich wieder mit etwas Kraft lösen, falls das notwendig werden sollte.

10.5 Anschlusskabel der Motoren vorbereiten und anschließen

Nun bereiten wir die vier TT-Getriebemotoren mit ihren Kabeln für den Anschluss an den Motortreiber vor:

1. Schneide vier 2-adrige Kabel (rot/schwarz oder eine andere Farbkombination, die sich gut unterscheiden lässt) mit jeweils einer Länge von ca. 9 bis 12 cm zu. Meine Erfahrung hat gezeigt, dass zu lange Kabel an den Motoren im 3D-gedruckten Chassis ein Kabelchaos verursachen. Daher hier lieber die Kabellänge so weit wie möglich kürzen.
2. Isoliere an beiden Enden jedes Kabels ca. 4 mm der beiden Litzen (rot und schwarz) ab.
3. Verzinne alle abisolierten Enden sorgfältig mit etwas Lötzinn. Das erleichtert das Anlöten am Motor und verhindert Kurzschlüsse durch abstehende einzelne Drähtchen.

Abbildung 10.5 TT-Getriebemotoren mit vorbereiteten Kabeln

4. Löte nun an jeden der vier Motoren ein vorbereitetes Kabel an die beiden Anschlusskontakte an. Dank der vorherigen Verzinnung der Kabel sollte der Lötvorgang an den Kontaktfähnchen am Motor sehr schnell gehen. Du solltest die Anschlusskontakte nicht zu sehr erhitzen, das heißt, halte den Lötvorgang so kurz wie möglich, aber so lange wie nötig, damit eine gute Verbindung zwischen Kabel und Kontakt hergestellt wird.

Achte auf Konsistenz bei der Farbkodierung!

Löte zum Beispiel das rote Kabel immer an den gleichen Pol (zum Beispiel den mit dem kleinen + oder einer Markierung) und das schwarze Kabel an den anderen Pol – an. Dieses Schema behältst du für alle vier Motoren identisch bei! Dies erleichtert später den korrekten Anschluss der Motoren an den Motortreiber erheblich, und die Motoren drehen später in die richtige Richtung, wenn du das beschriebene Schema durchhältst. In Abbildung 10.6 ist gut zu erkennen, wie ich die Kabel an die Motoren angeschlossen habe – unter Beibehaltung des Farbschemas, das sich bei mir bewährt hat.

Abbildung 10.6 TT-Getriebemotoren mit angelöteten Kabeln

Überprüfe jetzt noch einmal, ob der Kleber zwischen Bodenplatte und Rahmen inzwischen vollständig ausgehärtet ist, bevor du mit den nächsten Schritten der Montage der Motoren im Chassis fortfährst.

10.6 TT-Getriebemotoren montieren und anschließen

Nachdem die Vorbereitungen abgeschlossen sind, bauen wir nun die Motoren ein und verbinden sie mit dem Motortreiber. Dieser Schritt ist zentral für die Roboter-Auto-Verkabelung des Antriebs.

Setze die vier vorbereiteten TT-Motoren in die Halterungen im Chassis-Rahmen ein. Achte darauf, dass die Anschlusskabel nach innen zeigen. Befestige jeden Motor mit zwei M3-Schrauben (Länge mindestens ca. 22 mm) und den passenden M3-Muttern. Ziehe die Schrauben fest an.

Länge der Kabel

Die Länge der Kabel an den Motoren in Abbildung 10.7 beträgt jeweils 9 cm, was vollkommen ausreicht für eine einfache Montage und den späteren Anschluss am zentral liegenden Motortreiber.

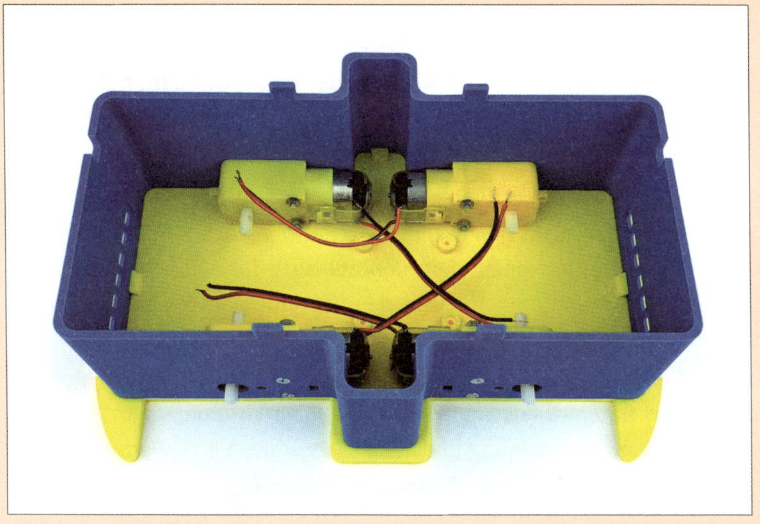

Abbildung 10.7 Die TT-Getriebemotoren sind montiert.

10.6.1 Motoren in Reihe schalten für reduzierte Geschwindigkeit und erhöhte Lebensdauer

Unsere drei 18650-Akkus liefern zusammen eine Spannung von etwa 11 bis 12 V. Wenn wir die Motoren parallel anschließen, erhält jeder Motor die volle Spannung, wie in Abschnitt 5.1.2 im Detail erläutert. Das lässt das Roboter-Auto sehr schnell fahren. Gerade für Kinder und die ersten Fahrversuche in der Wohnung ist das oft zu schnell und kann zu Frust sowie Unfällen führen. Zudem sind die gelben TT-Motoren typischerweise für eine Spannung von 3 bis 6 V ausgelegt. Eine dauerhafte Überlastung der Motoren mit 12 V wird ihre Lebensdauer verkürzen, da sie überhitzen.

Eine bessere und motorschonendere Methode ist die *Reihenschaltung*, wie in Abschnitt 5.1.1 beschrieben. Dabei wird die Spannung auf die beiden Motoren einer Seite aufgeteilt. Das bedeutet: Jeder Motor erhält nur noch die Hälfte der Gesamtspannung, also circa 6 V. Aber Achtung: Das stimmt nur, wenn die *internen Widerstände* der Motoren gleich sind!

!

Was ist der interne Widerstand und warum ist er wichtig?

Jeder Motor hat einen sogenannten internen Widerstand. Stell dir das wie eine Art unsichtbare Bremse im Motor vor, die den Stromfluss etwas einschränkt. Dieser Widerstand ist wichtig, denn er bestimmt, wie viel Spannung am Motor ankommt und wie viel Strom durch ihn fließt.

Wenn du zwei Motoren in Reihe schaltest, teilen sie sich die Gesamtspannung, die du anlegst. Die Spannung wird dabei so aufgeteilt, dass der Motor mit dem höheren Widerstand auch mehr Spannung abbekommt als der Motor mit dem niedrigeren Widerstand.

- Sind die internen Widerstände beider Motoren gleich, dann ist die Spannung fair aufgeteilt: Jeder Motor bekommt genau die Hälfte, also jeweils 6 V. Das Ergebnis: Beide Motoren drehen gleich schnell, dein Roboter-Auto fährt langsamer und ist feinfühliger zu steuern. Die Motoren arbeiten in ihrem optimalen Spannungsbereich und werden so vor Überhitzung und frühzeitigem Ausfall geschützt.
- Sind die internen Widerstände aber unterschiedlich, was bei sehr günstigen Motoren oder bei Motoren aus unterschiedlichen Produktionen vorkommen kann, dann bekommt der eine Motor mehr Spannung und der andere zu wenig, obwohl sie zusammenhängen und das Gehäuse, also der Motor, gleich aussieht! Das hätte zur Folge, dass der eine Motor schneller dreht als der andere. Das ist nicht wirklich ein Problem für die Steuerung des Roboter-Autos, da ja die Lenkung über die Motoren, also linker und rechter Motor, erfolgt. Auffallen würde es dir sehr wahrscheinlich nur, wenn du das Roboter-Auto ganz genau beobachtest, wenn es zum Beispiel auf der Stelle dreht.

Für diese Schaltung benötigst du zusätzlich pro Fahrzeugseite eine kleine Lüsterklemme, wie du sie in Abbildung 10.8 bei den beiden oberen Motoren im Bild siehst. Mit der Lüsterklemme lassen sich die Motoren in Reihe schalten. Das schützt sie vor Überhitzung und einem frühzeitigen Ausfall, weil sie die Spannung optimal aufteilen und so in ihrem idealen Bereich arbeiten.

So schaltest du die Motoren einer Seite in Reihe. Wir beginnen mit der linken Seite:

- Nimm das Kabel vom unten gelegenen Anschluss des vorderen Motors und das Kabel unteren Anschluss des hinteren Motors, und verbinde diese beiden mithilfe der Lüsterklemme.
- Nun hast du noch zwei Kabel übrig: jeweils das obere Kabel vom Anschluss des vorderen Motors und das obere Kabel des hinteren Motors.
- Verbinde diese beiden übrigen Kabel mit den Ausgängen des Motortreibers `OUT1` und `OUT2` für die linke Seite.

Wiederhole diesen Vorgang auch für die rechte Fahrzeugseite und ihre beiden Motoren.

- Nimm das Kabel vom unten gelegenen Anschluss des vorderen Motors und das Kabel unteren Anschluss des hinteren Motors, und verbinde diese beiden mithilfe der Lüsterklemme.
- Nun hast du noch zwei Kabel übrig: jeweils das obere Kabel vom Anschluss am Motor des vorderen Motors und das obere Kabel des hinteren Motors.
- Verbinde diese beiden übrigen Kabel mit den Ausgängen des Motortreibers `OUT3` und `OUT4` für die rechte Seite.

In Abbildung 10.8 siehst du bei den Motoren im oberen Teil des Bildes, wie du sie in Reihe mithilfe der Lüsterklemme am Motortreiber anschließt.

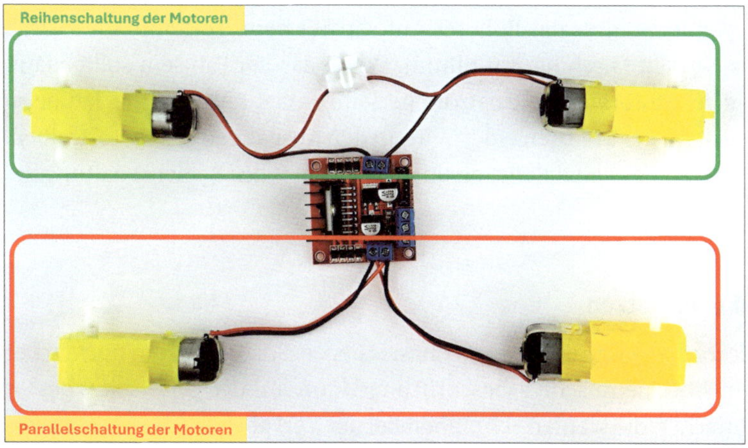

Abbildung 10.8 Anschluss in Reihe und parallel (Symbolbild)

10.6.2 Motoren parallel schalten für eine hohe Endgeschwindigkeit

Die drei 18650-Akkus liefern eine Spannung von etwa 11 bis 12 V, wie wir bereits gelernt haben. Die kleinen TT-Motoren sind für eine Spannung von 3 bis 6 V ausgelegt. Du kannst die Motoren mit 12 V betreiben, wenn du ein sehr schnell fahrendes Roboter-Auto haben möchtest, wie zum Beispiel bei einem Wettbewerb. Allerdings verringerst du so die Lebensdauer deiner TT-Motoren deutlich. Kommt es dir auf eine hohe Endgeschwindigkeit an, ist die Parallelschaltung die richtige Wahl.

In Abbildung 10.8 siehst du bei den Motoren im unteren Teil des Bildes, wie du sie parallel direkt am Motortreiber anschließt. So gehst du dafür vor:

- Nimm das rote Kabel des vorderen Motors und das schwarze Kabel des hinteren Motors der linken Seite der Motoren im Roboter-Auto, und verbinde diese beiden Kabel mit dem Motortreiber-Ausgang A OUT1. Die zwei übrigen Kabel rot und schwarz des vorderen und hinteren Motors verbindest du mit OUT2 des gleichen Ausgangs A. So hast du die beiden Motoren der linken Seite parallel am Motortreiber angeschlossen.

- Nimm jetzt das rote Kabel des vorderen Motors und das schwarze Kabel des hinteren Motors der rechten Seite der Motoren im Roboter-Auto, und verbinde diese beiden Kabel mit dem Motortreiber-Ausgang B OUT1. Die zwei übrigen Kabel rot und schwarz des vorderen und hinteren Motors der rechten Seite verbindest du mit OUT2 des gleichen Ausgangs B. So hast du auch die beiden Motoren der rechten Seite parallel angeschlossen.

10.6.3 Hinweis zur Polung der Motoren

Jetzt kann es doch passieren, dass das Roboter-Auto später beim Testen in die falsche Richtung fährt oder Kurven falsch herum nimmt. Wenn das der Fall sein sollte, dann musst du die Polung der Motoren für die betroffene Seite umkehren. Tausche dafür einfach die beiden Kabel (+/–) der Motoren einer Seite an den Ausgängen des Motortreibers für diese Seite. Dabei spielt es keine Rolle, ob du die Parallel- oder Reihenschaltung gewählt hast.

10.6.4 Motortreiber einsetzen

Lasse den L298N-Motortreiber vorerst lose im Chassis liegen. Solange du ihn noch in der Hand halten kannst, sind die Anschlussbeschriftungen (oft auf der Unterseite) besser lesbar, und es ist einfacher, die kleinen Schrauben bei der Verkabelung der Motoren ordentlich festzudrehen.

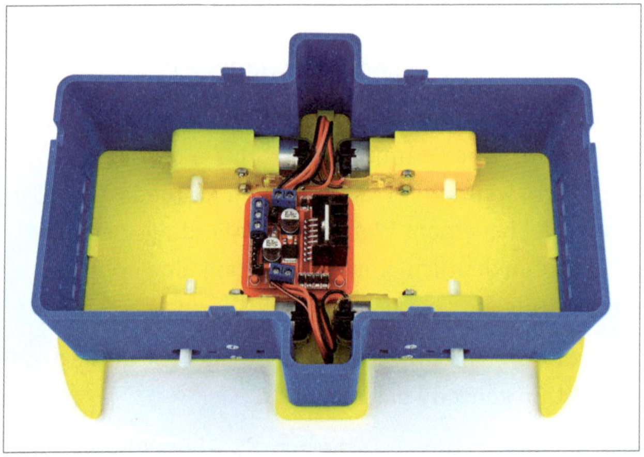

Abbildung 10.9 TT-Motoren am Motortreiber angeschlossen (parallel)

Pins kürzen

Falls auf der Unterseite des Motortreiber-Moduls die überstehenden Lötbeinchen sehr lang sind und die Montage auf der Halterung im Inneren des Roboter-Autos behindern, kannst du diese vorsichtig mit einem Seitenschneider etwas kürzen, wie in Abbildung 10.10 gezeigt.

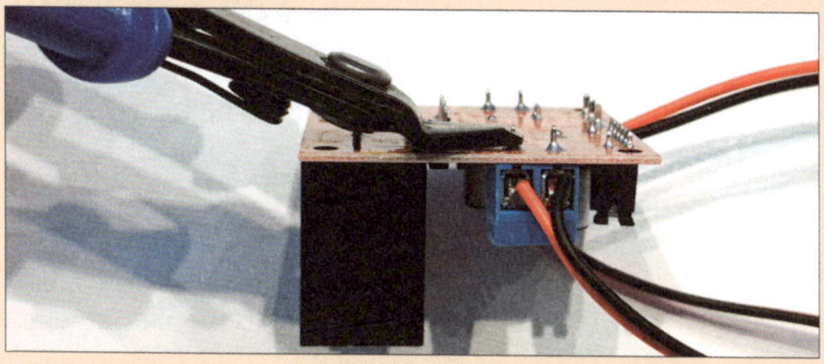

Abbildung 10.10 Kürzen der Lötbeinchen der Motortreiber-Platine

10.7 Spannungswandler befestigen

Jetzt ist der passende Zeitpunkt, den Spannungswandler auf dem Elektronikträger zu befestigen, für den Fall, dass du das noch nicht gemacht hast.

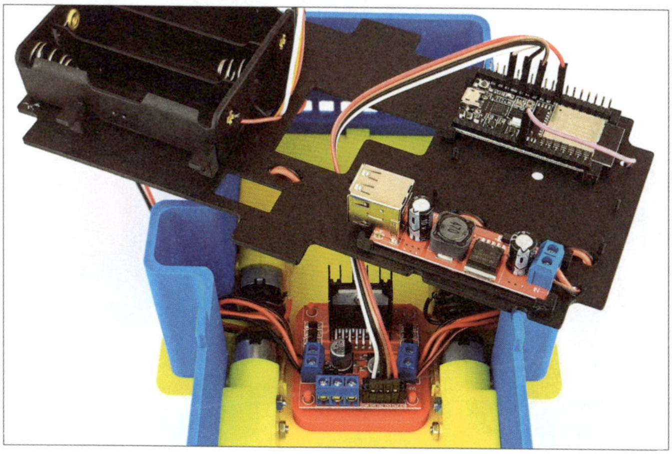

Abbildung 10.11 Verkabelte Signalleitung vom ESP32 zum Motortreiber

Auf dem 3D-gedruckten Elektronikträger hat er seinen eigenen Platz, an dem du ihn mit etwas Klebstoff aus der Heißklebepistole befestigst. Du hast die Kabel für die Spannungsversorgung über die kleinen Löcher im Elektronikträger bereits zu ihm hingeführt.

In Abbildung 10.11 siehst du den Spannungswandler samt Verkabelung sehr gut an seinem vorgesehenen Platz auf dem Elektronikträger.

10.8 Anschluss des Motortreibers an den ESP32

Jetzt verbinden wir die Steuereingänge des L298N-Motortreibers IN1 bis IN4 mit den vier Jumper-Kabeln, die wir bereits am ESP32 angeschlossen haben. Über diese vier Kabel wird später unser Programm die Steuerbefehle für die Drehrichtung und Geschwindigkeit der Motoren an den Motortreiber senden.

Tipp für stabile Verbindungen

Statt die einzelnen Jumper-Kabel zu verbinden, die sich leicht lösen können, bündle ich die vier benötigten Jumper-Kabel mit einer kleinen Pappe und Klebstoff aus der Heißklebepistole. Dazu lege ich die Stecker nebeneinander, fixiere sie mit einem kleinen Pappstreifen (zum Beispiel von einer Visitenkarte) und etwas Heißkleber/Kleber zu einem einzigen 4-Pin-Steckerblock, wie du in Abbildung 10.12 gut sehen kannst. Dieser sitzt deutlich fester auf den Pins des Motortreibers und lässt sich bei Bedarf einfach abziehen und schnell wieder aufstecken, ohne die Gefahr, dass die Kabel vertauscht werden.

Abbildung 10.12 Vier Female-to-Female-Jumper-Kabel, mit Pappe verbunden

Verbinde die GPIO-Pins des ESP32 mit den Pins des Motortreibers, wie in Abschnitt 10.3 beschrieben.

Jetzt müssen wir noch die Spannungsversorgung der Motoren vorbereiten. Dazu schließen wir das Gegenstück (Verbindung zwischen Batteriehalter und Motortreiber) des 2-adrigen JST-Steckers an den 12-V- und GND-Anschluss des Motortreibers an. Auf der Rückseite des Motortreibers sind die beiden Anschlüsse beschriftet. In Abbildung 10.13 siehst du das Kabel für die Spannungsversorgung des Motortreibers.

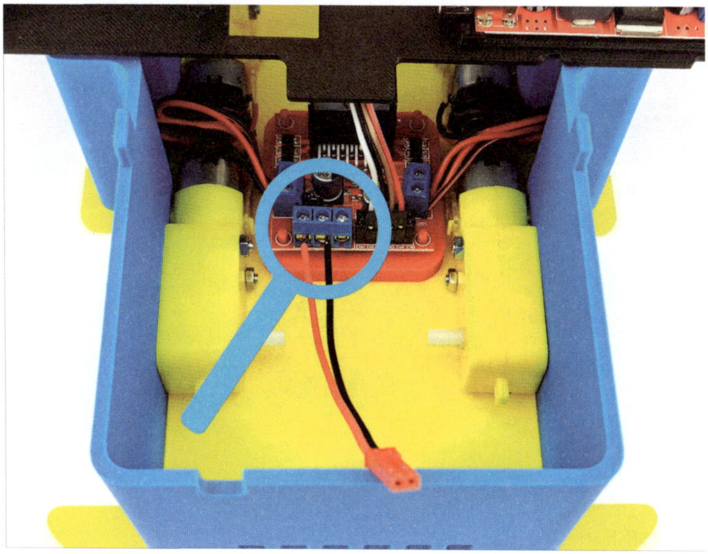

Abbildung 10.13 Motortreiber mit Kabel für die Spannungsversorgung der Motoren

Nachdem die Verbindung der Signalleitung, also des Nervensystems zwischen ESP32 und dem Motortreiber, hergestellt ist, wird jetzt das Kabel für die Spannungsversorgung angeschlossen. Das Kabel mit der Buchse für die Spannungsversorgung wird an +12 V und GND des Motortreibers angeschlossen, wie in Abbildung 10.13 gut zu sehen ist. Hast du auch dieses Kabel angeschlossen, kannst du den Motortreiber vorsichtig auf seine Halterung im Chassis drücken (falls du die optionale Halterung verwendest) oder ihn an seiner endgültigen Position platzieren, wenn du vielleicht ein Chassis aus Pappe aufgebaut hast. Aber befestige ihn noch nicht mit Kleber in deinem Roboter-Auto. Achte darauf, dass der Kühlkörper so ausgerichtet ist, dass der Elektronikträger noch darüberpasst und nicht anstößt.

ESP32-Mikrocontroller mit Energie versorgen

Verbinde nun den ESP32 über ein kurzes USB-Kabel (Typ A auf Micro-USB oder USB-C, je nach ESP32-Modell) mit einem der 5-V-USB-Ausgänge des Spannungswandlers auf dem Elektronikträger. Dieses USB-Kabel liefert die Betriebsspannung von 5 V für den ESP32-Mikrocontroller.

In Abbildung 10.14 sind sehr schön die Komponenten wie Batteriehalter, ESP32 und Spannungswandler zu sehen, die auf dem Elektronikträger sitzen. Auch ist das 4-adrige Kabel links im Bild über dem Batteriehalter liegend zu erkennen. Dieses wird später am Gegenstück, also dem 4-adrigen Kabel, das vom Deckel herunterkommt, angeschlossen. Genau hier machen wir jetzt weiter und verkabeln das Fahrerhaus.

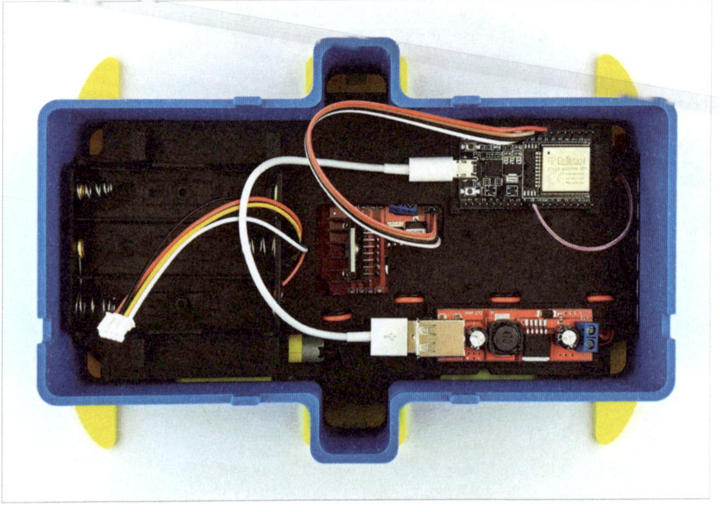

Abbildung 10.14 ESP32 mit USB-Kabel

10.9 Verkabelung des Fahrerhauses

Jetzt bereiten wir die Komponenten vor, die im Fahrerhaus eingebaut werden. Dazu gehört das OLED-Display, die digitale Spannungsanzeige und der Ein-/Ausschalter, mit dem die Spannungsversorgung des gesamten Roboter-Autos geschaltet wird.

10.9.1 OLED-Display anschließen

Das OLED-Display wird am I2C-Bus des ESP32 angeschlossen, als erstes Slave-Gerät, wie in Kapitel 6 ausführlich beschrieben. Praktischerweise können wir die Pins des OLED-Displays direkt am ESP32 anschließen:

1. Nimm ein 4-adriges Female-to-Female-Jumper-Kabel, das ca. 15 bis 20 cm lang ist, und verbinde es mit den Pins des OLED-Displays (V_{CC}, GND, SCL, SDA).

   Wichtig: Notiere dir genau, welche Kabelfarbe an welchen Pin des OLEDs angeschlossen ist! Das ist entscheidend für den korrekten Anschluss am I2C-Bus und der Spannungsversorgung des ESP32.

2. Zur Zugentlastung und um zu verhindern, dass sich die Kabel am Display lösen, wenn dieses im Fahrerhaus eingebaut ist, kannst du die vier Stecker am OLED-Display mit etwas Klebstoff vorsichtig miteinander und leicht am Pin-Sockel des OLED-Displays fixieren. Wichtig dabei ist zu beachten, dass der Kleber nicht dick aufgetragen werden darf. Sonst kann es passieren, dass das Display nicht mehr in seine vorgesehene Aussparung im Fahrerhaus passt, da jetzt die Steckverbindung zu dick geworden ist.

Abbildung 10.15 OLED-Display

3. Führe das 4-adrige Kabel vom OLED-Display durch die vorgesehene Öffnung im Boden des Fahrerhauses und dann durch die Öffnung im Hauptdeckel des Chassis nach unten zum Elektronikträger bzw. ESP32.

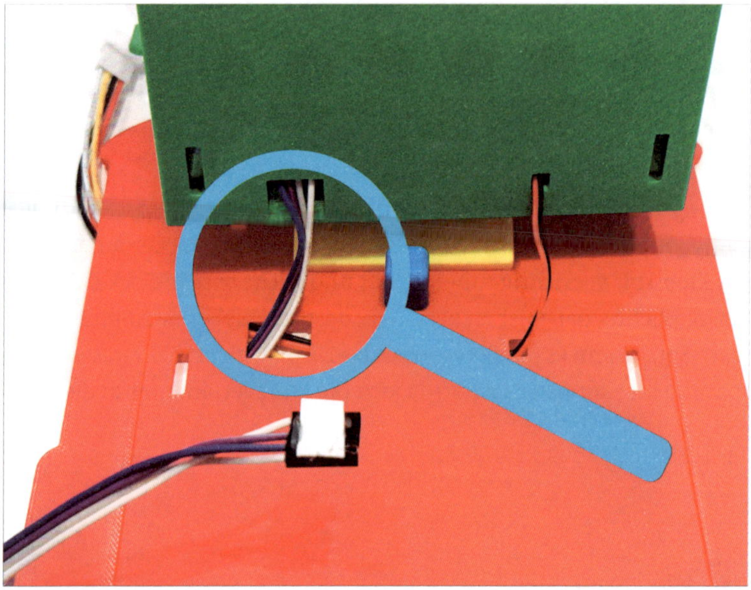

Abbildung 10.16 Die Kabelführung des OLED-Displays

4. Schließe jetzt am I2C-Bus und der Spannungsversorgung (3,3 V und GND) des ESP32 vier zusätzliche Female-to-Male-Jumper-Kabel entsprechend der Pin-Belegung des I2C-Bus am ESP32 an. Diese vier Kabel (SCL, SDA, 3,3 V und GND) werden wir als Steckverbindung zwischen den Female-to-Female-Jumper-Kabeln, die vom OLED-Display kommen, verwenden und uns selbst einen Stecker konstruieren, um das OLED-Display einfach vom ESP32 trennen zu können, ohne direkt am ESP32 die Kabel abziehen zu müssen. Das erleichtert es dir erheblich, wenn du einmal den Deckel samt OLED-Display vom Roboter-Auto trennen möchtest.

   An dieser Stelle möchte ich als eine kleine Hilfestellung auf den I2C-Bus in Abbildung 6.1 verweisen. In diesem Bild siehst du links oben am ESP32 den Pin (rot markiert) für die 3,3-V-Spannungsversorgung, und rechts oben ist einer der drei GND-Pins des ESP32 (schwarz markiert), die du für die Spannungsversorgung des OLED-Displays neben den Pins für den I2C-Bus (GPIO-22 und GPIO-21) noch benötigst.

5. Um auch hier die Verbindung zu sichern, kannst du die vier Female-to-Male-Jumper-Kabel am ESP32 wieder mit etwas Klebstoff vor dem leichten Herausrutschen sichern. Weiter habe ich, wie in Abbildung 10.17 zu sehen, die Kabel des OLED-Displays mit Klebstoff aus der Heißklebepistole und einem dickeren Stück Papier zusammengeklebt. So habe ich mir wie bereits erklärt einen kleinen Stecker konstruiert, den ich

einfach auf die Anschlüsse, die vom ESP32 kommen, aufstecken kann. Dazu habe die Male-Jumper-Kabel, die vom ESP32 kommen, ebenfalls passend zusammengeklebt.

Abstand der Stecker

Wenn du dir Abbildung 10.17 genau anschaust, siehst du, dass der vierte Stecker etwas Abstand zu den restlichen hat. So kann ich sicherstellen, dass ich die Kabel, die vom OLED-Display kommen, und die Kabel, die vom ESP32 kommen, nicht falsch herum anschließen kann, wenn auch die andere Seite des selbst gebauten Steckers einen kleinen passenden Abstand zu den restlichen drei Kabeln hat.

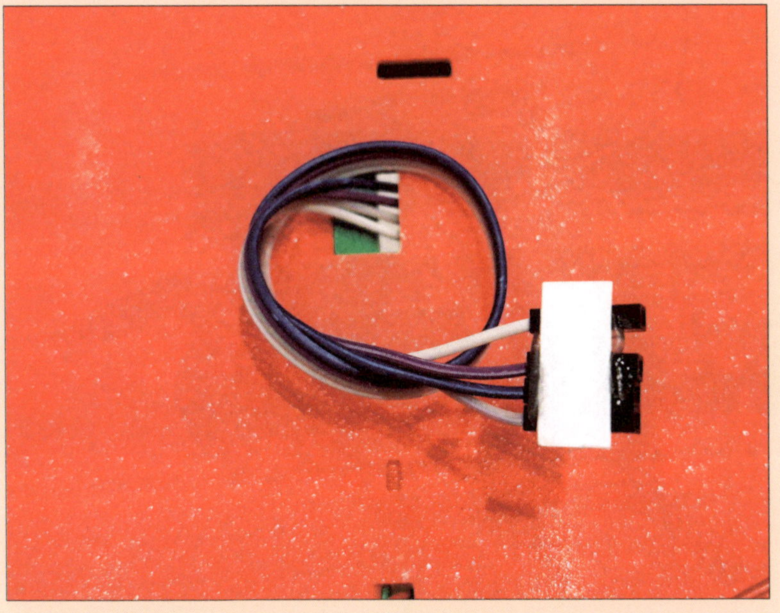

Abbildung 10.17 OLED-Display, Kabel mit Stecker

In Abbildung 10.18 sind die Kabel zu sehen, die vom Fahrerhaus kommen. Du siehst, wie diese mit den Kabeln verbunden werden, die vom Elektronikträger kommen. Gut zu erkennen ist einmal der JST-Stecker mit den vier Adern für Schalter und Spannungsanzeige (Lupe links unten) und der selbst gebaute Stecker für das OLED-Display (Lupe rechts oben).

In den folgenden Abschnitten 10.9.2 und 10.9.3 erkläre ich dir im Detail, wie du die Spannungsanzeige und den Ein-/Ausschalter verkabeln wirst.

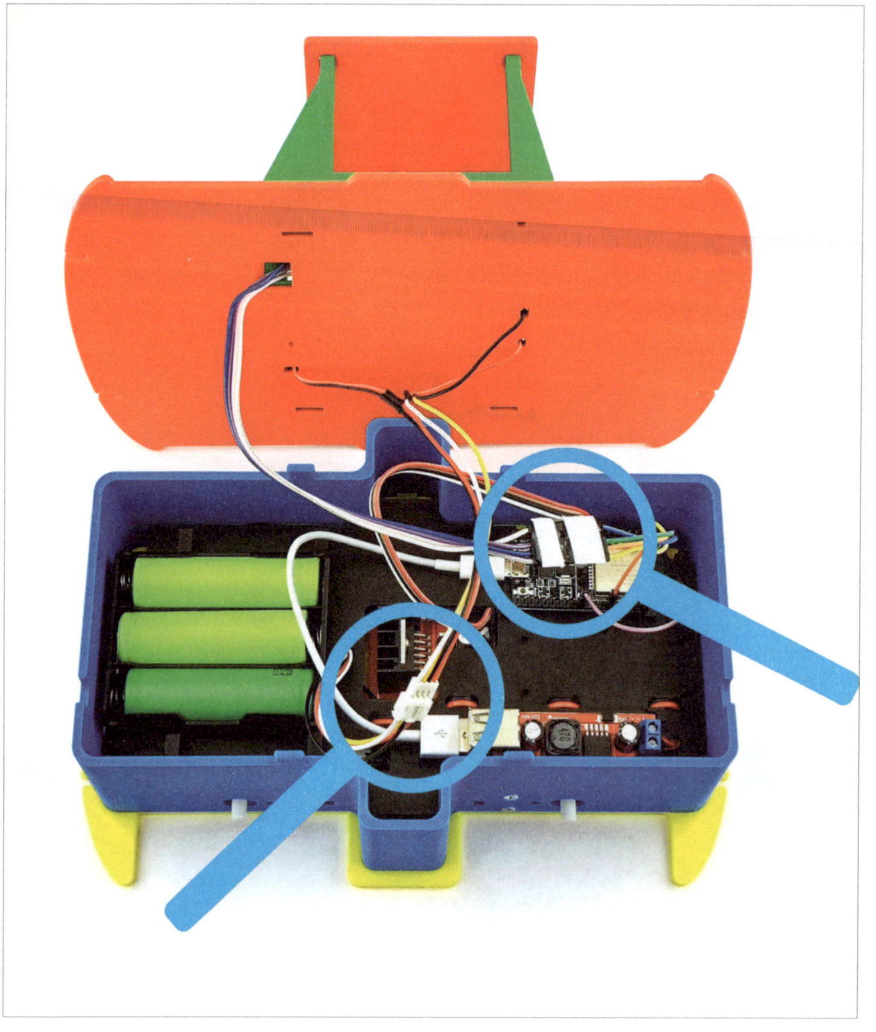

Abbildung 10.18 Anschluss des Fahrerhauses an den Stromkreis

10.9.2 Spannungsanzeige einbauen und anschließen

Nun folgt die digitale Spannungsanzeige für das Fahrerhaus.

- **Display anpassen:** Falls deine Spannungsanzeige seitliche Befestigungslaschen hat, entferne diese vorsichtig mit einer Zange oder einem Seitenschneider. Feile die Kanten glatt, damit das Modul gut in die Aussparung im Fahrerhaus passt. In Abbildung 10.19 siehst du die gekürzte und glatt gefeilte linke Seite der Spannungsanzeige.

Abbildung 10.19 Spannungsanzeige angepasst

- **Display einsetzen und Kabel führen:** Setze die Spannungsanzeige in die Aussparung im Fahrerhaus ein, aber klebe sie noch nicht fest. Führe die Anschlusskabel (rot und schwarz) durch die Öffnung im Boden des Fahrerhauses und durch den Deckel nach unten zum Elektronikträger.

Abbildung 10.20 Die Spannungsanzeige ist eingebaut.

- **JST-Stecker anlöten:** Nimm das Gegenstück des 4-poligen JST-Steckers, den wir bereits am Elektronikträger angeschlossen haben. Löte das rote Kabel der Spannungsanzeige an das rote Kabel des JST-Steckers und das schwarze Kabel an das schwarze Kabel des JST-Steckers. Isoliere die Lötstellen mit Schrumpfschlauch, sodass es nicht zu einem Kurzschluss kommen kann (siehe dazu Abbildung 10.21).

  So kann die Spannungsanzeige später einfach abgesteckt werden.

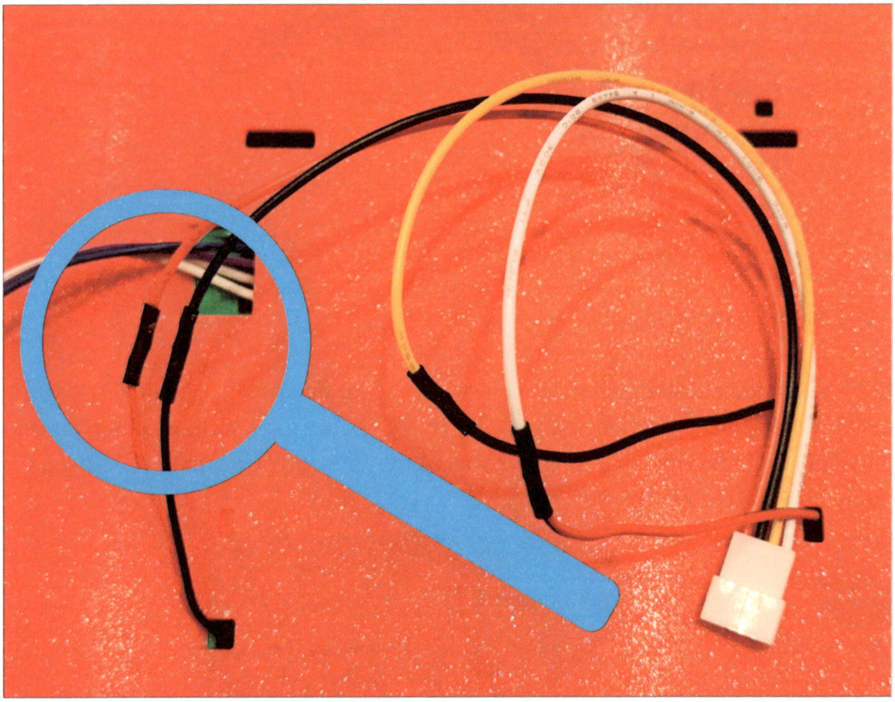

Abbildung 10.21 Spannungsanzeige angeschlossen

10.9.3 Ein-/Ausschalter einbauen und anschließen

Zuletzt kommt der Hauptschalter ins Fahrerhaus.

1. **Schalter einsetzen:** Setze den Schalter in die vorgesehene Öffnung im Fahrerhaus ein, aber befestige ihn noch nicht. Idealerweise schließt du jetzt ein ca. 6 cm langes 2-adriges Kabel (zum Beispiel rot/schwarz) am Schalter an und führst dieses nach unten durch das Fahrerhaus und den Deckel. So erreichst du, dass die Kabel vom Schalter und von der Spannungsanzeige in etwas gleich lang sind. Das bietet den Vorteil, dass, wenn du jetzt die beiden übrigen Kabel des 4-poligen JST-Steckers mit dem Schalter verbindest, alle Kabel in etwa gleich lang sind.

2. **JST-Stecker anlöten:** Nimm wieder das 4-polige JST-Steckerpaar. Löte das rote Kabel, das vom Schalter kommt, an das gelbe Kabel des JST-Steckers an und das schwarze Kabel, das ebenfalls vom Schalter kommt, an das weiße Kabel des JST-Steckers. Die Reihenfolge bzw. die Farben der Kabel, ob rot oder schwarz, sind hier egal, solange eines hingeht zum Schalter und wieder eines zurückgeht vom Schalter und du das weiße und gelbe Kabel des JST-Steckers verwendest. So kannst du mit dem Schalter den Stromfluss unterbrechen und wiederherstellen. Isoliere die Lötstellen der beiden Kabel mit Schrumpfschlauch, damit es nicht zu einem Kurzschluss kommen kann.
3. **Letzter Check:** Überprüfe jetzt noch einmal am 4-poligen JST-Stecker, ob die richtigen Kabel (weiß und gelb) von der Hauptspannungsversorgung zum Schalter gehen und die Kabel (rot/schwarz) zu der Spannungsanzeige im Fahrerhaus.

Es ist wirklich wichtig, dass du darauf achtest, dass die Kabel an der Hauptspannungsversorgung, also der Lüsterklemme auf dem Elektronikträger, korrekt angeschlossen sind, um die Schaltfunktion herzustellen und um vor allem einen Kurzschluss zu vermeiden!

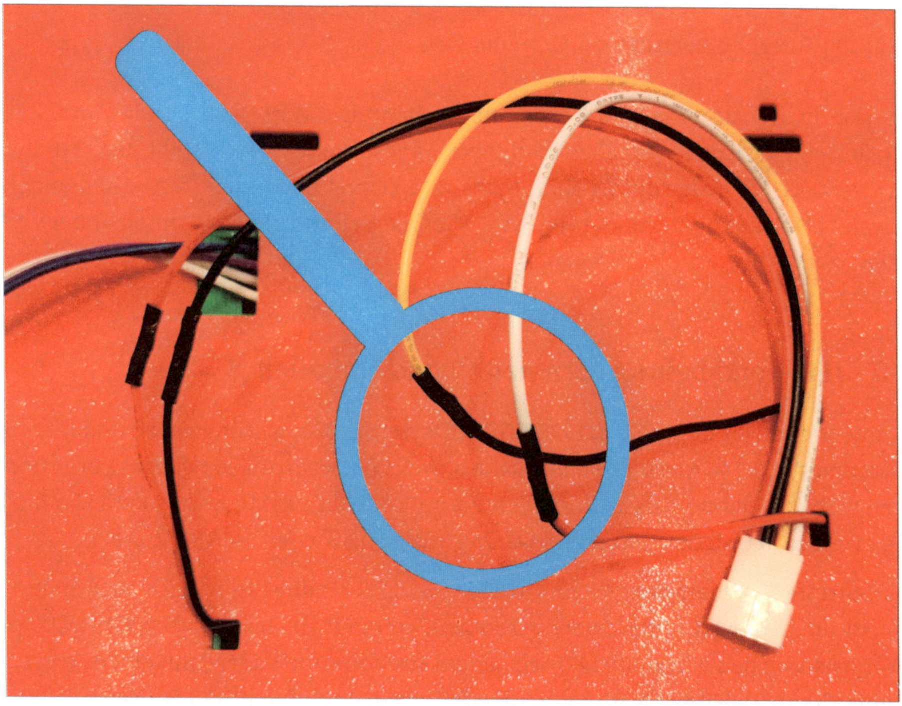

Abbildung 10.22 Ein-/Ausschalter angeschlossen

Tabelle 10.1 gibt dir nochmal die Referenz zur Belegung der Hauptlüsterklemme für den Schalteranschluss. Bei Klemme 5 fließt der Strom zum Schalter, und bei Klemme 6 kommt der Strom zurück vom Schalter.

Klemme	Verbindung/Kabel
1	+12 V vom Batteriehalter kommend (rotes Kabel) über die 4-A-Feinsicherung geführt
2	GND vom Batteriehalter kommend (schwarzes Kabel)
3	GND zum Spannungswandler (VIN–)
4	+12 V zum Spannungswandler (VIN+) **und** zum L298N-Motortreiber (V_{CC}/12 V Eingang)
5	+12 V zum Ein-/Ausschalter gehend (von Klemme 5)
6	+12 V vom Ein-/Ausschalter kommend (geschaltetes Plus)

Tabelle 10.1 Belegungsübersicht der Spannungsversorgung

Jetzt hast du das Fahrerhaus mit der Spannungsanzeige, dem OLED-Display und dem Hauptschalter verkabelt und alles erfolgreich angeschlossen. Noch steht der Test aus, daher verklebe die Baugruppen Fahrerhaus und Deckel noch nicht fest miteinander. Erst wenn alles funktioniert, solltest du die Bauteile fest und bleibend miteinander verbinden.

10.10 LED-Verkabelung vorbereiten und einbauen

Jetzt integrieren wir die 2×6 WS2812B RGB-LEDs für die Beleuchtung vorne und hinten am Roboter-Auto. Die Anzahl der LEDs kann abweichen; wenn du keine sechs vorne und hinten verbaust, dann muss später im Programmcode die exakte Anzahl der LEDs hinterlegt werden, damit diese vom Programm richtig angesteuert werden können.

1. **LED-Streifen vorbereiten:** Wenn du einzelne LED-Module so wie ich verwendest, musst du diese jetzt miteinander verbinden. Verbinde die Lötpads (5 V, GND, D_{OUT}/D_{IN}) zwischen den einzelnen LEDs auf jedem Streifen zum Beispiel mit einem kurzen Kupferdrahtstück und Lötzinn miteinander, wie in Abbildung 10.23 gezeigt.

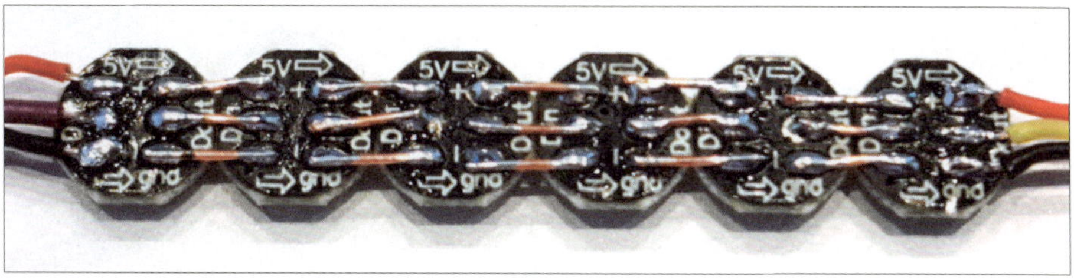

Abbildung 10.23 WS2812B RGB-LED-Streifen

2. **Streifen verbinden:** Löte drei kurze, flexible Kabel (ca. 5 bis 10 cm, zum Beispiel rot für 5 V, schwarz für GND, grün für Data) an die Ausgänge des vorderen LED-Streifens (5 V, GND, D_{OUT} – Data Out). Verbinde diese Kabel mit den entsprechenden Eingängen des hinteren LED-Streifens (5 V, GND, D_{IN} – Data In). So werden die Streifen in Reihe geschaltet (insgesamt 12 LEDs).

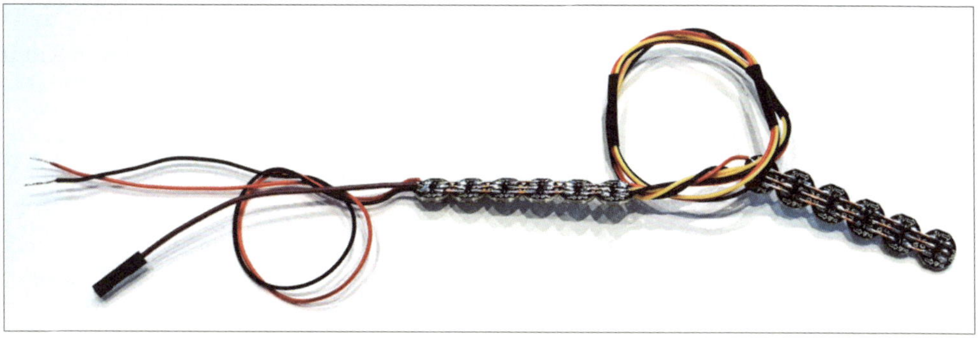

Abbildung 10.24 WS2812B RGB-LED-Streifen mit Anschlusskabeln

3. **Anschlusskabel anlöten:** Löte an den Anfang des vorderen LED-Streifens drei Anschlusskabel an:
   - 5 V: ein rotes Kabel (ca. 15 cm)
   - GND: ein schwarzes Kabel (ca. 15 cm)
   - D_{IN} (Data In): ein Jumper-Kabel Male-to-Female oder Male-to-Male, ca. 15 cm lang, das du vom Steckertyp mit dem Kabel verbinden kannst, das vom ESP32-GPIO-Pin 5 kommt

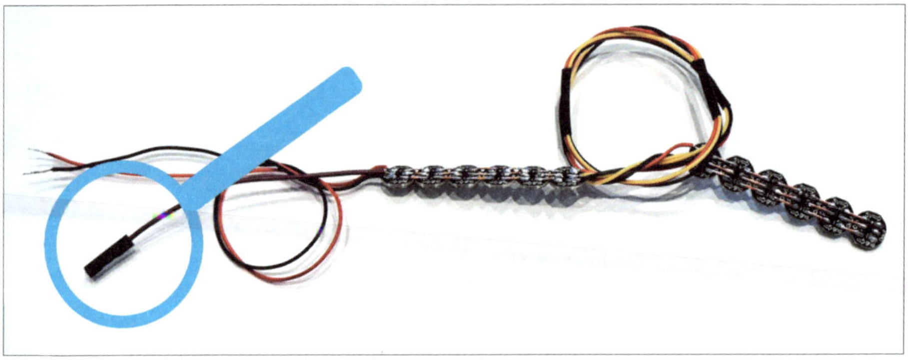

Abbildung 10.25 WS2812B RGB-LED-Streifen mit Datenanschlusskabel

4. **5-V-Spannungsversorgung vorbereiten:** Nimm ein altes USB-A-Kabel, und schneide das Ende ab, das nicht an dem Spannungswandler angeschlossen wird (USB-A-Buchse). Isoliere das rote und schwarze Kabel ab. Du benötigst nur das rote (+5 V) und das schwarze (GND) Kabel. Die Datenadern (oft weiß/grün) werden nicht gebraucht und können abgeschnitten werden.
5. **Strom anschließen:** Stecke den USB-A-Stecker in einen freien Port des Spannungswandlers auf dem Elektronikträger. Führe das abgeschnittene Ende durch eine Öffnung nach unten. Verbinde das rote USB-Kabel mit dem roten 5-V-Kabel des vorderen LED-Streifens und das schwarze USB-Kabel mit dem schwarzen GND-Kabel des LED-Streifens. Verwende dafür eine kleine 2er-Lüsterklemme, oder löte die Verbindungen und isoliere sie mit Schrumpfschlauch.

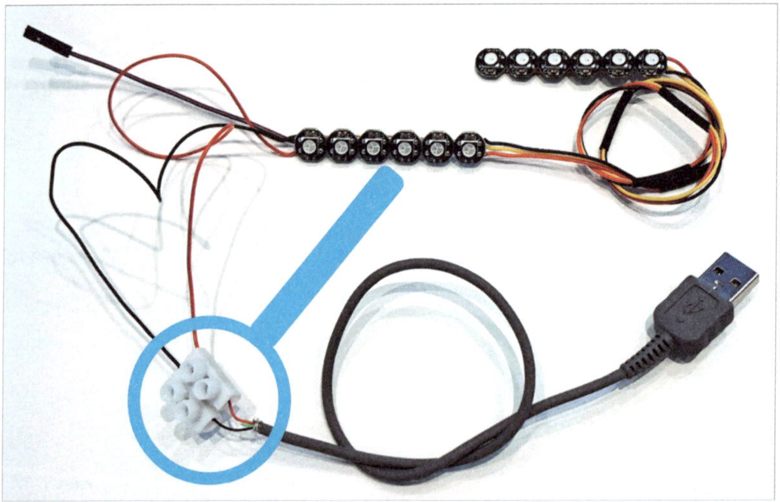

Abbildung 10.26 WS2812B RGB-LED-Streifen mit 5-V-Spannungsversorgung

6. **Datenleitung verbinden:** Führe das Daten-Jumper-Kabel (grün) vom vorderen LED-Streifen nach oben durch den Elektronikträger. Verbinde das Kabel mit dem vorbereiteten Jumper-Kabel, das auf den Pin 5 des ESP32 aufgesteckt ist.

   Die bisherige Verkabelung des Roboter-Autos zeigt dir Abbildung 10.27 auf einen Blick.

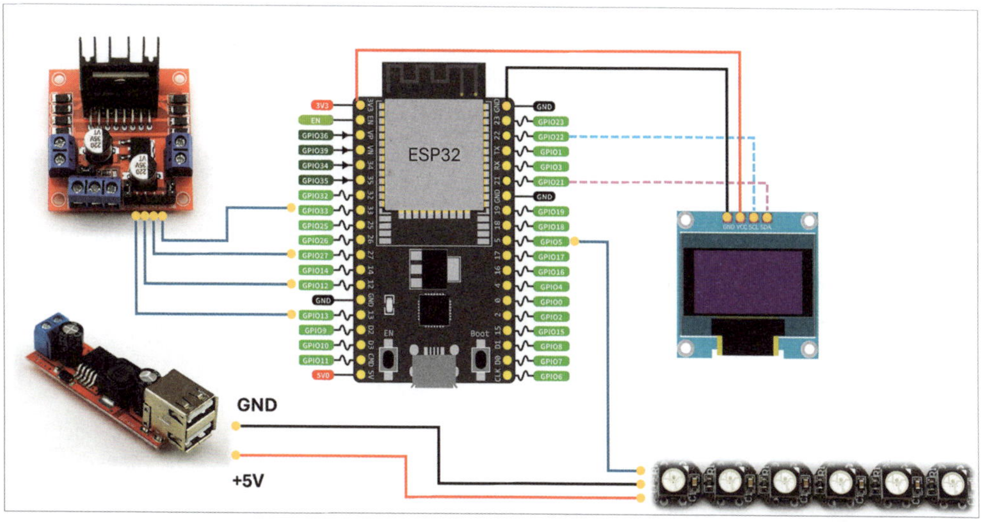

Abbildung 10.27 Bisherige Verkabelung der Komponenten

7. **LEDs final einbauen:** Klebe die LED-Streifen nun vorsichtig mit nur ganz wenig Kleber in die dafür vorgesehenen Aussparungen im Chassis-Rahmen (vorne und hinten). Falls die LED-Streifen nicht richtig funktionieren und du eine kalte Lötstelle hast, baust du sie noch einmal aus und überprüfst sie. Daher werden die LEDs später, wenn wirklich alles funktioniert, gut festgeklebt. Heißkleber eignet sich dafür gut. Achte darauf, die Kabel sauber im Inneren des Roboter-Autos zu verlegen.

10.11 Erster Test der Spannungsversorgung

Die gesamte Verkabelung des Roboter-Autos ist nun abgeschlossen! Zeit für einen ersten, vorsichtigen Test des Roboter-Autos:

- Überprüfe alle Verbindungen noch einmal sorgfältig auf korrekte Polung und Kurzschlüsse hin – mit deinen Augen und anhand der Beschreibung im Buch. Nimm dir hier ausreichend Zeit, und gehe wirklich jede Verbindung noch einmal durch, ob sie auch so richtig ist.

- Vergewissere dich, dass du eine Feinsicherung in den Sicherungshalter gesteckt hast, und setze jetzt die drei 18650-Akkus korrekt gepolt in den Batteriehalter ein.
- Drücke den Ein-/Ausschalter. Beobachte sehr genau, was passiert, ohne den Finger vom Schalter zu nehmen, sodass du diesen zur Not auch sofort wieder ausschalten kannst.

Folgendes sollte passieren:

- Die digitale Spannungsanzeige im Fahrerhaus sollte aufleuchten und die Batteriespannung anzeigen (ca. 11 bis 12 V bei vollen Akkus).
- Das OLED-Display bleibt noch dunkel, bis wir die Software auf den ESP32 aufgespielt haben.
- Die Status-LED auf dem ESP32-Mikrocontroller sollte kurz aufleuchten oder blinken.
- Die LEDs bleiben wahrscheinlich dunkel, da sie noch kein Steuersignal über den Datenanschluss vom ESP32 erhalten.

Kontakt überprüfen

Wenn nichts passiert, dann drehe einmal die Akkus im Batteriehalter ganz leicht um ihre eigene Achse. Ich hatte es immer wieder, dass kein Strom fließen wollte und ich erst etwas an den Akkus drehen musste, bis diese Kontakt hatten und der Stromkreis im Batteriehalter geschlossen war.

Wenn das alles so weit funktioniert hat, kannst du den Schalter erneut drücken und dein Roboter-Auto ausschalten.

Ich hatte einmal einen defekten Motortreiber verbaut, der zu einem Kurzschluss führte. Da ich in dieser frühen Phase des Projekts noch keine Feinsicherung eingebaut hatte, fingen die Leitungen am Batteriehalter an zu rauchen. Ich habe sofort den Ein-/Ausschalter gedrückt, und der Stromkreis war unterbrochen. Nach dieser Erfahrung habe ich die Feinsicherung immer eingebaut, wie auch zu Beginn empfohlen.

10.12 Was kommt als Nächstes?

Die Hardware ist fertig verkabelt! In den folgenden Kapiteln erfährst du, wie du dein Roboter-Auto programmieren kannst. Du lernst die Arduino IDE kurz kennen, also die Entwicklungsumgebung, mit der wir den ESP32 programmieren werden, und spielst das erste Programm für die Steuerung deines Roboter-Autos auf den ESP32 auf.

Kapitel 11

Erste Schritte mit der Arduino-Entwicklungsumgebung

Bevor wir Code schreiben, machen wir die Werkzeuge bereit, die wir dafür brauchen. Dieses Kapitel zeigt dir, wie du deine Entwicklungsumgebung einrichtest und deinen ESP32 vorbereitest. Lege den Grundstein für die Programmierung deines Roboter-Autos.

Nachdem wir in den vorherigen Teilen die Hardware unseres ESP32-Roboter-Autos zusammengebaut und verkabelt haben, folgt nun die Software-Vorbereitung. Ich zeige dir jetzt, wie du die Arduino *Integrated Development Environment* (IDE, zu Deutsch »Integrierte Entwicklungsumgebung«) für den ESP32-Mikrocontroller einrichtest. Diese Konfiguration ist die Grundlage für die Programmierung unseres Roboters und ermöglicht es uns, den Code zu schreiben, zu kompilieren und auf den ESP32-Mikrocontroller hochzuladen.

Die Arduino IDE gibt es auch für Linux und Macs

Diese Anleitung basiert auf der Einrichtung der Arduino IDE unter Windows. Die Schritte für macOS oder Linux sind jedoch sehr ähnlich.

11.1 Arduino IDE herunterladen und installieren

Falls du die Arduino IDE noch nicht installiert hast, musst du dies jetzt auf deinem PC tun:

1. Besuche die offizielle Arduino-Webseite: *https://www.arduino.cc/en/software*.
2. Lade die neueste Version der Arduino IDE (Version 2.x empfohlen) für dein Betriebssystem (Windows, macOS, Linux) herunter.
3. Führe die heruntergeladene Installationsdatei aus, und folge den Anweisungen des Installationsassistenten bzw. den Hinweisen auf der Webseite. Akzeptiere die Standardeinstellungen, wenn du danach gefragt wirst, falls du unsicher bist.

11.2 ESP32-Boards für Arduino IDE einrichten

Standardmäßig kennt die Arduino IDE den ESP32 nicht, da sie ja für den Arduino entwickelt wird. Wir müssen der IDE daher noch mitteilen, wo sie die notwendigen Board-Definitionen und Bibliotheken für den ESP32 findet und einrichten kann. Das ist kein Problem für die Arduino IDE und erfolgt wie nachfolgend beschrieben in wenigen Schritten.

1. Öffne die Arduino IDE an deinem PC.
2. Navigiere zu DATEI • EINSTELLUNGEN.
3. Suche das Feld ZUSÄTZLICHE BOARDVERWALTER-URLS. Füge hier die folgenden beiden URLs ein, getrennt durch ein Komma, wie in Abbildung 11.1 gezeigt.

   https://raw.githubusercontent.com/ricardoquesada/esp32-arduino-lib-builder/master/bluepad32_files/package_esp32_bluepad32_index.json

   https://dl.espressif.com/dl/package_esp32_index.json

Bibliotheken installieren

Die erste URL BluePad32 fügt die Unterstützung für ESP32-Boards hinzu, die speziell für die einfache Anbindung von Bluetooth-Gamepads wie dem PS4/PS5-Controller gedacht ist. Die zweite URL ist die offizielle von Espressif für die Standard-ESP32-Unterstützung.

Wichtig: Falls bereits andere URLs in dem Feld stehen, füge die neuen einfach am Ende als neue Zeile hinzu.

4. Klicke auf OK, um das Fenster zu schließen, und noch einmal auf OK, um das Einstellungsfenster ebenfalls zu schließen.

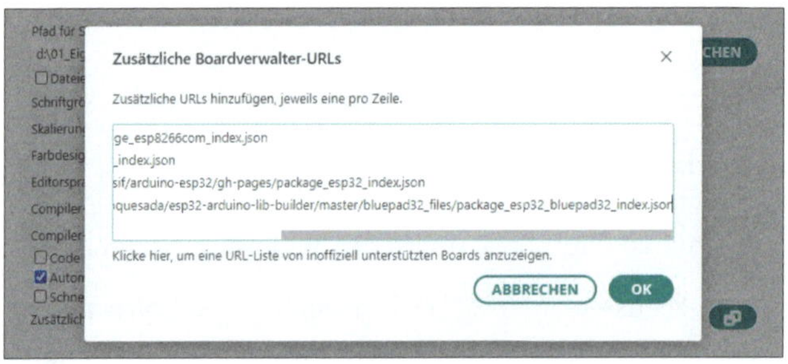

Abbildung 11.1 In der Board-Verwaltung musst du die neue URL hinterlegen.

5. Starte die Arduino IDE neu. Es gibt schon länger einen Fehler in der Paketverwaltung, der verhindert, dass neue Pakete installiert werden, nachdem die Liste angepasst wurde. Mit einem Neustart der IDE behebst du das Problem.

Nun müssen die eigentlichen Board-Pakete installiert werden, für die wir im Schritt vorher die URLs hinterlegt haben. Das machst du wie folgt:

1. Gehe auf WERKZEUGE • BOARD • BOARD-VERWALTUNG. Es öffnet sich links eine extra Leiste mit einem Suchfeld.
2. Gib in das Suchfeld »esp32« ein.
   - Installiere das Paket esp32 von Espressif Systems.
   - Installiere das Paket »esp32_bluepad32« von Ricardo Quesada, das wir für die Fernsteuerung mit dem Bluetooth-Controller benötigen.
3. Schließe die Board-Verwaltung über das Icon mit dem Piktogramm eines Arduino-Boards in der Leiste links, sobald beide Installationen erfolgreich abgeschlossen sind.

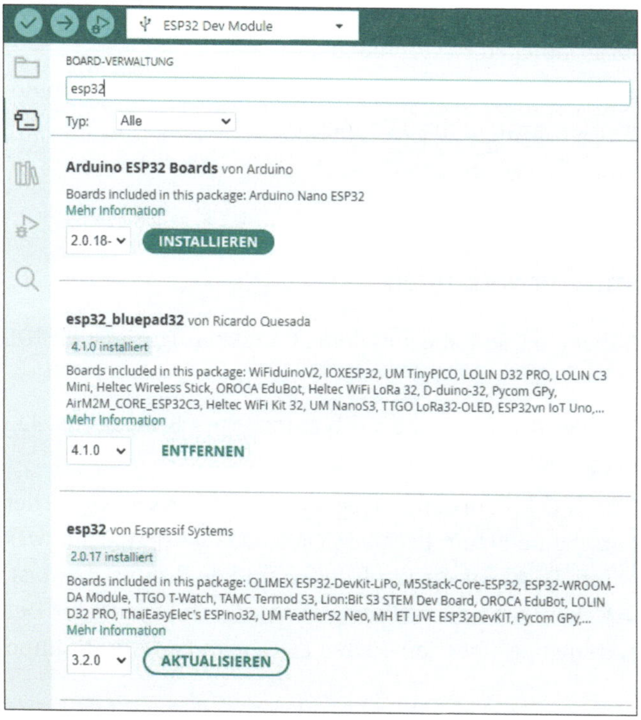

Abbildung 11.2 Der neue Eintrag »esp32«

Prüfe die Version für die OpenBot-Firmware

Installiere die esp32-Board-Pakete in der alten Version 2.0.17, wenn du planst, auch den OpenBot aus Teil 3 zu bauen. Diese alte Version ist aktuell noch die Voraussetzung dafür, dass die OpenBot-Firmware funktioniert.

11.3 Benötigte Bibliotheken installieren

Für unser Roboter-Auto-Projekt benötigen wir einige spezifische Arduino-Bibliotheken (Libraries), die zusätzliche Funktionen bereitstellen:

1. Öffne die Bibliotheksverwaltung in der Arduino IDE über WERKZEUGE • BIBLIOTHEKEN VERWALTEN..., oder klicke in der linken Leiste der Arduino IDE auf das Symbol, das wie Bücher in einem Regal aussieht.
2. Suche über die Suchleiste nach den folgenden Bibliotheken, und installiere jeweils die neueste Version:
   - **Adafruit NeoPixel (von Adafruit):** Dient zur einfachen Ansteuerung der WS2812B RGB-LEDs.
   - **Bluepad32 for NINA-W10 boards (von Ricardo Quesada)**: Sie dient dazu, den ESP32 mit einem Bluetooth-Gamepad zu verbinden.
   - **Adafruit SSD1306:** Diese Bibliothek dient dazu, das OLED-Display, das wir im Roboter-Auto verwenden werden, ansteuern zu können.
3. Schließe die Bibliotheksverwaltung wieder.

11.4 ESP32 mit dem Computer verbinden

Jetzt verbindest du den ESP32 über ein USB-Kabel mit dem PC und konfigurierst die IDE wie folgt:

1. Wähle den richtigen ESP32 in der IDE aus: Gehe auf WERKZEUGE • BOARD • ESP32_BLUEPAD32, und wähle dort das ESP32 DEV MODULE aus.
2. Wähle jetzt noch den korrekten COM-Port aus: Gehe auf WERKZEUGE • PORT. Hier sollte ein neuer COM-Port erscheinen (zum Beispiel COM3, COM4 unter Windows). Wähle diesen aus. Falls mehrere Ports zur Auswahl stehen und du dir unsicher bist, ziehe den ESP32 ab, prüfe, welcher Port verschwindet, und stecke ihn wieder an. Der Port, der dann erscheint, ist derjenige, über den du den ESP32 dann aus der Arduino IDE heraus erreichst.

11.5 Test-Sketch hochladen

Um zu prüfen, ob die Verbindung zwischen PC und ESP32 sowie das Setup aus Board-Paketen funktionieren, lade ein einfaches Beispielprogramm (im Englischen auch als Beispiel-Sketch bezeichnet) auf deinen ESP32 hoch, das eine Nachricht über die serielle Schnittstelle sendet:

1. Öffne ein neues, leeres Sketch-Fenster (DATEI • NEU).
2. Kopiere den folgenden Code hinein, und ersetze damit den vorhandenen Standardcode:

```
void setup() {
  // Serielle Kommunikation starten mit einer Baudrate von 115200
  Serial.begin(115200);
  // Eine kurze Wartezeit, um sicherzustellen, dass der serielle Monitor
  // bereit ist
  delay(1000);
  Serial.println("ESP32 Setup abgeschlossen. Bereit!");
}
void loop() {
  // Jede Sekunde eine Nachricht senden
  Serial.println("Ein Hallo vom ESP32 Roboter-Auto !");
  delay(1000); // Warte 1 Sekunde
}
```

3. Klicke auf den UPLOAD-Button mit dem Pfeil nach rechts in der Symbolleiste. Die IDE kompiliert nun den Code und lädt ihn auf den ESP32 hoch. Im Ausgabefenster am unteren Rand siehst du den Fortschritt.
4. Nach erfolgreichem Upload öffne den seriellen Monitor über WERKZEUGE • SERIELLER MONITOR oder einen Klick auf das Lupensymbol oben rechts in deiner Arduino IDE.
5. Stelle sicher, dass im seriellen Monitor unten rechts die Baudrate auf `115200` eingestellt ist.

Du solltest nun im Sekundentakt die Nachricht `Ein Hallo vom ESP32 Roboter-Auto !` sehen.

11.5.1 Fehlerbehebung (Troubleshooting)

Falls Probleme wie Fehler in der Arduino IDE auftreten, werden diese meistens in Englisch ausgegeben. Falls du das noch nicht verstehst, helfen dir deine Eltern oder Geschwister bestimmt weiter:

- **Kein COM-Port sichtbar oder ESP32 wird nicht erkannt:** Höchstwahrscheinlich fehlt der USB-to-UART-Treiber für den Chip auf deinem ESP32-Board. Die meisten ESP32-Mikrocontroller-C-Boards verwenden den CP210x-Chip. Lade und installiere den passenden VCP-Treiber von Silicon Labs `CP210x USB to UART Bridge VCP Drivers`. Suche die aktuelle Version im Internet, oder lies beim Hersteller deines ESP32 nach, wo du die passenden Treiber finden kannst. Starte nach der Treiberinstallation die Arduino IDE neu.

- **Fehler beim Hochladen** (`Failed to connect...`, `Timed out waiting for packet header`): Manche ESP32-Boards benötigen manuelles Eingreifen: Halte den kleinen Boot-Button auf dem ESP32-Board gedrückt, klicke dann in der IDE auf UPLOAD, und lasse den Boot-Button erst wieder los, wenn im Ausgabefenster `Connecting...` erscheint.
- **Prüfe das USB-Kabel:** Stelle sicher, dass du ein Datenkabel verwendest und kein reines Ladekabel.

Wenn du das kleine Testprogramm erfolgreich auf deinen ESP32 laden konntest, bist du bereit für das nächste Kapitel, in dem wir das Programm für die Fernsteuerung deines Roboter-Autos aufspielen.

Kapitel 12
Die komplette Software für dein Roboter-Auto

Gib deinem Roboter sein Gehirn! Jetzt lädst du die komplette Software auf den ESP32 und bringst deinem Roboter-Auto das Fahren und Leuchten bei. Mach dich bereit für die ersten Tests, und steuere deinen selbstgebauten Roboter mit dem Gamepad.

Nachdem die Arduino IDE bereit ist und das Roboter-Auto aufgebaut ist, können wir endlich unseren ESP32, das Gehirn des Roboter-Autos, programmieren!

In diesem Kapitel nutzen wir den von mir vorbereiteten Code, den ich auf GitHub bereitgestellt habe, um dein Roboter-Auto zum Leben zu erwecken: die Motorsteuerung über den ESP32, Anzeigen auf dem OLED-Display und die Steuerung der LED-Effekte. Außerdem verbinden wir den PS5-Controller zur Fernsteuerung des Roboter-Autos via Bluetooth.

12.1 Voraussetzungen prüfen

Bevor du beginnst, stelle bitte sicher, dass:

- dein Roboter-Auto mechanisch fertig aufgebaut und vollständig verkabelt ist.
- die Arduino IDE korrekt eingerichtet ist und du erfolgreich den Test-Sketch aus Abschnitt 11.5 auf deinen ESP32 hochladen konntest.
- die für die Programmierung notwendigen Bibliotheken aus Abschnitt 11.3 in der Arduino IDE installiert sind.

12.2 Roboter-Auto-Programm herunterladen und aufspielen

Die komplette Software für das Roboter-Auto habe ich bei den Materialien zum Buch sowie auf GitHub bereitgestellt. Unter *https://www.rheinwerk-verlag.de/6202* findest du die Dateien zum Buch, wenn du auf den Reiter MATERIALIEN klickst.

Eine Alternative ist die Plattform GitHub. Dort findest du immer die neuste Version. So kannst du mir Verbesserungen und neue Ideen zum Programm schicken oder von anderen Makern und deren Optimierungen profitieren.

Ich habe auf meiner Seite einen Download-Link eingerichtet, der dich direkt zum richtigen Ordner auf GitHub leitet: *https://custom-build-robots.com/Basis-Programm*

1. Gehe zur verlinkten GitHub-Seite.
2. Klicke auf den grünen CODE-Button, und wähle DOWNLOAD ZIP.
3. Entpacke die heruntergeladene ZIP-Datei an einem Ort deiner Wahl wie zum Beispiel *Eigene Dateien* auf deinem Computer.
4. Öffne den entpackten Ordner. Darin findest du eine Datei mit der Dateiendung **.ino*. Öffne diese Datei in deiner Arduino IDE, und du solltest den Programmcode sehen.
5. Stelle sicher, dass in der Arduino IDE unter WERKZEUGE das richtige Board (ESP32 Dev Module unter esp32_bluepad32) und der korrekte COM-Port ausgewählt sind.
6. Klicke auf den UPLOAD-Button (Pfeil nach rechts), um den Code auf deinen ESP32 zu übertragen. Dies kann einen Moment dauern. Beobachte, ob es im Ausgabefenster der IDE Erfolgs- oder Fehlermeldungen gibt.

Boot-Knopf drücken

Wenn es bereits vor dem Upload des Programms auf den ESP32 zu einem Fehler kommt und der Programm-Upload abbricht, musst du eventuell den Boot-Knopf am ESP32 gedrückt halten, kurz bevor das Programm von der Arduino IDE auf den ESP32 geschrieben wird. Den Boot-Knopf findest du oben auf dem ESP32 direkt in der Nähe des Stromanschlusses.

12.3 ESP32-Roboter-Auto-Programm testen

Nun ist es Zeit für den ersten Funktionstest deines Roboter-Autos! Aber beachte unbedingt den ersten Punkt in der jetzt folgenden Auflistung. Denn mir ist es schon passiert, dass ein Roboter-Auto vom Tisch gefallen ist oder in meinen Bildschirm gerast ist.

- **Sicherheit zuerst:** Stelle das Roboter-Auto auf den Boden oder eine große, freie Fläche, von der es nicht herunterfallen kann. Alternativ kannst du auch einfach die Räder abziehen, deinen ersten Funktionstest machen und die korrekte Laufrichtung der Motoren überprüfen.
- **Einschalten:** Schalte die Spannungsversorgung des Roboter-Autos über den Hauptschalter ein.
- **OLED-Anzeige prüfen:** Auf dem OLED-Display sollte nun eine Meldung erscheinen, die anzeigt, dass noch kein Controller verbunden ist (zum Beispiel »Waiting for Controller...«).
- **Controller verbinden:** Versetze dein Gamepad bzw. deinen Controller in den Pairing-Modus (beim PS5-Controller durch gleichzeitiges Drücken der PS-Taste und der Create-/Share-Taste für einige Sekunden, bis die Leuchtleiste am Controller schnell blinkt). Der ESP32 sollte (dank Bluepad32) den Controller automatisch finden und sich mit ihm verbinden.
- **Verbindung prüfen:** Sobald die Verbindung erfolgreich ist, sollte sich die Meldung auf dem OLED-Display ändern (zum Beispiel »Controller connected!«) und die Leuchtleiste am Controller dauerhaft leuchten.
- **Fahrtest:** Versuche vorsichtig, das Roboter-Auto mit den Analog-Sticks des Controllers zu steuern: linker Stick vor/zurück sowie links/rechts.
- **Richtung korrigieren (falls nötig):** Beobachte genau, ob das Roboter-Auto korrekt auf deine Steuerbefehle reagiert:
  - Fährt es vorwärts, wenn du den Stick nach vorne drückst?
  - Lenkt es nach rechts, wenn du nach rechts steuerst?

  Falls eine Richtung invertiert ist (zum Beispiel fährt es rückwärts statt vorwärts oder lenkt nach links statt rechts), schalte das Auto aus, entferne die Akkus, und tausche die Polung der Motorkabel für die betroffene(n) Seite(n), die zum L298N-Motortreiber führt (siehe Abschnitt 10.6). Schalte das Roboter-Auto anschließend wieder ein, und teste erneut. Wiederhole dies, bis die Bewegungen korrekt sind.
- **LEDs testen:** Drücke die Taste mit dem Vierecksymbol auf dem Controller. Bei jedem Druck sollte sich der Modus der WS2812B LEDs ändern (zum Beispiel verschiedene Farben, Effekte oder Aus).

Wenn sich dein Roboter-Auto nun korrekt steuern lässt und die LEDs reagieren, hast du die Grundprogrammierung erfolgreich abgeschlossen!

Jetzt wäre auch der Zeitpunkt gekommen, die restlichen Baugruppen des 3D-gedruckten Gehäuses fest miteinander zu verbinden.

12.4 Ausblick und Erweiterungen

Die aktuelle Software bietet eine solide Basis. Von hier aus sind viele Erweiterungen denkbar, die du selbst programmieren kannst. Dank der modularen Bauweise und der freien Pins am ESP32 kannst du dein Roboter-Auto zum Beispiel um folgende Funktionen erweitern:

- Hindernisvermeidung mit Ultraschallsensoren (HC-SR04)
- Linienfolger-Modus mit Infrarot- oder Farbsensoren
- weitere Lichteffekte
- und viele mehr ...

Was kommt als Nächstes?
Das Grundgerüst steht und fährt! Im nächsten Kapitel wird es spielerisch: Wir passen die Software leicht an und veranstalten einen kleinen Ball-ins-Tor-Wettbewerb mit dem Roboter-Auto – eine lustige Herausforderung, die zeigt, was mit dem selbstgebauten Flitzer möglich ist!

Kapitel 13

Dein Roboter-Auto in Aktion: Parcours, Spiele und Wettbewerbe

Dein Roboter-Auto ist startklar und wartet auf Action! In diesem Kapitel lassen wir den Controller glühen: Baue eigene Rennstrecken, teste dein Geschick in kniffligen Parcours und tritt in spannenden Wettbewerben an. Entdecke jede Menge Spielideen für sofortigen Fahrspaß!

Herzlichen Glückwunsch! Dein ESP32-Roboter-Auto ist fertig gebaut, verkabelt, programmiert und bereit, dein Wohnzimmer oder deine Schulklasse zu erobern. Du hast gelernt, wie man es präzise mit einem Gamepad steuert, und sogar coole Lichteffekte mit den LEDs aktiviert. In diesem Kapitel wollen wir uns nun ganz dem Spielspaß widmen. Es ist Zeit, die Ärmel hochzukrempeln, kreativ zu werden und deinen Flitzer in spannenden Geschicklichkeitsübungen und kleinen Wettbewerben auf die Probe zu stellen. Schnapp dir deinen Controller – die Spiele können beginnen.

Abbildung 13.1 Du kannst mit deinem Auto Luftballons jagen.

13.1 Parcours-Designer: Erschaffe deine eigenen Rennstrecken und Testgelände

Bevor der Spielspaß beginnen kann, brauchst du natürlich eine passende Umgebung. Deiner Fantasie sind dabei kaum Grenzen gesetzt!

> **!**
> **Sicherheit geht vor**
>
> Sorge für eine ausreichend große, freie Fläche, damit dein Roboter genug Platz zum Manövrieren hat und keine Macken an Möbeln hinterlässt.
>
> Entferne Stolperfallen und zerbrechliche Gegenstände aus dem Spielbereich, denn es kann schnell hektisch und aufregend werden.
>
> Achte darauf, dass keine Kabel lose herumliegen, in denen sich der Roboter verheddern könnte.

Materialien für den Streckenbau

- **Begrenzungen:** Nutze Kartons, Bücher, lange Holzleisten, Kissen oder aufgestellte Spielzeugkisten, um Rennstrecken oder Arenen abzustecken. Diese sollten nicht zu groß sein, damit du mehr in Aktion bist und nicht lange gerade Strecken fahren musst.
- **Hindernisse:** Bauklötze, leere Joghurtbecher, Papprollen oder Legosteine eignen sich hervorragend als Pylonen für einen Slalom oder als kleine Hürden.
- **Untergrund:** Ein glatter Boden wie Parkett oder Laminat ist ideal. Teppich kann, je nach Beschaffenheit, eine zusätzliche Herausforderung für den Antrieb darstellen, da die Motoren für die Drehungen dann mehr Kraft brauchen.
- **Markierungen:** Mit Malerkrepp oder farbigem Klebeband kannst du Start- und Ziellinien, Parkzonen oder Streckenverläufe auf dem Boden markieren.

> **!**
> **Vorsicht mit dem Klebeband**
>
> Hier ein Hinweis aus eigener Erfahrung. Auf frischem Echtholzparkett kann es passieren, dass sich beim Abziehen von Klebeband, das zu lange auf dem Parkett geklebt hat, Teile der Parkettversiegelung mit ablösen. Im Ergebnis entstand eine permanente Rennstrecke im Wohnzimmer und viel Ärger.

13.2 Spannende Spielideen und Wettbewerbe für dich und deine Freunde

Mit der Software aus den vorherigen Kapiteln und der Steuerung per Gamepad ist dein Roboter-Auto nun einsatzbereit. Hier sind einige Vorschläge, wie der Spaß weitergehen kann – alleine oder im Wettbewerb mit anderen Roboter-Piloten.

13.2.1 Roboter-Rennen: Wer ist der Champion auf vier Rädern?

Klassische Rennen gehen immer und sorgen für Hochspannung!

- **Sprintduell:** Markiere eine Start- und eine Ziellinie (zum Beispiel 3 bis 5 Meter Abstand). Wer legt die Strecke am schnellsten zurück? Messt die Zeit mit einer Stoppuhr. Für zusätzliche Spannung: Wer kann am präzisesten auf der Ziellinie anhalten?
- **Rundkurs-Meisterschaft:** Baue einen geschlossenen Rundkurs mit ein paar einfachen Kurven. Wer fährt drei Runden am schnellsten? Ihr könnt auch Boxenstopps einbauen, bei denen eine kleine Aufgabe erledigt werden muss, wie zum Beispiel den Roboter einmal um sich selbst drehen lassen.
- **Staffelrennen:** Wenn mehrere Roboter und Fahrer vorhanden sind, bildet Teams! Jeder Fahrer absolviert eine Runde oder eine Teilstrecke, bevor an den nächsten übergeben wird.

13.2.2 Präzisionsfahren: die hohe Kunst der Roboter-Steuerung

Hier geht es nicht nur um Geschwindigkeit, sondern vor allem um Fingerspitzengefühl und viel Übung mit der Steuerung.

- **Slalom-Künstler:** Stelle eine Reihe von Pylonen (zum Beispiel Bauklötze oder leere PET-Flaschen) in gleichem Abstand auf. Ziel ist es, den Parcours so schnell wie möglich zu durchfahren, ohne ein Hindernis zu berühren oder umzuwerfen. Für jede Berührung gibt es Strafsekunden!
- **Engstellen-Navigator:** Baue eine schmale Gasse (zum Beispiel aus zwei Reihen Büchern). Wer schafft es, den Roboter hindurchzumanövrieren, ohne die Wände zu touchieren? Die Gasse kann schrittweise enger gestaltet werden.
- **Einpark-Profi:** Markiere eine Parkbucht auf dem Boden, die nur wenig größer ist als dein Roboter-Auto. Versuche, den Roboter vorwärts und auch rückwärts sauber einzuparken. Wer benötigt die wenigsten Korrekturzüge?

13.2.3 Ballspiele: Anpfiff zum Roboter-Fußball und Kegel-Cup!

Dein Roboter-Auto kann auch zum Sportler werden.

- **Der Klassiker: Ball ins Tor**
  - Baue ein kleines Tor, zum Beispiel aus Karton oder zwei Büchern.
  - Lege einen leichten Ball davor, zum Beispiel einen Tischtennisball, einen kleinen Softball oder ein zusammengeknülltes Papier.
  - Ziel: Steuere das Roboter-Auto so, dass es den Ball geschickt ins Tor schiebt! Wer braucht die wenigsten Versuche oder die kürzeste Zeit?
- **Varianten für noch mehr Spielspaß**
  - Zeitlimit: Schaffe es in unter 15 Sekunden!
  - Handicap: Nur der Rückwärtsgang darf zum Schieben benutzt werden!
  - Schwierigkeit erhöhen: Das Tor wird immer kleiner gebaut oder weiter entfernt platziert.
  - Massen-Challenge: Wer schiebt in 60 Sekunden die meisten Bälle ins Tor? Dafür brauchst du natürlich einen Ball-Nachschub.

Schiebeschild

Der optionale Schiebeschild kann hier sehr nützlich sein, um den Ball besser zu kontrollieren. Ein großer Vorteil des Schiebeschildes ist es, dass er wie ein Stoßdämpfer funktioniert, was das Roboter-Auto vor zu starken Remplern schützt.

13.2.4 Abenteuer-Parcours: über Stock und über Stein

Für die mutigen Roboter-Piloten unter euch!

- **Die Rampe bezwingen:** Baue eine flache Rampe, zum Beispiel ein stabiles Brett, das an einem Ende auf einem Buch aufliegt. Kann dein Roboter die Rampe erklimmen und auf der anderen Seite sicher wieder herunterfahren, ohne die Balance zu verlieren oder zu schnell zu werden? Beginne mit einer sehr flachen Steigung, und erhöhe sie langsam.
- **Die Wippe meistern:** Etwas kniffliger ist der Bau einer Wippe. Ein schmales Brett, das mittig auf einem Kantholz liegt, kann als Wippe dienen. Der Roboter muss langsam auf die Wippe fahren, sie zum Kippen bringen und dann auf der anderen Seite wieder herunterfahren, ohne abzustürzen.

- **Brückenüberquerung:** Baue eine Brücke zwischen zwei leicht erhöhten Plattformen wie zum Beispiel zwei niedrigen Bücherstapeln. Die Brücke sollte nur wenig breiter als dein Roboter sein. Wer überquert sie sicher?

Tipps für faire Wettbewerbe und maximalen Spielspaß

Damit eure Roboter-Spiele und -Wettbewerbe reibungslos ablaufen und allen eine Freude bereiten:

- **Klare Regeln:** Legt vor jedem Spiel die Regeln genau fest. Was ist erlaubt, was nicht? Wie werden Punkte gezählt oder Zeiten gemessen, wer wie lange fahren darf?
- **Zeitmessung:** Eine Stoppuhr ist unerlässlich für Rennen oder zeitbasierte Aufgaben.
- **Punktevergabe:** Überlegt euch ein einfaches Punktesystem, besonders wenn ihr ein kleines Turnier mit verschiedenen Disziplinen veranstaltet.
- **Kleine Anerkennungen:** Urkunden, die du vielleicht selbst gemalt hast, oder kleine Süßigkeiten können die Motivation zusätzlich steigern. Aber das Wichtigste ist der Spaß am gemeinsamen Spiel!
- **Teamgeist:** Fördert das Miteinander. Helft euch gegenseitig beim Aufbau der Parcours, und feuert euch bei den Wettbewerben an.

13.3 Fazit und Ausblick: die nächste Stufe der Roboter-Intelligenz

Du siehst, dein ESP32-Roboter-Auto ist weit mehr als nur ein Haufen Elektronik – es ist ein echter Spielkamerad und ein Begleiter an verregneten Nachmittagen, um deine Geschicklichkeit und Kreativität zu testen! Durch die verschiedenen Spiele und Wettbewerbe hast du nicht nur gelernt, deinen Roboter präzise zu steuern, sondern hoffentlich auch jede Menge Spaß gehabt. Die Möglichkeiten, eigene Parcours zu entwerfen und sich neue Herausforderungen auszudenken, sind schier endlos.

Jetzt haben wir zusammen den Teil 1 des Buches gemeistert, und du bist sicher gespannt, wie es weitergeht. Im folgenden Teil 2 werden wir mithilfe von KI-Assistenten Programme generieren, um zum Beispiel Sensoren zu programmieren, die wir an unser Roboter-Auto anschließen. Zuvor aber etwas Theorie, wie du einen KI-Assistenten dazu bringst, für dich ein lauffähiges Programm zu schreiben, mit dem der ESP32 auch etwas anfangen kann. Ich freue mich, dass wir zusammen in die Prompt-Schule gehen werden.

TEIL II

Prompte deine Roboter-Auto-Programme

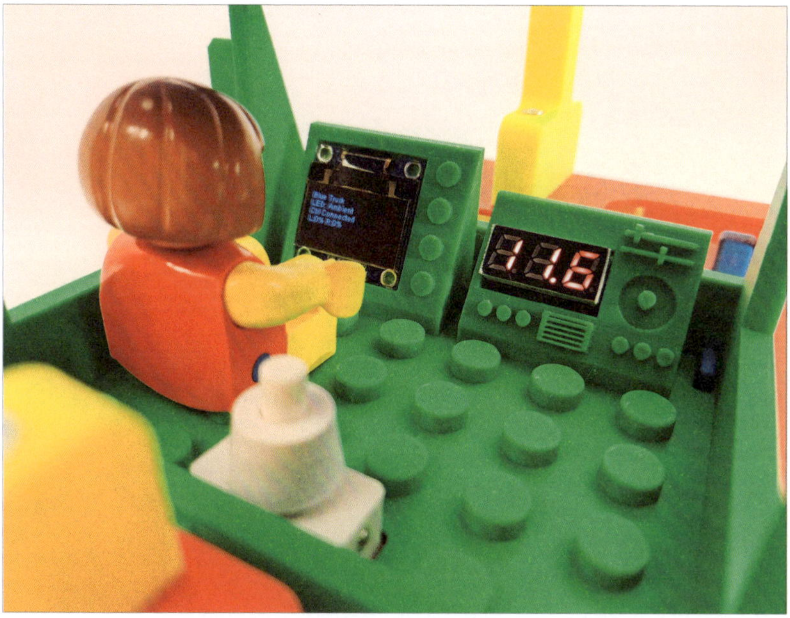

Kapitel 14

Programmieren mit KI-Unterstützung: deine Prompt-Schule

Mache KI zu deinem Programmierpartner! Dieses Kapitel zeigt dir, wie du mit KI-Assistenten und den richtigen »Prompts« erstaunlich einfach Code für dein ESP32-Roboter-Auto erstellst. Entdecke, wie leicht Programmieren mit einem smarten KI-Assistenten sein kann!

In diesem Abschnitt möchte ich dir zeigen, wie du mithilfe von modernen KI-Sprachmodellen, sogenannten Large Language Models (LLMs) wie ChatGPT, Gemini und ähnlichen Diensten, dein Roboter-Auto bzw. deinen ESP32 programmieren kannst.

Kurz gesagt: vom Prompt zum Programm zum fertig programmierten Roboter-Auto.

Diese KI-Werkzeuge können dir als leistungsstarke Assistenten dienen, um Programme für dein Produkt, das Roboter-Auto, zu generieren, Fehler in deinem Programm zu finden oder weitere neue Ideen wie zusätzliche Funktionen zu entwickeln. Zum Zeitpunkt der Erstellung dieses Buches (Mitte 2025) sind viele der großen LLM-Anbieter in der Lage, direkt funktionierende Programme für den ESP32 zu generieren, wobei die Qualität der so erstellten Programme noch stark von deiner Eingabe, also deinem Prompt, abhängt. In den folgenden Abschnitten werde ich dir das Wissen und die Prinzipien beibringen, um gute Prompts zu schreiben.

14.1 Die Kunst des Befehls: Was ist ein Prompt und warum ist »Prompt Engineering« wichtig?

Wenn wir von großen Sprachmodellen, den sogenannten LLMs sprechen, stell sie dir als sehr fortgeschrittene Textgeneratoren vor, die Antworten basierend auf der Eingabe erstellen, die sie von dir erhalten haben. Diese Eingabe wird als *Prompt* bezeichnet – im Grunde ein Stück Text, das du dem Sprachmodell gibst, um seine Antwort zu lenken. Du musst kein Technologieexperte sein, um einen Prompt zu schreiben; das können wirklich alle!

Einen *guten* Prompt zu schreiben, kann jedoch etwas knifflig sein, und du musst etwas Erfahrung sammeln. Mehrere Faktoren beeinflussen, wie gut das Modell deinen Prompt versteht und darauf reagiert. Dazu gehören:

- **Das Modell selbst:** Verschiedene Sprachmodelle können auf denselben Prompt unterschiedlich reagieren.
- **Trainingsdaten:** Die Informationen, aus denen das Modell gelernt hat, werden seine Antworten beeinflussen.
- **Wie du deinen Prompt formulierst:** Die gewählten Worte, Fachbegriffe, die technische Detailtiefe, der Stil und die Struktur deines Prompts spielen alle in Summe eine wichtige Rolle.
- **Kontext:** Ausreichend Hintergrundinformationen helfen dem Modell, bessere Antworten auf deine Frage bzw. auf deine Aufgabenstellung zu geben.

Aufgrund dieser Faktoren erfordert das Erstellen effektiver Prompts oft etwas Ausprobieren und Anpassen – ein Ablauf sich zum Teil wiederholender Schritte, der als *Prompt Engineering* bekannt ist. Wenn dein Prompt nicht klar oder gut strukturiert ist, könnte das Modell vage oder falsche Antworten geben, was es dir erschwert, nützliche Informationen oder eben lauffähigen Programmcode von deinem KI-Assistenten zu erhalten. Ein klar formulierter Prompt bzw. eine Serie von Prompts ist daher oft der Schlüssel zum Erfolg.

14.2 Werkzeuge des Dialogs: wichtige Prompting-Techniken

KI-Assistenten und die dahinterliegenden Large Language Models, kurz LLMs, sind darauf trainiert, Anweisungen zu folgen, und wurden mit riesigen Datenmengen an Text trainiert, sodass sie einen Prompt verstehen und eine Antwort generieren können. Aber LLMs sind nicht perfekt; je klarer deine Prompt-Beschreibung der Aufgabe, desto besser kann das LLM den wahrscheinlichsten nächsten Text aus seinem antrainierten Wissen vorhersagen. Zusätzlich helfen dir spezifische Techniken, die die Funktionsweise von LLMs nutzen, dabei, relevante Ergebnisse zu erzielen. Daher werden wir uns jetzt zusammen in den kommenden Abschnitten verschiedene Prompt-Techniken näher anschauen.

Lerne direkt die englischen Begriffe

Ich verwende bewusst die englischen Begriffe mit deutscher Erläuterung, da sich diese Begriffe etabliert haben und du dazu im Internet noch weitere Informationen und Beispiele finden kannst.

14.2.1 Allgemeines Prompting / Zero-Shot-Prompting

Ein Zero-Shot-Prompt ist die einfachste Art von Prompt, und wir alle haben diese Art des Promptschreibens sicher bereits gemacht. Er enthält lediglich eine Beschreibung der Aufgabe und eventuell einen Anfangstext, mit dem das LLM starten kann. Diese Eingabe kann alles Mögliche sein: eine Frage, der Anfang einer Geschichte oder eine Anweisung. Der Name *Zero-Shot* bedeutet, dass es keine Beispiele gibt. Für einfache Code-Schnipsel oder Fragen kann das schon ausreichen.

14.2.2 One-Shot- und Few-Shot-Prompting (Prompting mit Beispielen)

Beim Erstellen von Prompts für KI-Modelle ist es oft hilfreich, dem Modell Beispiele zu geben. Diese Beispiele helfen dem LLM zu verstehen, was du als Ergebnis in etwa erwartest, besonders wenn du eine bestimmte Ausgabestruktur oder ein Muster wie einen Programmcode wünschst.

Ein One-Shot-Prompt liefert ein einzelnes Beispiel. Die Idee ist, dass das Modell ein Vorbild hat, das es imitieren kann, um die Aufgabe bestmöglich zu erledigen.

Ein Few-Shot-Prompt liefert dem Modell mehrere Beispiele. Dieser Ansatz zeigt dem Modell ein Muster, dem es folgen soll, was ideal ist für Programmieraufgaben. Mehrere Beispiele erhöhen die Chance, dass das Modell dem gewünschten Muster folgt.

Die Anzahl der Beispiele, die du für Few-Shot-Prompting benötigst, hängt von der Komplexität der Aufgabe, der Qualität der Beispiele und den Fähigkeiten des von dir genutzten KI-Modells bzw. KI-Services ab. Als Faustregel gelten mindestens drei bis fünf Beispiele. Für komplexere Aufgaben oder bei Längenbeschränkungen des Modelleingabefensters musst du eventuell mehr oder weniger Beispiele verwenden. Wähle Beispiele, die für deine Aufgabe relevant, vielfältig, qualitativ hochwertig und gut geschrieben sind. Schon ein kleiner Fehler im Beispiel kann das Modell verwirren und zu unerwünschten Ergebnissen führen. Daher ist auch bei der Verwendung von LLMs die Qualität der Daten bzw. deine Eingabe über den Prompt sehr wichtig, um gute Ergebnisse zurückzuerhalten.

14.2.3 System-, Kontext- und Rollen-Prompting

Wenn wir ein LLM bitten, etwas für uns zu tun – sei es, einen Text zu schreiben, eine E-Mail zu formulieren oder eben Code für unseren Mikrocontroller zu generieren –, müssen wir der KI genau sagen, was wir von ihr wollen. Das ist ein bisschen so, als würden wir einen sehr klugen, aber manchmal etwas unkonventionellen Assistenten anleiten.

Die Techniken System-Prompting, Kontext-Prompting und Rollen-Prompting sind im Grunde unsere Anleitungen für diesen Assistenten. Sie helfen uns, das gewaltige Wissen des LLM so zu lenken, dass es genau die Art von Ergebnis liefert, die wir brauchen. Jede dieser Techniken konzentriert sich auf einen anderen Aspekt der Anleitung:

System-Prompting

Stell dir das System-Prompting als die grundlegenden Regeln und das übergeordnete Ziel vor, die du deinem KI-Assistenten gibst, bevor er überhaupt mit der Arbeit beginnt. Es definiert das »große Ganze« dessen, was das Sprachmodell tun soll. Es ist die Anweisung, die dem Modell seine Hauptaufgabe zuteilt und seinen grundlegenden Charakter bestimmt. Der System-Prompt wird häufig in den Einstellungen des KI-Assistenten hinterlegt, wenn dein Anbieter solch eine Funktion bietet, und ab dann immer angewandt.

- **Beispiel für ein Roboter-Projekt:** Wenn du ein LLM für dein Roboter-Projekt einsetzen möchtest, könnte ein System-Prompt lauten: »Du bist ein Experte für die Programmierung von Arduino-basierten Robotern und hilfst mir beim Schreiben von Code-Beispielen in C++.«
- **Warum ist das wichtig?** Ohne einen klaren System-Prompt könnte das Modell zum Beispiel versuchen, ein Kochrezept zu schreiben, obwohl du Code brauchst, oder es antwortet in einer sehr umgangssprachlichen Weise, obwohl du einen professionellen Stil erwartest. Der System-Prompt stellt sicher, dass die KI von Anfang an auf dem richtigen Weg ist.

Kontext-Prompting

Während der System-Prompt die allgemeinen Regeln festlegt, die ab dann immer gelten, liefert das Kontext-Prompting die spezifischen Details oder Hintergrundinformationen, die für die aktuelle, konkrete Aufgabe relevant sind. Es ist, als würdest du deinem Assistenten einen Bauplan oder eine Skizze für das aktuelle Projekt geben.

- **Beispiel für Code-Generierung:** Du hast das LLM mit dem System-Prompt »Experte für Arduino-Roboter-Code« ausgerüstet. Jetzt möchtest du spezifischen Code. Ein Kontext-Prompt könnte sein: »Ich brauche Arduino-Code, um einen Servomotor zu steuern. Der Servomotor soll zwischen 0 und 180 Grad hin- und herfahren. Bitte verwende die Standard-Servo-Bibliothek.«
- **Weiteres Beispiel mit deinem Roboter-Auto:** Wenn du sagst: »Der linke Joystick des PS5-Controllers soll das Roboter-Auto steuern«, dann gibst du dem Modell Kontext, welche Komponente (linker Joystick) für welche Funktion (Steuerung des Autos) zuständig ist.

- **Warum ist das wichtig?** Der Kontext-Prompt hilft dem Modell, die Nuancen deiner Anfrage zu verstehen und die Antwort genau anzupassen. Er verhindert, dass die KI allgemeine oder falsche Annahmen trifft, indem du ihr alle nötigen Informationen für die aktuelle Aufgabe direkt mitgibst.

Mein persönlicher Favorit: Rollen-Prompting

Mit dem Rollen-Prompting weist du dem Sprachmodell eine klare Rolle, einen bestimmten Charakter oder eine Identität zu, die es annehmen soll. Dadurch weiß die KI genau, was von ihr erwartet wird, und kann ihre Antworten und Aktionen entsprechend anpassen. Für unsere Aufgabe der Programmierung eines ESP32-Mikrocontrollers könnte die Persönlichkeit der KI zum Beispiel wie folgt beschrieben werden: »Du bist ein erfahrener C++-Programmierer für Mikrocontroller in der Entwicklungsumgebung Arduino.« Dies hilft dem KI-Modell, Antworten zu generieren, die mit der zugewiesenen Rolle und dem damit verbundenen Wissen und Verhalten übereinstimmen.

Jetzt haben wir den System- und Kontext-Prompt kennengelernt. Mit dem dritten Prompt-Typ, dem Rollen-Prompt, kann es erhebliche Überschneidungen zwischen diesen drei Arten der Prompts geben. Ein Prompt, der dem System eine Rolle zuweist, kann auch Kontext enthalten. Jede Art dient einem etwas anderen Hauptzweck:

- **System-Prompt:** Definiert die grundlegenden Fähigkeiten und den übergeordneten Zweck des Modells.
- **Kontext-Prompt:** Liefert unmittelbare, aufgabenspezifische Informationen, um die Antwort zu lenken; ist hochspezifisch für die aktuelle, dynamische Aufgabe.
- **Rollen-Prompt:** Gestaltet den Ausgabestil und die »Stimme« des Modells; fügt eine Ebene der Spezifität und Persönlichkeit hinzu.

Diese Unterscheidung bietet einen Rahmen für das Design von Prompts mit klarer Absicht und erleichtert die Analyse, wie jeder Prompt-Typ die Ausgabe des Sprachmodells beeinflusst.

14.2.4 Rollen-Prompting genauer betrachtet

Sehr hilfreich bei der partnerschaftlichen Programmierung mit einem LLM ist Rollen-Prompting. Daher möchte ich darauf etwas genauer eingehen, da ich mit dieser Art der Aufgabenbeschreibung bei der Programmierung sehr gute Erfahrungen gemacht habe.

Rollen-Prompting ist eine Technik, bei der du dem KI-Modell eine bestimmte Rolle zuweist. Das kann helfen, relevantere und informativere Ausgaben zu generieren, da das Modell seine Antworten auf die ihm zugewiesene Rolle zuschneiden kann. Du könntest einem KI-Modell beispielsweise die Rolle eines Bäckers, eines Kindergärtners oder einer erfahrenen Embedded-Entwicklerin mit Expertenwissen in der Programmiersprache C++ geben. Sobald das KI-Modell eine spezifische Rolle zugewiesen bekommen hat, kannst du ihm rollenspezifische Aufgaben geben.

```
Du bist ein KI-Assistent und Experte für die Programmierung von ESP32-Mikro-
controllern mit der Arduino IDE und der Programmiersprache C++.
Schreibe ein C++-Programm für einen ESP32-Mikrocontroller, das ein Modell-Robo-
ter-Auto steuert. Das Roboter-Auto verwendet eine L298N-H-Brücke als Motortrei-
ber zur Ansteuerung der Gleichstrommotoren im Roboter-Auto. Der ESP32 steuert
den L298N direkt. Das Programm soll die Bluepad32-Bibliothek (https://git-
hub.com/ricardoquesada/bluepad32) nutzen, um einen PS5-Controller mit dem ESP32
zu verbinden. Der PS5-Controller dient als Lenkung für das Roboter-Auto.
Hardware-Pin-Belegung ESP32 zu L298N:
- Motortreiber Eingang IN1 an ESP32 GPIO 13
- Motortreiber Eingang IN2 an ESP32 GPIO 12
- Motortreiber Eingang IN3 an ESP32 GPIO 27
- Motortreiber Eingang IN4 an ESP32 GPIO 33
- Motortreiber Eingang ENA und ENB sind via Jumper auf HIGH gesetzt.
Das Programm soll folgende Funktionalitäten beinhalten:
1. Initialisierung: ESP32 einrichten, Pins für die L298N-H-Brücke (IN1-IN4
als digitale Ausgänge) konfigurieren und die Bluepad32-Bibliothek für die
PS5-Controller-Verbindung initialisieren.
2. Controller-Eingaben verarbeiten: Eingaben vom linken Joystick des PS5-Con-
trollers lesen, um Geschwindigkeit und Richtung zu steuern. Der rechte Joy-
stick wird nicht verwendet.
3. Motorsteuerfunktionen: Implementiere Funktionen (z. B. setMotorSpeed(motor,
speed, direction)), um das Roboter-Auto basierend auf den Joystick-Eingaben zu
bewegen. Geschwindigkeit soll per PWM über die IN1-IN4 gesteuert werden. Len-
kung soll wie bei einem Panzer erfolgen (Tank Steering).
4. Hauptschleife (loop): Kontinuierlich Controller-Eingaben prüfen und die
Motorzustände entsprechend aktualisieren.
Bitte strukturiere den Code mit klaren Kommentaren und organisiere ihn in Funk-
tionen für Initialisierung, Eingabeverarbeitung und Motorsteuerung.
```

Listing 14.1 Beispiel für einen Rollen-Prompt zur Code-Generierung für dein Roboter-Auto

Im Grunde ist es wie mit deinem Roboter-Auto: Wenn du dem Motor ganz klar sagst, was er tun soll (zum Beispiel »fahre vorwärts!«), dann macht er das auch richtig gut. Genauso ist es mit der KI: Gib ihr eine klare Aufgabe, und sage ihr ganz genau, auf welchem Gebiet sie ein spezielles Wissen und Können (ihre »Expertise«) haben soll, und als Ergebnis werden die Code-Vorschläge viel passender und brauchbarer für dein Projekt!

14.2.5 Chain-of-Thought-Prompting (CoT)

Denken in Abschnitten: Wenn dein Programm bereits auf dem ESP32 läuft und du auf unerklärliches Verhalten stößt, kann Chain-of-Thought-Prompting (CoT) eine gute Methode sein, um das LLM zur Problemlösung anzuleiten. CoT-Prompting ist eine Technik zur Verbesserung der Denkfähigkeiten von LLMs, indem man sie dazu anleitet, Zwischenschritte ihrer Überlegungen zu generieren. Dies hilft dem LLM, genauere Antworten zu finden. Du kannst es mit Few-Shot-Prompting kombinieren, um bessere Ergebnisse bei komplexeren Aufgaben zu erzielen, die logisches Denken erfordern, bevor eine Antwort gegeben wird – eine Herausforderung bei einem reinen Zero-Shot-CoT.

CoT hat viele Vorteile:

Es ist aufwandsarm, sehr effektiv und funktioniert gut mit handelsüblichen frei zugänglichen LLMs (kein Feintuning nötig). Du erhältst auch Interpretierbarkeit, da du die Denkschritte des LLMs nachvollziehen kannst. Wenn etwas fehlschlägt, kannst du den Fehler möglicherweise identifizieren. CoT scheint auch die Robustheit bei wechselnden LLM-Versionen zu verbessern. Natürlich gibt es auch Nachteile: Die Antwort des LLMs enthält die Denkketten, was mehr Ausgabetoken bedeutet und somit die Vorhersagen teurer und zeitaufwendiger macht.

14

```
Du bist ein Experte für Roboter, die in C++ für den ESP32 programmiert werden.
Mein Roboter-Auto (L298N direkt an ESP32 GPIOs 13(IN1), 12(IN2), 27(IN3),
33(IN4), ENA und ENB via Jumper auf HIGH gesetzt) dreht nach rechts, wenn ich
nach links lenke, und umgekehrt. Deine Aufgabe ist es, dieses Lenkproblem im
C++-Code zu erklären und zu beheben. Denke bitte in Abschnitten laut nach, be-
vor du die Lösung präsentierst und den korrigierten Codeabschnitt zeigst.
```

Listing 14.2 Beispiel für einen CoT-Prompt zur Fehlerbehebung

14.2.6 Der Aufbau macht den Unterschied: Struktur in Prompts

Wir haben bereits gesehen, wie detailliert ein Prompt sein kann, besonders unser Beispiel im Rollen-Prompting. Ein langer, unstrukturierter Textblock kann eine KI jedoch leicht überfordern oder zu Missverständnissen führen, selbst wenn alle Informationen darin enthalten sind. Eine klare Struktur hilft nicht nur der KI, die Anweisungen präzise zu befolgen, sondern auch dir selbst, den Überblick zu behalten und sicherzustellen, dass du keine wichtigen Details vergisst. Wir dürfen auch nie vergessen, dass KI-Modelle mit unglaublichen Mengen an von Menschen erzeugtem Text trainiert wurden und so die KI-Modelle auch gelernt haben, dass Texte eine gewisse Struktur haben.

Anstatt alle Anweisungen in einem einzigen Fließtext zu schreiben, können wir den Prompt durch logische Blöcke, Einrückungen und Aufzählungszeichen (* oder -) gliedern. Die Verwendung von * und Einrückungen ahmt nach, wie professionelle KI-Systeme im Hintergrund arbeiten, die auch sehr häufig Strukturen der Beschreibungssprache XML oder JSON nutzen. Aber die Verwendung von * und Einrückungen macht es für uns Menschen auch viel einfacher lesbar.

Schauen wir uns unseren ausführlichen Rollen-Prompt aus dem vorherigen Kapitel noch einmal an, diesmal aber in einer klar strukturierten Form.

```
Du bist ein KI-Assistent und Experte für die Programmierung von ESP32-Mikro-
controllern mit der Arduino IDE und der Programmiersprache C++.
** Hauptaufgabe **
  * Schreibe ein C++-Programm zur Steuerung eines Roboter-Autos mit einem
    PS5-Controller.
** Hardware-Spezifikationen **
  * Mikrocontroller: ESP32-Mikrocontroller
  * Motortreiber: L298N-H-Brücke
    * Motortreiber Eingang IN1 an ESP32 GPIO 13
    * Motortreiber Eingang IN2 an ESP32 GPIO 12
    * Motortreiber Eingang IN3 an ESP32 GPIO 27
    * Motortreiber Eingang IN4 an ESP32 GPIO 33
    * Motortreiber Eingänge ENA und ENB sind via Jumper auf HIGH gesetzt.
  * Steuerung: PS5-Controller
    * Verbindung über die Bluepad32-Bibliothek
      (https://github.com/ricardoquesada/bluepad32).
** Angeforderte Programm-Funktionalitäten **
  * 1. Initialisierung:
    * Richte den ESP32 ein.
    * Konfiguriere die Pins für die L298N-H-Brücke (IN1-IN4) als digitale
      Ausgänge.
    * Initialisiere die Bluepad32-Bibliothek für die Verbindung mit dem PS5-
      Controller.
  * 2. Controller-Eingaben verarbeiten:
    * Lies die Eingaben vom linken Joystick des PS5-Controllers.
    * Der rechte Joystick wird nicht verwendet.
  * 3. Motorsteuerfunktionen:
    * Implementiere Funktionen, um das Auto zu bewegen (zum Beispiel
      setMotorSpeed(motor, speed, direction)).
    * Steuere die Geschwindigkeit per PWM direkt über die Pins IN1 bis IN4.
    * Die Lenkung soll wie bei einem Panzer erfolgen (Tank Steering).
```

```
  * 4. Hauptschleife (loop):
    * Prüfe kontinuierlich die Controller-Eingaben.
    * Aktualisiere die Motorzustände entsprechend.
** Anforderungen an den Code **
  * Strukturiere den Code mit klaren Kommentaren.
  * Organisiere den Code in logische Funktionen (Initialisierung,
    Eingabeverarbeitung, Motorsteuerung).
```

Listing 14.3 Beispiel für einen gut strukturierten Prompt

Du siehst sofort den Unterschied. Die Hauptaufgabe ist klar definiert, die Hardware-Spezifikationen sind sauber gruppiert, und die einzelnen Software-Anforderungen sind als übersichtliche Liste aufgeführt. Diese Gliederung zwingt die KI, jeden Punkt systematisch abzuarbeiten, was die Wahrscheinlichkeit für ein qualitativ hochwertiges und korrektes Ergebnis drastisch erhöht.

14.3 Dein perfekter Befehl: einen effektiven Prompt für das ESP32-Roboter-Auto erstellen

Jetzt hast du die Grundlagen kennengelernt und von mir sehr ausführliche Beispiel-Prompts gezeigt bekommen. Du ahnst es sicher schon. Ein gut formulierter Prompt ist der Schlüssel zum Erfolg. Für unser Roboter-Auto sollte dein Prompt eine Kombination aus Kontext- und Rollen-Prompting darstellen und idealerweise folgende Informationen enthalten:

- **Rolle für die KI:** `Du bist ein erfahrener Programmierer für ESP32-Mikrocontroller und Robotik-Anwendungen.`
- **Verwendete Entwicklungsumgebung (IDE):** `Erstelle den Code für die Arduino IDE.`
- **Zielhardware:** `Das Zielsystem ist ein ESP32 Dev Module.`
- **Wichtige angeschlossene Komponenten und deren Verbindung:** `Ein L298N-Motortreiber wird direkt vom ESP32 gesteuert.`
- **Genaue Pin-Belegung:** Dies ist absolut entscheidend!
  - `L298N IN1 an ESP32 GPIO 13`
  - `L298N IN2 an ESP32 GPIO 12`
  - `L298N IN3 an ESP32 GPIO 27`
  - `L298N IN4 an ESP32 GPIO 33`
  - `L298N ENA und ENB sind via Jumper auf HIGH gesetzt`

- **Gewünschte Steuerungslogik:** Eine Lenkung wie bei einer Kettenraupe mit dem linken Joystick eines PS5-Controllers, der via Bluepad32 verbunden ist. Y-Achse für Vor/Zurück (PWM-Geschwindigkeit), X-Achse für Drehung auf der Stelle.
- **Bekannte oder bevorzugte Bibliotheken:** Bluepad32-Bibliothek für PS5-Controller-Anbindung (hier den Link zu Doku/Beispielen einfügen).
- **Beispielcode (Few-Shot/One-Shot):** Füge relevante Code-Ausschnitte aus funktionierenden Beispielen bei (zum Beispiel aus der Bluepad32-Bibliothek, wie die Controller-Daten ausgelesen werden).

Dein fertiger Prompt kann dann zum Beispiel so aussehen:

```
Du bist ein KI-Assistent und Experte für die Programmierung von ESP32-Mikrocon-
trollern mit der Arduino IDE und der Programmiersprache C++.
** Hauptaufgabe **
* Erstelle ein vollständiges und lauffähiges C++-Programm für die Arduino IDE,
  um ein Roboter-Auto zu steuern.
** Hardware-Setup **
* Zielsystem: ESP32 Dev Module
* Motorsteuerung: L298N-H-Brücken-Motortreiber
* Controller: PS5-Controller (Verbindung via Bluetooth)
** Pin-Belegung (ESP32 -> L298N) **
* Linker Motor:
  * GPIO 13 -> IN1 (Richtung)
  * GPIO 12 -> IN2 (Richtung)
* Rechter Motor:
  * GPIO 27 -> IN3 (Richtung)
  * GPIO 33 -> IN4 (Richtung)
** Bibliotheken & APIs **
* Benötigte Bibliothek: Bluepad32 (https://github.com/ricardoquesada/bluepad32)
                        für die PS5-Controller-Anbindung.
* Bevorzugte API: Nutze die ESP32 LEDC API für eine präzise PWM-Steuerung der
                  Motorgeschwindigkeit.
** Steuerungslogik (Panzerlenkung) **
* Eingabegerät: Ausschließlich der linke Joystick des PS5-Controllers.
* Deadzone: Implementiere eine Deadzone von ca. 15% für die X- und Y-Achse des
  Joysticks, um unbeabsichtigte Bewegungen in der Mittelstellung zu verhindern.
* Vorwärts-/Rückwärtsfahrt (Y-Achse):
  * Steuert die Grundgeschwindigkeit beider Motoren.
  * Die Geschwindigkeit soll proportional zur vertikalen Auslenkung sein.
```

```
* Drehung auf der Stelle (X-Achse):
  * Nach links: Linker Motor dreht rückwärts, rechter Motor dreht vorwärts.
  * Nach rechts: Linker Motor dreht vorwärts, rechter Motor dreht rückwärts.
  * Die Drehgeschwindigkeit soll proportional zur horizontalen Auslenkung sein.
* Kurvenfahrten (kombinierte X- und Y-Achse):
  * Mische die Eingaben der X- und Y-Achse, um flüssige Kurvenfahrten zu
    ermöglichen.
  * Passe die Geschwindigkeiten des linken und rechten Motors entsprechend an
    (z. B. bei einer Vorwärtskurve nach links dreht der rechte Motor schneller
    als der linke).
** Anforderungen an den Code **
* Struktur:
  * Erstelle einen gut strukturierten und umfassend kommentierten Code.
  * Verwende const int Variablen für alle Pin-Definitionen.
  * Richte die PWM-Kanäle (LEDC) in einer separaten Setup-Funktion ein.
* Funktionen:
  * Implementiere separate, wiederverwendbare Funktionen für die
    Motoransteuerung.
    * Beispiel: void setLeftMotorSpeed(int speed) und
                void setRightMotorSpeed(int speed).
    * Die speed-Werte sollen von -255 (volle Geschwindigkeit rückwärts) bis
      +255 volle Geschwindigkeit vorwärts) reichen und innerhalb der
      Funktionen in PWM-Werte und Richtungslogik umgesetzt werden.
  * Die Hauptschleife (loop()) soll sauber bleiben und hauptsächlich Funktionen
    zur Abfrage des Controllers und zur Ansteuerung der Motoren aufrufen.
```

Listing 14.4 Beispiel-Prompt für das ESP32-Roboter-Auto, angepasst an die direkte L298N-Steuerung

Das war ein sehr ausführlicher Prompt. Ich habe die Erfahrung gemacht, dass LLMs mit Aufgaben und Informationen besser arbeiten können, wenn sie klar strukturiert sind. Je mehr Mühe du dir bei der Formulierung gibst, desto besser werden die Ergebnis sein. Ich speichere daher Prompts, die ein gutes Ergebnis geliefert haben, in einem Dokument und passe sie für neue Aufgabenstellungen an. Dafür nehme ich wieder einen KI-Assistenten, den ich auffordere, anhand dieser Vorlage einen neuen Prompt zu generieren. So bin ich um ein Vielfaches schneller beim Schreiben meiner Prompts, als wenn ich immer wieder bei null anfangen und alles selbst erstellen würde. Genau dieses Vorgehen werden wir dann auch ab Kapitel 16 für unsere Prompts anwenden.

14.4 Der iterative Prozess: vom ersten Entwurf zum fertigen Code

Selbst mit dem besten Prompt ist es nicht sicher, dass ein KI-Service auf Anhieb perfekten, fehlerfreien Code für ein komplexes Entwicklungsprojekt liefert. Die Wahrscheinlichkeit, dass eine komplexe Entwicklungsaufgabe auf Anhieb richtig gelöst wird, liegt 2025 noch bei ca. 78 % (Quelle: The 2025 AI Index Report der Stanford University). Stell dir einen KI-Assistenten als einen extrem schnellen Programmierpartner vor, dessen Arbeit du aber immer überprüfen und mit den richtigen Fragen anleiten und vor allem auch hinterfragen musst.

Hier ist ein typisches Vorgehen:

1. **Prompt senden und ersten Entwurf erhalten:** Schicke deinen detaillierten Prompt an den KI-Chat-Service deiner Wahl.
2. **Prüfen, kompilieren und erste Fehlerbehebung:**
   - Leseverständnis und Logikprüfung: Lies den Code sorgfältig. Entspricht er deinen Anweisungen? Sind die Pins korrekt verwendet? Ist die Logik für die Panzerlenkung nachvollziehbar?
   - Kompilierfehler: Kopiere den Code in die Arduino IDE. Behebe offensichtliche Fehler, oder gib die Fehlermeldungen präzise an die KI zurück, mit der Bitte um Korrektur.
3. **Testen am Roboter und Logikfehler finden:**
   - Lade den Code auf deinen ESP32.
   - Teste die Funktionalität: Reagiert der Roboter korrekt auf den Controller? Drehen die Motoren richtig? Funktioniert die Geschwindigkeitssteuerung?
4. **Feedback an die KI:** Beschreibe beobachtetes Fehlverhalten detailliert, zum Beispiel: `Wenn der linke Joystick leicht nach vorne bewegt wird, fahren die Motoren sofort mit voller Geschwindigkeit. Die PWM-Steuerung scheint nicht proportional zur Joystick-Auslenkung zu sein`, und bitte um Korrektur.
5. **Verfeinern und wiederholen:** Dieser iterative Prozess aus Testen und Feedback ist normal, wird aber häufig immer schneller, da nur noch kleine Anpassungen vorgenommen werden müssen.
6. **Weitere Funktionen hinzufügen:** Sobald die Basissteuerung funktioniert, kannst du die KI bitten, das Programm um zusätzliche Funktionen zu erweitern, wie zum Beispiel die Integration einer Anzeige auf einem OLED-Display für die Geschwindigkeit/Joystick-Werte, Lichteffekte etc.

14.5 Dokumentation deiner Prompts – behalte den Überblick

Besonders bei komplexeren Aufgabenstellungen ist es hilfreich, deine Prompts und die Antworten der KI zu dokumentieren (zum Beispiel in einer Textdatei oder Tabelle). Notiere dir den Prompt, das Ergebnis, beurteile das Ergebnis und deinen Folge-Prompt und so weiter. Das hilft dir, den Überblick zu wahren und deine Prompting-Fähigkeiten zu verbessern.

Ich habe mir so eine persönliche Prompt-Sammlung erstellt. Diese ist sortiert nach Themen von der Code-Generierung bis zur Bild-Generierung. Zu jedem Prompt habe ich zusätzlich notiert, ob ich einen lokalen Service verwendet habe, der bei mir daheim läuft, mit seinem Namen und der Version.

Bei Online-Services habe ich mir ebenfalls den verwendeten Service und dessen Version bzw. LLM-Modell notiert. Denn es ist aktuell so, dass alle paar Wochen ein neuer Service verfügbar wird oder ein etablierter nicht mehr so gut ist wie ein KI-Programmierservice von einem Konkurrenten.

Das ist aufwendig, aber mit der Zeit nimmt die Dokumentation ab, du hast das Prompten gelernt und greifst auf ein paar wenige gute initiale Prompts aus deiner Sammlung zurück. Du wirst ab selbst sehen, dass die Prompts alle immer gleich starten, also das gleiche Grundgerüst haben, und die Aufgabenstellung dann natürlich abweicht. Wobei die Beschreibung der Aufgabenstellung dann auch wiederum immer in jedem Prompt sehr ähnlich ist.

14.6 Realistische Erwartungen und deine Rolle als Entwickler

Die Fähigkeit von LLMs, Code zu generieren, ist ohne Frage beeindruckend und wird rasant besser. Dennoch gilt im Jahr 2025:

- **KI ist ein Werkzeug:** Sie ersetzt nicht dein Verständnis. Du bleibst der Entwickler oder die Entwicklerin und musst den Code prüfen, verstehen und anpassen.
- **Verantwortung:** Du bist für die Sicherheit und korrekte Funktion deines Codes und des Roboters verantwortlich.
- **Präzise Fragen stellen:** Die Qualität der Antwort hängt von deinem Prompt ab. Denke auch an Sicherheitsaspekte wie zum Beispiel: »Was passiert, wenn die Controller-Verbindung abbricht?« Nur wenn du die richtigen Fragen stellen kannst, also ein Verständnis hast von dem, was für die gestellte Aufgabe wichtig ist, kann die KI »guten« Code generieren.

Sieh die KI als einen sehr fortschrittlichen Programmierassistenten an, der aber kein tieferes Verständnis hat, was du erreichen möchtest oder wie genau das Roboter-Auto aussieht und wofür es genutzt wird. Du wirst aber mit der Zeit und vor allem Übung immer besser darin werden, dem KI-Service – ob für die Programmierung oder Bildgenerierung – genau die richtigen Anweisungen zu geben, sodass dir der Service die Antwort generiert, die zu deiner Aufgabenstellung am besten passt.

Du hast dich bis hierher durch viel Theorie gearbeitet, und wir werden jetzt das erlernte Wissen nutzen, um Programme schreiben zu lassen, die es deinem Roboter-Auto ermöglichen, Sensoren zu nutzen. Was wird wohl alles möglich, wenn dein Roboter seine Umgebung noch besser verstehen könnte? Stell dir vor, er könnte Hindernissen von ganz alleine ausweichen, einer geklebten Linie auf dem Boden folgen oder sogar erkennen, wie weit ein Gegenstand entfernt ist. Genau das wird möglich, wenn wir unserem Roboter-Auto »Sinne« verleihen – in Form von Sensoren! Im nächsten Kapitel lassen wir von einem KI-Assistenten deiner Wahl Programme schreiben, die es deinem Roboter-Auto ermöglichen, seine Umwelt wahrzunehmen und intelligent darauf zu reagieren. Sei gespannt!

Kapitel 15

Sensoren im Überblick

Dein Roboter-Auto kann jetzt fahren und blinken, aber wie wäre es, wenn es seine Umgebung »vermessen« könnte? Sensoren sind die Augen und Ohren deines Roboter-Autos und öffnen die Tür zu völlig neuen Möglichkeiten. Entdecke, wie du deinem Roboter beibringst, auf seine Umwelt zu reagieren.

Bisher hast du dein Roboter-Auto ferngesteuert und ihm ein paar coole Lichteffekte spendiert. Das macht schon riesig Spaß! Aber Roboter können in der Kombination mit Sensoren und Software noch viel mehr. Sie können ihre Umwelt wahrnehmen und darauf reagieren. Sensoren sind wie die Sinnesorgane deines Roboters. Sie messen physikalische Größen wie Abstände, Lichtstärke oder Magnetfelder und wandeln diese Informationen in elektrische Signale um, die dein Programm auf dem ESP32 auswerten kann. In den folgenden Kapiteln werden wir zusammen ganz unterschiedliche Sensoren kennenlernen, die besonders gut zu deinem ESP32-Roboter-Auto passen und mit denen du die Fähigkeiten deines Roboter-Autos erweitern kannst. Wir schauen uns an, welche Sensoren es gibt und was du mit ihnen machen kannst. Wie genau sie angeschlossen und programmiert werden, zeige ich dir dann in späteren Kapiteln anhand konkreter Programmbeispiele.

15.1 Was sind Sensoren und wozu brauchen wir sie?

Sensoren sind Bauteile, die deinem Roboter-Auto helfen, seine Umgebung zu »verstehen«. Sie sammeln Informationen aus der direkten Umgebung um dein Roboter-Auto herum und wandeln diese in elektrische Signale um, die der ESP32 verarbeiten kann. Stell sie dir vor wie die Augen, Ohren oder den Gleichgewichtssinn deines Roboters.

Ohne Sensoren agiert dein Roboter quasi blind und taub. Er kann im Prinzip nur von dir sinnvoll ferngesteuert werden, wenn Sichtkontakt zwischen dir und dem Roboter-Auto besteht. Es wüsste nicht, ob ein Hindernis im Weg steht, wie hell es ist oder in welche Himmelsrichtung es sich gerade bewegt. Erst mit Sensoren und Software wird das Roboter-Auto zu einem wirklich intelligenten System.

Mit den in diesem Buch vorgestellten Sensoren kann dein Roboter-Auto zum Beispiel:

- **Abstände zu Objekten messen und dadurch Hindernisse erkennen:** Dazu werden wir einen klassischen Ultraschallsensor, den HC-SR04, verwenden. So lernt dein Roboter-Auto, seine Umgebung wahrzunehmen und Kollisionen mit Wänden, Möbeln oder anderen Gegenständen selbstständig zu vermeiden.
- **Linien auf dem Boden folgen:** Mit einem Infrarot-Liniensensoren wie dem KY-033 werden wir lernen, Hell von Dunkel zu unterscheiden. Damit kann dein Roboter-Auto einem vorgezeichneten Kurs auf dem Boden nachfahren.
- **Eigene Drehbewegungen und die Lage im Raum erfassen:** Um die Drehbewegung des Roboter-Autos messen zu können, kommt ein Gyroskop und Beschleunigungssensor zum Einsatz, das sogenannte MPU-6050-Modul. Damit erkennt die Software im Roboter-Auto, ob es sich dreht, wie schnell es das tut oder ob es zu einer Seite hingeneigt ist. Das ist entscheidend für eine präzisere Steuerung, stabilere Bewegungen und eine bessere Orientierung.

Kurz gesagt: Sensoren machen deinen Roboter deutlich schlauer und vielseitiger. Sie erlauben ihm, Informationen über sich selbst und seine Umgebung zu sammeln und darauf basierend intelligente Entscheidungen zu treffen und eigenständiger zu agieren. Auch wird es dir sicher sehr viel Spaß bereiten, dein Roboter-Auto um neue Fähigkeiten zu erweitern und für die Sensoren kleine Programme zu schreiben.

Ideal, um Sensoren schnell am Roboter-Auto zu befestigen und auszuprobieren, ist ein Roboter-Auto-Chassis aus Pappe. Mit einem scharfen Messer, etwas Pappe und der Heißklebepistole kannst du in kürzester Zeit zum Beispiel eine Halterung für einen zusätzlichen Sensor am Roboter-Auto anbringen. Ich zeige dir mein Roboter-Auto aus Pappe, das du bereits aus Abschnitt 3.3 kennst und das mir sehr gute Dienste geleistet hat beim Schreiben der folgenden Kapitel, da ich zügig die Sensoren befestigen und ausprobieren konnte. So gesehen hat Pappe auch seine klaren Vorteile für ein ganz schnelles Prototyping.

Jetzt lass uns zusammen die verschiedenen Sensoren erkunden, bevor du dich entscheidest, welche Sensoren du ausprobieren möchtest.

Abbildung 15.1 Auf dem Papp-Roboter-Auto wurden alle vorgestellten Sensoren fertig angebracht.

15.2 Der Ultraschallsensor (HC-SR04) – sehen mit Schallwellen

Einer der beliebtesten und wichtigsten Sensoren, wenn dein Roboter Hindernisse zuverlässig erkennen und Abstände messen soll, ist der Ultraschallsensor HC-SR04. Stell dir vor, dein Roboter könnte wie eine Fledermaus oder ein Delfin seine Umgebung mithilfe von Schallwellen abtasten – genau das macht dieser Sensor! Er ist unverzichtbar, damit dein Roboter nicht unaufhaltsam gegen Wände, Möbel oder andere Hindernisse fährt. Du kennst diese Sensoren sicher von richtigen Autos als Einparkhilfe; dort sehen sie etwas anders aus, funktionieren aber nach dem genau gleichen Prinzip.

Abbildung 15.2 Ultraschallsensor HC-SR04

15.2.1 Wie funktioniert der HC-SR04-Ultraschallsensor?

Auf der Vorderseite des HC-SR04-Moduls siehst du zwei metallische Zylinder. Einer davon ist ein Ultraschallsender, quasi ein kleiner Lautsprecher, der mit einem großen T markiert ist, und der andere ein Ultraschallempfänger, ein Mikrofon, das mit einem großen R markiert ist. So läuft eine Messung mit dem HC-SR04 ab:

1. **Trigger (Auslösen):** Um eine Messung zu starten, sendet dein ESP32 einen kurzen elektrischen Impuls (mindestens 10 Mikrosekunden HIGH-Pegel, das sogenannte Trigger-Signal) an den Trig-Pin des HC-SR04.
   - Ein HIGH-Pegel bedeutet, dass der ESP32 an diesem Pin eine Spannung von 3,3 V anlegt. Das ist quasi der *Ein-Zustand* oder *Strom an*. Es ist wie der Pluspol der Batterie, der auf diesen Pin geschaltet wird.
   - Ein LOW-Pegel bedeutet, dass an diesem Pin eine Spannung von 0 V anliegt. Das ist der *Aus-Zustand* oder *kein Strom*. Es ist wie der Minuspol der Batterie.
2. **Senden der Schallwellen:** Unmittelbar nachdem das Trigger-Signal gesendet worden ist, also wieder LOW geworden ist, sendet der Ultraschallsender (T) des Moduls eine Salve von acht kurzen Schallimpulsen aus, die für das menschliche Ohr, wenn überhaupt, durch ein leises Klicken hörbar sind. Diese liegen typischerweise bei einer Frequenz von 40 kHz.
3. **Warten auf das Echo**: Trifft dieser Schallimpuls auf ein Objekt, wird er reflektiert und kommt als Echo zurück zum Sensor.

4. **Empfangen des Echos**: Der Ultraschallempfänger (R) auf dem Modul registriert dieses zurückkehrende Echo.
5. **Signal am Echo-Pin**: Sobald der Sensor die Schallwellen ausgesendet hat und auf das Echo wartet, setzt das HC-SR04-Modul seinen Echo-Pin auf einen HIGH-Pegel (logisch 1). Dieser Pin bleibt so lange HIGH, wie die Laufzeit des Schalls beträgt und bis das Echo empfangen wurde oder bis ein interner Timeout des Sensors erreicht ist, falls kein Echo zurückkommt, da zum Beispiel ein Vorhang den Schallimpuls geschluckt hat. Typischerweise ist nach ca. 38 Millisekunden die Zeit für den Timeout erreicht. Die Dauer des HIGH-Signals am Echo-Pin entspricht also genau der Zeit, die der Schall für den Hin- und Rückweg zum und vom Objekt benötigt hat.

Dein ESP32 misst exakt diese Zeitspanne, in der der Echo-Pin HIGH ist. Da die Schallgeschwindigkeit in der Luft bekannt ist und bei 20 °C Raumtemperatur bei etwa 343,2 Metern pro Sekunde bzw. 0,03432 Zentimetern pro Mikrosekunde liegt, kann der ESP32 daraus die Entfernung zum Hindernis berechnen:

Entfernung = (*Dauer des HIGH-Signals am Echo-Pin* × *Schallgeschwindigkeit*) / 2

Wir teilen durch 2, weil die gemessene Zeit die Dauer für den Weg hin zum Objekt *und* den Weg zurück beinhaltet, wir aber nur die einfache Distanz als Entfernung messen möchten und nicht beide Wege des Schalls.

15

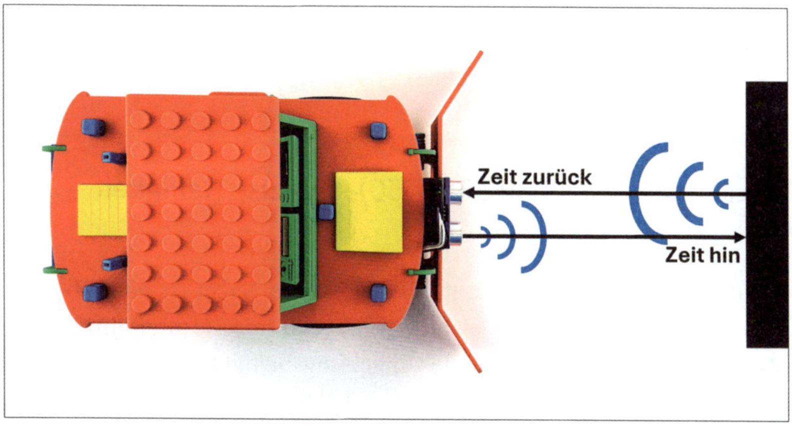

Abbildung 15.3 Laufzeitmessung des Ultraschallsignals

Wichtige Eigenschaften des HC-SR04

- **Betriebsspannung:** Der HC-SR04-Sensor selbst arbeitet typischerweise mit einer Spannung von 3,3 bis 5 V, und so kannst du diesen ohne Probleme am ESP32 anschließen.

- **Messbereich:** Üblicherweise kann er Entfernungen von ca. 2 cm bis zu 400 cm zuverlässig erfassen.
- **Messkegel:** Der Sensor misst nicht nur einen winzigen Punkt, sondern in einem Kegel von etwa 15 bis 30 Grad Öffnungswinkel. Das bedeutet, ist der Sensor am Roboter-Auto zu nahe am Boden montiert, empfängt er sehr schnell ein Echo vom Boden, obwohl kein Hindernis direkt vor dem Roboter-Auto ist.

15.2.2 Anschluss des HC-SR04 an den ESP32

Der HC-SR04 hat üblicherweise vier Pins, und du kannst diesen jetzt direkt am ESP32 wie folgt anschließen.

- **V_{CC}:** Spannungsversorgung wird mit 3,3 V verbunden, wie bereits erklärt.
- **Trig:** Trigger-Eingang wird mit einem digitalen Ausgangs-Pin des ESP32 verbunden. Wir nehmen den GPIO 25 dafür.
- **Echo:** Echo-Ausgang wird mit einem digitalen Eingangs-Pin des ESP32 verbunden. Wir nehmen den noch freien GPIO 26.
- **GND:** Masse (wird mit einem GND-Pin des ESP32 verbunden).

Jetzt hast du gelernt, wie die Entfernungsmessung mit einem Ultraschallsensor funktioniert. Im folgenden Abschnitt werden wir mit einem weiteren Sensor die Helligkeit des Lichts messen, das auf den Sensor fällt.

15.3 Digitaler Lichtsensor (GY-302/BH1750) – präzise Helligkeit messen

Möchtest du, dass dein Roboter-Auto erkennt, ob es Tag oder Nacht ist oder ob es in einen dunklen Tunnel fährt, um dann vielleicht automatisch seine Lichter einzuschalten? Für solche Aufgaben, bei denen die genaue Umgebungshelligkeit eine Rolle spielt, sind digitale Lichtsensoren ideal. Ein sehr beliebter und einfach zu handhabender Sensor ist der BH1750, den du oft auf kleinen Modulplatinen wie dem GY-302 findest. Ich stelle ihn dir hier genauer vor.

Dieser Sensor misst die Beleuchtungsstärke direkt in der Einheit Lux (lx) und kommuniziert die Messwerte digital über den I2C-Bus an deinen ESP32. Das macht ihn zu einer präzisen und einfach zu integrierenden Lösung für dein Roboter-Auto.

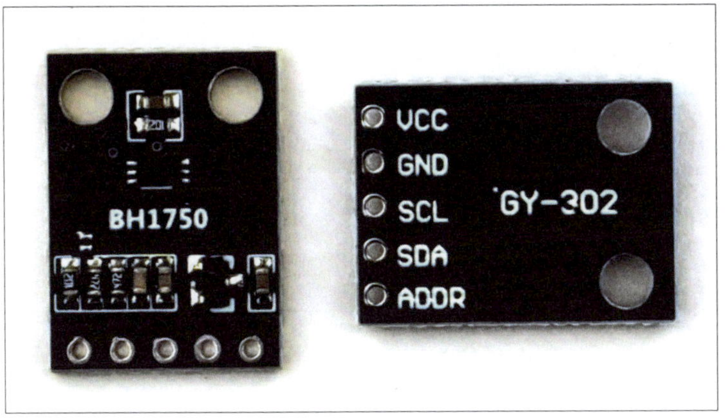

Abbildung 15.4 Lichtsensor BH1750

15.3.1 Wie funktioniert der digitale Lichtsensor BH1750?

Das Herzstück des Lichtsensormoduls ist der integrierte Schaltkreis (IC) BH1750. Dieser spezialisierte Chip ist darauf ausgelegt, Lichtintensität direkt in einen digitalen Zahlenwert umzuwandeln, der die Beleuchtungsstärke in Lux repräsentiert.

Das Prinzip dahinter ist fortschrittlicher als bei einfachen Fotowiderständen:

- Im Inneren des BH1750 befindet sich eine Fotodiode, deren Empfindlichkeit dem menschlichen Auge nachempfunden ist.
- Eine interne Logik inklusive eines Analog-Digital-Wandlers (ADC) verarbeitet das Signal der Fotodiode und berechnet daraus den Lux-Wert.
- Dieser digitale Wert kann dann bequem vom ESP32 über die I2C-Schnittstelle ausgelesen werden.

Die wichtigsten Merkmale des BH1750

- **Direkte Lux-Ausgabe:** Der Sensor liefert standardisierte Werte in Lux, was die Interpretation und die Definition von Schwellenwerten wie zum Beispiel für eine Lichtautomatik stark vereinfacht.
- **Digitale I2C-Schnittstelle:** Für die Kommunikation mit dem ESP32 werden nur zwei Leitungen benötigt (SDA und SCL), was den Anschluss unkompliziert macht.
- **Hohe Genauigkeit und weiter Messbereich:** Der BH1750 kann typischerweise Helligkeiten von etwa 1 Lux (sehr dunkel) bis über 65.000 Lux (sehr hell) erfassen.
- **Gute Stabilität:** Die Messwerte sind relativ unempfindlich gegenüber Temperaturschwankungen.

Das hier vorgestellte GY-302-Modul, auf dem der BH1750 verbaut ist, arbeitet mit einer Betriebsspannung von 3,3 bis 5 V. Das macht es perfekt kompatibel mit deinem ESP32, der mit 3,3-V-Logikpegeln arbeitet. Du kannst das Modul also direkt mit 3,3 V vom ESP32 versorgen.

15.3.2 Anschluss an den ESP32 über den I2C-Bus

Der Anschluss des Moduls an deinen ESP32 ist dank der I2C-Schnittstelle sehr einfach und erfordert nur wenige Verbindungen:

- **V_{CC} (Spannungsversorgung):** Verbinde diesen Pin des GY-302 mit einem 3,3-V-Pin deines ESP32.
- **GND (Masse):** Verbinde diesen Pin mit einem GND-Pin deines ESP32. Eine gemeinsame Masse ist für eine stabile Kommunikation unerlässlich.
- **SCL (Serial Clock):** Dies ist die Taktleitung des I2C-Busses. Verbinde den SCL-Pin des Moduls mit dem I2C-SCL-Pin deines ESP32, der standardmäßig der GPIO-Pin 22 ist.
- **SDA (Serial Data):** Dies ist die Datenleitung des I2C-Busses. Verbinde den SDA-Pin des Moduls mit dem I2C-SDA-Pin deines ESP32. Dieser ist der GPIO-Pin 21.
- **ADDR (Address Select Pin):** Der BH1750 kann unter zwei verschiedenen I2C-Adressen angesprochen werden. Dieser ADDR-Pin dient zur Auswahl:
  - Ist der ADDR-Pin auf LOW (zum Beispiel mit GND verbunden oder bei manchen Modulen auch unbeschaltet gelassen), lautet die I2C-Adresse `0x23`.
  - Ist der ADDR-Pin auf HIGH (mit V_{CC} verbunden), lautet die I2C-Adresse `0x5C`. Für die meisten Anwendungen mit einem einzelnen Sensor kannst du den ADDR-Pin unbeschaltet lassen oder mit GND verbinden, um die Standardadresse `0x23` zu verwenden.

Damit der ESP32 genau weiß, mit welchem Sensor er sprechen soll, hat jeder Sensor eine einzigartige I2C-Adresse wie zum Beispiel `0x23` oder `0x5C`. Das ist quasi die Hausnummer des Sensors auf dem Bus.

Was ist eine Hexadezimalzahl (Hex-Zahl)?

Die Adresse `0x23` oder `0x5C` ist eine spezielle Zahl. Du kennst normale Zahlen wie 1, 2, 10 oder 100 – das sind *Dezimalzahlen*. Sie nutzen die Ziffern 0 bis 9.

In der Elektronik und Programmierung triffst du aber oft auf Zahlen, die mit `0x` anfangen, zum Beispiel `0x23` oder `0x5C`. Das sind *Hexadezimalzahlen*, kurz *Hex-Zahlen*. Sie sind für Computer und Programmierer superpraktisch, weil sie sich gut mit den Nullen und Einsen der Computerwelt (Binärzahlen 0 oder 1) verstehen.

Eine Hex-Zahl benutzt nicht nur die Ziffern 0 bis 9, sondern zusätzlich die Buchstaben A, B, C, D, E und F.

- 0 bis 9 sind wie gewohnt 0 bis 9.
- A steht für 10.
- B steht für 11.
- C steht für 12.
- D steht für 13.
- E steht für 14.
- F steht für 15.

Warum das Ganze? Eine einzelne Hex-Ziffer kann genau 16 verschiedene Zustände darstellen (0–9 und A–F). Das passt perfekt zu den Viererpaketen von Nullen und Einsen (Bits), mit denen Computer intern arbeiten. Für uns ist wichtig: Wenn du `0x23` siehst, ist das einfach nur eine andere Schreibweise für eine ganz normale Zahl oder eben Hausnummer, die dein ESP32 versteht, um den Sensor zu finden.

Dein ESP32 kann so über den I2C-Bus an den Sensor über seine eindeutige Adresse Befehle senden, um eine Messung zu starten, und anschließend den digitalen Lux-Wert auslesen. Für die Programmierung gibt es komfortable Bibliotheken, die dir die Details der I2C-Kommunikation abnehmen. Wie genau du die Werte ausliest und für eine automatische Lichtsteuerung deines Roboter-Autos nutzt (inklusive Anzeige auf dem OLED-Display), werden wir uns in detailliert mit konkreten Programmbeispielen ansehen.

Der Lichtsensor mit dem BH1750-IC ist ein hervorragender Sensor, um deinem Roboter einen präzisen Lichtsinn zu verleihen und ihn auf die Umgebungshelligkeit reagieren zu lassen.

15.4 Infrarotsensoren/Liniensensoren – dem Weg folgen

Möchtest du, dass dein Roboter einer schwarzen Linie auf hellem Untergrund (oder umgekehrt) selbstständig folgen kann, wie ein kleines Rennauto auf einer vorgegebenen Strecke? Dann sind Infrarot-Liniensensoren genau das Richtige für dich! Ein sehr gut für Einsteiger geeignetes und einfach zu handhabendes Modul ist hier der Linienfolger-Sensor KY-033, den ich dir hier vorstellen werde.

Meistens nutzt man zwei oder mehr Liniensensoren nebeneinander, um genau zu wissen, wo sich die Linie im Verhältnis zum Roboter befindet. Diese Sensoren werden direkt an die digitalen Eingänge des ESP32 angeschlossen.

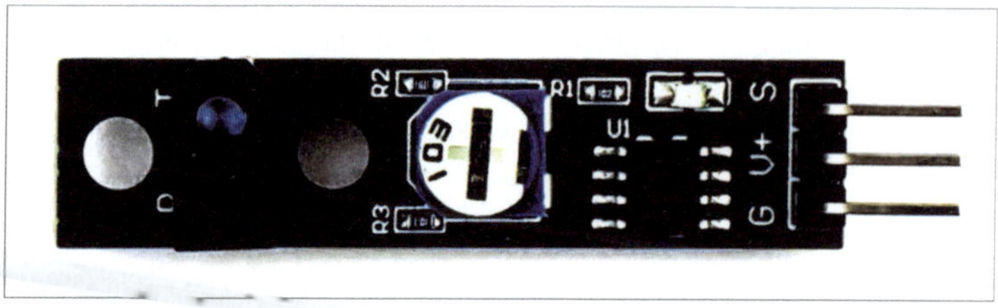

Abbildung 15.5 Linienfolger-Sensor KY-033

15.4.1 Wie funktioniert der Linienfolger-Sensor KY-033?

Das Herzstück des KY-033-Moduls ist ein Infrarotsensor vom Typ TCRT5000. Dieser kleine Baustein besteht aus zwei Teilen:

- **Infrarot-Leuchtdiode (IR-LED):** Diese sendet für uns unsichtbares Infrarotlicht nach unten auf den Boden.
- **Infrarot-Fototransistor:** Dieser ist ebenfalls nach unten ausgerichtet und misst, wie viel von dem ausgesendeten Infrarotlicht vom Boden zurückgeworfen, also reflektiert wird.

Das Funktionsprinzip ist somit recht einfach:

- Eine helle Oberfläche wie zum Beispiel ein weißes Papier reflektiert viel Infrarotlicht. Der Fototransistor empfängt also ein starkes Signal.
- Eine dunkle Oberfläche wie zum Beispiel ein schwarzes Klebeband als Linie absorbiert das meiste Infrarotlicht. Der Fototransistor empfängt nur ein schwaches oder gar kein Signal.

Das KY-033-Modul macht es uns besonders einfach, denn es verarbeitet das Signal des TCRT5000 direkt weiter. Auf der Platine befindet sich ein Komparator, das ist ein elektronischer Vergleicher. Dieser gibt am digitalen Ausgang OUT oder DO des Moduls ein klares Signal aus:

- **LOW (logisch 0)**, wenn eine dunkle Linie erkannt wird, also wenig Reflexion des Infrarotlichts erfolgt.
- **HIGH (logisch 1)**, wenn eine helle Oberfläche erkannt wird, also eine starke Reflexion des Infrarotlichts erfolgt.

Verdrehte Logik?

Bei manchen Modulen kann die Logik auch invertiert sein. Das lässt sich durch Testen oder im Datenblatt des spezifischen Moduls schnell herausfinden.

Zusätzlich besitzt das KY-033-Modul:

- Ein kleines *Potentiometer*, das du an dem kleinen Drehrädchen auf der Platine erkennst. Damit kannst du die Empfindlichkeit des Sensors einstellen, also den Schwellenwert, ab wann zwischen hell und dunkel unterschieden wird. Das ist sehr nützlich, um den Sensor an verschiedene Untergründe und Lichtverhältnisse anzupassen.
- Eine Status-LED, die abhängig vom verwendeten Modul oft aufleuchtet, wenn eine Linie oder je nach Logik des Moduls die helle Fläche erkannt wird. Das hilft beim Testen und Kalibrieren des Sensors.

Das Modul arbeitet mit einer Spannung von 3,3 bis 5 V, was es perfekt kompatibel mit deinem ESP32 macht, der mit 3,3-V-Logikpegeln arbeitet.

15.4.2 Anschluss an den ESP32 und Einsatz mehrerer Sensoren

Ein einzelner KY-033-Sensor kann deinem Roboter nur sagen, ob er *direkt über* einer Linie ist oder nicht. Um einer Linie aber intelligent folgen zu können, also zu wissen, ob die Linie links, rechts oder mittig unter dem Roboter verläuft, benötigst du mindestens zwei dieser Sensoren. Oft werden auch drei oder mehr nebeneinander montiert.

Der Anschluss an den ESP32 ist unkompliziert:

- **V_{CC}** des KY-033 an einen 3,3-V-Pin des ESP32
- **GND** des KY-033 an einen GND-Pin des ESP32
- **OUT-Pin (oder DO-Pin)** des KY-033 an einen digitalen Eingangspin (GPIO) des ESP32

In der folgenden Erklärung gehe ich davon aus, dass drei dieser KY-033-Sensoren am Roboter-Auto nebeneinander verbaut sind. Dein ESP32 ist so in der Lage, die digitalen Zustände der drei verbauten Sensoren zu erkennen – typischerweise LOW, wenn eine dunkle Linie auf hellem Grund erkannt wird, und HIGH, wenn eine helle Oberfläche erkannt wird. Wir nennen die Sensoren im weiteren Verlauf des Kapitels *Links*, *Mitte* und *Rechts*, entsprechend ihrer Anordnung an der Vorderseite deines Roboters.

Anhand der Kombination dieser Zustände kann dein zukünftiges Programm entscheiden, wie die Motoren gesteuert werden müssen, um der Linie zu folgen. Hier eine beispielhafte Logik für eine dunkle Linie auf hellem Untergrund:

- **Links**: Hell, **Mitte**: Dunkel, **Rechts**: Hell
  - *Bedeutung:* Der mittlere Sensor ist genau auf der Linie.
  - *Aktion:* Perfekt! Der Roboter fährt genau auf der Linie.

- **Links**: Hell, **Mitte**: Hell, **Rechts**: Dunkel
  - *Bedeutung:* Die Linie befindet sich unter dem rechten Sensor. Der Roboter ist also leicht nach links von der Linie abgewichen.
  - *Aktion:* Der Roboter muss wieder leicht nach rechts lenken, um zur Linie zurückzukehren.
- **Links**: Dunkel, **Mitte**: Hell, **Rechts**: Hell
  - *Bedeutung:* Die Linie befindet sich unter dem linken Sensor. Der Roboter ist also leicht nach rechts von der Linie abgewichen.
  - *Aktion:* Der Roboter muss wieder leicht nach links lenken, um zur Linie zurückzukehren.
- **Links**: Hell, **Mitte**: Dunkel, **Rechts**: Dunkel
  - *Bedeutung:* Die Linie ist breiter oder der Roboter beginnt, stärker nach links von der Mittellinie abzuweichen (die Linie »wandert« nach rechts unter den Roboter).
  - *Aktion:* Der Roboter muss jetzt stärker nach rechts lenken, um die Linie nicht zu verlieren.
- **Links**: Dunkel, **Mitte**: Dunkel, **Rechts**: Hell
  - *Bedeutung:* Die Linie ist breiter oder der Roboter beginnt, stärker nach rechts von der Mittellinie abzuweichen (die Linie »wandert« nach links unter den Roboter).
  - *Aktion:* Der Roboter muss jetzt stärker nach links lenken, um die Linie nicht zu verlieren.
- **Links**: Hell, **Mitte**: Hell, **Rechts**: Hell
  - *Bedeutung:* Keiner der Sensoren erkennt die Linie. Der Roboter hat die Linie sehr wahrscheinlich verloren.
  - *Aktion:* Das Programm könnte den Roboter anhalten, eine Suchroutine starten, wie zum Beispiel mit dem Gyroskop, das wir noch kennenlernen werden, eine Drehbewegung einleiten oder auf den zuletzt bekannten Linienverlauf reagieren und in diese Richtung drehen.
- **Links**: Dunkel, **Mitte**: Dunkel, **Rechts**: Dunkel
  - *Bedeutung:* Alle drei Sensoren sind über einer dunklen Fläche. Dies kann eine sehr breite Linie sein, eine Querlinie (zum Beispiel bei einer Kreuzung oder einer Start-/Ziellinie), oder der Roboter ist komplett von der hellen Fahrbahn abgekommen und auf dunklem Untergrund.
  - *Aktion:* Abhängig von der Aufgabe könnte der Roboter anhalten, geradeaus fahren (wenn breite Linien erwartet werden) oder ein spezielles Manöver für Kreuzungen ausführen. Was dann genau passieren soll, hängt von deinen Ideen bzw. der Aufgabenstellung sowie der Umsetzung im Programm ab.

Die genaue Logik und die Stärke der Lenkkorrekturen (zum Beispiel wie stark die Motorgeschwindigkeit angepasst wird) implementierst du in deinem ESP32-Programm. Mit drei Sensoren lässt sich aber schon eine sehr effektive und relativ sanfte Linienverfolgung realisieren. In werden wir zusammen mit einem KI-Assistenten ein Programm schreiben, das deinen Roboter einer Linie folgen lässt.

Der KY-033 ist durch seine einfache Handhabung und den einstellbaren Schwellenwert ein guter Startpunkt für Linienfolger-Projekte mit deinem ESP32-Roboter-Auto. Durch Experimentieren mit der Anordnung der Sensoren, der Linienführung und der Softwarelogik kannst du das Fahrverhalten deines Roboters optimieren.

15.5 Das Gyroskop (GY-521/MPU-6050) – Drehbewegungen und Lage erfassen

Stell dir vor, dein Roboter könnte nicht nur geradeaus fahren, sondern auch ganz genau spüren, ob er sich dreht, wie schnell er sich dreht oder ob er vielleicht gerade kippt. Hier kommt das *Gyroskop* ins Spiel, das oft als Teil einer IMU (*Inertial Measurement Unit* – Trägheitsmesseinheit) in Robotern zu finden ist. Ein sehr verbreitetes und günstiges Modul dafür ist das GY-521, das den MPU-6050-Chip enthält.

Abbildung 15.6 3-Achsen-Gyroskop MPU-6050

Der MPU-6050 ist ein sehr kompakter Sensor, denn er vereint gleich zwei Arten von Sensoren:

- **Ein 3-Achsen-Gyroskop:** Dieses misst die Winkelgeschwindigkeit, also wie schnell sich der Roboter um seine drei räumlichen Achsen dreht. Man spricht oft von *Roll-, Pitch- und Yaw-Achse* (oder deutsch Roll-, Nick- und Gier-Achse) – oder X, Y, Z. Wenn dein Roboter also eine Kurve fährt, sich auf der Stelle dreht oder zur Seite kippt, misst das Gyroskop diese Drehbewegung.
- **Einen 3-Achsen-Beschleunigungssensor:** Dieser misst die lineare Beschleunigung, also wie stark der Roboter beschleunigt oder abbremst. Er kann aber auch die statische Ausrichtung zur Schwerkraft messen und somit erkennen, wie der Roboter geneigt ist (zum Beispiel ob er bergauf fährt oder zur Seite gekippt ist).

Für dein ESP32-Roboter-Auto wird das GY-521/MPU-6050-Modul typischerweise über den I2C-Bus angeschlossen. Das bedeutet, du brauchst wieder nur zwei Datenleitungen (SDA und SCL) vom ESP32 zum Modul, plus Spannungsversorgung (3,3 oder 5 V, je nach Board) und Masse.

Was kann dein Roboter mit Gyroskop-Daten anfangen?

- **Drehungen messen:** Der ESP32 kann aus den Gyroskop-Daten berechnen, um wie viel Grad sich der Roboter gedreht hat. Das ist viel genauer als nur über die Motorsteuerung.
- **Stabilität verbessern:** Man kann erkennen, ob der Roboter ungewollt von seiner Bahn abkommt oder zu kippen droht.
- **Fahrzustand erkennen:** Fortgeschrittene Anwendungen könnten so erkennen, ob sich der Roboter festgefahren hat und die Motoren stoppen. Hier kommt aber die Winkelgeschwindigkeit mit ins Spiel, die ich dir später kurz erkläre.
- **Lage im Raum bestimmen:** Durch die Kombination der Gyroskop-Daten, also der Drehgeschwindigkeit, mit den Daten des Beschleunigungssensors, also den Daten des Neigungswinkels relativ zur Erdgravitation, kann der ESP32 eine recht genaue Vorstellung von der aktuellen Lage und Ausrichtung des Roboter-Autos im Raum bekommen. Dieser Prozess wird *Sensorfusion* genannt und hilft, die typische Ungenauigkeit (Drift) eines Gyroskops über die Zeit auszugleichen. Hier sind wir dann aber wirklich schon im fortgeschrittenen Bereich der Programmierung des Roboter-Autos.

Wichtige Hinweise zum Gyroskop

Dein Gyroskop ist ein ziemlich komplexer Sensor, und ich möchte dir ein paar Eigenheiten des Gyroskops erklären, die du kennen solltest:

- **Integration der Winkelgeschwindigkeit:**

  Das Gyroskop in deinem Roboter-Auto ist in der Lage, ganz genau aufzupassen, wie schnell und in welche Richtung sich dein Roboter gerade dreht. Es liefert dir aber nicht direkt eine Gradzahl der Drehung, also wie weit er sich schon gedreht hat, sondern eher die Geschwindigkeit dieser Drehung. Stell dir vor, du drehst dich auf einem Bürostuhl. Das Gyroskop würde dir sagen: »Du drehst dich gerade mit 10 Grad pro Sekunde um die eigene Achse!« Das bedeutet einfach, dass du dich in einer einzigen Sekunde um 10 Grad drehst. Wenn du also eine Sekunde lang so weiterdrehst, hast du dich um 10 Grad gedreht. Wenn du eine weitere Sekunde so drehst, kommen wieder 10 Grad dazu, und du hast dich insgesamt um 20 Grad gedreht und so weiter.

  Um jetzt aber herauszufinden, wie viele Grad sich dein Roboter insgesamt schon gedreht hat, muss dein ESP32 genau diese Grad pro Sekunde als Werte ständig sammeln und zusammenzählen. Dieses Aufsummieren der Geschwindigkeit über die Zeit nennt man *integrieren*. Es ist, als würdest du ganz viele winzige Zeitabschnitte nehmen; für jeden Abschnitt rechnest du aus, wie viele Grad sich der Roboter in dieser kurzen Zeit gedreht hat, und addierst das dann zu deinem Gesamtwinkel hinzu. So weiß der ESP32 immer ganz genau, in welche Richtung dein Roboter gerade schaut oder wie weit er sich von seiner Ausgangsposition weggedreht hat.

- **Drift: Warum ein kleiner Fehler groß werden kann**

  Auch wenn Gyroskope sehr genau sind, neigen sie dazu, über längere Zeiträume winzige, unmerkliche Messfehler anzusammeln. Stell dir vor, jemand rechnet immer einen Bruchteil eines Millimeters falsch, aber das immer wieder. Nach einer Weile kommt da ein größerer Fehler zusammen! Diesen kleinen, sich anhäufenden Fehler nennt man *Drift*. Er führt dazu, dass der vom Gyroskop berechnete Winkel langsam von der echten Position abweicht. Genau hier kommt der Beschleunigungssensor ins Spiel. Die Kombination der Daten von Gyroskop und Beschleunigungssensor hilft, diesen Drift auszugleichen und den Winkel viel genauer zu bestimmen. Man spricht hier auch von *Sensorfusion*, also dem Zusammenführen von den Messwerten zweier Sensoren.

- **Bibliotheken: die schlauen Helferlein**

  Keine Sorge, du musst nicht alles von Grund auf neu programmieren! Für Sensoren wie den MPU-6050 gibt es sehr praktische und erprobte Bibliotheken:

  – Sie können zum Beispiel die rohen Zahlen des Sensors so umrechnen, dass du direkt verständliche Werte wie *Grad pro Sekunde* für die Drehung oder *g* für die Beschleunigung (das ist die Erdbeschleunigung, die du spürst) über die Bibliothek in deinem Programm bekommst.

- Oft enthalten sie sogar schon schlaue Rechenwege, die Gyroskop- und Beschleunigungsdaten so kombinieren, also in einer Sensorfusion zusammenführen, dass du einen sehr genauen Winkel erhältst, der kaum noch driftet. Du musst also nur die Bibliothek in dein Projekt einbinden, und schon kannst du die komplizierten Sensorwerte ganz einfach in deinem eigenen Programm nutzen!

Mit einem Gyroskop und Beschleunigungssensor wie dem MPU-6050 kann dein Roboter-Auto also seine eigenen Bewegungen und seine Lage viel präziser ermitteln. Das eröffnet tolle Möglichkeiten für eine verbesserte Navigation und Interaktion. In werden wir dann ein Beispielprogramm für den MPU-6050 schreiben.

15.6 Das Kompassmodul – dein Roboter findet die Nordrichtung

Stell dir vor, dein Roboter könnte nicht nur seine Drehbewegungen und seine Lage im Raum kennen, sondern auch, in welche Richtung er gerade schaut – so wie ein Schiff mit einem Kompass. Genau das ermöglicht dir das GY-271-Modul, ein kleiner, aber feiner digitaler Kompass für deinen ESP32-Roboter.

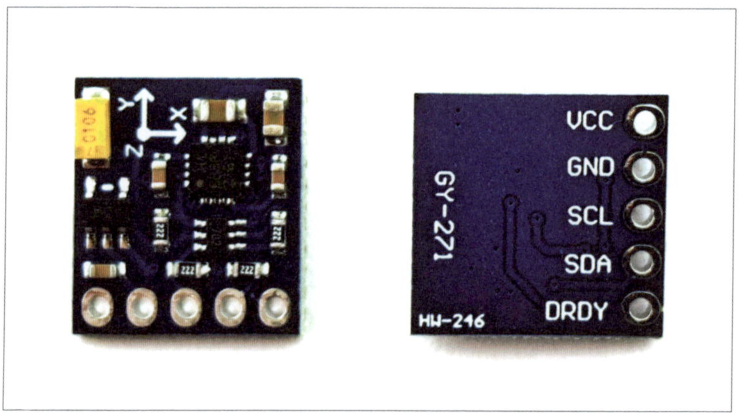

Abbildung 15.7 Kompassmodul GY-271

Das GY-271-Modul enthält typischerweise den Chip HMC5883L oder sehr häufig einen kompatiblen Klon wie den QMC5883L. Dieser Chip ist ein 3-Achsen-Magnetfeldsensor, der auch als Magnetometer bezeichnet wird. Das bedeutet:

- Er misst die Stärke und Richtung des Erdmagnetfelds entlang von drei Raumachsen (X, Y, Z).
- Aus diesen Messwerten kann der ESP32 die Ausrichtung des Roboters relativ zum magnetischen Nordpol berechnen.

15.6.1 Anschluss an den ESP32 über den I2C-Bus

Für dein ESP32-Roboter-Auto wird das Kompassmodul, genau wie das Gyroskop, über den I2C-Bus angeschlossen. Du benötigst also auch hier nur zwei Datenleitungen (SDA und SCL) vom ESP32 zum Modul plus Spannungsversorgung 3,3 V und Masse GND.

15.6.2 Eine kurze Einführung in das Kompassmodul

Was kann dein Roboter mit den Kompassdaten anfangen?

- **Richtungssinn:** Der ESP32 kann mit den Daten des Kompassmoduls bestimmen, in welche Himmelsrichtung der Roboter gerade schaut, wie zum Beispiel Nord, Süd, Ost, West, oder dir genauer in Grad seine Ausrichtung mitteilen.
- **Navigation:** In Kombination mit anderen Sensoren wie einem GPS-Empfänger kann dein Roboter komplexere Navigationsaufgaben bewältigen und zum Beispiel einen bestimmten Kurs halten oder sich direkt in Richtung einer Wegmarke, also einer GPS-Koordinate, drehen.
- **Kartierung:** Wenn der Roboter seine Position kennt, kann er eine Karte seiner Umgebung erstellen und Hindernisse relativ zu seiner Ausrichtung kartieren, aber das ist eine Aufgabe, die schon sehr komplex und anspruchsvoll ist.
- **Erweiterung von IMUs:** In Kombination mit dem bereits beschriebenen Gyroskop und Beschleunigungssensor erhältst du eine sogenannte 9-Achsen-IMU (Inertial Measurement Unit). Diese Sensorkombination liefert ein sehr umfassendes Bild der Bewegung und Ausrichtung des Roboters im dreidimensionalen Raum.

Beachte aber ein paar wichtige Hinweise:

- **Magnetische Störungen:** Magnetometer sind empfindlich gegenüber magnetischen Feldern. Achte darauf, das Kompassmodul möglichst weit entfernt von Magneten, Motoren, metallischen Teilen und stromführenden Kabeln am Roboter zu platzieren, um Messfehler zu minimieren. Ein guter Platz wäre zum Beispiel auf dem Dach des 3D-gedruckten Chassis.
- **Magnetische Deklination:** Typischerweise misst solch ein Kompassmodul den magnetischen Nordpol, der nicht exakt mit dem geografischen Nordpol übereinstimmt. Der Unterschied zwischen beiden (die magnetische Deklination) ist ortsabhängig. Für sehr genaue Navigationsanwendungen müsste diese Deklination berücksichtigt werden. Du kannst diesen Wert für deinen Standort zum Beispiel online recherchieren.
- **Kalibrierung:** Um die Genauigkeit des Kompassmoduls zu erhöhen, ist eine Kalibrierung wichtig. Dabei werden systematische Messfehler des Sensors selbst (Hard-Iron-

Effekte) und Verzerrungen durch magnetische Störfelder am Roboter (Soft-Iron-Effekte) kompensiert.

Der *Hard-Iron-Effekt* entsteht, wenn permanent magnetische Dinge wie kleine TT-Motoren mit ihren eingebauten Magneten oder magnetisierte Schrauben in der Nähe deines Magnetometers sind und dessen Messwerte fest in eine Richtung verschieben, als würde ein unsichtbarer Dauermagnet die Kompassnadel immer in dieselbe Richtung ziehen.

Im Gegensatz dazu wird der *Soft-Iron-Effekt* durch Metalle wie Eisen oder Stahl verursacht, die zum Beispiel im Beton deines Hauses verbaut sind. Diese sind selbst nicht magnetisch, aber sie können das Erdmagnetfeld in ihrer Umgebung verbiegen oder verzerren, was dazu führt, dass die Kompassmessungen je nach Ausrichtung deines Roboters ungleichmäßig werden, als würde ein unsichtbares Kraftfeld die Magnetfeldlinien verbiegen und damit die Messung verfälschen. Beide Effekte müssen durch Kalibrierung korrigiert werden, damit dein digitaler Kompass die Himmelsrichtung deines Roboter-Autos zuverlässig anzeigen kann. Viele Bibliotheken bieten entsprechende Kalibrierungsroutinen an, bei denen du den Roboter langsam im Kreis drehen musst, damit der Sensor möglichst alle Ausrichtungen erfasst. Mehr dazu findest du in Abschnitt 19.6.

- **Bibliotheken:** Es gibt auch hier wieder gut etablierte Arduino-Bibliotheken für den HMC5883L und seine kompatiblen Chips, die dir die Ansteuerung des Kompassmoduls über I2C und das Auslesen der Richtungswerte für den ESP32 sehr erleichtern.

Mit einem Kompassmodul wie dem GY-271 gibst du deinem ESP32-Roboter-Auto die Fähigkeit, sich im Raum zu orientieren und sein Ziel sicher zu finden. In gehen wir auf die Programmierung näher ein.

15.7 Weitere interessante Sensoren für Roboter-Projekte

Das Angebot an Sensoren ist riesig! Neben den schon genannten gibt es noch viele andere, die du mit deinem ESP32-Roboter-Auto nutzen könntest, um seine Fähigkeiten zu erweitern:

- Farbsensoren, um Farben zu erkennen
- Mikrofone, um Geräusche wahrzunehmen
- Temperatursensoren, um die Umgebungstemperatur zu messen
- Feinstaubsensoren, um die Partikelbelastung in der Luft zu messen
- CO_2-Sensoren, um die Konzentration von Kohlendioxid in der Raumluft zu erfassen

Das Schöne am ESP32 ist, dass er viele Anschlussmöglichkeiten hat, sodass du verschiedene Sensoren ausprobieren und kombinieren kannst. Auch kannst du auf die vielen Sensoren zurückgreifen, die für den Arduino bereits vorhanden sind.

In den nächsten Kapiteln werden wir uns genauer ansehen, wie wir die vorgestellten Sensoren in kleine Beispielprogramme integrieren können. Insbesondere macht der Ultraschallsensor viel Spaß am Roboter-Auto, und vielleicht magst du dann auch den MPU-6050 in Kombination mit dem Ultraschallsensor am Roboter-Auto betreiben. Dann lass uns zusammen weiterlesen, die Sensoren, die du dir ausgesucht hast, anschließen und programmieren, um deinem Roboter neue Fähigkeiten zu verleihen.

Kapitel 16

Präzises Lichtmanagement – dein Roboter misst Helligkeit in Lux mit dem BH1750

Wir bringen deinem Roboter-Auto bei, Dämmerung zu erkennen und automatisch seine Lichter einzuschalten, wenn du in einen dunklen Raum fährst – genau wie ein modernes Auto es macht! Diese Funktion, die deinen Roboter nicht nur besser sichtbar macht, sondern ihm auch einen Hauch von »Intelligenz« verleiht, entwickeln wir jetzt zusammen.

In diesem Kapitel werden wir diesen Dämmerungssensor in den Mittelpunkt stellen. Du lernst, wie der BH1750 funktioniert, wie du ihn spielend leicht an deinen ESP32 anschließt und wie du die Helligkeitswerte in Lux ausliest. Unser Ziel ist es, den aktuellen Lux-Wert, den wir messen, live auf unserem OLED-Display im Roboter-Auto anzuzeigen. Wenn du dann noch magst, kannst du zum Beispiel die LEDs einschalten oder ausschalten. Aber jetzt lernst du erst einmal, den Sensor ordentlich auszulesen und die Werte anzuzeigen.

16.1 Der digitale Lichtsensor BH1750 – was er kann und warum er praktisch ist

Der BH1750 ist ein integrierter Schaltkreis (IC), der speziell dafür entwickelt wurde, die Umgebungshelligkeit zu messen und das Ergebnis als digitalen Wert auszugeben. Er liefert einen direkten Messwert in Lux (lx), der internationalen Einheit für Beleuchtungsstärke.

Die Stärken des BH1750 für dein Projekt:

- **Direkte Lux-Messung:** Du erhältst einen standardisierten, kalibrierten Wert, der die tatsächliche Beleuchtungsstärke angibt. Das macht es einfach, Schwellenwerte zu definieren und das Verhalten deines Roboters über verschiedene Umgebungen hinweg konsistent zu gestalten.

- **Digitale I2C-Schnittstelle:** Der Anschluss an den ESP32 erfolgt über den I2C-Bus (Inter-Integrated Circuit), der nur zwei Signalleitungen (SDA und SCL) sowie Strom und Masse benötigt. Die digitale Kommunikation ist robust und einfach zu handhaben.
- **Hohe Genauigkeit und Auflösung:** Der BH1750 kann Helligkeiten über einen weiten Bereich messen (typischerweise von etwa 1 Lux bis über 65.000 Lux) und bietet verschiedene Messmodi für unterschiedliche Auflösungen und Geschwindigkeiten.
- **Gute Stabilität:** Die Messwerte des BH1750 sind gegenüber Umwelteinflüssen wie Temperatur relativ stabil.

Der Sensor ist so konzipiert, dass seine spektrale Empfindlichkeit dem menschlichen Auge ähnelt, was ihn ideal für Anwendungen macht, bei denen die wahrgenommene Helligkeit eine Rolle spielt – perfekt also für eine automatische Lichtsteuerung am Roboter-Auto!

16.2 Das GY-302-Modul (BH1750) am Roboter montieren und anschließen

Die richtige Platzierung und der korrekte Anschluss des GY-302-Moduls sind entscheidend für genaue Messungen.

16.2.1 Montage des Moduls

Bei der Montage des Moduls musst du auf die Position und die Ausrichtung achten.

- **Position:** Wähle einen Ort am Roboter-Auto, an dem der Sensor das Umgebungslicht gut erfassen kann. Er sollte nicht durch Teile des Roboters selbst verschattet werden oder – ganz wichtig – nicht direkt vom Licht der eigenen »Scheinwerfer-LEDs« des Roboters angestrahlt werden, sonst würde er eine falsche Helligkeit messen, sobald seine eigenen LED-Lichter eingeschaltet sind. Eine Montage oben auf dem Chassis oder leicht nach vorne/oben gerichtet ist oft eine gute Wahl.
- **Ausrichtung:** Die lichtempfindliche Fläche des Sensors sollte frei sein und in die Richtung zeigen, aus der das meiste Umgebungslicht erwartet wird.

16.2.2 Anschluss an den ESP32 über I2C

Das GY-302-Modul mit dem BH1750-Chip hat typischerweise folgende Pins für den I2C-Anschluss:

- V_{CC} **(Spannungsversorgung):** Dieser Pin wird mit 3,3 V von deinem ESP32 verbunden. Der BH1750 und die GY-302-Module sind üblicherweise für einen Spannungsbereich von 3 bis 5 V ausgelegt, daher sind 3,3 V perfekt und sicher für den direkten Anschluss.
- **GND (Masse):** Verbinde diesen Pin mit einem GND-Pin (Ground) deines ESP32. Eine gemeinsame Masse ist für jede elektronische Schaltung unerlässlich.
- **SCL (Serial Clock):** Dies ist die Taktleitung für die I2C-Kommunikation. Verbinde den SCL-Pin des Moduls mit dem I2C-SCL-Pin des ESP32, der standardmäßig der GPIO-Pin 22 ist.
- **SDA (Serial Data):** Dies ist die Datenleitung für die I2C-Kommunikation. Verbinde den SDA-Pin des Moduls mit dem I2C-SDA-Pin des ESP32, der standardmäßig der GPIO-Pin 21 ist.
- **ADDR (Address Select Pin):** Der BH1750 hat zwei mögliche I2C-Adressen, um Konflikte mit anderen I2C-Geräten zu vermeiden. Dieser Pin wählt die Adresse:
  - Wenn ADDR auf **LOW** (mit GND verbunden oder oft auch unbeschaltet gelassen) liegt, ist die I2C-Adresse meist `0x23`.
  - Wenn ADDR auf **HIGH** (mit V_{CC} verbunden) liegt, ist die I2C-Adresse meist `0x5C`.

Für unsere Beispiele gehen wir von der Standardadresse `0x23` aus und lassen den ADDR-Pin unbeschaltet oder verbinden ihn mit GND, falls es nicht direkt funktioniert.

Der Anschluss ist dank der digitalen I2C-Schnittstelle sehr direkt und benötigt keine zusätzlichen externen Beschaltungskomponenten zur Signalaufbereitung.

16.3 Programmieren: Lichtstärke in Lux auslesen und auf dem OLED-Display anzeigen

Um die vom BH1750 gemessenen Lux-Werte zu verstehen und später Schwellenwerte festlegen zu können, lesen wir sie zunächst aus dem Sensor aus und stellen sie auf dem OLED-Display dar.

Dafür benötigen wir eine spezielle Bibliothek für den BH1750. Eine weit verbreitete und einfach zu nutzende Bibliothek ist die BH1750 von Christopher Laws. Du kannst sie über den Bibliotheksverwalter der Arduino IDE installieren: Werkzeuge • Bibliotheken verwalten…; suche nach BH1750, und installiere die Bibliothek von Christopher Laws.

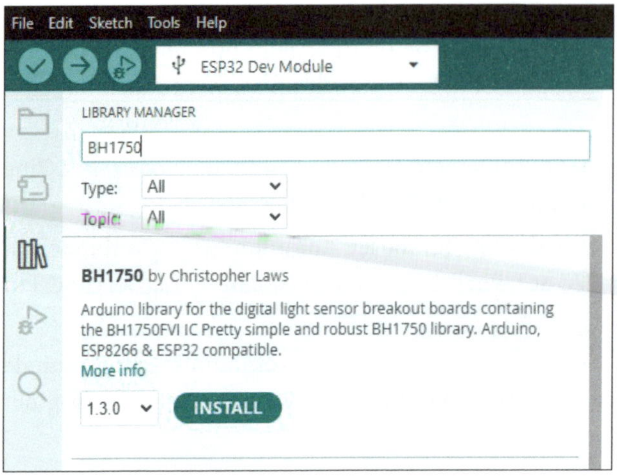

Abbildung 16.1 Installation der BH1750-Bibliothek

16.3.1 Prompt für die Programmierung

In habe ich dir eine kleine Einführung in das Erstellen von Prompts gegeben, um zum Beispiel Programmcode generieren zu lassen. Genau diese Technik wollen wir jetzt anwenden und uns von einem KI-Service das Programm für den BH1750-Lichtsensor erstellen lassen. Legen wir mit dem ersten Prompt los!

```
Du bist ein erfahrener KI-Programmierassistent und spezialisiert auf die Entwicklung von Embedded Systems mit dem ESP32-Mikrocontroller unter Verwendung der Arduino IDE und der Programmiersprache C++. Dein Fokus liegt auf der sauberen Integration von I2C-Sensoren und -Displays.
**Aufgabe:**
Erstelle ein eigenständiges C++-Programm für einen ESP32-Mikrocontroller (z. B. ESP32-WROOM-32), das die folgenden Aufgaben erfüllt:
1. **Sensorintegration:**
* Lies kontinuierlich Messwerte vom Umgebungslichtsensor **BH1750**.
* Der BH1750 ist über den I2C-Bus mit dem ESP32 verbunden. Verwende die
  Standard-I2C-Pins des ESP32 (typischerweise GPIO 21 für SDA und GPIO 22 für
  SCL, aber gestalte den Code so, dass dies ggf. leicht anpassbar ist, oder
  verwende die Standard-Wire-Library-Initialisierung).
* Nutze als gängige Bibliothek für den BH1750 die "BH1750"-Bibliothek von
  Christopher Laws, da ich diese bereits in meiner Arduino IDE installiert habe.
  Gib an, welche Bibliothek du verwendest.
* Konfiguriere den BH1750 für eine kontinuierliche Messung im Modus "Continuous
  High Resolution Mode" (1 Lux Auflösung).
```

```
2. **Displayausgabe:**
* Zeige die vom BH1750 gemessenen Lichtwerte (in Lux) auf einem **SSD1306-OLED-
  Display** an.
* Das SSD1306-OLED-Display (128×64 Pixel) ist ebenfalls über den I2C-Bus mit dem
  ESP32 verbunden und teilt sich den Bus mit dem BH1750.
* Verwende eine gängige Bibliothek für das SSD1306-Display, z. B. die
  "Adafruit_SSD1306"-Bibliothek zusammen mit "Adafruit_GFX", da diese bereits in
  meiner Arduino IDE installiert sind. Gib an, welche Bibliotheken du verwendest.
* Die Ausgabe auf dem OLED soll klar lesbar sein, z. B. "Licht: XXX Lux".
  Aktualisiere die Anzeige etwa jede Sekunde.
3. **Programmstruktur:**
* Das Programm soll **komplett eigenständig** sein und keine Elemente der
  Roboter-Auto-Steuerung (L298N, Bluepad32 etc.) enthalten. Es dient
  ausschließlich dem Test des BH1750-Sensors und der OLED-Anzeige.
* Strukturiere den Code übersichtlich mit Kommentaren.
* Verwende die "setup()"-Funktion für die Initialisierung des seriellen
  Monitors, des I2C-Busses, des BH1750-Sensors und des OLED-Displays.
* Verwende die "loop()"-Funktion, um wiederholt die Lichtwerte auszulesen und
  auf dem OLED-Display sowie auf dem seriellen Monitor (für Debugging-Zwecke)
  auszugeben.
**Wichtige Hinweise für die Implementierung:**
* Stelle sicher, dass die I2C-Kommunikation korrekt initialisiert wird
  ("Wire.begin()").
* Behandle mögliche Fehler bei der Initialisierung des Sensors oder Displays
  (z. B. durch eine Ausgabe auf dem seriellen Monitor).
* Der Code soll direkt in der Arduino IDE kompilierbar und auf einen
  ESP32-  Mikrocontroller hochladbar sein.
**Beispielhafte Darstellung auf dem OLED-Display:**
Licht: 450 Lux
Bitte liefere den vollständigen Code für den ESP32, den BH1750-Sensor und die
Anzeige der Messwerte auf dem OLED-Display.
```

Listing 16.1 Beispiel-Prompt für das BH1750- und OLED-Programm

Dieser Prompt ist explizit so aufgebaut, dass er das LLM hinter dem KI-Programmierservice gezielt lenkt, ein isoliertes, eigenständiges Programm zu erstellen. Er gibt genügend Details, um ein brauchbares Ergebnis zu erzielen. Und er lässt dem LLM sehr eingeschränkt Freiraum bei der Wahl der exakten Bibliotheken, da wir darauf hinweisen, welche Bibliotheken bereits installiert sind, und dem LLM klar sagen, dass es diese auch verwenden soll.

Generierter Programmcode – Lichtstärkesensor

Da ich hier nicht seitenweise Programmcode in das Buch einfügen möchte, der von meinem verwendeten KI-Service generiert wurde, habe ich dieses Programm nach einem erfolgreichen Test für dich auf GitHub online gestellt.

Du findest das Programm bei den Materialien zum Buch sowie unter der folgenden Download-URL, die dich von meinem Blog auf GitHub weiterleitet:

https://custom-build-robots.com/lichtsensor-bh1750

16.3.2 Erläuterung des generierten Codes

Wenn du das Programm heruntergeladen und in der Arduino IDE geöffnet hast, hier noch eine kurze Erklärung zu dem Programm, wie es aufgebaut ist und generell funktioniert.

- **Systemstart und Vorbereitung:** Beim Start wird der I2C-Bus initialisiert, über den sowohl der Lichtsensor BH1750 als auch das OLED-Display angeschlossen sind. Fehler bei der Initialisierung werden auf dem seriellen Monitor ausgegeben und führen zum Anhalten des Programms. Eine kurze Startmeldung erscheint auf dem OLED-Display, um dir den Zustand des Roboter-Autos visuell zurückzumelden.
- **Kontinuierliche Lichtmessung (BH1750):** Anschließend liest der ESP32 in regelmäßigen Abständen in unserem Programm etwa jede Sekunde den aktuellen Helligkeitswert vom BH1750-Sensor ein. Der Sensor ist im Modus `CONTINUOUS_HIGH_RES_MODE` konfiguriert, was eine fortlaufende Messung mit hoher Auflösung bedeutet.
- **OLED-Anzeige:** Der gemessene Lichtwert wird zusammen mit der Einheit Lux auf dem OLED-Display dargestellt. Vor jeder Aktualisierung wird das Display gelöscht, um alte Werte zu entfernen und ein von alten Pixeln freies Display zu erhalten. Bei einem Fehler während des Auslesens des Sensors wird eine entsprechende Fehlermeldung auf dem Display angezeigt.
- **Regelmäßige Aktualisierung:** Das Programm verwendet die `millis()`-Funktion, um sicherzustellen, dass die Sensordaten nur etwa einmal pro Sekunde ausgelesen und auf dem Display aktualisiert werden. Dies verhindert ein Flackern des Displays und eine Überlastung durch zu häufige Sensorabfragen.
- **Diagnose via serieller Monitor:** Parallel zur Anzeige auf dem OLED werden die gemessenen Lichtwerte (oder Fehlermeldungen) auch auf dem seriellen Monitor deines Computers ausgegeben. Das ist nützlich für das Debugging und um die Funktionsweise des Sensors genauer zu verfolgen.

16.3.3 Programm auf den ESP32 aufspielen

Probiere doch dein generiertes Programm einmal aus, und kopiere dafür den Code in einen neuen Sketch in deiner Arduino IDE. Wähle das richtige Board aus, den ESP32, sowie den passenden Port, und klicke auf den UPLOAD-Button.

Stelle sicher, dass der BH1750-Sensor und das SSD1306-OLED-Display über einen I2C-Hub (siehe Abschnitt 6.4) korrekt mit den I2C-Pins deines ESP32 verbunden sind (SDA an SDA, SCL an SCL, V_{CC} an 3,3 V, GND an GND).

Spannend ist jetzt, ob das Programm, das du dir hast generieren lassen, auf Anhieb funktioniert hat oder ob du in einer Chain-of-Thought (CoT), wie in Abschnitt 14.2.5 beschrieben, mit dem LLM-Service zusammen an die Fehleranalyse und Behebung gehen musst.

Bei mir hat das Programm, so wie es hier im Buch zu sehen ist, direkt funktioniert. Ich hatte nur im Prompt vergessen, zu erwähnen, dass mein OLED-Display im Roboter-Auto über Kopf eingebaut ist. Entsprechend steht der Text auf dem Kopf im Display.

Mit dem digitalen Lichtsensor BH1750 hat dein Roboter-Auto nun eine sehr präzise Methode, um auf seine Umgebung zu reagieren und seine Beleuchtung abhängig von der Helligkeit der Umgebung zu steuern. Das ist ein weiterer Schritt zu einem noch autonomeren und smarteren Roboter und lässt uns nur ahnen, wie viel Technik und Software mittlerweile in unseren großen Autos verbaut ist!

Kapitel 17

Auf der Ideallinie – dein Roboter folgt Spuren mit dem KY-033-Liniensensor

Stell dir vor, dein Roboter-Auto verwandelt sich in einen kleinen Rennwagen, der zielsicher einer schwarzen Linie auf hellem Grund folgt, oder in einen fleißigen Helfer, der entlang einer vorgegebenen Route durch ein Lagerhaus navigiert. Klingt spannend, oder?

Mit Infrarot-Liniensensoren wie dem KY-033 wird genau das möglich! Diese Sensoren sind die Augen deines Roboters für den Boden und erlauben ihm, sich an einer sichtbaren Markierung zu orientieren. Das Verfolgen einer Linie ist eine der fundamentalen Fähigkeiten für autonome mobile Roboter und ein in den Details dann doch sehr herausforderndes Projekt, um die Interaktion von Sensoren, Logik, Absicherung und Motorsteuerung zu verstehen.

In diesem Kapitel konzentrieren wir uns auf den KY-033-Liniensensor, den wir bereits in Abschnitt 15.4 kennengelernt haben. Wir werden ihn nicht nur anschließen und seine Rohdaten auslesen, sondern deinem Roboter auch beibringen, diese Informationen zu interpretieren und erste Radumdrehungen auf einer Linie zu fahren. Du wirst sehen, wie dein Roboter lernt, seine Position relativ zur Linie, wie zum Beispiel »links von der Linie«, »mittig auf der Linie«, »rechts von der Linie«, zu erkennen und darauf zu reagieren – alles angezeigt und nachvollziehbar auf unserem OLED-Display im Fahrerhaus!

17.1 Was bedeutet Linienverfolgung?

Linienverfolgung (englisch: *Line Following*) bedeutet, dass ein Roboter in der Lage ist, eine auf dem Boden markierte Linie, meist eine dunkle Linie auf hellem Untergrund oder umgekehrt, zu erkennen und seine Bewegungen so anzupassen, dass er dieser Linie möglichst genau folgt.

Ich habe mir aus zwei großen weißen Papierstreifen meinen Parcours aufgebaut. Die beiden weißen Papierstreifen habe ich zunächst einmal zusammengeklebt zu einem großen Blatt. Anschließend habe ich mir im Baumarkt in der Elektronikabteilung schwarzes Isolierband gekauft und die schwarze Linie aufgeklebt.

Besser entspannt

Du darfst das Isolierband nicht unter Spannung aufkleben, da es sich sonst vom Papier wieder löst bzw. das Papier Wellen schlägt. Also das Isolierband ohne Spannung auf das Papier aufkleben.

In Abbildung 17.1 siehst du mein Roboter-Auto aus Pappe, wie es auf der schwarzen Linie steht und dieser folgt.

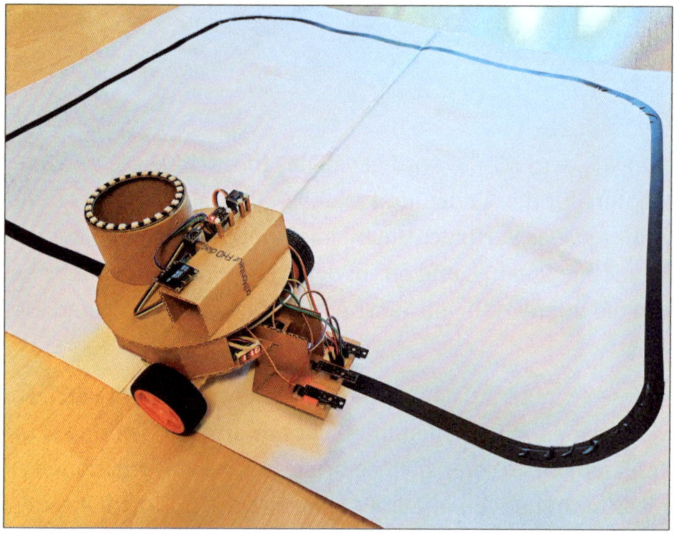

Abbildung 17.1 Teststrecke für den Linienverfolgungsmodus

Im Kontext unseres ESP32-Roboter-Autos bedeutet das:

- Der Roboter nutzt in unserem Beispiel drei Infrarot-Liniensensoren, um die Linie unter sich zu detektieren.
- Basierend auf den Signalen dieser Sensoren entscheidet das Programm im ESP32, ob der Roboter geradeaus fahren, nach links oder rechts korrigieren oder anhalten muss, um auf der Linie zu bleiben.
- Das Ziel ist es, den Roboter so zu steuern, dass die Linie idealerweise immer mittig unter ihm verläuft oder er zumindest nicht von ihr abkommt.

Die Komplexität kann von einer einfachen Zickzackfahrt entlang der Linie bis hin zu sehr weichen und schnellen Kurvenfahrten mit vorausschauender Regelung (zum Beispiel PID-Regelung) reichen. Für den Anfang konzentrieren wir uns auf eine verständliche Grundlogik.

17.2 Den KY-033-Liniensensor am Roboter montieren und anschließen

Damit dein Roboter Linien zuverlässig erkennen kann, ist die richtige Montage und der korrekte Anschluss der KY-033-Sensoren entscheidend.

17.2.1 Montage der Sensoren

Bei der Montage der Sensoren musst du einige Punkte beachten.

- **Position:** Die drei KY-033-Sensoren müssen an der Unterseite deines Roboter-Autos montiert werden, sodass sie nach unten auf den Boden gerichtet sind. Die Vorderkante des Roboters ist meist ein guter Ort, damit er frühzeitig auf Richtungsänderungen der Linie reagieren kann.
- **Anzahl:** Ein einzelner Sensor kann nur erkennen, *ob* er über einer Linie ist. Um zu wissen, *wo* die Linie im Verhältnis zum Roboter ist (links, rechts, mittig), benötigen wir eine differenziertere Erfassung. Mit drei Sensoren erreichen wir eine gute Basis hierfür, ohne zu komplex zu werden. Die drei Sensoren werden typischerweise nebeneinander montiert: ein Sensor links, einer in der Mitte und einer rechts. Der Abstand zwischen den Sensoren sollte so gewählt werden, dass der mittlere Sensor idealerweise die Linie erfasst, während die äußeren Sensoren den Bereich daneben abdecken. Ein gängiger Ansatz ist, die äußeren Sensoren so zu positionieren, dass sie knapp außerhalb der erwarteten Linienbreite liegen, wenn der mittlere Sensor zentriert ist. Dies ermöglicht eine gute Erkennung, ob der Roboter von der Linie nach links oder rechts abdriftet. Für dieses Kapitel starten wir also mit drei Sensoren.
- **Höhe:** Der Abstand der Sensoren zum Boden ist wichtig. Der TCRT5000 im KY-033 hat einen optimalen Erfassungsbereich. Dieser beträgt meist wenige Millimeter bis ca. 1 bis 2 cm. Experimentiere hier ein wenig, um die beste Höhe für deine Linie und deinen Untergrund zu finden. Zu hoch, und die Reflexion wird zu schwach; zu niedrig, und es könnten mechanische Probleme auftreten.
- **Ausrichtung:** Stelle sicher, dass die Sensoren parallel zum Boden ausgerichtet sind und nicht verkantet.

17.2.2 Anschluss an den ESP32

Der KY-033-Liniensensor hat üblicherweise drei Pins, die wie folgt mit deinem ESP32 verbunden werden (dies gilt für jeden der drei Sensoren):

- **V_{CC} (Spannungsversorgung):** Dieser Pin wird mit einem 3,3-V-Pin deines ESP32 verbunden. Der KY-033 ist zwar oft für 3,3 bis 5 V spezifiziert, aber da der ESP32 mit 3,3-V-Logikpegeln arbeitet, ist die Versorgung mit 3,3 V direkt und sicher.
- **GND (Masse):** Dieser Pin wird mit einem GND-Pin (Ground) deines ESP32 verbunden. Eine gemeinsame Masse ist für jede elektronische Schaltung unerlässlich.
- **DO oder OUT (digitaler Ausgang):** Dieser Pin liefert das digitale Signal (HIGH oder LOW), das anzeigt, ob eine Linie erkannt wurde oder nicht. Verbinde den DO-Pin jedes der drei KY-033-Sensoren mit einem separaten digitalen Eingangspin (GPIO) deines ESP32. Beispielhafte Pin-Belegung:
  - Linker Sensor DO an GPIO 34
  - Mittlerer Sensor DO an GPIO 2
  - Rechter Sensor DO an GPIO 35
- Da der Sensor mit 3,3 V versorgt wird, ist sein Ausgangssignal ebenfalls 3,3 V und somit direkt mit den ESP32-GPIOs kompatibel, ohne dass ein Spannungsteiler benötigt wird.

17.2.3 Einstellung der Empfindlichkeit

Vergiss nicht das kleine blaue Potentiometer, das auf jedem KY-033-Modul sitzt. Damit stellst du die Empfindlichkeit ein, also bei welchem Reflexionsgrad der Sensor zwischen hell (keine Linie) und dunkel (Linie) umschaltet. Dies musst du für jeden der drei Sensoren individuell und für deine spezifische Linienfarbe, deinen Untergrund und die Umgebungslichtbedingungen einmalig justieren. Die kleine rote LED auf dem Modul leuchtet oft auf, wenn eine Linie erkannt wird (oder umgekehrt, je nach Modul), was die Einstellung erleichtert. Drehe am Potentiometer jedes Sensors, bis dieser zuverlässig zwischen Linie und Untergrund unterscheidet.

In Abbildung 17.1 siehst du vorne am Roboter-Auto die drei IR-Sensoren. Du siehst, dass die beiden äußeren IR-Sensoren rot leuchten und der innere IR-Sensor nicht leuchtet, sondern dunkel ist. Somit hat der innere Sensor die schwarze Linie erkannt, und die beiden äußeren IR-Sensoren haben Weiß erkannt. Wenn du jetzt von Hand das Roboter-Auto bzw. die Sensoren über die schwarze Linie bewegst, sollten auch die äußeren in der Lage sein, die schwarze Linie zu erkennen. Wenn das klappt, hast du die Kalibrierung der Sensoren erfolgreich abgeschlossen.

17.3 Programmieren: Linienstatus pro Sensor erkennen

Bevor wir den Roboter fahren lassen, wollen wir verstehen, was die Liniensensoren »sehen«. Wir lesen die digitalen Werte der beiden KY-033-Sensoren aus und zeigen ihren Status direkt auf dem OLED-Display an. So kannst du leicht überprüfen, ob die Sensoren korrekt funktionieren und richtig kalibriert sind.

Stelle sicher, dass die Bibliotheken für das OLED-Display (Adafruit SSD1306 und Adafruit GFX) installiert sind, wie in Abschnitt 11.3 beschrieben.

17.3.1 Prompt für die Programmierung

In habe ich dir eine Einführung in das Erstellen von Prompts gegeben, um zum Beispiel Programmcode generieren zu lassen. Genau diese Technik wollen wir hier anwenden und uns von einem LLM-Service wie Googles Gemini[1] das Programm für den Liniensensor generieren lassen.

Dazu habe ich dem LLM-Service zunächst den Beispiel-Prompt aus Abschnitt 16.3.1 gegeben und ihn aufgefordert, einen neuen Prompt für die KY-033-Liniensensoren zu erstellen und dabei der Struktur des Beispiels zu folgen:

```
Bitte schreibe den folgenden Prompt um, mit dem Ziel, dass dieser statt des
Lichtsensors drei Linienfolgesensoren **KY-033** verwendet. Diese drei Senso-
ren sind am ESP32 wie folgt angeschlossen.
* Linker Sensor DO an GPIO 15
* Mittlerer Sensor DO an GPIO 2
* Rechter Sensor DO an GPIO 4
Auf dem OLED-Display, das im Roboter-Auto über Kopf eingebaut ist, soll der
Status pro Sensor als Text angezeigt werden.
* Sensor 1: <status>
* Sensor 2: <status>
* Sensor 3: <status>
Das Programm soll ebenfalls eigenständig funktionieren. Eine Steuerung der Mo-
toren des Roboter-Autos ist für dieses Programm ebenfalls nicht vorgesehen.
Hier der Prompt als Beispiel, den du bitte jetzt umschreibst.
<Prompt aus Abschnitt 16.3.1 hier einfügen>
```

Listing 17.1 Prompt A, um den Programmier-Prompt zu erstellen

1 Google und Gemini sind Marken von Google LLC. Dieses Buch und sein Inhalt stehen in keiner Verbindung zu Google LLC, werden von Google LLC nicht gesponsert, unterstützt oder sind von Google LLC autorisiert.

Das Ergebnis des generierten Programms meines verwendeten KI-Services Gemini 2.5 Pro aus Mai 2025 sah so aus:

```
Du bist ein erfahrener KI-Programmierassistent und spezialisiert auf die Entwick-
lung von Embedded Systems mit dem ESP32-Mikrocontroller unter Verwendung der Ar-
duino IDE und der Programmiersprache C++. Dein Fokus liegt auf der sauberen Inte-
gration von Sensoren (digital und I2C) und I2C-Displays.
**Aufgabe:**
Erstelle ein eigenständiges C++-Programm für einen ESP32-Mikrocontroller (z. B.
ESP32-WROOM-32), das die folgenden Aufgaben erfüllt:
* Sensorintegration (Linienfolgesensoren):
  * Lies kontinuierlich die digitalen Zustände von
    drei KY-033-Linienfolgesensoren.
  * Die Sensoren sind wie folgt direkt mit den GPIO-Pins des ESP32 verbunden:
    * Linker Sensor (Sensor 1) DO-Pin an GPIO 34
    * Mittlerer Sensor (Sensor 2) DO-Pin an GPIO 2
    * Rechter Sensor (Sensor 3) DO-Pin an GPIO 35
  * Interpretiere den digitalen Zustand jedes Sensors (HIGH/LOW). Ein LOW-Signal
    bedeutet typischerweise "Linie erkannt" (dunkel) und ein HIGH-Signal "keine
    Linie/heller Untergrund". Der Status soll entsprechend klar benannt werden
    (z. B. "Linie" / "Boden").
* Displayausgabe (OLED):
  * Zeige den Status jedes der drei KY-033-Sensoren auf einem
    SSD1306-OLED-Display (128×64 Pixel) an.
  * Das SSD1306-OLED-Display ist über den I2C-Bus mit dem ESP32 verbunden.
    Verwende die Standard-I2C-Pins des ESP32 (typischerweise GPIO 21 für SDA und
    GPIO 22 für SCL, aber gestalte den Code so, dass dies ggf. leicht anpassbar
    ist, oder verwende die Standard-Wire-Library-Initialisierung).
  * Wichtig: Das Display ist im Roboter-Auto über Kopf eingebaut. Die Anzeige
    muss daher um 180 Grad gedreht werden, sodass sie korrekt lesbar ist.
  * Verwende die Bibliotheken "Adafruit_SSD1306" und "Adafruit_GFX", da diese
    bereits in meiner Arduino IDE installiert sind. Gib an, welche Bibliotheken
    du verwendest.
  * Die Ausgabe auf dem OLED soll klar lesbar sein und den Status jedes Sensors
    anzeigen. Aktualisiere die Anzeige etwa jede Sekunde.
* Programmstruktur:
  * Das Programm soll komplett eigenständig sein und keine Elemente der Roboter-
    Auto-Motorsteuerung (L298N, Bluepad32 etc.) enthalten. Es dient
    ausschließlich dem Test der KY-033-Sensoren und der OLED-Anzeige.
  * Strukturiere den Code übersichtlich mit Kommentaren.
```

```
  * Verwende die setup()-Funktion für die Initialisierung des seriellen Monitors,
    der GPIO-Pins für die KY-033-Sensoren (als Eingänge), des I2C-Busses und des
    OLED-Displays (inklusive der Drehung der Anzeige).
  * Verwende die loop()-Funktion, um wiederholt die Sensorzustände auszulesen und
    auf dem OLED-Display sowie auf dem seriellen Monitor (für Debugging-Zwecke)
    auszugeben.
* Wichtige Hinweise für die Implementierung:
  * Stelle sicher, dass die I2C-Kommunikation für das Display korrekt
    initialisiert wird (Wire.begin()).
  * Behandle mögliche Fehler bei der Initialisierung des Displays (z. B. durch
    eine Ausgabe auf dem seriellen Monitor).
  * Konfiguriere die GPIO-Pins für die Sensoren als INPUT oder INPUT_PULLUP (je
    nachdem, ob externe Pull-up-Widerstände verwendet werden - gehe im Zweifel
    von keinen externen Pull-ups aus und nutze interne, falls sinnvoll, oder
    einen einfachen Input, wenn das Modul dies bereits liefert).
  * Der Code soll direkt in der Arduino IDE kompilierbar und auf einen ESP32-
    Mikrocontroller hochladbar sein.
* Beispielhafte Darstellung auf dem OLED-Display (korrekt gedreht):
  * Sensor 1: Linie
  * Sensor 2: keine Linie
  * Sensor 3: Linie
(Alternativ zu "keine Linie" könnte auch "Hell" verwendet werden, je nachdem, was
verständlicher ist)
Bitte liefere den vollständigen Code für den ESP32, die Ansteuerung der drei
KY-033-Linienfolgesensoren und die Anzeige ihrer Messwerte auf dem gedrehten
OLED-Display.
```

Listing 17.2 Prompt B: Der Programmier-Prompt

Generierter Programmcode – Liniensensor

Wie schon bei anderen komplexeren Code-Beispielen möchte ich auch für die Ansteuerung der IR-Sensoren (Infrarotsensoren) vermeiden, seitenweise Programmcode direkt ins Buch einzufügen. Den Code, den ich unter Zuhilfenahme eines KI-Services entwickelt und anschließend ausgiebig getestet habe, stelle ich dir daher online auf GitHub zur Verfügung.

So kannst du direkt auf die lauffähige Version zugreifen und sie für dein Roboter-Auto nutzen. Den Code für die IR-Sensoren findest du unter der folgenden URL, die dich direkt zu GitHub weiterleitet.

https://custom-build-robots.com/infrarot-sensoren

17.3.2 Erläuterung des generierten Codes

Ich möchte in diesem Abschnitt auf das generierte Programm eingehen und dieses etwas detaillierter erklären, auch wenn in der heutigen Zeit mit den verfügbaren KI-Services diese Erklärung eigentlich obsolet ist, da du dir ja das Programm von einem KI-Assistenten erklären lassen kannst.

Dieses Programm nutzen wir, um die Funktion unserer drei angeschlossenen KY-033-Liniensensoren zu testen und deren aktuellen Zustand übersichtlich auf dem OLED-Display sowie zur detaillierteren Analyse auf unserem PC über die serielle Ausgabe der Arduino IDE darzustellen. Die fünf wichtigsten Konzepte im Programm sind:

- **Systeminitialisierung (Vorbereitungsphase):** Zu Beginn konfiguriert das Programm die angeschlossenen Komponenten. Dies umfasst die Vorbereitung der Liniensensoren für die Datenerfassung und die Inbetriebnahme des OLED-Displays, inklusive der korrekten Ausrichtung der Anzeige auf dem OLED-Display für eine gute Lesbarkeit.
- **Sensorwerterfassung und -interpretation (Umgebungsinformationen):** Das Programm liest in regelmäßigen Abständen die digitalen Signale ein, die von den drei Liniensensoren geliefert werden. Diese digitalen Daten bestehen aus einem HIGH- oder LOW-Signal, das typischerweise einen AN/AUS-Zustand darstellt. Diese werden sofort in eine für den Menschen verständliche Information übersetzt, beispielsweise »Linie erkannt« oder »Heller Untergrund erkannt«, und auf dem OLED-Display angezeigt.
- **Visuelle Informationsdarstellung (OLED-Display):** Die aufbereiteten Zustandsinformationen jedes einzelnen Sensors werden klar und deutlich auf dem OLED-Display angezeigt. Dies ermöglicht eine direkte visuelle Überprüfung der korrekten Funktionsweise der Sensoren und der aktuellen Position relativ zu einer Linie. Denkbar bei unserem Roboter-Auto wäre auch, über die sechs LEDs, die vorne und hinten verbaut sind, die Position der gefundenen Linie anzuzeigen. Hier kannst du ja einmal deine Prompt-Fähigkeiten und deinen KI-Service testen.
- **Display-Datenaktualisierung (Zeitmanagement):** Um eine stabile Anzeige zu gewährleisten und den Mikrocontroller effizient zu nutzen, werden die Sensorwerte nicht permanent, sondern in kontrollierten Zeitintervallen wie zum Beispiel einmal pro 500 ms neu eingelesen und auf dem Display aktualisiert.
- **Detaillierte Diagnoseunterstützung (serielle Kommunikation):** Zusätzlich zur Anzeige auf dem OLED-Display sendet das Programm detailliertere Statusinformationen und die Rohwerte der Sensoren über die serielle Schnittstelle an deinen verbundenen Computer, wenn du die serielle Ausgabe in der Arduino IDE aktiv hast. Diese Funktion ist besonders nützlich für die Fehlersuche, die Feinabstimmung der Sensoren und das tiefere Verständnis ihres Verhaltens während der Entwicklungsphase.

17.3.3 Programm auf den ESP32 aufspielen

Probiere doch dein neu generiertes Programm direkt einmal aus, und kopiere dafür den Code in einen neuen Sketch in deiner Arduino IDE. Wähle das richtige Board für deinen ESP32 sowie den passenden Port aus, und klicke auf den HOCHLADEN-Button.

Noch schnell ein paar Checks – stelle sicher, dass:

- die drei KY-033-Linienfolgesensoren korrekt mit den im Code definierten GPIO-Pins deines ESP32 verbunden sind:
  - linker Sensor (Sensor 1) an GPIO 34
  - mittlerer Sensor (Sensor 2) an GPIO 2
  - rechter Sensor (Sensor 3) an GPIO 35
  - sowie jeweils mit V_{CC} (3,3 V) und GND
- das SSD1306-OLED-Display über einen I2C-Hub (siehe Abschnitt 10.5) oder direkt korrekt mit den I2C-Pins deines ESP32 verbunden ist (SDA an SDA, SCL an SCL, V_{CC} an 3,3 V, GND an GND).

Spannend ist jetzt, ob das Programm, das du dir hast generieren lassen, auf Anhieb funktioniert hat oder ob du in einer Chain-of-Thought (CoT), wie in Abschnitt 14.2.5 beschrieben, mit dem genutzten KI-Service zusammen an die Fehleranalyse und Behebung gehen musst.

Bei mir hat das vorherige Programm für den Lichtsensor zunächst den Text auf dem Kopf angezeigt, da ich im ursprünglichen Prompt vergessen hatte, zu erwähnen, dass mein OLED-Display im Roboter-Auto über Kopf eingebaut ist. Für das aktuelle Programm mit den Linienfolgesensoren wurde dieser Hinweis jedoch im Prompt berücksichtigt, sodass die Zeile `display.setRotation(2);` im Code die Anzeige korrekt drehen sollte. Dies unterstreicht, wie wichtig präzise Angaben im Prompt sind, um direkt das gewünschte Ergebnis zu erhalten!

17.4 Das Programm für die Linienverfolgung in Verbindung mit der Motorsteuerung: Wo ist nur die Linie hin?

Nachdem dein Roboter-Auto den Zustand jedes Liniensensors auf dem OLED-Display anzeigen kann, müssen wir diese Information interpretieren, damit der Roboter »versteht«, wo sich die Linie relativ zu ihm befindet. Mit drei Sensoren, einem linken, einem in der Mitte und einem rechten, sollte es kein Problem sein, die Linie und deren Lage zum Roboter-Auto zu erkennen.

Ich denke, du ahnst schon, wie es weitergeht. Wir werden jetzt einen Prompt erstellen, der das Programm aus Abschnitt 12.2 für die Fernsteuerung des Roboter-Autos mit dem Programm aus Listing 17.2 für das Auslesen der Liniensensoren kombiniert.

17.4.1 Prompt für die Programmierung

Jetzt geht es genau darum, die zwei Python-Programme zusammenzuführen und klar die Erwartung an das neue Programm zu formulieren.

```
Du bist ein erfahrener KI-Programmierassistent, spezialisiert auf die Entwicklung
von Embedded Systems mit dem ESP32-Mikrocontroller unter Verwendung der Arduino
IDE und der Programmiersprache C++. Dein Fokus liegt auf der sauberen Integration
von Sensoren, der Ansteuerung von Motoren (speziell L298N mit PWM auf INx-Pins),
der Nutzung der Bluepad32-Bibliothek für Controller-Interaktion und der Ausgabe
von Statusinformationen auf OLED-Displays.
**Aufgabe:**
Erstelle ein eigenständiges C++-Programm für ein ESP32-basiertes Roboter-Auto, das
eine schwarze Linie auf hellem Untergrund autonom verfolgen kann. Das Programm
soll die Logik aus zwei bereitgestellten Code-Beispielen intelligent kombinieren
und erweitern. Ein PS5-Controller soll über die Bluepad32-Bibliothek verwendet
werden, um den autonomen Linienfolgemodus zu starten und als Not-Aus zu stoppen.
** Kontext und bereitgestellte Code-Beispiele: **
Untenstehend findest du zwei Code-Abschnitte. Bitte nutze die relevanten Teile da-
raus als Grundlage für das neue Programm.
Code-Beispiel 1: PS5-Controller-Fernsteuerung (ESP32-Roboter mit L298N via PWM auf
INx-Pins und Bluepad32)
* Fokus:
  * Motoransteuerung: Übernimm das Prinzip der Motoransteuerung mittels PWM
    direkt auf den INx-Pins des L298N-Treibers (wie in der Funktion setMotor(int
    side, int speedPct) und dem zugehörigen LEDC PWM Setup ledcSetup,
    ledcAttachPin gezeigt). Die ENA/ENB-Pins sind hierbei extern auf HIGH
    gejumpert. Die Pin-Definitionen (PIN_M_L_IN1 etc.) sind direkt zu verwenden.
  * Bluepad32-Integration: Nutze die vorhandene Bluepad32-Initialisierung
    (BP32.setup(&onCtrlConnect, &onCtrlDisconnect)), die Verbindungs-/Trennungs-
    Callbacks (onCtrlConnect, onCtrlDisconnect) und die Grundstruktur zur
    Verarbeitung von Controller-Daten (procGamepad oder eine ähnliche Callback-
    Struktur).
  * Tastenauswertung: Die Logik zum Auslesen von Tastendrücken (z. B. ctl->x() im
    Beispiel für LEDs) muss adaptiert werden, um definierte Tasten für "Start
    Linienfolge" und "Not-Aus" zu verwenden.
```

* **Nicht relevant aus diesem Code für das neue Programm:** Die direkte achsenbasierte Fernsteuerung (axisX, axisY für Fahrmanöver) und die komplexe LED-Steuerung (Adafruit_NeoPixel, updLEDs).
* **OLED-Nutzung in diesem Code:** Nimm zur Kenntnis, dass dieser Code bereits ein OLED-Display (SSD1306Wire) verwendet. Für das neue Programm sollen jedoch die Bibliotheken Adafruit_SSD1306 und Adafruit_GFX verwendet werden, wie im Kontext von Code-Beispiel 2 spezifiziert.
  <Hier den Code aus Abschnitt 12.2 zur Roboter-Auto-Steuerung einfügen>

Code-Beispiel 2: KY-033-Liniensensoren und OLED-Anzeige (Adafruit Libraries)

* **Fokus:**
  * Übernimm die Logik zum Auslesen der drei KY-033-Sensoren, deren Pin-Definitionen und die Interpretation ihrer digitalen Zustände (LOW = Linie erkannt, HIGH = keine Linie/Boden). Die Ansteuerung des SSD1306-OLED-Displays mit den Adafruit-Bibliotheken (Adafruit_SSD1306, Adafruit_GFX) inklusive der 180-Grad-Rotation (für Über-Kopf-Montage) ist hier maßgeblich.
  * **Sensoranschlüsse (aus diesem Code zu übernehmen):**
    Linker Sensor (Sensor 1) DO-Pin an GPIO 34
    Mittlerer Sensor (Sensor 2) DO-Pin an GPIO 2
    Rechter Sensor (Sensor 3) DO-Pin an GPIO 35
    <Hier den Code aus Abschnitt 17.3 zum Auslesen des Linienfolgesensors einfügen>

* **Anforderungen an das neue Linienfolger-Programm:**
* **Bluepad32-Controller-Integration (Start/Stopp):**
  * Initialisiere Bluepad32 wie in Code-Beispiel 1.
  * Verwende die **"Options"-Taste** (oder BP32_BUTTON_OPTIONS) des PS5-Controllers, um den autonomen Linienfolgemodus zu starten.
  * Verwende die **"Kreuz"-Taste** (BP32_BUTTON_CROSS) des PS5-Controllers als Not-Aus, um den Linienfolgemodus sofort zu beenden und alle Motoren anzuhalten.
  * Das Roboter-Auto soll initial im "Standby"-Modus sein.
* **Sensorintegration:**
  * Wie im Code-Beispiel 2 beschrieben (GPIOs 34, 2, 35; LOW = Linie).
* **Motorsteuerungslogik (Linienverfolgungsstrategie):**
  * Diese Logik wird nur aktiv, wenn der Linienfolgemodus über den PS5-Controller gestartet wurde.
    Nutze die setMotor()-Funktion und das PWM-Setup aus Code-Beispiel 1.
  * Implementiere eine grundlegende Strategie:
    * Mittlerer Sensor auf Linie: Fahre geradeaus (z. B. setMotor(0, NORM_GESCHW); setMotor(1, NORM_GESCHW);).
    * Linker Sensor auf Linie (Mitte und Rechts nicht): Korrigiere sanft nach links (z. B. setMotor(0, KORR_GESCHW_LANGSAM);

setMotor(1, KORR_GESCHW_SCHNELL);).
* Rechter Sensor auf Linie (Mitte und Links nicht):
Korrigiere sanft nach rechts (z. B. setMotor(0, KORR_GESCHW_SCHNELL);
setMotor(1, KORR_GESCHW_LANGSAM);).
* (Optional) Nur linker äußerer Sensor auf Linie:
Stärkere Linkskurve oder Drehung.
* (Optional) Nur rechter äußerer Sensor auf Linie:
Stärkere Rechtskurve oder Drehung.
* Definiere Konstanten für die Geschwindigkeiten (z. B. NORM_GESCHW, KORR_GESCHW_LANGSAM, KORR_GESCHW_SCHNELL) und mache sie leicht anpassbar.
* **Kombinierte Start/Stopp-Logik und Sicherheitsfunktion:**
Controller-Start: Nach Drücken der "Options"-Taste wechselt der Roboter in den "Linienfolge-Bereit"-Status.
* **Startbedingung für Bewegung:** Das Roboter-Auto beginnt erst mit der Linienverfolgung, wenn es sich im "Linienfolge-Bereit"-Status befindet UND mindestens der mittlere Sensor eine Linie erkennt.
* **Stoppbedingung bei Linienverlust:** Wenn während des autonomen Linienfolgens alle drei Sensoren gleichzeitig keine Linie mehr erkennen, sollen die Motoren mit setMotor(0, 0); setMotor(1, 0); anhalten. Der Roboter bleibt im Linienfolgemodus und versucht weiterzufahren, sobald eine Linie wiedererkannt wird.
* **Controller-Not-Aus:** Drücken der "Kreuz"-Taste stoppt **sofort** alle Motoren (setMotor(0, 0); setMotor(1, 0);) und beendet den autonomen Linienfolgemodus. Der Roboter kehrt in den "Standby"-Modus zurück.
* **Displayausgabe (OLED):**
* Verwende das SSD1306-OLED-Display mit den Adafruit-Bibliotheken (128×64, I2C, über Kopf montiert - 180 Grad Rotation sicherstellen).
* Zeige den aktuellen Modus des Roboters, Controller-Verbindungsstatus und Linienstatus an. Z.B.:
* Ctrl: Verb. / Modus: Standby
* Ctrl: Verb. / Modus: LinieFolge LMS: [L][M][S] / Linie: Ja/Nein (LMS als 0/1 für Boden/Linie)
* Bei getrenntem Controller: Ctrl: Getrennt
* **Programmstruktur:**
* Standalone-C++-Programm für Arduino IDE.
* Übersichtliche Kommentare.
* setup(): Initialisierung von Seriell, Bluepad32, Sensor-Pins, I2C, OLED (Adafruit), Motor-Pins und PWM-Kanälen.
* loop():
* Bluepad32-Events (BP32.update()) und Tastendrücke verarbeiten.

```
    * Zustandsmanagement (Standby, Linienfolgen, Not-Aus).
    * Nur im Zustand "Linienfolgen":
      Sensoren lesen, Entscheidungen treffen, Motoren steuern.
    * Display aktualisieren.
    * Vermeide lange delay()-Aufrufe.
* Wichtige Hinweise für die Implementierung:
  * Motor-Pins: Nutze die Pin-Definitionen und das LEDC-PWM-Setup für die Motoren
    aus Code-Beispiel 1.
  * Bibliotheken: Bluepad32.h, Wire.h, Adafruit_GFX.h, Adafruit_SSD1306.h. Die
    LED-Steuerung (Adafruit_NeoPixel) aus Code-Beispiel 1 ist für dieses Projekt
    nicht erforderlich.
  * Fehlerbehandlung: Grundlegende Fehlerprüfungen
    (Display, Controller-Verbindung).
Bitte liefere den vollständigen C++-Code, der die oben genannten Anforderungen er-
füllt.
```

Listing 17.3 Prompt-Beispiel für das Linienfolger-Programm

Generierter Programmcode – Folge der Linie eigenständig

Wie schon bei anderen komplexeren Code-Beispielen möchte ich auch für den Linienfolger-Programmcode mit Infrarotsensoren vermeiden, seitenweise Programmcode direkt ins Buch einzufügen. Den Code, den ich für diese Aufgabe unter Zuhilfenahme von Gemini 2.5 Pro (Ende Mai 2025) entwickelt und getestet habe, stelle ich dir daher online auf GitHub zur Verfügung.

Das von Gemini 2.5 Pro generierte Programm für den Linienfolger sieht schon sehr vielversprechend aus! Besonders die bereits integrierte Möglichkeit, die Fahrgeschwindigkeit des Roboter-Autos über eine Konstante im Code (`FORWARD_PWM_SPEED`) anzupassen, ist ein guter Ausgangspunkt für eigene Optimierungen. Für zukünftige Erweiterungen macht es vielleicht Sinn – abhängig davon, wie feinfühlig und präzise sich dein Roboter-Auto mit der aktuellen Steuerung verhält –, die Geschwindigkeit sogar dynamisch über den Game-Controller, beispielsweise in Prozentwerten, einstellbar zu machen. Das wäre sicher ein spannendes Folgeprojekt oder ein guter Anlass für einen weiteren Prompt an die KI!

Damit du direkt auf die aktuelle, lauffähige Version des Linienfolger-Codes zugreifen und sie für dein Roboter-Auto nutzen kannst, findest du das Programm unter der folgenden URL. Diese leitet dich direkt zur entsprechenden Datei auf GitHub weiter:

https://custom-build-robots.com/infrarot-sensoren-motortreiber

17.4.2 Erläuterung des generierten Codes

Das Programm verwandelt das ESP32-Roboter-Auto in einen autonomen Linienfolger, der über einen PS5-Controller gestartet und gestoppt werden kann und seinen Status auf einem OLED-Display anzeigt. Die fünf zentralen Aspekte sind:

- **Zentrale Steuerung (logische Zustände):** Der Roboter operiert auf Basis klar definierter Betriebszustände (zum Beispiel `STANDBY` zum Warten, `LINIENFOLGE_BEREIT` zur Vorbereitung, `LINIENFOLGE_AKTIV` für die autonome Fahrt). Diese Zustandslogik diktiert das grundsätzliche Verhalten und welche Aktionen als Nächstes ausgeführt werden.
- **Benutzerinteraktion (PS5-Controller):** Dein PS5-Controller dient als intuitive Schnittstelle für dich. Über festgelegte Tasten (`Options`-Taste) kannst du so den autonomen Linienfolgemodus starten. Mit der X-Taste (`Kreuz`-Taste) hast du einen Not-Aus, der die Motoren sofort stoppt und den Roboter in einen sicheren Wartezustand zurückversetzt.
- **Autonome Linienverfolgung (Entscheidungsalgorithmus):** Das Kernstück der autonomen Navigation ist ein Algorithmus, der kontinuierlich Informationen von den Liniensensoren über die Position der Linie auswertet. Anhand dieser Daten trifft das Programm eigenständig Entscheidungen, wie die Motoren von ihrer Geschwindigkeit her angepasst werden müssen (zum Beispiel geradeaus fahren, nach links oder rechts korrigieren), um der erkannten Linie zu folgen. Verliert der Roboter die Linie komplett, werden die Motoren angehalten.
- **Bewegungsausführung (Motoransteuerung):** Die vom Linienfolge-Algorithmus getroffenen Richtungs- und Geschwindigkeitsentscheidungen werden durch eine spezielle Motorsteuerungsfunktion (`setMotor`) in physische Bewegung umgesetzt. Diese Funktion ist dafür verantwortlich, die Geschwindigkeit und Drehrichtung jedes Motors präzise zu regeln und so die gewünschten Fahrmanöver zu realisieren.
- **Visuelles Feedback (OLED-Display):** Dein OLED-Display im Roboter liefert dir klare und unmittelbare Rückmeldungen über den Systemstatus. Es zeigt wichtige Informationen an, wie den aktuellen Betriebsmodus des Roboters, ob der Controller verbunden ist und wie die Sensoren die Linie gerade wahrnehmen.

Ich hoffe, du konntest das Programm auf dein Roboter-Auto aufspielen und wir können uns jetzt zusammen an das Testen der Software im Roboter machen.

17.5 Testfahrten und Kalibrierung

Das A und O beim Linienfolger ist das Testen und Neukalibrieren der Sensoren, wenn sich zum Beispiel die Lichtverhältnisse über den Tag bzw. an einem anderen Ort verändert haben:

- **Testumgebung:** Erstelle eine Teststrecke mit einer klaren schwarzen Linie (zum Beispiel 1 bis 2 cm breites Isolierband) auf einem hellen, matten Untergrund (zum Beispiel weißes Papier oder Pappe). Glänzende Oberflächen können die Infrarotsensoren stören.
- **Kalibrierung der KY-033-Sensoren:** Dies ist der wichtigste Schritt!
  - Platziere einen Sensor direkt über der hellen Fläche, neben der Linie. Drehe das Potentiometer so lange, bis die Status-LED gerade so nicht mehr leuchtet (oder den Zustand für »hell« anzeigt).
  - Bewege den Sensor dann direkt über die schwarze Linie. Die Status-LED sollte jetzt leuchten (oder den Zustand für »dunkel« anzeigen).
  - Wiederhole dies für alle Sensoren. Das Ziel ist, dass jeder Sensor zuverlässig zwischen Linie und Untergrund unterscheidet. Die Umgebungshelligkeit kann hier eine Rolle spielen, also kalibriere möglichst unter den Bedingungen, unter denen der Roboter später fahren soll.
- **Motorlogik anpassen:** Beobachte, wie dein Roboter auf die Korrekturbefehle reagiert. Dreht er zu stark oder zu schwach? Passe die Geschwindigkeiten oder Dauern in deinen Motorsteuerfunktionen an. Hier findest du ganz am Anfang im Code die Möglichkeit, über die Variablen die Geschwindigkeit festzulegen.

  ```
  const int NORM_GESCHW = 30;
  const int KORR_GESCHW_SCHNELL = 40;
  const int KORR_GESCHW_LANGSAM = 20;
  const int TURN_GESCHW = 35;
  ```

- **Debugging:** Nutze das OLED-Display und den seriellen Monitor intensiv, um zu sehen, welche Sensorwerte ankommen und welche Entscheidungen dein Programm trifft. Das ist Gold wert bei der Fehlersuche!

Mit Geduld beim Kalibrieren und Anpassen der Software – manuell oder mit einem KI-Service als Programmierpartner – wird dein ESP32-Roboter-Auto bald elegant seiner Linie folgen können. Das Erfolgserlebnis, wenn es das erste Mal klappt, ist unbezahlbar!

17.6 Problem mit dem Code?

Einer Linie mit einem Roboter und Sensoren zu folgen, ist kein einfaches Unterfangen, wie du sicher schnell feststellen wirst. Denn wenn alle drei Sensoren die Linie verloren haben, bleibt der Roboter stehen. In unserem Prompt haben wir keine Funktion gefordert, die wie folgt beschrieben werden könnte: »Wir suchen die Linie, wenn wir diese verloren haben.« So eine Funktion ist aber notwendig, damit der Roboter erfolgreich die Linie wiederfindet, wenn er sie verloren hat, und ihr wieder folgen kann.

Vielleicht magst du ja weiter an dem Prompt aus Abschnitt 17.4.1 arbeiten und deinen KI-Service das Programm noch um genau diese Funktion erweitern lassen.

Eventuell wären wir durch Fragen zusammen mit dem KI-Assistenten auf diese Lücke aufmerksam geworden, wenn wir in eine Art Diskussion gegangen wären, ob das Programm und seine Funktionen wirklich vollständig sind. Aber da hat uns noch die Erfahrung gefehlt, und der KI-Assistent hat uns nicht auf diese Lücke aufmerksam gemacht. Aber in Zukunft könntest du in genau so eine Diskussion mit deinem KI-Service einsteigen, um das Programm, das generiert wird, noch sicherer zu machen.

Kapitel 18

Balanceakt und Drehmomente – dein Roboter versteht Bewegung

Dein Roboter-Auto wird jetzt um eine weitere Fähigkeit erweitert. Es lernt zu erkennen, wie es sich bewegt – ob es sich dreht, wie schnell es beschleunigt oder ob es in Schräglage gerät. Genau das ermöglichen sogenannte Inertial Measurement Units, auch IMUs genannt, also kombinierte Sensoren wie Trägheitsmesseinheiten.

Ein sehr beliebter und vielseitiger Chip in dieser Kategorie der Trägheitsmesssensoren ist der MPU-6050, den du oft auf kleinen Modulplatinen wie der GY-521 findest. Dieser kleine Sensor ist wie das Gleichgewichtsorgan und der Bewegungssinn deines Roboter-Autos in einem!

Die Fähigkeit, die eigene Bewegung und Lage im Raum zu erfassen, ist ein fundamentaler Schritt, um deinem Roboter-Auto komplexere und intelligentere Verhaltensweisen beizubringen. Es geht weit über das einfache Fahren hinaus und eröffnet Möglichkeiten für Stabilisierung, präzisere Navigation oder sogar die Reaktion auf Erschütterungen. In diesem Kapitel werden wir uns den MPU-6050 genau ansehen. Du lernst, wie er funktioniert, wie du ihn an deinen ESP32 anschließt und wie du seine Daten ausliest, um sowohl Drehbewegungen als auch Beschleunigungen und Neigungen deines Roboter-Autos zu erfassen und auf dem OLED-Display sichtbar zu machen.

18.1 Gyroskop und Beschleunigungssensor kurz erklärt

Sicher kennst du die klassischen Balanceboards, mit denen Kinder durch die Nachbarschaft fahren. In diesen Balanceboards kommen genau solche kombinierten IMU-Sensoren zum Einsatz, die messen können, in welche Richtung das Board kippt bzw. sich bewegt und dreht. Ein IMU-Sensor wie der MPU-6050 kombiniert typischerweise mehrere Sensoren, um Bewegungen und die Orientierung im Raum zu erfassen. Die beiden wichtigsten Komponenten im MPU-6050 sind:

- **Das Gyroskop (Kreiselinstrument):**
  - Was es misst: Ein 3-Achsen-Gyroskop misst die Winkelgeschwindigkeit, also wie schnell sich ein Objekt um seine drei räumlichen Achsen dreht. Diese Achsen werden oft als Roll-Achse (X, Drehung um die Längsachse), Pitch-Achse (Y, Drehung um die Querachse) und Yaw-Achse (Z, Drehung um die Hochachse) bezeichnet.
  - Wie es hilft: Dein Roboter kann damit erkennen, ob er gerade eine Kurve fährt (Yaw), ob er nach vorne oder hinten kippt (Pitch) oder ob er seitlich geneigt wird (Roll). Das Gyroskop liefert die *Geschwindigkeit* dieser Drehungen, zum Beispiel in Grad pro Sekunde.
- **Der Beschleunigungssensor (Accelerometer):**
  - Was er misst: Ein 3-Achsen-Beschleunigungssensor misst die lineare Beschleunigung entlang der drei Achsen X, Y und Z. Das beinhaltet sowohl dynamische Beschleunigungen, wenn dein Roboter-Auto zum Beispiel nach vorne beschleunigt, also Gas bzw. Strom gibt, oder bremst, als auch die konstante Erdbeschleunigung, ca. 9,81 m/s^2.
  - Wie es hilft: Dein Roboter kann damit nicht nur Beschleunigungs- und Bremsvorgänge erfassen, sondern im Ruhezustand oder bei sehr langsamer, gleichförmiger Bewegung auch seine Neigungswinkel relativ zur Erdoberfläche bestimmen. Die Schwerkraft zeigt immer nach unten, und der Sensor misst, wie diese Schwerkraftkomponente auf seine Achsen wirkt; aber in diesem Sensor erfolgt die Messung sehr langsam, daher funktioniert es nur bei sehr langsamer Fahrt des Roboter-Autos.

Die Kombination macht's

Gyroskope sind gut darin, schnelle Drehbewegungen zu erfassen, neigen aber dazu, über die Zeit ungenauer zu werden, also zu driften. Beschleunigungssensoren können zwar die Neigung gut bestimmen, sind aber anfällig für Vibrationen und andere Beschleunigungen, die nicht von der Schwerkraft stammen. Die Stärke einer IMU wie dem MPU-6050 liegt darin, dass man die Daten beider Sensoren intelligent kombinieren kann, also eine Sensorfusion macht, um eine deutlich genauere und stabilere Information über die Lage und Bewegung des Roboter-Autos zu erhalten.

18.2 Den MPU-6050-Sensor am Roboter-Auto montieren und anschließen

Die korrekte Montage und der richtige Anschluss des MPU-6050-Moduls, das oft auch unter dem Namen GY-521-Platine erhältlich ist, sind wichtig für zuverlässige Messwerte.

18.2.1 Montage des Moduls

Auch bei der Montage dieses Moduls gibt es wieder einiges zu beachten.

- **Position:** Montiere das Modul möglichst stabil und vibrationsarm auf deinem Roboter-Auto. Ideal ist eine Position nahe dem Rotationszentrum oder dem Schwerpunkt des Roboters, aber jede feste Position ist für den Anfang in Ordnung. Ein gut geeigneter Platz könnte so zum Beispiel bei dem 3D-gedruckten Chassis im Inneren des Fahrerhauses sein.
- **Ausrichtung:** Achte genau auf die auf der Platine aufgedruckten Achsen (meist kleine Pfeile mit X, Y, Z). Wenn das Modul nicht frei einsehbar ist, beispielsweise in einem eigenen Gehäuse sitzt, notiere dir, wie diese Achsen im Verhältnis zu deinem Roboter ausgerichtet sind, zum Beispiel: X-Achse des Sensors zeigt nach vorne, Y-Achse nach links, Z-Achse nach oben. Diese Ausrichtung ist entscheidend für die spätere Interpretation der Daten. Das Modul sollte möglichst parallel zum Chassisboden montiert werden, wenn du die Neigung relativ zum Boden messen möchtest.

18.2.2 Anschluss an den ESP32

Der MPU-6050 kommuniziert mit dem ESP32 über den I2C-Bus. Die GY-521-Modulplatine hat typischerweise folgende Pins:

- **V_{CC} (Spannungsversorgung):** Die meisten GY-521-Module haben einen eingebauten Spannungsregler und können daher mit 5 V versorgt werden, um mit einer Vielzahl an Mikrocontrollern kompatibel zu sein. Der MPU-6050-Chip selbst arbeitet intern mit 3,3 V. Die I2C-Signale sind dann ebenfalls auf 3,3-V-Pegel, was sicher für den ESP32 ist. Prüfe im Zweifel das Datenblatt deines spezifischen Moduls; manche können auch direkt mit 3,3 V am VCC-Pin versorgt werden.
- **GND (Masse):** Verbinde diesen Pin mit einem GND-Pin deines ESP32.
- **SCL (Serial Clock):** Dies ist die Taktleitung für die I2C-Kommunikation. Verbinde SCL des MPU-6050 mit dem I2C-SCL-Pin des ESP32 (standardmäßig GPIO 22).
- **SDA (Serial Data):** Dies ist die Datenleitung für die I2C-Kommunikation. Verbinde SDA des MPU-6050 mit dem I2C-SDA-Pin des ESP32 (standardmäßig GPIO 21).
- **INT (Interrupt Pin):** Dieser Pin kann für fortgeschrittene Funktionen genutzt werden, zum Beispiel um den ESP32 bei erkannter Bewegung aufzuwecken. Für unsere grundlegenden Beispiele wird er meist nicht benötigt und kann unbeschaltet bleiben.
- **ADO (I2C Address Select Pin):** Der MPU-6050 hat eine Standard-I2C-Adresse (meist `0x68`). Wenn du diesen Pin mit V_{CC} verbindest, ändert sich die Adresse (meist auf

0x69). Das ist nützlich, wenn du mehrere MPU-6050 oder andere I2C-Geräte mit der gleichen Standardadresse verwenden möchtest. Für ein einzelnes Modul kannst du ADO meist unbeschaltet lassen (oder mit GND verbinden, um die Adresse 0x68 sicherzustellen – siehe Datenblatt des Moduls).

18.3 Programmieren: Rohdaten von Gyroskop und Beschleunigungssensor auslesen (mit OLED-Anzeige)

Bei Roboter-Projekten – sei es wie hier im Buch ein Roboter-Auto oder auch ein Roboter-Arm – sind Gyroskop und Beschleunigungssensor wohl die wichtigsten Sensoren. Mit ihnen lässt sich sehr viel über den Zustand des Roboters und dessen Bewegungen sagen. Daher freue ich mich, dir hier ein Programm vorzustellen, das mit diesen Sensoren arbeitet. Wir werden zunächst einmal die Sensordaten auslesen und auf dem OLED-Display anzeigen.

18.3.1 Prompt für die Programmierung

Für die Erstellung des Prompts nutzen wir unser bereits erlerntes Wissen und zeigen dem KI-Service einen der vorhergehenden Prompts, zum Beispiel den aus Abschnitt 17.3.1 mit dem Ziel, einen neuen Prompt in diesem Stil zu erstellen. Beschreibe die Aufgabe klar, und fordere den von dir genutzten KI-Service auf, den MPU-6050-Sensor anstelle des KY-033-Liniensensors zu verwenden. Fordere weiter, dass die Messwerte wie Beschleunigung und die Werte des Gyroskops auf dem OLED-Display klar voneinander unterscheidbar angezeigt werden sollen.

Wenn du dieses Prompt-Vorgehen noch ein paar Mal gemacht hast und deine Prompts, wie in Abschnitt 14.5 beschrieben, dokumentierst, wirst du immer schneller bei der Prompt-Erstellung und der Programmgenerierung zusammen mit einem KI-Service, und vor allem wirst du immer erfolgreicher, was das generierte Ergebnis angeht.

Jetzt werde ich dem von mir beschriebenen Vorgehen aus dem vorherigen Kapitel folgen: Listing 18.1 zeigt dir den ersten Prompt mit der Aufforderung, einen neuen Prompt nach einer bewährten Prompt-Vorlage zu erstellen.

```
Bitte schreibe den Prompt, den ich dir als Beispiel gebe, um, wobei du dich an
seiner Detailtiefe und Struktur orientierst. Das Ziel des neuen Prompts ist,
dass ein Programm geschrieben wird, das den MPU-6050-Sensor, der über den I2C-
Bus an meinem ESP32 angeschlossen ist, ausliest und die Messwerte von Gyroskop
und Beschleunigungssensor deutlich unterscheidbar voneinander auf dem ange-
```

```
schlossenen SSD1306-OLED-Display anzeigt.
Hier der Prompt, den du bitte als Vorlage verwendest:
<Füge hier den Prompt aus Abschnitt 17.3.1 ein>
```

Listing 18.1 Prompt A, um den Programmier-Prompt zu erstellen

Listing 18.2 zeigt dir das Ergebnis.

```
Du bist ein erfahrener KI-Programmierassistent und spezialisiert auf die Entwick-
lung von Embedded Systems mit dem ESP32-Mikrocontroller unter Verwendung der
Arduino IDE und der Programmiersprache C++. Dein Fokus liegt auf der sauberen
Integration von I2C-basierten Inertial Measurement Units (IMUs) und -Displays.
**Aufgabe:**
Erstelle ein eigenständiges C++-Programm für einen ESP32-Mikrocontroller (z. B.
ESP32-WROOM-32), das die folgenden Aufgaben erfüllt:
* Sensorintegration (MPU-6050):
  * Lies kontinuierlich Messwerte vom MPU-6050-Sensor. Dies umfasst
    Beschleunigungswerte (X, Y, Z), Gyroskopwerte (X, Y, Z) und den
    Temperaturwert.
  * Der MPU-6050 ist über den I2C-Bus mit dem ESP32 verbunden. Verwende die
    Standard-Wire-Library-Initialisierung für den I2C-Bus.
  * Nutze als gängige Bibliothek für den MPU-6050 die "Adafruit MPU6050"-
    Bibliothek von Adafruit (zusammen mit der Basisbibliothek "Adafruit Sensor"),
    da ich diese bereits in meiner Arduino IDE installiert habe. Gib an, welche
    Bibliotheken du verwendest.
  * Initialisiere den MPU-6050 mit Standardeinstellungen. (Fortgeschrittene
    Einstellungen wie Messbereiche oder Filterbandbreiten sind für diese Aufgabe
    optional und müssen nicht explizit implementiert werden.)
* Displayausgabe (SSD1306 OLED):
  * Zeige die vom MPU-6050 gemessenen Sensorwerte auf einem
    SSD1306-OLED-Display an.
  * Das SSD1306-OLED-Display (128×64 Pixel) ist ebenfalls über den I2C-Bus mit
    dem ESP32 verbunden und teilt sich den Bus mit dem MPU-6050.
  * Verwende für das SSD1306-Display die "Adafruit_SSD1306"-Bibliothek zusammen
    mit der "Adafruit_GFX"-Bibliothek, da ich diese bereits in meiner Arduino IDE
    installiert habe. Gib an, welche Bibliotheken du verwendest.
  * Die Ausgabe auf dem OLED soll klar beschriftet sein, um deutlich zwischen
    Beschleunigungs-, Gyroskop- und Temperaturwerten zu unterscheiden:
    * Beschleunigungswerte: Zeige "Beschl. (m/s^2):" als Überschrift und darunter
      die Werte für X, Y und Z jeweils mit einer Nachkommastelle (z. B. "X:1.2
      Y:3.4 Z:5.6").
```

```
    * Gyroskopwerte: Zeige "Gyro (rad/s):" als Überschrift und darunter die Werte
      für X, Y und Z jeweils mit zwei Nachkommastellen (z. B. "X:0.12 Y:1.34
      Z:2.56").
    * Temperaturwert: Zeige "Temp:" gefolgt vom Wert mit einer Nachkommastelle
      und der Einheit "C" (z. B. "Temp: 23.5 C").
  * Aktualisiere die Anzeige etwa alle 100 Millisekunden.
* Programmstruktur:
  * Das Programm soll komplett eigenständig sein und keine Elemente anderer
    Projekte (wie Roboter-Auto-Steuerung, Bluepad32 etc.) enthalten. Es dient
    ausschließlich dem Test des MPU-6050-Sensors und der OLED-Anzeige.
  * Strukturiere den Code übersichtlich mit Kommentaren.
  * Verwende die setup()-Funktion für die Initialisierung des seriellen Monitors
    (für Debugging), des I2C-Busses, des MPU-6050-Sensors und des OLED-Displays.
  * Verwende die loop()-Funktion, um wiederholt die Sensorwerte auszulesen und
    auf dem OLED-Display sowie optional zur Kontrolle auch auf dem seriellen
    Monitor auszugeben.
* Wichtige Hinweise für die Implementierung:
  * Stelle sicher, dass die I2C-Kommunikation korrekt initialisiert wird
    (Wire.begin()).
  * Behandle mögliche Fehler bei der Initialisierung des Sensors oder Displays
    (z. B. durch eine klare Ausgabe auf dem seriellen Monitor und falls möglich
    auch auf dem OLED-Display, falls einer der Sensoren nicht gefunden wird).
  * Der Code soll direkt in der Arduino IDE kompilierbar und auf einen ESP32-
    Mikrocontroller hochladbar sein.
* Beispielhafte Darstellung der gewünschten Ausgabe auf dem OLED-Display:
Beschl. (m/s^2):
X:1.2 Y:3.4 Z:-5.6
Gyro (rad/s):
X:0.12 Y:-1.34 Z:2.56
Temp: 23.5 C
Bitte liefere den vollständigen C++-Code für den ESP32, der die Messwerte des MPU-
6050-Sensors ausliest und auf dem OLED-Display wie beschrieben anzeigt.
```

Listing 18.2 Prompt B: Der Programmier-Prompt

Generierter Programmcode – MPU-6050 auslesen

Auch für dieses Programmbeispiel, das die grundlegenden Funktionen des MPU-6050-Gyroskop- und -Beschleunigungssensors demonstriert, möchte ich das Buch nicht mit umfangreichem Code füllen. Den Code, den ich unter Zuhilfenahme eines KI-Services entwickelt und anschließend sorgfältig getestet habe, stelle ich dir daher online auf GitHub zur Verfügung.

Um sicherzustellen, dass du auch langfristig – selbst wenn sich die genauen Speicherorte auf Plattformen wie GitHub einmal ändern sollten – immer auf die korrekte und aktuelle Version des Programmcodes zugreifen kannst, während das Buch weiterhin im Umlauf ist, verwende ich eine stabile Weiterleitungs-URL über meine eigene Website *www.custom-build-robots.com*. Aber auch beim Verlag selbst werden die Programme immer für das Buch abrufbar sein.

Den lauffähigen Code zum Auslesen und Testen des MPU-6050-Sensors erreichst du unter der folgenden URL: *https://custom-build-robots.com/MPU6050-Sensor*

18.3.2 Erläuterung des generierten Codes

Dieses Programm für dein ESP32-Roboter-Auto liest Messwerte des MPU-6050-Sensors (Beschleunigung, Gyroskop, Temperatur) aus und stellt sie auf dem OLED-Display im Roboter-Auto dar. Es dient dem schnellen Funktionstest dieser Komponenten und hat noch keine Steuerung der Motoren integriert wie »Drehe das Roboter-Auto um 45 Grad gegen den Uhrzeigersinn«. Die Kernaspekte des Programms sind:

- **Systemstart und Vorbereitung:** Beim Start initialisiert das Programm die Kommunikation, den MPU-6050-Sensor und das OLED-Display. Dieses Vorgehen kennst du schon aus den anderen Erläuterungen, und daher kürze ich jetzt hier ab.
- **Kontinuierliche Datenerfassung (MPU-6050):** Dein ESP32 liest fortlaufend die aktuellen Beschleunigungs- (X,Y,Z), Gyroskop- (X,Y,Z) und Temperaturdaten vom MPU-6050-Sensor ein.
- **OLED-Anzeige:** Die gemessenen Sensorwerte werden übersichtlich und mit passenden Einheiten (m/s², rad/s, °C) sowie Achsenbezeichnungen direkt auf deinem OLED-Display angezeigt, sodass du die Werte sofort interpretieren kannst.
- **Regelmäßige Aktualisierung:** Das Programm fragt die Sensordaten zyklisch ab und aktualisiert die OLED-Anzeige mit den neuesten Werten. Kurze Pausen dazwischen sorgen für eine stabile und gut lesbare Darstellung.
- **Diagnose via serieller Monitor:** Für eine detailliertere Analyse kannst du die Sensorwerte zusätzlich auf dem seriellen Monitor deines Computers ausgeben lassen. Das ist besonders bei der Fehlersuche oder Kalibrierung nützlich.

Mit diesem Programm kannst du die Funktion deines MPU-6050 und des OLED-Displays effizient überprüfen und die Messwerte direkt visualisieren.

18.3.3 Programm auf den ESP32 aufspielen

Als ich versucht habe, das Programm zu kompilieren, kam direkt der folgende Fehler, da ich noch nicht die MPU-6050-Bibliothek von Adafruit installiert hatte.

```
Compilation error: Adafruit_MPU6050.h: No such file or directory
```

Wenn du wie ich diesen Fehler hast, dann installiere in der Arduino IDE über den Bibliotheksmanager links in der Systemleiste die Adafruit-MPU-6050-Bibliothek.

Wenn du diese gefunden hast, wie in Abbildung 18.1 zu sehen, dann drücke auf INSTALL.

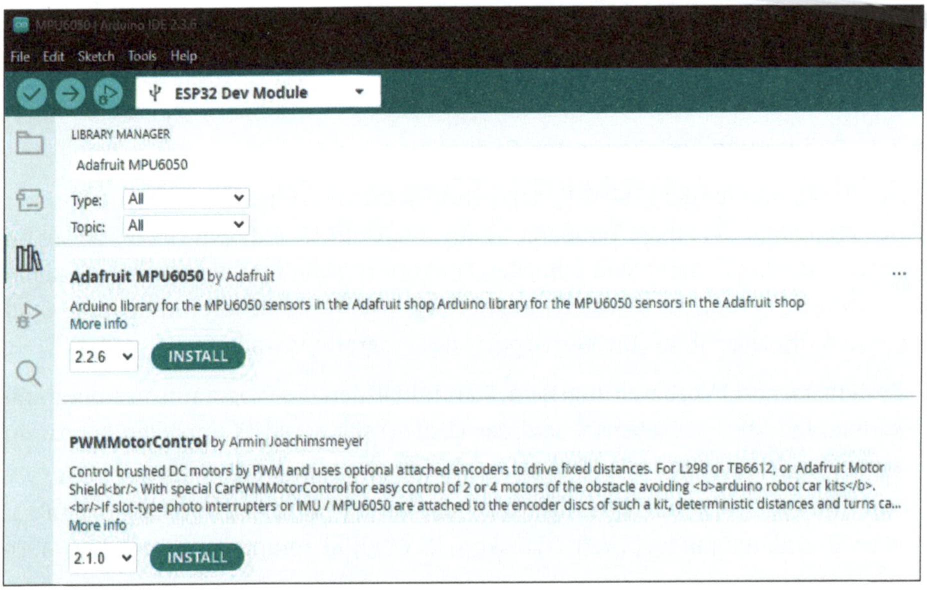

Abbildung 18.1 Die Bibliothek »Adafruit MPU6050« installieren

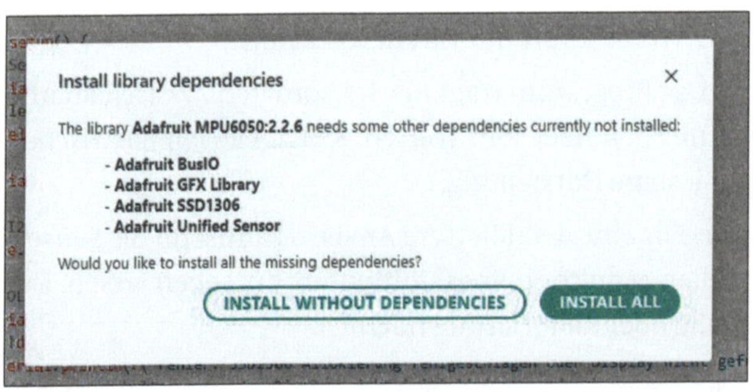

Abbildung 18.2 Adafruit-MPU6050-Bibliothek mit Abhängigkeiten installieren

Bei mir erschien dann noch die Meldung aus Abbildung 18.2, und ich habe INSTALL ALL gedrückt.

Das generierte Programm hat bei mir auf Anhieb funktioniert, allerdings steht die Anzeige wieder auf dem Kopf, da ich im Prompt vergessen hatte, meinem KI-Service mitzuteilen, dass mein Display über Kopf montiert ist. Das werde ich direkt im Code ausbessern, da ich ja bereits gelernt habe, wie das geht. So spare ich mir etwas an Kosten bei meinem KI-Service-Anbieter.

Hier das kleine Programmstück aus einem der vorherigen Programme, das ich nach der Display-Initialisierung einfügen werde:

```
// WICHTIG: Display-Ausrichtung um 180 Grad drehen (für Über-Kopf-Montage)
// Rotation: 0 = 0 Grad, 1 = 90 Grad, 2 = 180 Grad, 3 = 270 Grad
display.setRotation(2);
```

18.4 Logik: von Rohdaten zu Winkeln – Neigung und Drehung verstehen

Die direkten Sensorwerte sind schon informativ, und die Anzeige auf dem OLED-Display ist recht interessant zu verfolgen, wenn der Sensor bewegt wird. Aber oft möchten wir in der Robotik die tatsächliche Neigung (Pitch und Roll) oder den Drehwinkel (Yaw) des Roboters wissen, um diesen zum Beispiel um 45 Grad gegen den Uhrzeigersinn drehen zu können.

18.4.1 Neigungswinkel (Pitch und Roll) aus Beschleunigungsdaten

Wenn der Roboter stillsteht oder sich nur langsam und gleichförmig bewegt, wirkt hauptsächlich die Erdbeschleunigung auf den Beschleunigungssensor. Aus den Komponenten dieser Beschleunigung auf den X-, Y- und Z-Achsen des Sensors können wir die Pitch- und Roll-Winkel berechnen, die du vielleicht aus Filmen mit Flugzeugen oder Flugsimulatoren kennst:

- Roll, Drehung um die X-Achse des Roboters:
  `roll = atan2(Ay, Az) * 180.0 / M_PI;`
- Pitch, Drehung um die Y-Achse des Roboters:
  `pitch = atan2(-Ax, sqrt(Ay*Ay + Az*Az)) * 180.0 / M_PI;`

Die genauen Formeln hängen von der Ausrichtung der Sensorachsen ab und davon, welche Konvention für die Winkel verwendet wird. `atan2` ist eine mathematische Funktion, `M_PI` ist die Kreiszahl Pi.

Diese Berechnung funktioniert gut für statische Neigungen, wird aber ungenau, wenn der Roboter beschleunigt (zum Beispiel beim Anfahren), da diese Beschleunigungen die Messung der Schwerkraft verfälschen.

18.4.2 Drehwinkel (Yaw, Pitch, Roll) aus Gyroskopdaten

Das Gyroskop misst die Winkel*geschwindigkeit* (zum Beispiel `g.gyro.z` für die Drehung um die Z-Achse/Yaw). Um daraus den tatsächlichen Drehwinkel zu erhalten, müssen wir diese Geschwindigkeit über die Zeit integrieren (aufsummieren):

```
winkelNeu = winkelAlt + drehgeschwindigkeit * zeitintervall
```

Das Problem hierbei ist der Gyro-Drift: Kleine Messfehler des Gyroskops summieren sich über die Zeit auf, sodass der berechnete Winkel langsam, aber sicher vom wahren Winkel abweicht.

18.4.3 Sensorfusion – ganz neue Möglichkeiten durch die Kombination von Sensordaten (Ausblick)

Um stabile und genaue Winkel zu erhalten, kombiniert man die Daten von Beschleunigungssensor und Gyroskop mit sogenannten *Filtern*. Einfache Beispiele sind der Komplementärfilter, komplexere der Kalman-Filter.

Diese Algorithmen nutzen die Stärken beider Sensoren. Der Beschleunigungssensor ist langzeitstabil für Neigungen, das Gyroskop ist gut für schnelle Änderungen, und so gleichen sie ihre Schwächen untereinander in Kombination aus. Die Implementierung solcher Filter ist wirklich etwas für Fortgeschrittene, aber viele MPU-6050-Bibliotheken bieten bereits Beispiele oder integrierte Funktionen dafür mit an.

18.5 Das Programm, um den Roboter um 45 Grad zu drehen

Jetzt erweitern wir zusammen unser Basisprogramm um die Möglichkeit, das Roboter-Auto um 45 Grad zu drehen. Dazu bauen wir uns wieder einen Prompt, der auch das Programm aus Listing 17.3 für die Steuerung der Motoren beinhaltet und als Idee einen Stopp- und Start-Knopf des PS5-Controllers bieten soll. So können wir das Roboter-Auto beliebig oft um 45 Grad drehen lassen und sehen so, wie genau das Ganze funktioniert.

Denn ich würde eine Deadzone einbauen, die um die +/– 5 Grad liegt, was mir als Genauigkeit reicht. Andernfalls kann es passieren, dass die 45 Grad nie erreicht werden und das Roboter-Auto sich ganz lange dreht.

Los geht's, schreiben wir wieder zusammen den Programmier-Prompt.

18.5.1 Prompt für die Programmierung

Da ich diese Logik 2016 für mein erstes Roboter-Buch mit dem Raspberry Pi schon einmal händisch und ohne KI-Services entworfen habe, konnte ich auf diese Erfahrungen bei der Gestaltung des Prompts zurückgreifen. Natürlich hatte ich auch das Buch von damals neben mir liegen. Daher ist er wohl auch direkt etwas länger geworden.

Ich bin sehr neugierig, ob mir die heutigen Tools ca. neun Jahre später mehrere Wochen Lesen, Verstehen und Trial & Error ersparen.

Dem finalen Prompt habe ich mich so angenähert: Losgelegt habe ich mit einem Prompt A, der den LLM-Service bittet, den eigentlichen Prompt B zu erstellen. Prompt B hat dann das Ziel, das eigentliche Programm zu erstellen.

```
Bitte schreibe den Prompt, den ich dir als Beispiel gebe, um, wobei du dich an
seiner Detailtiefe und Struktur orientierst. Das Ziel des neuen Prompts ist,
dass ein Programm geschrieben wird, das das Roboter-Auto um 45° gegen den Uhr-
zeigersinn dreht, wenn ich auf dem PS5-Controller die Square-Taste drücke. Das
Roboter-Auto soll stoppen, wenn ich die X-Taste drücke.
Wichtig ist, dass ich mit diesem Programm das Roboter-Auto als solches nicht
fernsteuern möchte. Es geht nur darum, dass sich das Roboter-Auto auf der Stel-
le um 45° dreht.
Damit das Roboter-Auto nicht vor und zurück zittert beim Versuch, die 45° in
der Drehung zu erreichen, implementiere bitte eine Deadzone von +/-5°. Als Bei-
spiel bekommst du drei Programme von mir. Das erste Programm zeigt dir, wie du
die Motoren im Roboter-Auto ansteuerst und den PS5-Controller einbindest, um
die Tasten auszulesen.
Das zweite Programm zeigt dir, wie du den MPU-6050-Gyroskop-/-Beschleunigungs-
sensor ausliest. Du musst dann mit diesen Werten die Winkelgeschwindigkeit be-
rechnen, um das Roboter-Auto um exakt 45° zu drehen.
Das dritte Programm zeigt dir ein Beispiel der Bibliothek Bluepad32, wie die
Tasten des PS5-Controllers und Achsen ausgelesen werden können.
Sieh bei deinem Antwort-Prompt jeweils einen Platzhalter für diese drei Pro-
gramme vor. Denn ich würde diese dann bei deinem neu generierten Prompt genau
an diesen Stellen einfügen, bevor ich den Prompt wiederum verwende.
```

```
Prompt-Beispiel:
<Hier habe ich den Prompt aus Abschnitt 18.3.1 eingefügt>
Hier kommt das 1. Programm:
<Hier habe ich das Programm 1 aus Abschnitt 12.2 eingefügt>
Hier kommt das 2. Programm:
<Hier habe ich das Programm 2 aus Listing 18.2 eingefügt>
Hier kommt das 3. Programm:
<Hier habe ich das Programm 3 aus der Arduino IDE unter »File -> Examples ->
Bluepad32_ESP32 -> Controller« eingefügt>
```

Listing 18.3 Prompt A, um den Programmier-Prompt zu erstellen

Dieser Prompt A wird auch bei dir sehr lang werden, aber so hat der KI-Assistent eine genaue Vorstellung, wie der neue Prompt aussehen soll. Mit den heutigen Services können schon solche langen Prompts ohne Probleme verarbeitet werden. Das wird in ein paar Monaten voraussichtlich noch viel besser werden.

Listing 18.4 zeigt dir den generierten Prompt B, der das Programm erstellt. Verwende ihn weiter, und vergiss nicht, dass du die Platzhalter am Ende austauschen musst.

```
Du bist ein erfahrener KI-Programmierassistent und spezialisiert auf die Ent-
wicklung von Embedded Systems mit dem ESP32-Mikrocontroller unter Verwendung der
Arduino IDE und der Programmiersprache C++. Dein Fokus liegt auf der präzisen
Motorsteuerung von Robotern, der Integration von I2C-basierten Inertial Measure-
ment Units (IMUs) wie dem MPU-6050 und der Anbindung von Game-Controllern wie dem
PS5-Controller über die Bluepad32-Bibliothek.
**Aufgabe:**
Erstelle ein eigenständiges C++-Programm für einen ESP32-Mikrocontroller (z. B.
ESP32-WROOM-32), das ein Roboter-Auto präzise um 45° gegen den Uhrzeigersinn auf
der Stelle dreht, wenn die "Square"-Taste auf einem verbundenen PS5-Controller
gedrückt wird. Das Roboter-Auto soll jegliche Bewegung sofort stoppen, wenn die
"X"-Taste auf dem PS5-Controller gedrückt wird. Das Programm dient ausschließlich
dieser spezifischen Rotations- und Stoppfunktion und nicht einer allgemeinen
Fernsteuerung des Roboter-Autos.
* Detaillierte Anforderungen an das Programm:
  * Zielhardware und Entwicklungsumgebung:
    * Mikrocontroller: ESP32-Mikrocontroller.
    * Entwicklungsumgebung: Arduino IDE.
    * Programmiersprache: C++.
  * Verwendete Bibliotheken (bitte gib an, welche Bibliotheken du verwendest):
    * Für den PS5-Controller: Bluepad32-Bibliothek.
```

  * Für den MPU-6050-Sensor: **Adafruit-MPU6050**-Bibliothek und die Basisbibliothek **Adafruit Sensor**.
  * Für die I2C-Kommunikation: **Wire**-Bibliothek (Standard bei Arduino).
* **Controller-Integration (PS5 via Bluepad32):**
  * Initialisiere Bluepad32, um eine Verbindung mit einem PS5-Controller herzustellen. Die grundlegende Einbindung kannst du dem "Programm 1" entnehmen, das ich dir zur Verfügung stelle.
  * **"Square"-Taste:** Implementiere die Logik so, dass beim Drücken der "Square"-Taste (oft als Viereck-Symbol dargestellt) des PS5-Controllers die 45°-Drehung ausgelöst wird. Orientiere dich für das Auslesen der Taste an der Methode, die in meinem "Programm 1" für Tastenabfragen gezeigt wird (z. B. controller->x(), falls dies in meinem Beispiel der "Square"-Taste entspricht, oder controller->square(), falls dies die korrekte Funktion für die Viereck-Taste ist).
  * **"X"-Taste:** Implementiere die Logik so, dass beim Drücken der "X"-Taste (Kreuz-Symbol) des PS5-Controllers das Roboter-Auto sofort stoppt. Verwende hierfür die passende Bluepad32-Funktion (.B. controller->cross() oder controller->isPressed(BP32_BUTTON_A)).
* **Motoransteuerung für Rotation:**
  * Die Ansteuerung der Motoren (z. B. über einen L298N-Motortreiber) soll auf den Prinzipien basieren, die in "Programm 1" dargestellt sind (PWM-Steuerung der IN-Pins).
  * Implementiere eine Funktion, die das Roboter-Auto **auf der Stelle gegen den Uhrzeigersinn** dreht. Dies erfordert typischerweise, dass sich die Motoren auf den gegenüberliegenden Seiten in entgegengesetzte Richtungen drehen (z. B. linker Motor vorwärts, rechter Motor rückwärts).
  * Implementiere eine Funktion, die beide Motoren **sofort stoppt** (Brake-Funktion, falls vom Treiber unterstützt, ansonsten einfach Strom wegnehmen).
* **Gyroskop-Integration (MPU-6050):**
  * Initialisiere den MPU-6050-Sensor über den I2C-Bus. Die Standard-Wire-Library-Initialisierung (Wire.begin()) soll verwendet werden. Die Grundlagen zur MPU-6050-Initialisierung und zum Auslesen der Rohdaten kannst du "Programm 2" entnehmen.
  * Lies kontinuierlich die Gyroskopwerte vom MPU-6050 aus, insbesondere die **Winkelgeschwindigkeit um die Z-Achse (Gierrate)**. Diese ist entscheidend für die Erfassung der Drehung des Roboters.
  * Berechne den aktuellen Drehwinkel des Roboters, indem du die Winkelgeschwindigkeit der Z-Achse über die Zeit integrierst. Formel: aktuellerWinkel += gierRateZ * deltaTimeInSeconds.

  * Der integrierte Winkel soll **zu Beginn jeder neuen 45°-Drehungssequenz** (ausgelöst durch die "Square"-Taste) auf 0 zurückgesetzt werden, um eine relative Drehung um 45° von der aktuellen Ausrichtung zu gewährleisten.
* **Rotationslogik:**
  * **Start der Drehung:** Wenn die "Square"-Taste gedrückt wird und keine Drehung bereits aktiv ist:
    * Setze den aktuellen relativen Drehwinkel auf 0.
    * Starte die Motoren, um das Roboter-Auto gegen den Uhrzeigersinn zu drehen.
    * Definiere einen Zieldrehwinkel von +45° (angenommen, positive Winkelzunahme bedeutet Drehung gegen den Uhrzeigersinn - passe dies ggf. an die Daten deines MPU-6050 und dessen Orientierung an).
  * **Überwachung der Drehung:** Während die Drehung aktiv ist:
    * Aktualisiere kontinuierlich den aktuellen relativen Drehwinkel basierend auf den MPU-6050-Daten.
  * **Erreichen des Ziels und Deadzone:**
    * Die Drehung soll gestoppt werden, sobald der erreichte relative Drehwinkel den Zielwert von 45° (gegen den Uhrzeigersinn) erreicht hat, unter Berücksichtigung einer **Deadzone von ±5°**.
    * Das bedeutet, die Drehung gilt als abgeschlossen und die Motoren sollen stoppen, wenn der aktuelle Drehwinkel im Bereich von +40° bis +50° liegt. Um ein "Zittern" oder Überschwingen zu vermeiden, sollten die Motoren stoppen, sobald der Winkel in diesen Bereich eintritt (d. h. wenn der Winkel GEQ 40° bei einer Drehung in positive Richtung).
    * Nach Erreichen des Ziels und Stoppen der Motoren soll das Auto stillstehen, bis eine neue Taste gedrückt wird.
* **Stopp-Funktion:**
  * Wenn die "X"-Taste gedrückt wird:
    * Alle Motoraktivitäten müssen **sofort** beendet werden.
    * Eine eventuell laufende Drehsequenz wird abgebrochen. Der Roboter verharrt in der aktuellen Position.
* **Programmstruktur:**
  * Strukturiere den Code übersichtlich und füge Kommentare hinzu, um die Logik zu erklären.
  * Verwende die setup()-Funktion für alle notwendigen Initialisierungen (serieller Monitor für Debugging-Ausgaben, I2C-Bus, MPU-6050-Sensor, Bluepad32-Controller-Verbindung, Motor-Pins und PWM-Kanäle).
  * Verwende die loop()-Funktion für die kontinuierliche Abfrage des Controllers, das Auslesen des Sensors, die Winkelberechnung und die

```
      Steuerung der Motoren basierend auf dem aktuellen Zustand (z. B. Warten,
      Drehen).
    * Das Programm soll komplett eigenständig sein und keine Elemente anderer
      Projekte (wie z. B. erweiterte Fernsteuerungslogik oder Displayausgaben, die
      nicht direkt für diese Aufgabe benötigt werden) enthalten, es sei denn, sie
      sind Teil der von mir bereitgestellten Beispielprogramme und für die
      Kernfunktion notwendig.
  * **Wichtige Hinweise für die Implementierung:**
    * Stelle sicher, dass die I2C-Kommunikation korrekt initialisiert wird.
    * Implementiere eine einfache Fehlerbehandlung für die Initialisierung des
      MPU-6050 und der Bluepad32-Verbindung (z. B. Ausgabe auf dem seriellen
      Monitor, falls etwas fehlschlägt).
    * Achte auf eine genaue Zeitmessung (z. B. mittels millis() oder micros()) für
      die korrekte Integration der Winkelgeschwindigkeit zur Bestimmung des
      Drehwinkels (deltaTime).
    * Der resultierende Code soll direkt in der Arduino IDE kompilierbar und auf
      einen ESP32-Mikrocontroller hochladbar sein.
Bitte stelle den vollständigen C++-Code für den ESP32 bereit, der die oben be-
schriebenen Anforderungen erfüllt.
  * **Platzhalter für meine Beispielprogramme:**
Ich werde dir an den folgenden Stellen meine zwei Beispielprogramme zur Verfügung
stellen, die dir als Grundlage für die Motoransteuerung/Controller-Einbindung und
die MPU-6050-Ansteuerung dienen:
Platzhalter für Programm 1: Motoransteuerung und PS5-Controller-Einbindung
< Füge hier jetzt den Programmcode aus Abschnitt 12.2 ein >
Platzhalter für Programm 2: MPU-6050 Gyroskop auslesen
< Füge hier jetzt den Programmcode aus Listing 18.2 ein >
Platzhalter für Programm 3: Bluepad32_ESP32-Controller-Funktionen auslesen
< Füge hier jetzt den Programmcode aus der Arduino IDE unter »File -> Examples ->
Bluepad32_ESP32 -> Controller« ein >
```

Listing 18.4 Prompt B: Der Programmier-Prompt

Das war mit Abstand der längste Prompt, der schon ganz gut zeigt, was heute bereits möglich ist. Eventuell könnte man das Ganze auch im Sinne eines Few-Shot-Promptings aufbauen, wenn dein KI-Service so lange Prompts nicht gut verarbeiten kann. Auch hier gilt, du musst ausprobieren und deine eigenen Erfahrungen sammeln.

Generierter Programmcode – drehe das Roboter-Auto um 45°

Um dir zu zeigen, wie das Roboter-Auto präzise Drehungen mithilfe der Daten des MPU-6050-Gyroskops ausführen kann, stelle ich auch dieses Programmbeispiel online zur Verfügung. Den Code, den ich mit Unterstützung eines KI-Services entwickelt und im Anschluss getestet habe, findest du auf GitHub.

Den Code für die MPU-6050-gesteuerten Drehungen erreichst du unter dieser URL: *https://custom-build-robots.com/MPU6050-Drehung*

18.5.2 Erläuterung des generierten Codes

Dieses Programm für dein ESP32-Roboter-Auto hat nur eine Funktion, die es ausführt: eine Drehung um 45 Grad gegen den Uhrzeigersinn auf Knopfdruck deines PS5-Controllers. Es nutzt den MPU-6050-Sensor für die genaue Winkelmessung und den L298N-Motortreiber für die eigentliche Bewegung. Die Kernaspekte, wie dein Roboter diese Aufgabe meistert, sind:

- **Systeminitialisierung:** Wie du es vielleicht schon von anderen Programmen für den ESP32 kennst, kümmert sich der Code auch hier beim Start zuerst darum, alle wichtigen Komponenten einzubinden. Die Kommunikationsverbindung zu deinem Computer wird hergestellt, der MPU-6050-Sensor wird nicht nur einfach aktiviert, sondern auch gleich kalibriert – ein wichtiger Schritt für genaue Winkeldaten. Parallel dazu werden die Motorsteuerung und die Verbindung zu deinem PS5-Controller über Bluepad32 eingerichtet. Und falls du ein OLED-Display angeschlossen hast, wird auch dieses initialisiert und eingebunden.
- **Deine Befehle über den PS5-Controller:** Du kannst dank dem Controller in die Funktion des Programms eingreifen. Ein Druck auf die Quadrat-Taste ist das klare Signal für dein Roboter-Auto, mit der 45-Grad-Linksdrehung zu beginnen. Sollte etwas Unvorhergesehenes passieren oder du möchtest die Aktion einfach abbrechen, dient die X-Taste als sofortiger Stopp-Befehl – die Motoren halten dann augenblicklich an. Das ist wichtig, denn es kann bei der Annäherung an den 45-Grad-Winkel zum Überhitzen der Motoren kommen, wenn keine Deadzone konfiguriert wurde und die Motoren durch schnelles Hin-und-her-Drehen (Vibrieren) versuchen, exakt die 45 Grad zu erreichen.
- **Präzise Orientierung dank MPU-6050:** Der MPU-6050 ist sozusagen der Gleichgewichtssinn und Kompass deines Roboters für diese Aufgabe. Bevor die Drehung beginnt, merkt sich das Programm die aktuelle Ausrichtung deines Roboters (den Start-

winkel). Aus den kontinuierlich eintreffenden Daten des Gyroskops im MPU-6050 berechnet das Programm dann permanent, wie weit sich der Roboter schon gedreht hat, immer mit dem klaren Ziel, exakt 45 Grad relativ zum Ausgangspunkt zu erreichen.

- **Kontrollierte Drehung und sanftes Stoppen:** Um die Drehung sauber auf der Stelle auszuführen, gibt das Programm gezielte Befehle an die Motoren – typischerweise dreht ein Rad vorwärts, während sich das gegenüberliegende Rad rückwärts bewegt. Damit dein Roboter nicht über das Ziel hinausschießt oder am Ende unruhig »zittert«, ist eine kleine Toleranz eingebaut, eine sogenannte *Deadzone*: Sobald er den Zielwinkel von –45 Grad (+/– 5 Grad) erreicht hat, werden die Motoren sanft gestoppt.
- **Informationen im Blick (OLED und serieller Monitor):** Wenn du ein OLED-Display an deinem Roboter-Auto nutzt, kannst du live mitverfolgen, was dein Roboter gerade macht. Das Display zeigt dir den aktuellen Betriebsmodus (zum Beispiel »Idle« oder »Drehe links«), den momentan gemessenen Gierwinkel und während der Drehung auch das angestrebte Ziel an. Für noch detailliertere Einblicke, beispielsweise wenn du das Programm testest oder die Drehgeschwindigkeit optimieren möchtest, liefert dir der serielle Monitor auf deinem Computer zusätzliche Debug-Informationen und Messwerte.

Dieses Programm gibt deinem Roboter die Fähigkeit zu kontrollierten, winkelgenauen Drehungen. Du kannst damit das Zusammenspiel von MPU-6050-Sensor, dem PS5-Controller und der Motoransteuerung hervorragend testen und hast eine solide Basis für die Entwicklung weiterer, vielleicht noch komplexerer Fahrmanöver wie später hier im Buch mit dem Ultraschallsensor, wenn wir Hindernissen gezielt ausweichen möchten.

18.5.3 Programm auf den ESP32 aufspielen

Das Programm sollte sich ohne Probleme aufspielen lassen, wenn du wie in Abschnitt 18.3.3 beschrieben die Bibliothek für den MPU-6050 aufgespielt hast.

Fehler im Prompt

Ich habe wiederholt vergessen, dem KI-Service in meinem Prompt mitzuteilen, dass mein OLED-Display über Kopf eingebaut ist. Das habe ich manuell im Code korrigiert.

```
// Rotation: 0 = 0 Grad, 1 = 90 Grad, 2 = 180 Grad, 3 = 270 Grad
display.setRotation(2);
Serial.println("Display-Rotation auf 180 Grad gesetzt.");
```

18.5.4 Verbesserungen für zukünftiges Prompting

Dann sind mir aus meiner Erfahrung in internationalen Entwicklungsprojekten noch die deutschen Umlaute aufgefallen, die durch die in Deutsch geschriebenen Kommentare in den Programmcode geraten sind. Das kann je nach Einstellung der IDE zu Problemen führen und sollte im Prompt berücksichtigt werden durch eine klare Anweisung, keine deutschen Umlaute zu verwenden, sondern ue statt ü zu schreiben, ae statt ä usw. Auch darf kein ß vorkommen, sondern dann ss.

> **Weitere Prompting-Ideen, die das Programm verbessern**
>
> Du könntest jetzt zum Beispiel durch das Prompting-Vorgehen Chain-of-Thought, wie in Abschnitt 14.2.5 beschrieben, das Programm dahingehend ändern, dass du anpassen kannst, wie schnell sich das Roboter-Auto drehen soll. Auch könntest du, wenn du LEDs verbaut hast, über diese Feedback geben lassen, wie weit sich das Roboter-Auto bereits gedreht hat und ob das Drehen erfolgreich war. Im Programm wird auch nur gefragt, ob der Winkel, um den sich das Roboter-Auto gedreht hat, der gewünschte Drehwinkel ist. Das bedeutet aber auch, dass die Drehung erfolgreich wäre, wenn sich das Roboter-Auto um 50 Grad dreht.
>
> Wenn du magst, kannst du dein Programm zusammen mit einem entsprechenden KI-Service weiterentwickeln und noch verbessern.

18.6 Testfahrten bzw. Drehung

Der MPU-6050 ist ein vielfältiger Sensor, der deinem ESP32-Roboter-Auto ein viel besseres Verständnis seiner eigenen Bewegung im Raum verleiht. Das Experimentieren mit den Daten und verschiedenen Filtern kann sehr lehrreich sein und die Fähigkeiten deines Roboters enorm erweitern!

Lass dein Roboter-Auto sich doch ein paar Mal um 45 Grad drehen, und ändere vielleicht die Deadzone von +/– 5 Grad ab, je nachdem, wie genau die Drehung bereits funktioniert. Am OLED-Display selbst und am sich drehenden Roboter solltest du ablesen können, wie exakt dein Roboter die Drehung ausführen kann. Denn 5 Grad sind schon ganz schön viel, oder nicht?

Kapitel 19

Immer nordwärts – dein Roboter-Auto findet die Himmelsrichtung

Dein Roboter-Auto lernt jetzt mit einem Kompass, sich in seiner Umgebung zu orientieren und gezielt bestimmte Himmelsrichtungen anzusteuern. Genau das ermöglicht ein digitales Kompassmodul. Dieses kleine, aber feine Sensormodul gibt deinem Roboter einen echten Richtungssinn!

Auf dem hier verwendeten Kompassmodul befindet sich typischerweise ein Chip wie der HMC5883L oder, wie im Falle vieler Module aus China, der kompatible QMC5883L. Beide sind präzise 3-Achsen-Magnetfeldsensoren. Dieser Sensor ist quasi die »Kompassnadel« deines Roboter-Autos für das Erdmagnetfeld und erlaubt es ihm, sich wie mit einem traditionellen Kompass auszurichten.

Die Fähigkeit, die Himmelsrichtung zu bestimmen, ist ein wichtiger Baustein für fortgeschrittenere Navigationsaufgaben. Es geht über das reine Reagieren auf unmittelbare Hindernisse hinaus und eröffnet deinem Roboter-Auto die Möglichkeit, geplante Routen zu verfolgen oder seine Position auf einer einfachen Karte zu bestimmen. In diesem Kapitel werden wir uns das GY-271-Modul genau ansehen. Du lernst, wie es funktioniert, wie du es an deinen ESP32 anschließt und wie du seine Daten ausliest, um die aktuelle Ausrichtung deines Roboter-Autos zu bestimmen und auf dem OLED-Display darzustellen.

19.1 Was ist ein Magnetometer und wie wird daraus ein Kompass?

Das Herzstück des GY-271 ist ein Magnetometer. Aber was genau macht so ein Sensor?

- **Was misst der Kompass:** Ein 3-Achsen-Magnetometer misst die Stärke und die Richtung des umgebenden Magnetfelds entlang von drei senkrecht zueinanderstehenden Achsen (X, Y und Z). Für die Kompassfunktion ist vor allem das natürliche Magnetfeld der Erde relevant.

- **Wie bestimmt der Kompass die Himmelsrichtung:** Stelle dir die Erde selbst als einen riesigen Magneten vor mit einem Nord- und einem Südpol. Das Magnetometer deines Roboter-Autos kann dieses schwache Erdmagnetfeld detektieren. Indem der ESP32 die vom Kompasssensor gemessenen Magnetfeldkomponenten der X- und Y-Achse, die typischerweise parallel zur Ebene des Roboterchassis ausgerichtet sind, auswertet, kann er berechnen, in welche Richtung der magnetische Nordpol relativ zur Ausrichtung des Roboter-Autos liegt. Die Z-Achse kann zusätzlich helfen, Neigungen zu kompensieren, ist aber für eine einfache Kompassfunktion eines flach fahrenden Roboter-Autos zunächst sekundär.

Im Grunde übersetzt der ESP32 die Magnetfelddaten in eine für uns verständliche Gradzahl (0 bis 360 Grad), die die Ausrichtung des Roboter-Autos angibt (zum Beispiel 0 Grad für Nord, 90 Grad für Ost usw.).

Warum ein digitaler Kompass?

Ein digitaler Kompass wie der GY-271 hat gegenüber einem mechanischen Kompass einige Vorteile für Roboterprojekte: Er ist klein, robust (keine beweglichen Teile), liefert direkt digitale Daten für den Mikrocontroller und kann oft auch Neigungen (mit zusätzlicher Berechnung) berücksichtigen.

19.2 Das GY-271-Modul am Roboter montieren und anschließen

Die korrekte Montage und der sorgfältige Anschluss des GY-271-Moduls sind entscheidend für zuverlässige Kompassmessungen des schwachen Erdmagnetfelds.

Nun geht es an die Montage des Moduls. Achte wieder auf ein paar Dinge:

- **Position und magnetische Störungen:** Dies ist der wichtigste Punkt bei Magnetometern! Sie sind sehr empfindlich gegenüber magnetischen Feldern. Montiere das Modul daher möglichst weit entfernt von:
  - **Motoren:** Elektromotoren erzeugen starke Magnetfelder.
  - **Stahl- oder Eisenteilen:** Schrauben, Chassis-Teile aus Metall etc. können das Erdmagnetfeld lokal stark verzerren.
  - **Stromführenden Kabeln:** Besonders Kabel, durch die hohe Ströme fließen (zum Beispiel zu den Motoren), erzeugen Magnetfelder.
  - **Lautsprechern oder anderen Magneten:** Eine Position möglichst weit oben und zentral auf dem Roboter, entfernt von den genannten Störquellen, ist oft am bes-

ten. Manchmal hilft es auch, das Modul auf einen kleinen »Turm« aus nichtmagnetischem Material (zum Beispiel Kunststoff-Abstandshalter) zu setzen.

- **Ausrichtung:** Achte auf die auf der Platine des GY-271 aufgedruckten Achsen (meist X und Y). Notiere dir genau, wie diese Achsen im Verhältnis zur Vorwärts-Richtung deines Roboters ausgerichtet sind, für den Fall, dass du das Modul in ein Gehäuse einbaust. Typischerweise möchte man, dass zum Beispiel die X-Achse des Sensors nach vorne zeigt. Diese Ausrichtung ist entscheidend für die korrekte Interpretation der Kompasswerte. Das Modul sollte möglichst horizontal (parallel zum Boden) montiert werden.

19.3 Anschluss an den ESP32

Der GY-271 (mit HMC5883L/QMC5883L) kommuniziert mit dem ESP32 wieder über den I2C-Bus. Das Modul hat typischerweise folgende Pins:

- **V_{CC} (Spannungsversorgung):** Das GY-271-Modul arbeitet mit einer Spannung von 3 bis 5 V. Für den Betrieb mit dem ESP32 schließt du V_{CC} am besten an einen 3,3-V-Pin deines ESP32 an. Das stellt sicher, dass auch die I2C-Signalpegel bei 3,3 V liegen und somit perfekt mit dem ESP32 kompatibel sind.
- **GND (Masse):** Verbinde diesen Pin mit einem GND-Pin deines ESP32.
- **SCL (Serial Clock):** Die I2C-Taktleitung. Verbinde SCL des GY-271 mit dem I2C-SCL-Pin des ESP32 (standardmäßig GPIO 22).
- **SDA (Serial Data):** Die I2C-Datenleitung. Verbinde SDA des GY-271 mit dem I2C-SDA-Pin des ESP32 (standardmäßig GPIO 21).
- **DRDY (Data Ready Pin):** Dieser Pin signalisiert, wenn neue Messdaten verfügbar sind. Für einfache Anwendungen wird er oft nicht benötigt, da die Bibliotheken das Timing der Datenabfrage meist intern regeln. Er kann in der Regel unbeschaltet bleiben.

19.4 Programmieren: Magnetfeld-Rohdaten und Kompassrichtung auslesen

Um ein Gefühl für die Funktionsweise des GY-271 zu bekommen, lesen wir zunächst die Magnetfelddaten aus und versuchen, daraus eine Kompassrichtung zu berechnen, das Roboter-Auto nach Norden auszurichten und auf dem OLED-Display wieder Statusinformationen anzuzeigen.

19.4.1 Prompt für die Programmierung

Ich denke, du hast schon eine Idee, wie wir jetzt loslegen. Mein Vorschlag wäre: Wir lassen den Prompt für den MPU-6050 für das Kompassmodul mit dem QMC5883L-Sensor umzuschreiben. Dabei fordern wir den KI-Service auf, statt den MPU-6050 den Prompt für das Kompassmodul mit dem QMC5883L-Sensor umzuschreiben.

Also entwerfen wir zunächst einmal wieder einen Prompt A, um dann den Prompt B zu erhalten. Als Programmbeispiel nehme ich das Programm aus Listing 18.4, setze aber statt der 45 Grad eine Himmelsrichtung als Variable im Code.

Los geht's. Ich freue mich, dass du noch dabei bist und Interesse hast am modernen Programmieren mit KI-Assistenten.

```
Bitte schreibe den Prompt, den ich dir als Beispiel gebe, um, wobei du dich an
seiner Detailtiefe und Struktur orientierst. Das Ziel des neuen Prompts ist,
dass ein Programm geschrieben wird, das das Roboter-Auto nach den Himmelsrich-
tungen ausrichtet, die ich mit einer Variable im Programm setzen möchte. Der
Wert wäre z. B. S, N, O oder W für die vier Himmelsrichtungen. Als Kompass
kommt ein Sensormodul zum Einsatz mit dem QMC5883L-Sensor. Bitte verwende die-
sen Sensor, um die Himmelsrichtungen zu bestimmen. Wenn ich auf dem PS5-Con-
troller die Square-Taste drücke, fängt das Roboter-Auto an, sich entsprechend
zu drehen. Das Roboter-Auto soll stoppen, wenn ich die X-Taste drücke oder wenn
es die Himmelsrichtung erreicht hat.
Wichtig ist, dass ich mit diesem Programm das Roboter-Auto als solches nicht
fernsteuern möchte. Es geht nur darum, dass sich das Roboter-Auto auf der Stel-
le dreht und nach der vorgegebenen Himmelsrichtung ausrichtet.
Damit das Roboter-Auto nicht vor/zurück zittert beim Versuch, die Himmelsrich-
tung in der Drehung zu erreichen, implementiere bitte eine Deadzone von +/-5
Grad. Als Beispiel bekommst du ein Programm von mir, das schon ein Gyroskop
verwendet. Dieses Programm zeigt dir, wie du die Motoren im Roboter-Auto an-
steuerst und den PS5-Controller einbindest, um die Tasten auszulesen. Weiter
zeigt dir das Programm, wie du den MPU-6050-Gyroskop/-Beschleunigungssensor
ausliest. Dieses Gyroskop kann dir helfen, die Drehung in Richtung der Himmels-
richtung zu kontrollieren.
Weiter zeigt dir das Programm, wie du die Bibliothek Bluepad32 nutzt und die
Tasten des PS5-Controllers auslesen kannst, um die Drehung zu starten.
Sieh bei deinem Antwortprompt für das Programm einen Platzhalter für dieses
Programm vor. Denn ich würde es dann bei deinem neu generierten Prompt genau an
dieser Stelle einfügen, bevor ich den Prompt wiederum verwende.
Prompt-Beispiel:
<Hier habe ich den Prompt aus Abschnitt 18.3.1 eingefügt>
```

```
Hier kommt das Programm:
<Hier habe ich das Programm aus Abschnitt 18.5.1 eingefügt>
```

Listing 19.1 Prompt A, um den Programmier-Prompt zu erstellen

Das Ergebnis des generierten Prompts für die Programmerstellung siehst du in Listing 19.2.

```
Du bist ein spezialisierter KI-Programmierassistent mit umfassender Erfahrung in
der Entwicklung von Embedded Systems für den ESP32-Mikrocontroller unter Verwen-
dung der Arduino IDE und der Programmiersprache C++. Deine Expertise umfasst die
präzise Ansteuerung von Motoren, die Integration von I2C-basierten Sensoren wie
Kompassmodulen (QMC5883L) und Gyroskopen (MPU-6050) sowie die Einbindung von Blue-
tooth-Controllern über die Bluepad32-Bibliothek.
**Aufgabe:**
Erstelle ein eigenständiges C++-Programm für einen ESP32-Mikrocontroller (z. B.
ESP32-WROOM-32), das ein Roboter-Auto präzise auf der Stelle zu einer vorgegebenen
Himmelsrichtung (Nord, Süd, Ost, West) ausrichtet.
* Detaillierte Anforderungen:
  * Ziel-Himmelsrichtung:
    * Implementiere eine globale Variable im Programm
      (z. B. char targetCardinalDirection = 'N';), mit der die gewünschte
      Himmelsrichtung festgelegt wird. Gültige Werte sind 'N' (Nord), 'S' (Süd),
      'O' (Ost) und 'W' (West).
    * Das Programm soll diese Variable nutzen, um den Zielwinkel für die
      Ausrichtung zu bestimmen (z. B. N=0°, O=90°, S=180°, W=270°).
  * Kompasssensor (QMC5883L):
    * Integriere einen QMC5883L-Kompasssensor zur Bestimmung der aktuellen
      Ausrichtung des Roboter-Autos.
    * Der QMC5883L ist über den I2C-Bus mit dem ESP32 verbunden. Verwende die
      Standard-Wire-Library-Initialisierung.
    * Verwende die Bibliothek QMC5883LCompass by MPrograms, da diese für das
      GY-271-Modul ideal ist. Diese Bibliothek ist oft besser für QMC5883L-Module
      geeignet, insbesondere da die I2C-Adresse 0x0D verwendet wird bei dem
      Kompassmodul von AZ-Delivery. Prüfe auch den folgenden Link für ein
      besseres Verständnis für die Programmierung:
      https://www.az-delivery.de/nl/blogs/azdelivery-blog-fur-arduino-und-
      raspberry-pi/esp8266-als-kompass-in-micropython.
    * Verwende eine gängige und gut dokumentierte Bibliothek für den QMC5883L
      (z. B. eine von Adafruit, Sparkfun oder eine andere weit verbreitete
      Alternative). Gib klar an, welche Bibliothek du verwendest.
```

   * Initialisiere den Sensor. Eine Kalibrierung des Magnetometers ist für diese erste Version optional, aber erwähne im Code als Kommentar, wo eine solche typischerweise erfolgen könnte.
   * Lies kontinuierlich den Heading-Wert (Azimut) vom Sensor aus.
* **PS5-Controller-Integration (Bluepad32):**
   * Nutze die Bluepad32-Bibliothek, um einen PS5-Controller einzubinden. Die grundlegende Einbindung (Verbindungsaufbau, Auslesen der Tasten) soll sich an dem von mir bereitgestellten Beispielcode orientieren.
   * **Square-Taste (controller->x()):** Wenn diese Taste gedrückt wird, soll das Roboter-Auto mit der Ausrichtung auf die in targetCardinalDirection definierte Himmelsrichtung beginnen. Der aktuelle Drehwinkel soll vor Beginn der Drehung (konzeptionell) auf 0 zurückgesetzt werden oder die Drehung relativ zur aktuellen Position erfolgen.
   * **X-Taste (controller->a()):** Wenn diese Taste gedrückt wird, soll jegliche laufende Drehbewegung des Roboter-Autos sofort gestoppt werden.
* **Motorsteuerung und Rotation:**
   * Die Ansteuerung der Motoren für die Drehung auf der Stelle (ein Motor vorwärts, der andere rückwärts mit gleicher Geschwindigkeit) soll auf den Funktionen basieren, die im folgenden von mir bereitgestellten Beispielcode gezeigt werden (insbesondere Funktionen wie setMotorPower, rotateRobot, stopRobot). Du musst diese Logik anpassen, um basierend auf dem Kompass-Heading zu drehen.
   * Das Roboter-Auto soll sich so lange drehen, bis die aktuelle Ausrichtung (vom QMC5883L) der Ziel-Himmelsrichtung entspricht.
   * Das Roboter-Auto soll ebenfalls stoppen, wenn die X-Taste am Controller gedrückt wird.
   * **Keine Fernsteuerung:** Dieses Programm dient ausschließlich der automatischen Ausrichtung auf der Stelle. Es soll keine Funktionen zur allgemeinen Fernsteuerung des Roboter-Autos (vorwärts, rückwärts fahren etc.) implementiert werden.
* **Deadzone für präzises Stoppen:**
   * Um ein "Zittern" oder ständiges Über-/Unterschießen der Ziel-Himmelsrichtung zu vermeiden, implementiere eine Deadzone von +/- 5 Grad. Das bedeutet, wenn die aktuelle Ausrichtung innerhalb von Zielwinkel -5° und Zielwinkel +5° liegt, gilt die Himmelsrichtung als erreicht, und das Roboter-Auto soll die Drehung stoppen.
* **Gyroskop-Unterstützung (MPU-6050 - optional, aber empfohlen für verbesserte Drehung):**
   * Das beigefügte Beispielprogramm zeigt, wie ein MPU-6050-Gyroskop/-Beschleunigungssensor ausgelesen wird.

```
    * Du kannst die Gyroskopdaten (insbesondere den Gierratenwert um die Z-Achse,
      g_event.gyro.z) des MPU-6050 nutzen, um die Drehbewegung des Roboters zu
      kontrollieren und zu stabilisieren (z. B. für eine gleichmäßigere
      Drehgeschwindigkeit oder um die Drehung präziser zu stoppen, indem die
      aktuelle Winkelgeschwindigkeit berücksichtigt wird). Die primäre Quelle für
      die absolute Ausrichtung bleibt der QMC5883L. Die Integration des Gyroskops
      für die Drehkontrolle ist ein wichtiger Aspekt.
  * Programmstruktur:
    * Strukturiere den Code übersichtlich mit Kommentaren in C++.
    * Verwende die setup()-Funktion für die Initialisierung des seriellen
      Monitors (für Debugging-Ausgaben), des I2C-Busses, des QMC5883L-Sensors,
      des MPU-6050 (falls zur Drehkontrolle verwendet), der Bluepad32-Bibliothek
      und der Motor-PWM-Pins.
    * Verwende die loop()-Funktion, um wiederholt Controller-Eingaben zu prüfen,
      Sensordaten (QMC5883L und optional MPU-6050) auszulesen und die Rotations-
      logik des Roboter-Autos zu steuern.
    * Implementiere eine einfache Zustandslogik (z. B. IDLE, ROTATING_TO_TARGET).
  * Wichtige Hinweise für die Implementierung:
    * Stelle sicher, dass die I2C-Kommunikation korrekt initialisiert wird
     (Wire.begin()).
    * Behandle mögliche Fehler bei der Initialisierung der Sensoren (z. B. durch
      eine klare Ausgabe auf dem seriellen Monitor, falls ein Sensor nicht
      gefunden wird).
    * Gib auf dem seriellen Monitor grundlegende Statusinformationen aus (z. B.
      aktueller Heading-Wert, Ziel-Heading, Status der Rotation, gedrückte
      Controller-Tasten).
    * Der Code soll direkt in der Arduino IDE kompilierbar und auf einen
      ESP32-Mikrocontroller hochladbar sein.
Programmbeispiel MPU-6050 Gyroskop auslesen und Roboter-Auto drehen
<Füge hier das Programm aus Abschnitt 18.5.1 ein>
Erläuterung des GY-271-Kompassmoduls mit Programmbeispielen.
https://cdn.shopify.com/s/files/1/1509/1638/files/AZ103_A7-6_DE_B07PGKR5D2.pdf
* Zusammenfassendes Ziel:
Liefere den vollständigen C++-Code für den ESP32, der das Roboter-Auto mithilfe des
QMC5883L-Kompasssensors und eines PS5-Controllers auf eine definierte Himmels-
richtung ausrichtet, unter Berücksichtigung der Deadzone und der Möglichkeit, die
Drehung durch das MPU-6050-Gyroskop zu unterstützen und zu verfeinern. Die Motor-
ansteuerung und Controller-Interaktion sollen auf dem von mir bereitgestellten Code
basieren.
```

Listing 19.2 Prompt B: Der Programmier-Prompt

Generierter Programmcode – drehe das Roboter-Auto nach den Himmelsrichtungen

Wie gewohnt stelle ich den Code online zur Verfügung, der deinem Roboter-Auto beibringt, sich mithilfe des QMC5883L-Kompassmoduls präzise nach einer vorgegebenen Himmelsrichtung auszurichten. Dies hält das Buch übersichtlich und gibt dir direkten Zugriff auf die getestete Version, die ich unter Zuhilfenahme eines KI-Services entwickelt habe.

https://custom-build-robots.com/Kompass

19.4.2 Erläuterung des generierten Codes

Dieses Programm für dein ESP32-Roboter-Auto hat nur einen Zweck: es präzise auf eine vorgegebene Himmelsrichtung (Nord, Süd, Ost, West) auszurichten. Gestartet wird auch hier wieder die Drehung per PS5-Controller, der QMC5883L-Kompass liefert die Orientierung, das MPU-6050-Gyroskop Bewegungsdaten und dein OLED-Display zeigt alles exakt an.

Kernfunktionen im Überblick

- **Systemstart und Setup:** Beim Einschalten initialisiert das Programm alle wichtigen Komponenten, wie wir es bereits kennen: I2C-Kommunikation, OLED-Display, die Sensoren (QMC5883L Kompass, MPU-6050 Gyro), den Motortreiber und die Bluepad32-Verbindung zum Controller. Die anfängliche Ziel-Himmelsrichtung wird im Code direkt festgelegt.
- **Steuerung per PS5-Controller:** Mit der Quadrat-Taste startest du die automatische Ausrichtung zur definierten Himmelsrichtung. Die X-Taste dient als sofortiger Stopp-Befehl für alle Motorbewegungen. Das kann wichtig sein, wenn du die Drehgeschwindigkeit zu hoch eingestellt hast und der Roboter immer über die eingestellte Himmelrichtung überdreht.
- **Orientierung per Kompass:** Der QMC5883L-Kompass ist der Hauptnavigator und liefert kontinuierlich den aktuellen Heading-Wert (die Blickrichtung) des Roboters.
- **Kontrollierte Drehung und Zielerreichung:** Das Roboter-Auto dreht auf der Stelle, indem die Motoren gegenläufig angesteuert werden. Die Drehrichtung wird für den kürzesten Weg zum Zielwinkel gewählt. Eine Deadzone von +/–5 Grad um den Zielwinkel sorgt für ein stabiles Anhalten ohne Zittern.

- **Status-Feedback (OLED und seriell):** Auf dem OLED-Display siehst du live den Controller-Status, den aktuellen Kompass-Heading, den Roboterzustand (zum Beispiel `Bereit`, `Dreht...`) und das eingestellte Ziel. Der serielle Monitor am PC liefert detailliertere Debug-Informationen.

Dieses Programm ermöglicht kontrollierte, winkelgenaue Drehungen deines Roboters.

19.4.3 Programm auf den ESP32 aufspielen

Bevor du das Programm auf den ESP32 aufspielen kannst, musst du noch die folgende Bibliothek installieren, damit die Kompasswerte ausgelesen werden können:

QMC5883LCompass by MPrograms

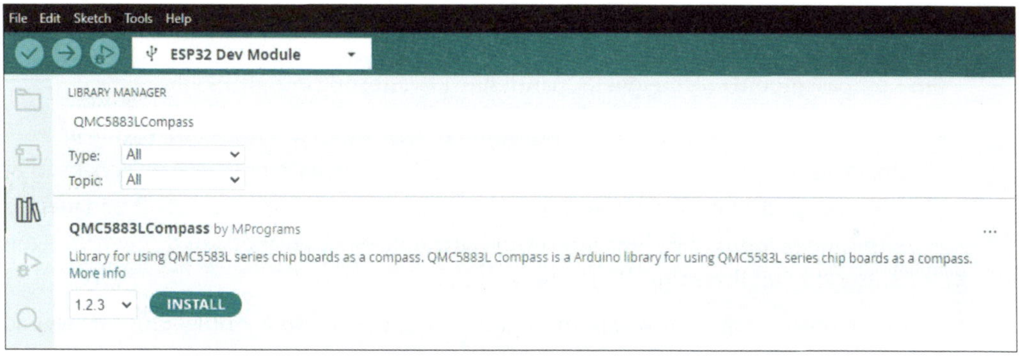

Abbildung 19.1 QMC5883LCompass by MPrograms

Jetzt solltest du das Programm ohne Probleme auf deinen ESP32 in deinem Roboter-Auto aufspielen können.

Problem im Prompt

Wie sich herausstellte, gab es zu Beginn, als ich dieses Kapitel geschrieben habe, ein Problem im Prompt mit der von mir verbauten Hardware als Kompassmodul. Das Problem war, dass der QMC5883L-Sensor eine vom Originalchip abweichende I2C-Adresse hat und dass mein KI-Service darauf explizit hingewiesen werden musste. So musste ich im Prompt noch Folgendes manuell ergänzen, um den KI-Assistenten in die richtige Richtung für die Programmierung zu lenken.

```
Verwende die Bibliothek QMC5883L Compass by MPrograms, da diese für das
GY-271-Modul ideal ist. Diese Bibliothek ist oft besser für QMC5883L-Module
```

```
geeignet, insbesondere da die I2C-Adresse 0x0D verwendet wird bei dem Kom-
passmodul von AZ-Delivery. Prüfe auch den folgenden Link für ein besseres
Verständnis für die Programmierung: https://www.az-delivery.de/nl/blogs/
azdelivery-blog-fur-arduino-und-raspberry-pi/esp8266-als-kompass-in-micropy-
thon.
```

Listing 19.3 Prompt für das Auslesen des Kompassmoduls

Nach dieser Ergänzung konnte das von mir verwendete Gemini 2.5 Pro in meinem Fall ein sofort lauffähiges Programm generieren.

19.5 Erweiterungen und Verfeinerungen

Ein Kompassmodul eröffnet viele spannende Erweiterungsmöglichkeiten:

- **Präzise Drehungen ausführen:** Kombiniere den Kompass mit deiner Motorsteuerung. Wenn dein Roboter zum Beispiel um 90 Grad nach Osten abbiegen soll, kann er sich so lange drehen, bis der Kompass den Zielwinkel anzeigt. Dies ist oft genauer als zeitbasierte Drehungen, besonders wenn du auch das Gyroskop aus dem vorherigen Kapitel zur Stabilisierung der Drehrate nutzt.
- **Kurs halten:** Programmiere deinen Roboter so, dass er eine einmal eingeschlagene Himmelsrichtung beibehält, auch wenn er durch Unebenheiten oder ungleiche Motorleistung leicht vom Kurs abkommt.
- **Einfache Wegpunktnavigation (Outdoor):** Wenn du die magnetische Deklination berücksichtigst, könntest du dem Roboter beibringen, einer Sequenz von Himmelsrichtungen und Distanzen zu folgen; das benötigt zusätzlich eine Wegmessung, zum Beispiel durch Rad-Encoder oder GPS für längere Strecken und einen größeren Roboter, um große Distanzen zurücklegen zu können.
- **Sensorfusion mit IMU (MPU-6050):** Kombiniere die Daten des Magnetometers mit denen des Gyroskops und Beschleunigungssensors (zum Beispiel aus dem MPU-6050), um eine vollständige 9-Achsen-Orientierungsbestimmung (AHRS – Attitude and Heading Reference System) mit Tilt-Kompensation zu realisieren. Dies liefert die robustesten Ergebnisse für die Lage im Raum.

Testdrehung: Wo ist Norden?

Das Magnetometer ist ein Sensor, der deinem ESP32-Roboter-Auto einen echten Orientierungssinn verleiht. Die vier Himmelsrichtungen sind für uns als Menschen und auch für die Tierwelt in Kombination mit dem Erdmagnetfeld eine sehr wichtige Orientierungshilfe, um im Freien ein Ziel zu finden. Stelle dein Roboter-Auto auf den Boden, und lasse es für dich die Nordrichtung anzeigen. Wenn es sich aber nur im Kreis dreht oder die Nordrichtung völlig falsch anzeigt, dann kann das mit sehr großer Sicherheit daran liegen, dass das Kompassmodul QMC5883L nicht mehr ausreichend ab Werk kalibriert ist. Dann sollte dir und vor allem deinem Roboter-Auto der folgende Abschnitt 19.6 helfen, das Kompassmodul zu kalibrieren.

19.6 Kompasskalibrierung des QMC5883L – ein Muss für präzise Navigation

Machst du wie ich die Beobachtung, dass dein Roboter-Auto plötzlich die Orientierung verloren hat, Norden nicht mehr zuverlässig findet und sich vielleicht nur noch im Kreis dreht? Dann liegt das sehr wahrscheinlich an einer nicht (mehr) passenden Kalibrierung deines QMC5883L-Kompassmoduls.

Warum eine neue Kalibrierung nötig ist
Obwohl Sensoren wie der QMC5883L oft ab Werk eine Grundkalibrierung besitzen, wird diese durch die Einbauumgebung in deinem Roboter-Auto stark beeinflusst:

- **Motoren:** Sie erzeugen eigene Magnetfelder.
- **Batterien und stromführende Kabel:** Sie können ebenfalls das Erdmagnetfeld stören.
- **Metallteile im Chassis (Schrauben, Rahmen):** Sie können das Magnetfeld verzerren (sogenannte Hard-Iron- und Soft-Iron-Effekte).

Diese lokalen Störungen addieren sich zu den Messwerten des Sensors oder verformen das wahrgenommene Magnetfeld. Das Ergebnis: Der Kompass liefert ungenaue oder irreführende Heading-Werte, und dein Roboter kann seine Ausrichtung nicht korrekt bestimmen.

Damit dein Kompass also wieder präzise die Nordrichtung bestimmen kann, wie er im Roboter-Auto verbaut ist, musst du ihn in dieser spezifischen Umgebung neu kalibrieren.

Glücklicherweise bringt die von dir in Abschnitt 19.4.3 installierte Bibliothek QMC5883L-Compass by MPrograms einen eigenen Sketch für die Kalibrierung des QMC5883L-Sensors mit.

1. **Kalibrierungs-Sketch finden und hochladen:**

   Öffne in der Arduino IDE das Menü: DATEI • BEISPIELE • QMC5883LCOMPASS • CALIBRATION.

   Lade diesen Calibration Sketch auf deinen ESP32 hoch.

2. **Kalibrierungsvorgang durchführen:**

   – Schalte dein Roboter-Auto ein, und öffne den seriellen Monitor in der Arduino IDE. Der Sketch wird dich dort minimal anleiten, was zu machen ist.

   – Du musst nun dein komplettes Roboter-Auto langsam um alle drei Achsen drehen (horizontal, kippen, rollen). Versuche, möglichst viele verschiedene Orientierungen abzudecken.

     Das kann mit dem angeschlossenen USB-Kabel etwas knifflig sein, aber es ist wichtig für gute Ergebnisse. Behalte die Ausgaben im seriellen Monitor im Blick.

3. **Kalibrierwerte ermitteln und verwenden:**

   – Nachdem du das Roboter-Auto ausreichend bewegt hast, wird der Kalibrierungs-Sketch die minimalen und maximalen Messwerte für jede Achse analysieren und daraus die notwendigen Korrekturwerte (Offsets und gegebenenfalls Skalierungsfaktoren) berechnen. Diese Werte werden dir am Ende im seriellen Monitor angezeigt.

   – Kopiere dir diese ausgegebenen Messwerte sorgfältig heraus, und speichere sie in einer Datei zur Sicherheit ab. Allerdings gilt, wenn du dein Roboter-Auto räumlich veränderst, musst du die Kalibrierung sehr wahrscheinlich für diese neue Umgebung erneut durchführen.

   – Diese Werte musst du dann in dein Hauptprogramm aus Listing 19.2 für die Himmelsrichtungsausrichtung eintragen. Suche dort in der `setup()`-Funktion nach einer Zeile, die in etwa wie folgt lautet: `qmc.setCalibrationValues(minX, maxX, minY, maxY, minZ, maxZ);`, und ersetze die Platzhalter durch deine frisch ermittelten Kalibrierwerte.

Nachdem du die korrekten Kalibrierwerte in dein Hauptprogramm eingefügt und es erneut auf den ESP32 hochgeladen hast, sollte dein Roboter wieder in der Lage sein, die Himmelsrichtungen zuverlässig zu bestimmen und sich präzise auszurichten.

Kapitel 20

Dein Roboter fährt allein – autonom mit Ultraschallsensor

Stell dir vor, dein Roboter-Auto fährt von allein durchs Zimmer und weicht Hindernissen aus! Klingt wie Zauberei? Ist es aber nicht! Mit dem richtigen Sensor und ein paar cleveren Codezeilen bringst du deinem Roboter das autonome Fahren bei.

Das autonome Fahren ist eine der schwierigsten Disziplinen in der Robotik, wenn autonome Systeme auf Menschen treffen. Statt dein Roboter-Auto ständig selbst zu steuern, trifft es eigene Entscheidungen basierend auf den Informationen, die es von seinen Sensoren erhält. In diesem Kapitel konzentrieren wir uns auf den Ultraschallsensor (HC-SR04) und nutzen ihn, um deinem Roboter-Auto beizubringen, Hindernisse zu erkennen und selbstständig durch einen Raum zu navigieren. Du wirst sehen, wie die Kombination aus Hardware (dem Sensor) und Software (deinem Programm) deinem Roboter-Auto eine Art »Intelligenz« verleiht, damit es sich orientieren und auf seine Umgebung reagieren kann – nach den Regeln, die du definierst.

Abbildung 20.1 Ultraschallsensor am Roboter-Auto montiert

Was bedeutet autonomes Fahren?

Autonomes Fahren bedeutet, dass ein Fahrzeug oder Roboter in der Lage ist, sich ohne ständige direkte menschliche Steuerung fortzubewegen und Entscheidungen über seinen Weg zu treffen. Im Kontext unseres Roboter-Autos bedeutet autonomes Fahren, dass der Roboter Sensoren nutzt, um seine Umgebung wahrzunehmen, und basierend auf den Sensorinformationen entscheidet, wohin er als Nächstes fährt – zum Beispiel geradeaus, anhalten, abbiegen oder wenden.

20.1 Den Ultraschallsensor am Roboter montieren

Damit der Ultraschallsensor Hindernisse erkennen kann, muss er so am Roboter-Auto angebracht werden, dass er eine freie Sicht nach vorne hat und Ultraschallwellen aussenden und empfangen kann, ohne durch Teile des Roboters blockiert zu werden.

Eine gute Position ist vorne am Chassis ein paar Zentimeter über dem Boden, um frühzeitige Reflexionen zu vermeiden. Du kannst den Sensor direkt vorne montieren oder, wie in unserem 3D-Design vorgesehen, eine spezielle Halterung verwenden. Befestige den Sensor fest nach vorne ausgerichtet an deinem Roboter-Auto.

Verbinde die Pins des HC-SR04 (V_{CC}, GND, Trig, Echo) wie nachfolgend beschrieben mit deinem ESP32. Achte auf die korrekte Pin-Belegung und eventuell notwendige Spannungsteiler am Echo-Pin, wenn du 5 V statt der vorgeschlagenen 3,3 V verwenden solltest.

- **V_{CC}:** Spannungsversorgung wird mit 3,3 V verbunden.
- **Trig:** Trigger-Eingang wird mit einem digitalen Ausgangs-Pin des ESP32 verbunden. Wir nehmen den GPIO 25 dafür.
- **Echo:** Echo-Ausgang wird mit einem digitalen Eingangs-Pin des ESP32 verbunden. Wir nehmen den noch freien GPIO 26.
- **GND:** Masse (wird mit einem GND-Pin des ESP32 verbunden).

20.2 Prompt für die Programmierung

Du ahnst es vielleicht schon: Jetzt machen wir es uns einmal ganz einfach bei der Prompt-Erstellung. Denn der HC-SR04-Ultraschallsensor ist gut bekannt und einfach zu programmieren. Ich dachte mir, da muss ich nicht so ausführlich alles im Detail erklären.

In Listing 20.1 siehst du den Prompt, der bei mir auf Anhieb zum Erfolg geführt hat:

```
Erweitere das folgende Programm so, dass das Roboter-Auto eigenständig mithilfe
des Ultraschallsensors HC-SR04 Hindernissen ausweicht. Ist der gemessene Abstand
kleiner als 30 cm, dreht das Roboter-Auto mithilfe des Gyroskops um 45 bis 90
Grad in eine beliebige Richtung und fährt weiter. Es fängt an zu fahren, wenn
ich am Game-Controller die Square-Taste gedrückt habe. Mit der X-Taste stoppt es.
Hier noch die Verkabelung des HC-SR04-Sensors im Roboter-Auto:
VCC: Spannungsversorgung wird mit 3,3 V verbunden.
Trig: Trigger-Eingang wird mit einem digitalen Ausgangs-Pin des ESP32 verbunden.
Wir nehmen den GPIO 25 dafür.
Echo: Echo-Ausgang wird mit einem digitalen Eingangs-Pin des ESP32 verbunden. Wir
nehmen den noch freien GPIO 26.
GND: Masse (wird mit einem GND-Pin des ESP32 verbunden).
Hier jetzt das Programm, das du bitte erweiterst:
<Füge hier das Programm aus Abschnitt 18.5.1 komplett ein.>
```

Listing 20.1 Prompt für ein Programm zum Hindernisausweichen

Generierter Programmcode – fahre autonom mit dem HC-SR04-Ultraschallsensor

Auch für das Programm, das die grundlegende Abstandsmessung mit dem HC-SR04-Ultraschallsensor zeigt, stelle ich den Code online zur Verfügung. Du erreichst ihn über die folgende stabile Weiterleitungs-URL auf meiner Website.

https://custom-build-robots.com/Ultraschall-Sensor

20.2.1 Erläuterung des generierten Codes

Wie von uns im Prompt für die Generierung dieses Programms beschrieben, verwandelt es dein ESP32-Roboter-Auto in einen kleinen autonomen Entdecker. Hauptziel ist es, selbstständig vorwärtszufahren und erkannten Hindernissen geschickt auszuweichen. Die Steuerung zum Starten und Stoppen erfolgt bequem über einen PS5-Controller, während ein OLED-Display die wichtigsten Informationen live anzeigt.

Kernfunktionen im Überblick

- **Systemstart und Setup:** Beim Hochfahren werden alle Helferlein wie schon aus allen anderen Programmen initialisiert: die I2C-Verbindung für Sensoren, das OLED-Display, der Ultraschallsensor HC-SR04, der MPU-6050 (Gyroskop/Beschleunigungsmesser), der Motortreiber und die Bluepad32-Bibliothek für die Kommunikation mit dem PS5-Controller.

- **Steuerung per PS5-Controller:** Mit der Quadrat-Taste schickst du den Roboter auf seine autonome Erkundungstour – er beginnt vorwärtszufahren. Die X-Taste dient als Notbremse und stoppt alle Aktionen sofort, woraufhin der Roboter in den Wartezustand (IDLE) zurückkehrt. Diese Logik wurde aus dem Beispielprogramm übernommen, das wir dem KI-Assistenten mitgegeben haben.
- **Sensorfusion im Einsatz – Hinderniserkennung und Ausweichen:** Nun arbeiten der HC-SR04-Ultraschallsensor und das MPU-6050-Gyroskop Hand in Hand. Das ist das erste Mal, dass wir eine wirkliche Sensorfusion in unserem Roboter-Auto im Einsatz haben:
  - **Wahrnehmung (Ultraschall):** Der HC-SR04 misst kontinuierlich den Abstand zu Objekten vor dem Roboter. Die gemessenen Entfernungen kannst du im OLED-Display ablesen.
  - **Entscheidung:** Unterschreitet die gemessene Distanz einen Schwellenwert (zum Beispiel 30 cm), erkennt das System ein Hindernis. Jetzt muss eine Aktion ausgeführt werden, um das Hindernis nicht zu rammen.
  - **Aktion (Gyroskop-gestützte Drehung):** Das Roboter-Auto stoppt. Anschließend wird eine zufällige Drehrichtung (links oder rechts) und ein zufälliger Drehwinkel (zwischen 45 und 90 Grad) gewählt. Die präzise Ausführung dieser relativen Drehung auf der Stelle wird durch die Daten des MPU-6050-Gyroskops sichergestellt.
  - **Weiterfahrt:** Nach erfolgreicher Drehung nimmt der Roboter die Vorwärtsfahrt wieder auf, bis er sich wieder einem Hindernis annähert.
- **Kontrollierte Bewegung:** Die Motoren werden für die Vorwärtsfahrt und die Drehungen präzise angesteuert. Eine Software-Anpassung in den Motorfunktionen stellt sicher, dass die Vorwärts-Befehle auch tatsächlich zu einer Vorwärtsbewegung führen, falls die Motoren andersherum gepolt sein sollten. Bei Drehungen sorgt eine kleine Toleranz (Deadzone) für ein sauberes Anhalten am Zielwinkel.
- **Status-Feedback (OLED und seriell):** Das OLED-Display informiert dich laufend über den Controller-Status, die gemessene Distanz zum nächsten Objekt, den aktuellen Betriebszustand des Roboters (zum Beispiel Fahren, Ausweichen) und den Fortschritt der Ausweichdrehung. Für tiefere Einblicke und Debugging sendet das Programm zusätzliche Informationen an den seriellen Monitor deines PCs.

Dieses Programm ermöglicht deinem Roboter, einfache autonome Fahrmanöver mit reaktiver Hindernisvermeidung durchzuführen, indem es die Informationen von Distanz- und Drehratensensoren kombiniert.

Es benötigt keine weiteren Bibliotheken und kann direkt auf dein Roboter-Auto, also den ESP32, aufgespielt werden.

20.3 Testfahrten und Fehlersuche

Nachdem du den Code für das autonome Fahren geschrieben oder erweitert hast, ist es Zeit für Testfahrten!

- **Sicherheit zuerst:** Führe die ersten Tests auf einer freien Fläche durch, von der der Roboter nicht herunterfallen kann. Sei bereit, den Roboter jederzeit auszuschalten.
- **Schwellenwert anpassen:** Beobachte das Verhalten deines Roboters. Stoppt er zu früh oder fährt er gegen Dinge? Passe entsprechend den Schwellenwert an die Umgebung an.
- **Drehungen kalibrieren oder präzisieren:**

  Wenn du das Gyroskop verwendest: Überprüfe, ob die Drehung um den Zielwinkel präzise stoppt. Eventuell musst du die Logik zum Stoppen der Motoren verfeinern, sobald der Zielwinkel erreicht ist (zum Beispiel kleine Überschwinger berücksichtigen).
- **Debuggen:**

  Auch wenn die Hauptausgabe auf dem OLED-Display ist, kannst du für tiefere Einblicke immer noch die serielle Ausgabe an deinem PC nutzen, um zu sehen, welche Abstände der Ultraschallsensor misst, welche Winkel das Gyroskop liefert und welche Entscheidungen dein Roboter gerade trifft. Das hilft dir, Fehler im Code oder bei der Verkabelung zu finden.

Mit dem Wissen aus diesem und den vorherigen Sensorkapiteln und ein wenig Experimentieren kann dein ESP32-Roboter-Auto schon beeindruckend selbstständig agieren, Hindernissen intelligent ausweichen und präzise manövrieren.

Herzlichen Glückwunsch! Du hast die wichtigsten und klassischen Sensoren in der Robotik kennengelernt. In den nun folgenden zwei Kapiteln verlassen wir die reine Sensorik und widmen uns zwei weiteren wichtigen Themen der Robotik: Zuerst entdeckst du, wie dein Roboter-Auto mit einem GPS-Empfänger seine genaue Position sowie Datum und Zeit bestimmt. Danach bauen wir zusammen die Grundlagen für ein einfaches Web-Interface zur Fernsteuerung und Datenanzeige, das du mit der gelernten Prompt-Technik zu einer vollen Fernsteuerung deines Roboter-Autos erweitern kannst.

Kapitel 21

Dein Roboter findet seinen Platz in der Welt – Navigation mit dem GPS-Modul

Verleihe deinem Roboter einen globalen Orientierungssinn und bringe ihm bei, seinen genauen Standort auf der Welt zu kennen. In diesem Kapitel rüsten wir ihn mit einem GPS-Empfänger aus, um seine Position von Satelliten zu empfangen. Das ist der erste, entscheidende Schritt für Navigationsprojekte im Freien.

Stell dir vor, dein Roboter-Auto wüsste nicht nur, wie es Hindernissen ausweicht, sondern auch, wo genau auf der Welt es sich befindet. Es könnte seine genaue Position und die exakte Uhrzeit von Satelliten empfangen und damit beginnen, gezielt Orte anzusteuern. Genau das ermöglicht ein GPS-Modul wie das GY-NEO6MV2. Dieser GPS-Empfänger gibt deinem Roboter die Möglichkeit, seinen Standort zu bestimmen.

Auf dem hier verwendeten GPS-Modul befindet sich typischerweise der u-blox-NEO-6M-Chip, ein bewährter, günstiger und zuverlässiger GPS-Empfänger. Dieser Chip ist quasi das »Ohr« deines Roboters für die Signale der Navigationssatelliten, die die Erde umkreisen, und erlaubt es ihm, seine Koordinaten zu bestimmen.

Die Fähigkeit, die eigene Position zu kennen, ist der Grundstein für jede Form von echter Navigation. Es geht weit über das Reagieren auf die unmittelbare Umgebung hinaus und eröffnet deinem Roboter-Auto die Möglichkeit, geplante Routen abzufahren oder zu einer bestimmten Koordinate zu navigieren. In diesem Kapitel werden wir uns das GY-NEO6MV2-Modul genau ansehen. Du lernst, wie es funktioniert, wie du es an deinen ESP32 anschließt und wie du seine Daten ausliest, um die aktuelle Position und Zeit deines Roboter-Autos auf dem OLED-Display darzustellen.

21.1 Was ist GPS und wie wird daraus eine Position?

Das Herzstück unserer Navigation ist das GPS-Modul. Aber was genau passiert darin?

Ein GPS-Empfänger lauscht auf spezielle Funksignale, die von Satelliten aus dem All gesendet werden. Jedes dieser Signale enthält die exakte Position des Satelliten und den genauen Zeitpunkt, an dem das Signal gesendet wurde. Indem dein Roboter-Auto mithilfe des GPS-Empfängers die Signale von mindestens vier verschiedenen Satelliten empfängt, kann es eine clevere Berechnung mit seinem ESP32-Mikrocontroller und einer speziellen GPS-Bibliothek durchführen. Es misst die winzigen Zeitunterschiede zwischen dem Senden und dem Empfangen der Signale. Da sich Funksignale mit Lichtgeschwindigkeit ausbreiten, kann er aus diesen Laufzeitunterschieden seine eigene Entfernung zu jedem Satelliten berechnen. Mit den Entfernungen zu vier bekannten Satellitenpositionen kann der ESP32 dann seine eigene Position auf der Erdkugel (Breiten- und Längengrad) sowie die exakte Uhrzeit bestimmen.

Im Grunde übersetzt der ESP32 mit einem Programm die Satellitensignale in für uns verständliche Daten – in die Koordinaten Längengrad, Breitengrad und auch in die Uhrzeit.

Warum ein GPS-Modul für den Roboter?

Ein GPS-Modul wie das GY-NEO6MV2 bietet für Roboterprojekte entscheidende Vorteile, und daher wollte ich dir so ein GPS-Modul etwas detaillierter hier im Buch vorstellen. Allerdings macht so ein GPS-Empfänger eigentlich nur richtig Sinn in einem etwas größeren Roboter-Auto, das auch im Freien gut fahren kann. Aber vielleicht willst du ja genau so ein Roboter-Auto auch einmal bauen. Ein GPS-Empfänger ermöglicht es dir, eine absolute Positionsbestimmung im Freien vorzunehmen, und das GPS-Modul liefert auch eine sehr präzise Zeitbasis, was wiederum nützlich ist für Protokolle oder zeitgesteuerte Aktionen und die Grundlage für die autonome Navigation zu vordefinierten Wegpunkten ist.

21.2 Das GY-NEO6MV2-Modul am Roboter montieren

Dann lass uns jetzt gleich loslegen. Die korrekte Montage der GPS-Antenne des GY-NEO6MV2-Moduls ist entscheidend für einen guten Satellitenempfang.

Die Position der GPS-Antenne am Roboter-Auto sollte dieser eine freie Sicht zum Himmel bieten. Dies ist der wichtigste Punkt bei GPS! Denn nur so ist es möglich, die schwachen Satellitensignale zu empfangen. Montiere das Modul daher:

- an der höchsten Stelle deines Roboters
- nicht unter Metallteilen oder anderen großen Bauteilen
- mit der Keramikantenne nach oben zeigend

Ein wichtiger Punkt, den ich häufiger zu sehr vernachlässigt habe, ist, Störungen zu vermeiden: Obwohl so ein GPS-Empfänger oder dessen Antenne nicht so empfindlich auf elektrische Felder reagiert wie ein Kompass, sollte die Antenne dennoch zum Beispiel je nach verfügbarer Kabellänge in einem kleinen Metalldeckel eines Marmeladenglases platziert werden. Der Metalldeckel mit seinem leicht erhöhten Rand schirmt die Antenne gegen Reflexionen des GPS-Signals etwas ab, die von unten, also vom Boden, oder seitlich von zum Beispiel Hauswänden ansonsten ungehindert empfangen werden können. Daher sind professionelle Antennen oft in größeren runden Gehäusen untergebracht, die im Boden des Gehäuses eben eine Metallplatte haben. Die eigentliche Antenne ist meistens nicht größer als ein Bierdeckel.

21.3 Anschluss an den ESP32

Das GY-NEO6MV2-Modul kommuniziert mit dem ESP32 über eine serielle Schnittstelle (UART) und nicht über den I2C-Bus. Auf so einem GPS-Modul findest du typischerweise folgende Pins:

- **V_{CC} (Spannungsversorgung):** Das Modul arbeitet oft mit 3,3 bis 5 V. Für den Betrieb mit dem ESP32 schließt du V_{CC} am besten an einen 3,3-V-Pin deines ESP32 an.
- **GND (Masse):** Verbinde diesen Pin mit einem GND-Pin deines ESP32.
- **TX (Transmit Data):** Die Sendeleitung des GPS-Moduls. Verbinde TX des Moduls mit dem RX-Pin des ESP32. Wir verwenden hierfür den UART2, also GPIO 16.
- **RX (Receive Data):** Die Empfangsleitung des GPS-Moduls. Verbinde RX des Moduls mit dem TX-Pin des ESP32, also GPIO 17.

Jetzt hast du das GPS-Modul angeschlossen, und im folgenden Abschnitt werden wir ein kleines Programm generieren lassen, das auf dem OLED-Display die Position des Roboter-Autos und die Uhrzeit anzeigt.

21.4 Programmieren: GPS-Position und Zeit auslesen

Um die GPS-Daten einfach zu verarbeiten, nutzen wir die bewährte Bibliothek TinyGPSPlus. Wir lassen uns nun von einem KI-Assistenten ein Programm erstellen, das die GPS-Daten ausliest und auf unserem OLED-Display anzeigt.

21.4.1 Prompt für die Programmierung

Wir entwerfen in Listing 21.1 wieder einen Prompt, der dem KI-Assistenten alle nötigen Informationen gibt, um ein passendes Programm zu erstellen. Der Prompt soll so detailliert sein, dass das Ergebnis möglichst ohne Nachbesserungen funktioniert. Genau darin bist du ja bereits Profi, und ich empfehle dir, wieder interaktiv vorzugehen. Nimm zum Beispiel den Prompt vom Kompassmodul aus Abschnitt 19.4.1, lasse diesen für das GPS-Modul GY-NEO6MV2 umschreiben, und verweise auf die serielle Schnittstelle und deine Verkabelung mit TX an GPIO 16 und RX an GPIO 17.

```
Du bist ein spezialisierter KI-Programmierassistent mit umfassender Erfahrung
in der Entwicklung von Embedded Systems für den ESP32-Mikrocontroller unter
Verwendung der Arduino IDE und der Programmiersprache C++. Deine Expertise
umfasst die Anbindung von seriellen Peripheriegeräten und I2C-Displays.
Deine Aufgabe ist es, ein eigenständiges C++-Programm für einen ESP32-Mikro-
controller zu erstellen, das Daten von einem GPS-Modul des Typs GY-NEO6MV2 emp-
fängt, verarbeitet und auf einem SSD1306-OLED-Display darstellt.
Für die Anbindung des GPS-Moduls soll die zweite serielle Schnittstelle des
ESP32 (HardwareSerial(2)) mit einer Baudrate von 9600 genutzt werden. Verwende
hierfür GPIO 16 als RX-Pin und GPIO 17 als TX-Pin. Die Verarbeitung der ankom-
menden NMEA-Datensätze vom GPS-Modul muss über die Bibliothek "TinyGPSPlus" von
Mikal Hart erfolgen. Für die Anzeige wird ein 128×64 Pixel großes SSD1306-OLED-
Display verwendet, das über den I2C-Bus an den Standard-Pins GPIO 21 (SDA) und
GPIO 22 (SCL) angeschlossen ist. Die Ansteuerung des Displays soll mithilfe der
Bibliotheken "Adafruit_SSD1306" und "Adafruit_GFX" realisiert werden.
Das Programm soll kontinuierlich die GPS-Daten auslesen und das Display aktua-
lisieren. Wenn keine gültigen GPS-Daten verfügbar sind, also kein "GPS-Fix"
besteht, soll auf dem Display der Text "Suche GPS Signal..." angezeigt werden.
Sobald gültige Daten empfangen werden, müssen folgende Informationen klar
strukturiert dargestellt werden: der Breitengrad (Latitude) und der Längengrad
(Longitude) mit jeweils sechs Nachkommastellen, die aktuelle UTC-Zeit im For-
mat HH:MM:SS sowie die Anzahl der sichtbaren Satelliten. Um die angezeigte UTC-
Zeit einfach in eine lokale Zeitzone umrechnen zu können, implementiere bitte
eine globale Konstante, beispielsweise const int TIME_ZONE_OFFSET = 2;, und
berücksichtige diesen Versatz bei der Anzeige der Zeit auf dem Display.
Bezüglich der Programmstruktur soll der Code übersichtlich mit Kommentaren ver-
sehen sein. Alle Initialisierungen für den seriellen Monitor, die serielle GPS-
Verbindung, den I2C-Bus und das Display sollen in der setup()-Funktion erfol-
gen. Die Hauptlogik zum Auslesen, Verarbeiten und Anzeigen der Daten gehört in
die loop()-Funktion. Um die Fehlersuche zu erleichtern, soll das Programm Sta-
tusmeldungen auf dem seriellen Monitor ausgeben, beispielsweise nach erfolgrei-
```

```
cher Initialisierung oder falls nach fünf Sekunden immer noch keine GPS-Daten
empfangen wurden.
Das zusammenfassende Ziel ist also, den vollständigen C++-Code für den ESP32 zu
liefern, der die GPS-Daten (Position, Zeit, Satellitenanzahl) mithilfe der
Bibliothek TinyGPSPlus ausliest und übersichtlich auf einem SSD1306-OLED-Dis-
play darstellt, inklusive einer einfachen Zeitzonenanpassung und nützlicher
Statusmeldungen für den Benutzer.
```

Listing 21.1 Prompt, um den GPS-Empfänger auszulesen

> **Generierter Programmcode – GPS-Modul**
>
> Wie gewohnt stelle ich den von der KI generierten Code, der deinem Roboter-Auto beibringt, seine Position zu bestimmen und anzuzeigen, online zur Verfügung:
>
> *https://custom-build-robots.com/GPS*

21.4.2 Erläuterung des generierten Codes

Dieses Programm hat den Zweck, dein Roboter-Auto in einen mobilen GPS-Empfänger zu verwandeln, der seine Geodaten live anzeigt. Das ist die grundlegende Voraussetzung für viele weitere spannende Projekte, wie zum Beispiel Wegpunkte abfahren, zusammen mit dem Kompassmodul, um die Ausrichtung des Roboter-Autos direkt zu kennen.

Kernfunktionen im Überblick

- **Systemstart und Setup:** Beim Einschalten des Roboter-Autos initialisiert das Programm alle wichtigen Komponenten: die serielle Schnittstelle vom ESP32 zum GPS-Modul, die I2C-Kommunikation und das OLED-Display.
- **Kontinuierliches GPS-Parsing:** In der Hauptschleife lauscht das Programm ständig auf neue Daten vom GPS-Modul und leitet sie an die Bibliothek TinyGPSPlus weiter, die die komplexen NMEA-Sätze für uns entschlüsselt.
- **Dynamische Display-Anzeige:** Das OLED-Display wird regelmäßig aktualisiert. Es zeigt entweder eine »Suche ...«-Meldung oder, bei Erfolg, die vollen Positions-, Zeit- und Satellitendaten an.
- **Status-Feedback (OLED & seriell):** Du erhältst sowohl auf dem Display als auch auf dem seriellen Monitor am PC direktes Feedback über den Zustand des GPS-Empfangs.

21.4.3 Programm auf den ESP32 aufspielen

Bevor du das Programm auf den ESP32 aufspielen kannst, musst du noch die TinyGPSPlus-Bibliotheken von Mikal Hart über den Bibliotheksverwalter der Arduino IDE installieren:

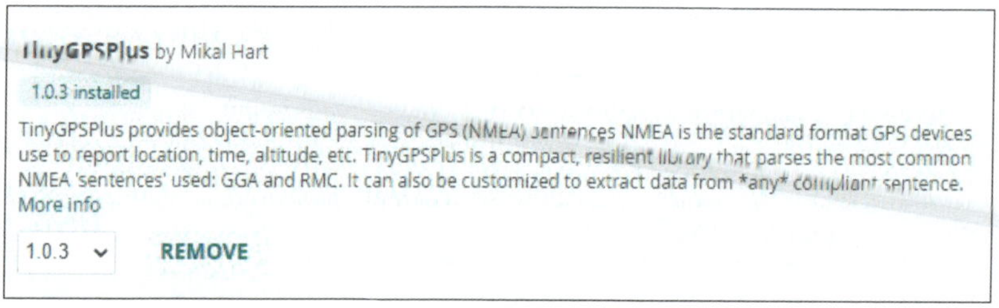

Abbildung 21.1 TinyGPSPlus by Mikal Hart

Danach solltest du das Programm ohne Probleme auf den ESP32 in deinem Roboter-Auto aufspielen können.

21.5 Erweiterungen und Verfeinerungen

Ich wollte dir einen Eindruck davon geben, wie einfach es im Grunde ist, ein GPS-Signal zu empfangen. Denn ein GPS-Modul eröffnet viele spannende Erweiterungsmöglichkeiten:

- **Wegpunkt-Navigation:** Erweitere das Programm, sodass du eine Zielkoordinate eingeben kannst. Das Roboter-Auto könnte dann mithilfe des Kompassmoduls aus dem vorherigen Kapitel die Richtung zum Ziel berechnen, sich direkt dank dem Kompassmodul auf das Ziel ausrichten und losfahren. Einen Wermutstropfen hat dieses Setup allerdings – das ist die Genauigkeit. Aber auf ein paar Meter genau wirst du das Ziel sicher erreichen.
- **Route aufzeichnen:** Speichere die Position des Roboters alle paar Sekunden intern in einer Variablen, und zeige die Wegpunkte zum Beispiel gesammelt auf einem Web-Interface an. Mehr zu den Möglichkeiten mit einem Web-Interface erfährst du in Kapitel 22.
- **Geofencing:** Definiere einen virtuellen »Zaun« (ein Gebiet aus Koordinaten). Das Programm könnte eine Aktion auslösen (zum Beispiel stoppen oder hupen), wenn der Roboter dieses Gebiet verlässt oder betritt.

Super gemacht! Dein Roboter-Auto hat nun einen Sinn für seinen Platz in der Welt und kann dank Satellitennavigation seine globalen Koordinaten ermitteln. Du hast gesehen, wie einfach es mit der richtigen Bibliothek und einem gut formulierten Prompt ist, diese komplexe Technologie auf deinem ESP32 zum Laufen zu bringen.

Diese Positionsdaten sind der Schlüssel für weiterführende Projekte wie die Wegpunkt-Navigation im Freien. Um das Ganze noch spannender zu machen, lernen wir im folgenden Kapitel, wie wir eine Webseite erstellen, um mit dem Roboter zu interagieren und ihm vielleicht sogar neue GPS-Ziele über die Webseite zu schicken.

In Abbildung 21.2 siehst du mein Roboter-Auto mit einem Großteil der Sensoren und dem GPS-Empfänger hinten auf einer sogenannten Universalhalterung befestigt. Die kleine Keramik-GPS-Antenne liegt oben auf dem Dach des Fahrerhauses. Ganz rechts auf der Universalhalterung habe ich noch einen zusätzlichen I2C-Hub befestigt, um die Sensoren mit I2C-Bus einfach anschließen zu können, ohne alle Kabel in das Innere des Roboter-Autos legen zu müssen.

Abbildung 21.2 Roboter-Auto mit Sensoren und GPS-Empfänger, befestigt auf der Universalhalterung

Kapitel 22

Steuerung per Browser – das Web-Interface

Du möchtest deinen Roboter nicht nur mit dem Gamecontroller steuern, sondern auch bequem über dein Smartphone oder Tablet? Nutze das integrierte WLAN des ESP32, um eine eigene Webseite zu erstellen. So verwandelst du deinen Browser in eine vielseitige Kommandozentrale für dein Roboter-Auto.

Der ESP32 hat nicht nur Bluetooth, sondern auch WLAN an Bord – eine mächtige Funktion, die wir bisher nicht genutzt haben. Mit WLAN kann sich dein Roboter-Auto in dein Heimnetzwerk einloggen und sogar als kleiner Webserver fungieren. Das bedeutet, du kannst mit jedem Gerät, das einen Webbrowser hat, wie dein Smartphone, Tablet oder Computer, auf eine Webseite zugreifen, die vom Roboter-Auto selbst bereitgestellt wird. Über diese Webseite können wir nicht nur das Roboter-Auto steuern, sondern auch Informationen vom Roboter-Auto empfangen. Dieses Kapitel zeigt dir die Grundlagen, wie du ein einfaches Web-Interface für dein Roboter-Auto erstellst, das du dann nach Belieben erweitern kannst.

22.1 Was ist ein Web-Interface und warum ist es nützlich für dein Roboter-Auto?

Ein Web-Interface ist im Grunde eine Webseite, die nicht im Internet liegt, sondern direkt von einem kleinen Gerät wie unserem ESP32 bereitgestellt wird. Du kannst diese Webseite mit jedem Gerät aufrufen, das sich im selben Netzwerk wie der ESP32 befindet und einen Webbrowser hat.

Für unser Roboter-Auto hat ein Web-Interface viele Vorteile:

- **Flexible Steuerung:** Du bist nicht auf einen bestimmten Gamecontroller beschränkt, sondern kannst dein Roboter-Auto mit Smartphone, Tablet oder PC steuern.

- **Zusätzliche Informationen:** Auf der Webseite kannst du nicht nur Steuerbefehle senden, sondern auch Informationen vom Roboter-Auto anzeigen lassen, zum Beispiel Sensorwerte oder Statusmeldungen.
- **Keine zusätzliche App nötig:** Du brauchst keine spezielle App auf deinem Smartphone zu installieren, ein Standard-Webbrowser reicht aus.

22.1.1 Der ESP32 als Access Point oder im Heimnetzwerk

Um ein Web-Interface nutzen zu können, muss dein ESP32 per WLAN erreichbar sein. Dafür gibt es zwei Möglichkeiten, die der ESP32 beherrscht:

- **Station Mode (Client):** Der ESP32 verbindet sich mit einem bestehenden WLAN-Netzwerk, zum Beispiel deinem Heim-WLAN-Router. Dein Smartphone/PC muss ebenfalls mit diesem Netzwerk verbunden sein, um auf den ESP32 zugreifen zu können. Dies ist oft die einfachste Methode, wenn du bereits ein funktionierendes WLAN hast.
- **Access Point Mode (Hotspot):** Der ESP32 baut ein eigenes kleines WLAN-Netzwerk auf. Dein Smartphone/PC verbindet sich dann direkt mit diesem Netzwerk, das vom Roboter selbst erstellt wird. Das ist praktisch, wenn du unterwegs bist und kein anderes WLAN verfügbar ist.

Für unser Web-Interface-Beispiel konzentrieren wir uns auf den Station Mode, da dies für die Nutzung im Heimnetzwerk oder Klassenzimmer bzw. Schulnetzwerk am praktischsten ist und sich nahtlos in bestehende Netzwerke integriert.

22.2 Grundlagen: einen einfachen Webserver auf dem ESP32 aufsetzen

Um einen Webserver auf dem ESP32 zu betreiben, benötigen wir die passenden Bibliotheken. Die Arduino IDE für den ESP32 bringt bereits die notwendigen Bibliotheken für WLAN (`WiFi.h`) und einen einfachen Webserver (`WebServer.h`) mit. Außerdem benötigen wir die Bibliotheken für unser OLED-Display (`Wire.h`, `Adafruit_GFX.h`, `Adafruit_SSD1306.h`), um den Verbindungsstatus anzuzeigen.

Die grundlegenden Schritte sind:

1. Die benötigten Bibliotheken einbinden.
2. Das OLED-Display initialisieren, um Statusmeldungen anzuzeigen.

3. Die Zugangsdaten für das WLAN-Netzwerk festlegen (SSID und Passwort).
4. Im `setup()` die WLAN-Verbindung aufbauen und den Status auf dem OLED anzeigen.
5. Im `setup()` den Webserver starten und festlegen, welche Funktion auf welche Webadresse (URL) reagieren soll.
6. Im `loop()` den Webserver kontinuierlich auf eingehende Anfragen prüfen lassen.

22.3 Prompt für die Programmierung

Jetzt werden wir zusammen einen der letzten Prompts hier im Buch schreiben. Mein Vorschlag wäre, dass wir das Programm aus dem vorherigen Kapitel mit dem Ultraschallsensor und Gyroskop um ein einfaches Web-Interface erweitern, das uns zwei Funktionen bietet: das Roboter-Auto zu starten und zu stoppen.

```
Erweitere das folgende Programm so, dass das Roboter-Auto eigenständig über ein
Web-Interface gesteuert werden kann. Es soll nicht mehr über einen PS5-Control-
ler ferngesteuert werden. Über zwei Buttons erfolgt die Steuerung. Der eine
Button soll *Start* heißen und den autonomen Fahrmodus starten, wie du ihn in
dem Beispielprogramm siehst. Der zweite Button soll *Stopp* heißen und das Ro-
boter-Auto stoppen. Bitte sieh im Programmcode zwei Variablen vor für die SSID
des WiFis, mit dem sich der ESP32 verbinden soll, sowie die zweite Variable für
das Passwort. Zeige auf dem OLED-Display den Status an, ob sich das Roboter-
Auto mit dem WiFi verbinden konnte, sowie den Betriebsmodus.
Hier jetzt das Programm, das du bitte erweiterst:
<Füge hier das Programm aus Abschnitt 20.2 ein>
```

Listing 22.1 Prompt zum Erstellen eines initialen Web-Interfaces

Generierter Programmcode – Web-Interface und autonomes Fahren

Auch für das spannende Projekt, mit dem du dein ESP32-Roboter-Auto über eine eigene Weboberfläche im Browser fernsteuern kannst, stelle ich den Code online zur Verfügung. Du erreichst ihn über die folgende stabile Weiterleitungs-URL auf meiner Website:

https://custom-build-robots.com/Web-Steuerung

22.3.1 Erläuterung des generierten Codes

Dieses ESP32-Programm macht dein Roboter-Auto wieder zum autonomen Entdecker, nun steuerbar per Webseite (Start/Stopp-Buttons) anstatt eines PS5-Controllers. Damit haben wir das Hauptziel erreicht, ein Web-Interface für unser Roboter-Auto zu haben.

Kernfunktionen im Überblick

- **Systemstart und Setup:** Wie immer müssen wir ein paar Bibliotheken initialisieren. Dazu zählen I2C, OLED-Display und die Sensoren wie das MPU-6050-Gyroskop-Modul. Neu hinzugekommen sind der Aufbau der WiFi-Verbindung und der Start eines Webservers auf dem ESP32 für die Steuerung.
- **Steuerung per Web-Interface:** Nach erfolgreicher WiFi-Verbindung wird die IP-Adresse auf dem OLED-Display angezeigt. So kann das Web-Interface im Browser geöffnet werden. Die Start-Taste aktiviert den autonomen Fahrmodus, die Stopp-Taste versetzt ihn in den Wartezustand (IDLE).
- **Hinderniserkennung und Ausweichen:** Der HC-SR04 misst kontinuierlich den Abstand. Wird ein Hindernis erkannt (zum Beispiel unter 30 cm), stoppt das Auto, wählt eine zufällige Drehrichtung und einen Winkel (45 bis 90 Grad) und führt die Drehung MPU-6050-gestützt aus, bevor es weiterfährt.
- **Kontrollierte Bewegung:** Die Motoren werden präzise angesteuert. Software-Anpassungen sichern die korrekte Fahrtrichtung, und eine Drehtoleranz sorgt für sauberes Anhalten.
- **Status-Feedback (OLED und seriell):** Das OLED informiert über WiFi-Status, IP-Adresse, Betriebsmodus (zum Beispiel Fahren, Ausweichen), Distanz und den Drehfortschritt. Der serielle Monitor dient dem Debugging am PC.

Dieses Programm ermöglicht deinem Roboter-Auto autonome Fahrmanöver mit reaktiver Hindernisvermeidung, gesteuert über eine Web-Oberfläche und unter Nutzung eines Ultraschallsensors und eines Gyroskops.

22.3.2 Programm auf den ESP32 aufspielen

Das Programm benötigt noch zusätzliche Bibliotheken, die bislang noch nicht installiert wurden.

Damit du die Web-Server-Unterstützung in deinem Roboter-Auto verwenden kannst, musst du noch die Bibliothek *ESP Async WebServer* in deiner Arduino IDE installieren.

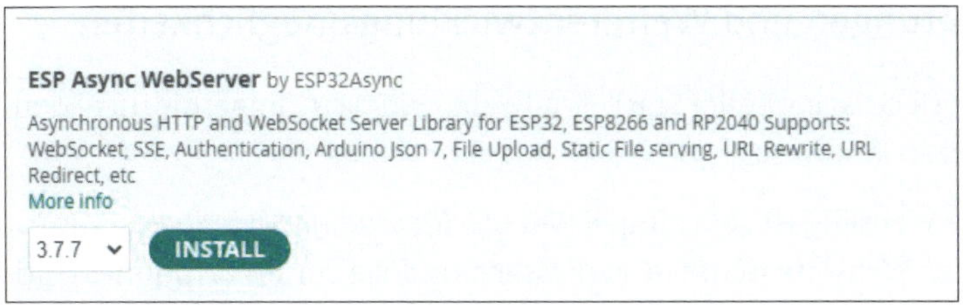

Abbildung 22.1 ESP Async WebServer by ESP32Async

Zusätzlich musst du auch die Bibliothek *Async TCP by ESP32Async* installieren.

Abbildung 22.2 Async TCP by ESP32Async

Jetzt ist alles vorbereitet, und du kannst den Programmcode kompilieren und auf den ESP32 wie gewohnt übertragen. Anschließend solltest du das in Abbildung 22.3 gezeigte Web-Interface zum Beispiel auf deinem Smartphone unter der im OLED-Display angezeigten IP-Adresse öffnen können.

Abbildung 22.3 Das Web-Interface des Roboter-Autos

22.4 Herausforderungen und Weiterentwicklungsmöglichkeiten

Ein einfaches Web-Interface ist ein toller Start. Es gibt aber ein paar Dinge, die du bedenken oder später umsetzen könntest:

- **Design:** Die aktuelle Webseite ist sehr simpel. Mit CSS (*Cascading Style Sheets*) kannst du das Aussehen der Webseite deutlich verbessern und sie für Smartphones optimieren.
- **Status-Feedback:** Zeige den aktuellen Fahrzustand (steht, fährt vorwärts etc.) auf der Webseite an.
- **Eingabefelder:** Neben Buttons kannst du auch Eingabefelder (`<input>`) verwenden, um zum Beispiel Geschwindigkeitswerte oder andere Parameter einzugeben.
- **Sicherheit:** Für Anwendungen außerhalb deines lokalen Netzwerks müsstest du dich um Sicherheitsaspekte kümmern (Passwörter, Verschlüsselung), was bei einem einfachen Roboterprojekt im Heimnetzwerk aber meist nicht notwendig ist.

Kapitel 23

Mehr Bewegung: Servo-Motoren für dein Roboter-Auto

Dein Roboter-Auto hat Sensoren, aber greifen, heben oder etwas schwenken kann es noch nicht. Mit kleinen, präzisen Servo-Motoren und einem Servo-Controller kannst du deinem Roboter-Auto zusätzliche Freiheiten in der Bewegung verschaffen. Lerne, wie du deinem Roboter-Auto Geschicklichkeit verleihst.

Neben den Motoren für den Antrieb gibt es noch eine andere Art von Motoren, die in der Robotik sehr nützlich sind: Servo-Motoren. Diese kleinen Motoren sind besonders gut darin, Dinge präzise in eine bestimmte Position zu bewegen und diese Position zu halten. Dank des Servo-Controllers, eines sogenannten PCA9685-Moduls, das wir zusätzlich benötigen, können wir Servo-Motoren ansteuern. Dieser sogenannte Servo-Controller hat 16 freie Kanäle, und an jeden einzelnen Kanal kannst du theoretisch einen Servo-Motor anschließen und diesen unabhängig von den anderen steuern.

In diesem Kapitel lernst du, wie Servo-Motoren funktionieren und wie du sie einsetzen kannst, um deinem Roboter-Auto zusätzliche bewegliche Teile zu spendieren, wie zum Beispiel einen beweglichen Schild oder einen schwenkbaren Ultraschallsensor.

Abbildung 23.1 Servo-Controller-Modul PCA9685

23.1 Was sind Servo-Motoren und wie unterscheiden sie sich von den Antriebsmotoren?

Stell dir die Antriebsmotoren als die Beine deines Roboters vor, die ihn von A nach B bringen. Servo-Motoren sind eher wie Arme oder Hände. Sie sind dafür gemacht, sehr genau bestimmte Winkelpositionen anzusteuern und dort zu verharren, anstatt sich kontinuierlich zu drehen.

Ein typischer kleiner Servo-Motor, wie er oft in Modellbau und Robotik eingesetzt wird, hat meist drei Anschlüsse:

- **Plus (V+):** Spannungsversorgung, oft 5 V (rot).
- **Minus (GND):** Masse (schwarz).
- **PWM/Signal (SIG):** Über diesen Pin wird das Steuersignal vom Mikrocontroller oder Servo-Treiber gesendet (gelb).

Der Hauptunterschied zu den DC-Getriebemotoren ist die Steuerung. Während du die Geschwindigkeit der DC-Motoren und die Richtung über die Polung am L298N-Motortreiber festlegst, steuerst du bei einem Servo-Motor die Position durch die Dauer eines kurzen Impulses auf dem Signal-Pin. Diese Impulse werden in regelmäßigen Abständen (meist alle 20 Millisekunden) gesendet und von dem Servo-Controller erzeugt. Die Länge des Impulses bestimmt den Winkel: Ein kurzer Impuls bedeutet eine Position (zum Beispiel 0 Grad), ein längerer Impuls eine andere Position (zum Beispiel 180 Grad).

23.1.1 Anwendungsbeispiele für Servos am Roboter-Auto

Mit Servos kannst du deinem Roboter-Auto neue Funktionen geben:

- **Sensor schwenken:** Bringe einen Sensor, wie zum Beispiel einen Ultraschallsensor, auf einem Servo-Arm an. Der Roboter kann den Sensor, befestigt auf dem Servo-Arm, dann hin- und herschwenken, um einen größeren Bereich vor dem Roboter-Auto zum Beispiel auf Hindernisse abzutasten. Das ist besonders nützlich für autonomes Fahren.
- **Kamera ausrichten:** Wenn du später eine Kamera montierst, können ein oder sogar zwei Servos (einen für horizontal, einen für vertikal) die Kamera ausrichten.
- **Greifarm:** Mit mehreren Servos kannst du sogar einen kleinen Greifarm konstruieren oder dir einen fertigen kaufen und auf dem Roboter-Auto montieren.

23.2 Das PCA9685-Modul und die Ansteuerung von Servos

Wir haben das PCA9685-Modul noch nicht kennengelernt, und daher möchte ich etwas detaillierter darauf eingehen. Dieses Modul ist in erster Linie ein 16-Kanal-/12-Bit-PWM-Controller, der perfekt für die Ansteuerung von Servo-Motoren ausgelegt ist. Seine einzige Aufgabe ist es, unterschiedlich lange PWM-Signale an den 16 Anschlüssen für die Winkelsteuerung von Servo-Motoren auszugeben.

23.2.1 Warum nutzen wir das PCA9685-Modul dafür?

Weil weniger ESP32-Pins benötigt werden! Der PCA9685-Servo-Controller wird auch wie viele der Sensoren vorher bereits über den I2C-Bus angeschlossen und gesteuert. In Abbildung 23.1 siehst du auf der linken Seite sehr gut die Anschlüsse für den I2C-Bus. Über den I2C-Bus sendet der ESP32 die Befehle an den PCA9685-Servo-Controller, damit dieser dann bis zu 16 separate PWM-Signale generiert. Der ESP32 selbst hat zwar auch PWM-fähige Pins, aber nicht 16 Stück, und vier davon sind schon belegt, um den L298N-Motortreiber anzusteuern und die Drehrichtung und Geschwindigkeit der Antriebsmotoren zu steuern. So bleiben keine PWM-fähigen Pins mehr am ESP32 übrig, die wir noch verwenden könnten, um Servo-Motoren anzusteuern.

Das PCA9685-Modul ist dafür optimiert, stabile und präzise PWM-Signale zu erzeugen, was für die zuverlässige Ansteuerung von Servos wichtig ist. Auch entlastet das PCA9685-Modul die Recheneinheit, also den ESP32-Mikrocontroller, davon, ständig das PWM-Signal erzeugen zu müssen.

23.2.2 Spannungsversorgung der Servo-Motoren

Die Servo-Motoren benötigen in der Regel eine Betriebsspannung von 5 V. Das PCA9685-Modul hat einen separaten Stromanschluss (V+ oder Ext) zusätzlich zum V_{CC}-Anschluss, der für die Logikspannung von 3,3 V vorgesehen ist und bei uns auch so im Roboter-Auto angeschlossen wird. Es ist sehr wichtig, die Servos über diesen separaten Anschluss mit Strom zu versorgen und nicht direkt über den V_{CC}-Pin; da Servos beim Bewegen relativ viel Strom benötigen, müssen sie separat versorgt werden. Du kannst die benötigten 5 V vom Step-Down-Konverter nutzen, um das PCA9685-Modul an diesem V+ und GND-Anschluss mit ausreichend Strom für die Servos zu versorgen. Hier haben wir ja schon die beiden LED-Bänder angeschlossen.

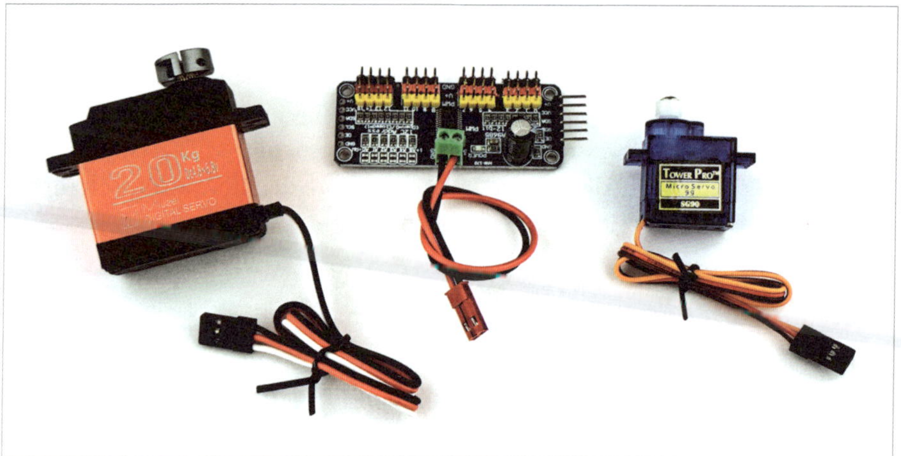

Abbildung 23.2 Servo-Controller mit Servo-Motoren

Das PCA9685-Modul muss so konfiguriert werden, dass es PWM-Signale mit der richtigen Frequenz für Servos erzeugt. Die Standardfrequenz für die meisten analogen Servos beträgt 50 Hz, was einer Periodendauer von 20 ms entspricht – genau der Zeitraum, in dem der Servo seinen Steuerimpuls erwartet. Diese Frequenz wird einmalig im Setup-Code `setPWMFreq(50)` in der Adafruit-Bibliothek eingestellt, die wir verwenden werden.

23.2.3 Anschluss eines Servo-Motors an das PCA9685

Der Anschluss eines Servo-Motors an das PCA9685-Modul ist einfach:

- Besorge dir einen oder mehrere Servo-Motoren (zum Beispiel SG90 oder MG90S, kleine, kostengünstige Servos).
- Identifiziere die drei Kabel des Servos: oft braun oder schwarz (GND), rot (V+/5 V) und orange oder gelb (Signal).
- Schließe die Kabel des Servos an die entsprechenden Pins auf einem der noch freien 16 Kanäle des PCA9685-Moduls an (oft beschriftet von 0 bis 15). Jeder Kanal hat drei Pins: Signal (gelb), Plus V+ (rot) und Minus GND (schwarz). Achte auf die richtige Polung!

Stelle sicher, dass das PCA9685-Modul selbst korrekt mit der 5-V-/GND-Spannungsversorgung des Spannungswandlers verbunden ist, an der extra 2er-Lüsterklemme für die Servo-Motoren. Der PCA9685-Servo-Controller wird logisch an den Anschlüssen für den I2C-Bus sowie der 3,3 V und GND für die Spannungsversorgung mit dem ESP32 verbunden.

23.3 Einbau des Servo-Controllers und Programmierung

Jetzt musst du einen Platz in deinem Roboter-Auto für den Servo-Controller finden. Wenn du den 3D-gedruckten Elektronikträger verwendest, habe ich bereits zwischen Spannungswandler und ESP32 einen passenden Platz vorgesehen. Dort kannst du mit etwas Heißkleber den Servo-Controller befestigen. Achte auf die richtige Ausrichtung des Servo-Controllers. Denn ich habe in dem Elektronikträger extra ein kleines Loch vorgesehen, durch das du die 5-V-Spannungsversorgung für die Servo-Motoren führen kannst. Also sollte die kleine Kabelklemme auf der Seite mit dem Loch sein und die Pin-Leiste mit den 16 Anschlüssen auf der Seite mit dem Spannungswandler.

In Abbildung 23.3 siehst du ziemlich genau in der Mitte des Servo-Controllers das rote und schwarze Kabel, wie es auf die Unterseite des Elektronikträgers geführt wird. Oberhalb des ESP32 in der Ecke ist der selbst gebaute I2C-Hub mit einer Vielzahl an Kabeln gerade noch so zu sehen. Über den Hub sind alle I2C-Geräte im Roboter-Auto angeschlossen.

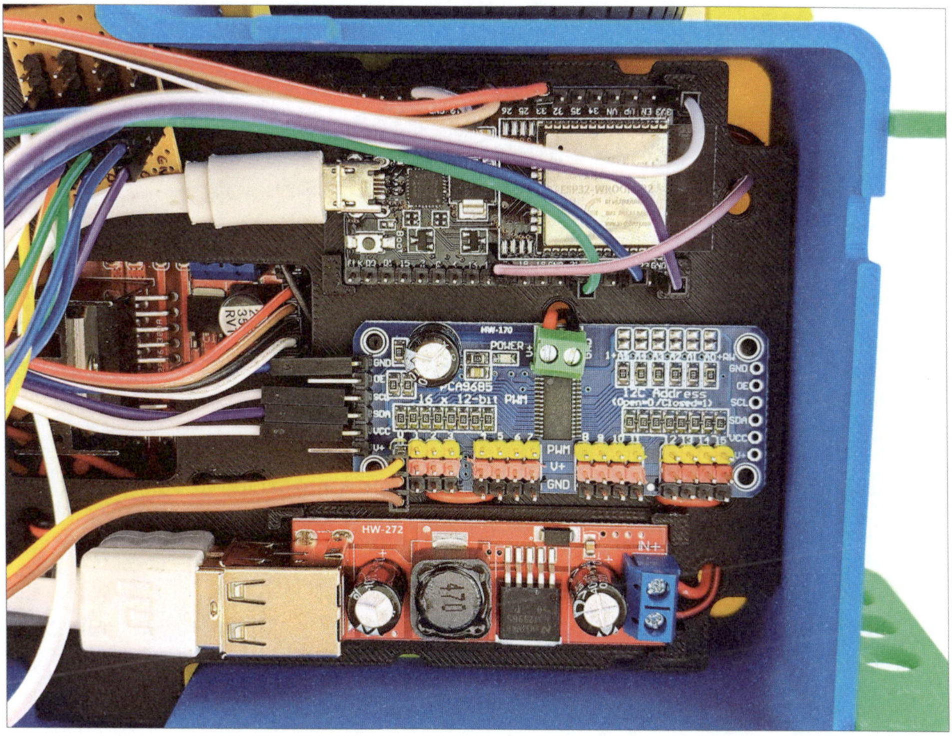

Abbildung 23.3 PCA9685-Servo-Controller eingebaut

Bei dem Roboter-Auto aus Pappe musst du einen passenden Platz finden und den Servo-Controller dort einbauen.

Wenn der Einbau des Servo-Controllers geklappt hat, legen wir jetzt los und schreiben unseren Prompt für die Programmierung der ersten Drehbewegungen des Servo-Motors.

23.3.1 Prompt für die Programmierung

Für den Anfang würde ein einfaches Programm reichen, das den Servo-Motor vielleicht zehnmal hin und her bewegt. Wobei das schon gar nicht so einfach ist, da bei den analogen Servo-Motoren die Rückmeldung fehlt, um wie viel Grad sich der Arm gedreht hat. Daher bin ich gespannt, wie das generierte Programm zu der folgenden Prompt-Idee aussehen wird.

```
Du bist ein spezialisierter KI-Programmierassistent mit umfassender Erfahrung
in der Entwicklung von Embedded Systems für den ESP32-Mikrocontroller unter
Verwendung der Arduino IDE und der Programmiersprache C++. Deine Expertise
umfasst die präzise Ansteuerung von Servo-Motoren, die Integration des I2C-ba-
sierten PCA9685-Servo-Controllers unter Verwendung einfacher analoger Servo-Mo-
toren, die am PCA9685-Servo-Controller angeschlossen sind. Für die Ansteuerung
des Servo-Controllers soll die Adafruit-PWMServoDriver-Bibliothek zum Einsatz
kommen.
**Aufgabe:**
Erstelle ein eigenständiges C++-Programm für einen ESP32-Mikrocontroller (zum
Beispiel ESP32-WROOM-32), das einen Servo-Motor steuert, der am Kanal 0 des
Servo-Controllers angeschlossen ist. Der Servo-Motor soll sich auf die Mittel-
stellung drehen, dann jeweils um 45 Grad nach links, zurück auf die Mittelstel-
lung und dann um 45 Grad nach rechts. Diese Drehbewegung soll er in einer
Schleife zehnmal ausführen und anschließend stoppen.
```

Listing 23.1 Prompt zur Erstellung eines initialen Programms, um Servo-Motoren anzusteuern

23.3.2 Generierter Programmcode – drehe den Servo-Motor

Auch für dieses Programm, das deinem Roboter-Auto beibringt, einen Servo-Motor zu drehen, stelle ich den Code online zur Verfügung:

Download-URL: *https://custom-build-robots.com/Servo*

Die Idee dieses einfachen Programms ist es, dass es die Basis legt für weitere Prompts und Programmerweiterungen. Wenn wir an das Programm aus denken und den Ultraschallsensor vorne am Roboter-Auto auf einem Servo montieren, könnte dieses Programm seine Umwelt, also die Hindernisse vor dem Roboter-Auto, ganz anders wahrnehmen und darauf reagieren.

23.3.3 Erläuterung des generierten Codes

Dieses kleine C++-Programm für den ESP32 steuert einen einzigen Servo-Motor. Es dreht den Servo-Arm in einer fest definierten Bewegungssequenz: Fahre in die Mittelstellung, drehe dann in einer ca. 45-Grad-Bewegungen nach links, zurück in die Mitte und weiter nach rechts. Führe diese Bewegung zehnmal hintereinander aus, bevor der Servo stoppt.

Kernfunktionen im Überblick

- **Systemstart und Initialisierung:** Das Programm initialisiert zuerst den ESP32 und den PCA9685-Servo-Controller `pwm.begin()`, `pwm.setPWMFreq()`. Entscheidend für die korrekte Winkelsteuerung sind die anpassbaren Servo-Pulsbreiten `SERVOMIN_US`, `SERVOMAX_US`.
- **Automatisierte Bewegungssequenz:** Die gesamte Bewegungsabfolge ist fest in der `setup()`-Funktion kodiert und startet automatisch nach dem Systemstart. Die Sequenz läuft somit exakt einmal pro Reset des ESP32 ab, ohne dass eine externe Steuerung erforderlich ist.
- **Präzise Servo-Positionierung:** Die Ansteuerung des Servos erfolgt durch das Senden spezifischer Pulsbreiten in Mikrosekunden mittels `pwm.writeMicroseconds()`. Die Genauigkeit der erreichten Winkel hängt maßgeblich von der sorgfältigen Kalibrierung der `SERVOMIN_US`- und `SERVOMAX_US`-Werte für den spezifisch verwendeten Servo ab.
- **Definierte Drehbewegung und Wiederholung:** Der Servo durchläuft zehnmal `LOOP_COUNT`, eine vierteilige Sequenz: Fahrt zur Mittelstellung, Drehung um 45 Grad nach links, zurück zur Mitte und schließlich Drehung um 45 Grad nach rechts. Eine kurze Pause `MOVE_DELAY` nach jeder Bewegung gibt dem Servo Zeit, die Position zu erreichen. Nach allen Wiederholungen stoppt der Servo in der Mittelstellung.
- **Statusrückmeldung (serieller Monitor):** Über den seriellen Monitor der Arduino IDE gibt das Programm kontinuierlich Feedback zum aktuellen Status, wie dem laufenden Durchlauf der Sequenz und der jeweils angesteuerten Position. Dies erleichtert die Nachverfolgung und eventuelle Fehlersuche.

Dieses Programm demonstriert die Grundlagen der Servo-Steuerung mit einem ESP32 und PCA9685 für eine präzise, vordefinierte Aufgabe. Es bildet eine solide Ausgangsbasis für komplexere Projekte, die Servo-Bewegungen erfordern.

23.3.4 Programm auf den ESP32 aufspielen

Bevor du das Programm auf den ESP32 aufspielen kannst, musst du sicherstellen, dass die Adafruit-Bibliothek, die im Programm verwendet wird, auch in deiner Arduino IDE installiert ist.

Gehe dazu in den Bibliotheksmanager, und suche nach »Adafruit PWM Servo Driver Library«.

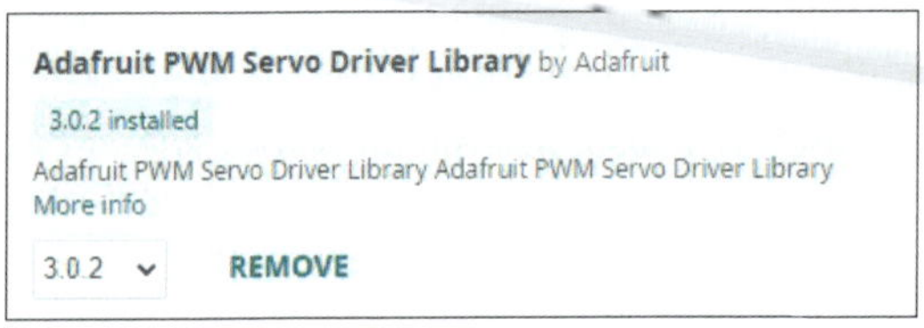

Abbildung 23.4 Adafruit PWM Servo Driver Library

Wichtig ist: Wenn der Servo zu weit dreht und das Brummen anfängt, trennst du ihn durch Ausschalten des Roboter-Autos sofort von der Spannungsversorgung. Denn in solch einem Fall besteht die Gefahr, dass der kleine Motor im Servo selbst durchbrennt. Der Grund ist, dass wir in unserem Prompt ja nur die Drehung gefordert haben, ohne Kenntnis der technischen Eigenschaften des Servo-Motors. An diese müssen wir uns eigentlich erst heranarbeiten. Die noch unbeantworteten Fragen aktuell sind: Wie weit kann ich den Servo maximal drehen und was ist dann die Mittelstellung und somit der maximale Ausschlag ab der Mitte nach links und rechts? Die Mittelstellung muss nicht unbedingt die Hälfte der Maximaldrehung sein.

Mögliche Projekte mit Servo-Motoren

Sobald du die grundlegende Steuerung von Servos beherrschst, öffnen sich viele neue Projektmöglichkeiten:

- ein einfaches Hebesystem für den Schild deines Roboters
- ein Schwenkkopf für einen Ultraschallsensor, um eine 180-Grad-Umgebungssuche durchzuführen
- eine kleine mechanische Hand, die einfache Objekte greifen kann
- bewegliche Augen oder andere expressive Elemente für das Roboter-Gesicht

Experimentiere mit der Ansteuerung verschiedener Servos auf unterschiedlichen Kanälen des PCA9685 und überlege dir, welche Funktionen du deinem Roboter gerne geben würdest. Servo-Motoren sind ein Schlüssel, um deinem Roboter mehr Interaktionsmöglichkeiten mit seiner physischen Umgebung zu geben.

Abbildung 23.5 Roboter-Auto mit Servo-Motor montiert

TEIL III

Level Up: Das Roboter-Auto fährt autonom

Kapitel 24

Dein Roboter-Auto wird intelligent – lerne das OpenBot Framework kennen

Dein Roboter-Auto kann schon fahren, aber ist es auch wirklich intelligent? Im 3. Teil des Buches machen wir es smart! Wir verbinden deinen ESP32-Flitzer mit deinem Smartphone und lernen das OpenBot-Projekt im Detail kennen. Dein Handy wird zum Piloten und bringt deinem Roboter-Auto bei, eigenständig Personen zu folgen und erste eigene Wege zu fahren. Mach dich bereit für eine neue Stufe der Roboter-Intelligenz!

Wenn du bis hierhin gekommen bist, hast du schon richtig viel gelernt! Ich freue mich sehr, dass du noch dabei bist und dass wir zusammen weiter lernen werden, wie wir deinem Roboter-Auto ganz neue KI-Fähigkeiten beibringen können. Dein Roboter-Auto ist für dich nicht mehr nur Elektronik und Mechanik, wie es dies vielleicht zu Beginn des Buches einmal war, sondern vielmehr eine Spielwiese, um Neues zu entdecken.

Du hast es aufgebaut, verkabelt, ihm mit den ersten Programmen Leben eingehaucht, es mit verschiedenen Fernsteuerungsmethoden – vom Gamecontroller bis zum eigenen Web-Interface – gelenkt. Du hast es mit Sensoren ausgestattet, sodass es seine Umgebung wahrnehmen kann: Es erkennt Hindernisse mit Ultraschall, folgt Linien mit Infrarotsensoren, reagiert auf Helligkeit und versteht dank Gyroskop sogar seine eigenen Bewegungen und seine Lage im Raum. Dein kleiner Flitzer hat gelernt, auf einfache Regeln zu reagieren und erste autonome Manöver auszuführen. Auch hat es dank einem GPS-Empfänger einen Sinn für seine Position auf unserer Erde erhalten und ist im Prinzip in der Lage, Wegpunkte anzusteuern.

Das ist eine solide Grundlage! Doch jetzt wollen wir gemeinsam den nächsten, spannenden Schritt wagen. Stell dir vor, dein Roboter-Auto trifft nicht nur auf Basis fester Regeln Entscheidungen, sondern lernt aus Bildern, erkennt komplexe Situationen und navigiert intelligent durch seine Umwelt. Der Schlüssel dazu liegt in der künstlichen Intelligenz, und genau hier setzt der dritte Teil dieses Buches an. Wir werden die bisherige

Intelligenz deines Roboters, die primär im ESP32 und deinem Programmcode verankert war, um eine mächtige Komponente erweitern: dein Smartphone – ein Supercomputer im Vergleich zum ESP32-Mikrocontroller.

24.1 Was du im dritten Teil des Buches lernen wirst

In diesem dritten Teil des Buches werden wir dein bereits gebautes ESP32-Roboter-Auto in einen echten *OpenBot*[1] verwandeln. Das OpenBot-Projekt ist nicht von mir erdacht oder entwickelt, aber ich finde es sehr gut geeignet, um in das Thema Robotik und KI einzuführen. Die Homepage des OpenBot-Projekts findest du auf der Website:

https://www.openbot.org

Das bedeutet im Grunde, dass wir durch ein einfaches Softwareupdate aus deinem bisherigen Roboter-Auto ein ganz neues machen:

- **Umbau und Anpassung deines Roboter-Autos:** Wir schauen uns an, welche kleinen Modifikationen an deinem aktuellen Roboter-Auto eventuell nötig sind, um es optimal für den Einsatz mit der OpenBot-Software vorzubereiten. Dazu gehört vor allem eine Halterung für dein Smartphone.
- **Die OpenBot-Firmware für den ESP32:** Du wirst lernen, die OpenBot-Software (die Firmware) auf deinen ESP32 aufzuspielen, die ihn befähigt, mit der OpenBot-Smartphone-App über Bluetooth zu kommunizieren und deren Steuerbefehle präzise umzusetzen.
- **Die OpenBot-Smartphone-App:** Wir installieren und erkunden gemeinsam die OpenBot-App (für Android oder iOS). Du erfährst, wie du sie mit deinem Roboter-Auto bzw. dem OpenBot verbindest und sie für die manuelle Steuerung sowie für erste autonome Funktionen nutzt.
- **Erste Schritte mit KI-gestützten autonomen Fahrfunktionen:** Das Herzstück von OpenBot! Du wirst deinem Roboter-Auto beibringen, selbstständig Personen oder Objekten zu folgen und vielleicht sogar einer von dir antrainierten Route nachzufahren.
- **Ein Einblick in das maschinelle Lernen (konzeptuell):** Wir werfen einen kurzen Blick darauf, wie KI-Modelle funktionieren, die deinem Roboter diese smarten Fähigkeiten verleihen, und wie du sogar eigene Modelle auf deinem PC trainierst.

---

1 OpenBot ist eine Marke der OpenBot-Initiative. Dieses Buch und sein Inhalt stehen in keiner Verbindung zur OpenBot-Initiative, werden von der OpenBot-Initiative nicht gesponsert, unterstützt oder sind von der OpenBot-Initiative autorisiert.

24.2 Eine neue Dimension der Autonomie – dein Smartphone als Robotergehirn

Du fragst dich vielleicht, warum wir jetzt das Smartphone ins Spiel bringen, nachdem wir so viel Zeit damit verbracht haben, den ESP32 zu programmieren, und warum wir nicht einfach den ESP32 weiterverwenden. Die Antwort ist einfach: Dein Smartphone ist ein wahres Kraftpaket! Es verfügt über eine ordentliche Rechenleistung, Sensoren wie hochwertige Kameras, GPS, Beschleunigungsmesser und ein Software-Ökosystem. All das übersteigt die Fähigkeiten eines einzelnen Mikrocontrollers wie des ESP32 bei Weitem, besonders wenn es um komplexe Aufgaben wie rechenintensive Bilderkennung mit künstlicher Intelligenz geht.

Genau hier setzt die geniale Idee des OpenBot-Projekts an: Es kombiniert das Beste aus zwei Welten:

- Dein Smartphone wird zum hochentwickelten Gehirn des Roboters. Es übernimmt die anspruchsvolle Wahrnehmung der Umgebung über die Kamera, die Verarbeitung dieser Daten durch KI-Algorithmen und die Entscheidungsfindung für die Navigation.
- Dein ESP32 bleibt der zuverlässige und reaktionsschnelle Roboter-Controller. Er empfängt die Fahranweisungen vom Smartphone, wie zum Beispiel »fahre mit 50 % Geschwindigkeit leicht links«, und setzt diese präzise in Motorbefehle um. Außerdem kann der ESP32 weiterhin Basis-Sensordaten erfassen und an das Smartphone senden, wie die Entfernung zu einem Hindernis vor dem Roboter-Auto.

Diese Arbeitsteilung eröffnet eine neue Dimension der Autonomie für dein Do-it-yourself-Roboter-Auto. Statt auf teure Spezialhardware für KI-Anwendungen angewiesen zu sein, nutzt du ein Gerät, das du wahrscheinlich sowieso schon besitzt. Du verwandelst dein Alltags-Smartphone in eine High-Tech-Steuerzentrale für deinen OpenBot, die dein Roboter-Auto um ganz neue KI-Fähigkeiten erweitert.

24.3 Vorstellung des OpenBot-Projekts

Hinter der Idee, dein Smartphone als Robotergehirn zu nutzen, steht das OpenBot-Projekt. Dieses Projekt kenne ich seit ca. 2020 und hatte mir damals direkt einen Do-it-yourself-OpenBot aus Pappe und einem Plexiglas-Chassis gebaut, also ähnlich wie wir es zusammen bereits mit dem Roboter-Auto gemacht haben. Abbildung 24.1 zeigt ein Bild von meinem allerersten OpenBot.

Abbildung 24.1 Mein erster OpenBot aus dem Jahr 2020

Lass uns jetzt kurz zusammen beleuchten, was sich hinter dem spannenden OpenBot-Projekt verbirgt:

OpenBot – die Vision

OpenBot ist ein Open-Source-Projekt, bei dem sowohl Hardware als auch Software frei verfügbar und veränderbar sind mit der Vision, eine kostengünstige und zugängliche Plattform für mobile KI-Robotik zu schaffen. Es soll Studierenden, Hobbyisten, Forschern und Entwicklern weltweit ermöglichen, mit KI-gesteuerten Robotern zu experimentieren, zu lernen und eigene Anwendungen zu entwickeln, ohne dafür ein Vermögen ausgeben zu müssen. Die typischen Kosten für einen OpenBot ohne ein Smartphone liegen oft im Bereich von 50 bis 100 Euro, wenn man auf DIY-Komponenten und zum Beispiel ein Pappe-Chassis setzt, wie ich es hier im Buch gezeigt habe.

24.3.1 Die Kernidee – Smartphone als Gehirn, ESP32 als Steuerzentrale

Wichtig zu verstehen ist, dass dein Smartphone die Steuerzentrale ist, über die die gesamte Kommunikation mit dem OpenBot abläuft. Das soll heißen, wenn wir später den OpenBot mit dem Gamepad fernsteuern, muss sich das Gamepad via Bluetooth erst mit dem Smartphone verbinden und das Smartphone mit dem OpenBot. Über diese Kette mit dem Smartphone als Vermittler in der Mitte der Kommunikation gelangen dann die Steuerbefehle vom Gamepad über das Smartphone an den ESP32 in deinem OpenBot.

In Abbildung 24.2 ist die Bluetooth-Kommunikation zwischen Gamepad, Smartphone und OpenBot bzw. dem ESP32-Mikrocontroller im OpenBot dargestellt.

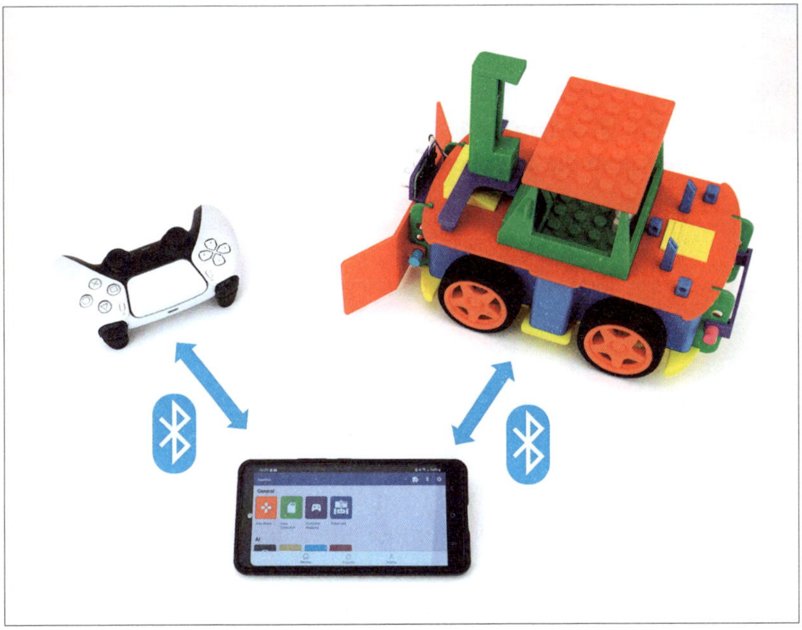

Abbildung 24.2 Bluetooth-Kommunikation zwischen Gamepad, Smartphone und OpenBot (ESP32)

Dank der Kommunikation über Bluetooth und nicht über ein USB-Kabel bist du viel flexibler bei der Bedienung und Konfiguration der OpenBot-App am Smartphone, bevor du dieses am OpenBot in der Smartphone-Halterung befestigst.

Jetzt, nachdem der Weg der Kommunikation zwischen Gamepad, Smartphone und OpenBot klar ist, noch eine kurze Erläuterung, wie die Steuerung dann vom Smartphone an den OpenBot funktioniert.

- **Das Smartphone:** Wie bereits erwähnt, ist es das Herzstück für die »Intelligenz« im OpenBot-Projekt. Es nutzt seine Kamera, um die Umgebung zu sehen. Auf dem Smartphone laufen dann verschiedene KI-Modelle, oft auf Basis von TensorFlow Lite, die Objekte erkennen, Personen verfolgen und die notwendigen Navigationsentscheidungen treffen. Die OpenBot-App auf dem Smartphone stellt die Schnittstelle im Sinne einer zentralen Steuerzentrale für all diese Funktionen bereit.
- **Der ESP32-Mikrocontroller:** Er dient im OpenBot-Projekt als robuste und reaktionsschnelle Schnittstelle zur physischen Welt des Roboters. Der ESP32 empfängt Befehle vom Smartphone über Bluetooth oder ein USB-Kabel (optional) und steuert über die-

se Verbindung die Motoren im Roboter-Auto präzise an. Zusätzlich kann der ESP32 Daten von am Roboter angebrachten Sensoren wie dem Ultraschallsensor auslesen und an das Smartphone zurückmelden, um die Entscheidungsfindung der KI zu unterstützen und präziser zu machen.

Das OpenBot-Projekt ist also viel mehr als nur eine App, es ist ein ganzes Ökosystem aus Software für das Smartphone, Firmware für den ESP32-Mikrocontroller in deinem Roboter-Auto, das dir den Einstieg in die angewandte künstliche Intelligenz mit Robotern enorm erleichtert.

Da ich seit dem Jahr 2020 selbst ca. fünf OpenBots gebaut habe, möchte ich meine Erfahrung hier an dich weitergeben und dir beim Einstieg in das OpenBot-Projekt helfen.

24.4 Zusätzlich benötigte Komponenten zum bestehenden Roboter-Auto

Das Schöne am OpenBot-Projekt ist, dass du auf deinem bisherigen ESP32-Roboter-Auto, das du gebaut hast, aufbauen kannst. Alle Komponenten des Roboter-Autos hast du bereits sehr gut kennengelernt und im Einsatz. Die kleineren Anpassungen, die – wenn überhaupt – notwendig sind, kannst du sehr einfach mit deinem bereits erlangten Wissen und deinen Erfahrungen durchführen.

Hier sind die zusätzlichen Dinge, die du für diesen dritten Teil des Buches benötigst oder überprüfen solltest:

- **Ein kompatibles Smartphone:**

  Die OpenBot-Webseite listet Smartphones entsprechend ihrer Kompatibilität auf. Auch gibt es dort einen Vergleich, einen sogenannten Benchmark, wie gut das jeweilige Smartphone die notwendigen KI-Modelle ausführen kann.

  Der Link zu dieser Übersicht ist wie folgt:

  https://github.com/ob-f/OpenBot/blob/master/android/robot/README.md

  - **Android:** Die meisten neueren Android-Smartphones ungefähr ab Android 7 oder höher bieten ausreichende Rechenleistung, eine vollkommen ausreichende Kamera und sind so generell für das OpenBot-Projekt geeignet. Eine Faustregel ist, dass die meisten Android-Smartphones nach dem Jahr 2020 ausreichend Rechenleistung haben sollten.
  - **iOS:** Auch für iPhones gibt es eine OpenBot-App. Prüfe hier ebenfalls die Kompatibilitätsanforderungen auf der OpenBot-Webseite. Ich selbst nutze privat kein iPhone und kann daher hier nicht aus meiner eigenen Erfahrung sprechen.

- **Eine Smartphone-Halterung für den Roboter:**

  Dein Smartphone muss sicher und stabil auf dem Roboter-Auto befestigt werden, idealerweise so, dass die Hauptkamera eine gute Sicht nach vorne hat. Es gibt viele günstige Universal-Smartphone-Halterungen für Autos oder Fahrräder, die sich für die Nutzung für das OpenBot-Projekt eignen. Kreative DIY-Lösungen aus 3D-Druck oder auch Pappe sind ebenfalls möglich. Wir werden im nächsten Kapitel genauer darauf eingehen. Die OpenBot-3D-Druck-Smartphone-Halterung findest du hier:

  https://github.com/ob-f/OpenBot/tree/master/body/phone_mount

  In Abbildung 24.3 ist die OpenBot-DIY-Smartphone-Halterung zu sehen, die ich auf meiner eigens entworfenen universellen Halterung für das Roboter-Auto montiert habe. Ich habe die Bohrungen der universalen Halterung so gewählt, dass diese genau für die OpenBot-Smartphone-Halterung passen. Die Smartphone-Halterung wird mit zwei M3-Schrauben mit einer Länge von 22 mm auf der universalen Halterung montiert.

Abbildung 24.3 Die OpenBot-DIY-Smartphone-Halterung, montiert auf der universellen Halterung

Für die Smartphone-Halterung brauchst du noch die folgenden Komponenten wie Zugfeder und zwei M3-Schrauben mit Muttern.

Komponente	Anzahl	Anmerkungen
Zugfeder	1	Drahtdurchmesser von 1,2 mm Außendurchmesser von 10,5 mm freie Länge von 46 mm
M3-Schraube	2	Schrauben M3 x 22 mm für die Befestigung der Halterung am Universalhalter
M3-Mutter	2	M3-Mutter für die Befestigung der Halterung am Universalhalter

Tabelle 24.1 Einkaufsliste für die Halterung

- **Kleine Anpassungen an der OpenBot-Software:**

  Abhängig davon, wie die OpenBot-Firmware für den ESP32 die Motoren und optionale Sensoren zukünftig ansteuert, könnten kleinere Änderungen der Konfiguration wie der GPIO-Pin-Belegung an der OpenBot-Firmware notwendig werden. Die gewählten Komponenten und deren Verkabelung zum Beispiel zwischen ESP32 und Motortreiber habe ich in diesem Buch von Beginn an so gewählt, dass unser Roboter-Auto kompatibel mit dem OpenBot-Projekt und Software ist. Aber keine Sorge, auch das schauen wir uns noch ganz in Ruhe zusammen an.

Zusammen mit deinem erlernten Wissen, den verbauten Komponenten sowie dem Buch bist du bestens gerüstet, um dein ESP32-Roboter-Auto in einen intelligenten OpenBot zu verwandeln!

In Abbildung 24.4 zeige ich dir eine Auswahl meiner OpenBot-Roboter-Autos. Der ganz linke ist ein selbst gedruckter DIY-OpenBot noch aus dem Jahre 2020. Der graue OpenBot ist ein sogenannter RTR-TT-OpenBot (RTR steht für Ready-To-Run, das heißt fertig zum direkten Einsatz aufgebaut). Den bunten OpenBot kennen wir bereits gut, und der ganz rechte ist ein sogenannter RTR-520-OpenBot. Die Zahl 520 steht hier für die Motoren, die verbaut sind, denn dieser RTR-520 verwendet keine TT-Motoren mehr, sondern deutlich stabilere 520er-Motoren, die mit einem Metallgetriebe ausgestattet sind. Mit seinen groben und größeren Reifen ist der RTR-520-OpenBot gut geeignet, um auch im Freien zu fahren.

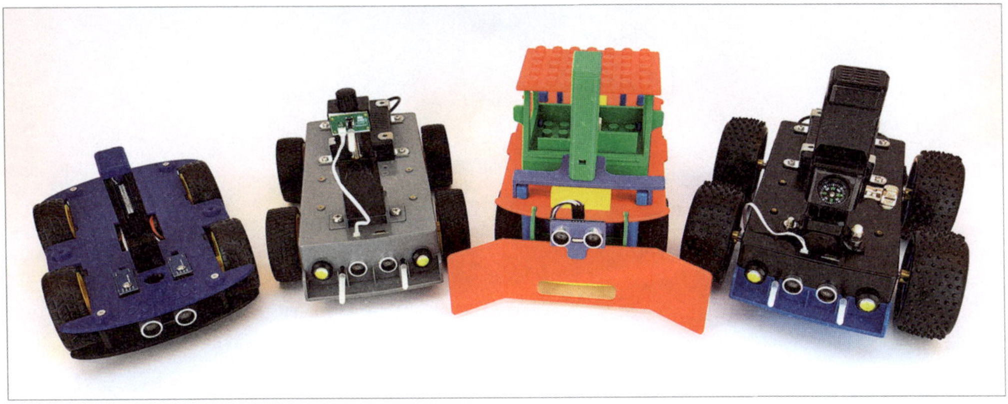

Abbildung 24.4 Eine Auswahl an verschiedenen OpenBot-Modellen

Die RTR-TT- und RTR-520-OpenBot-Modelle können auch fertig aufgebaut als Ready-To-Run gekauft werden. Wie und auch wo die Modelle erworben werden können, erfährst du über die offizielle OpenBot-Website.

https://www.openbot.org/home

Im nächsten Kapitel beginnen wir mit den konkreten Vorbereitungen und der Verwandlung unseres Roboter-Autos hin zu einem OpenBot.

Kapitel 25

Das OpenBot-System – Zusammenspiel von Smartphone und ESP32-Mikrocontroller

Ein Gehirn und ein Nervensystem – mehr braucht dein Roboter nicht für den Einsatz von künstlicher Intelligenz. Ich zeige dir, wie das Dream-Team aus Smartphone und ESP32 sich die Arbeit aufteilt und deinem OpenBot beeindruckende autonome Fähigkeiten verleiht.

Im vorigen Kapitel hast du die grundlegende Idee des OpenBot-Projekts kennengelernt, die intelligente Zusammenarbeit deines Smartphones mit dem ESP32-Mikrocontroller. Wir haben darüber gesprochen, das Smartphone als Gehirn und den ESP32 als Steuerzentrale des Roboters zu nutzen. Lass uns nun einen genaueren Blick unter die Motorhaube werfen und die Architektur dieses Systems im Detail betrachten, um zu verstehen, wie diese beiden Komponenten perfekt zusammenarbeiten

25.1 Die Architektur im Detail

Die OpenBot-Architektur ist ein hervorragendes Beispiel für eine verteilte Architektur, bei der jede Komponente das tut, was sie am besten kann.

25.1.1 Smartphone-Seite

Das Smartphone ist die Kommandozentrale und der Denker des Systems. Die auf ihm installierte OpenBot-App nutzt die leistungsfähige Hardware des Telefons für rechenintensive Aufgaben:

- **Umgebungswahrnehmung:** Die App greift auf die hochauflösende Kamera des Smartphones zu, um die Umgebung vor dem Roboter visuell zu erfassen.

- **Ausführung von KI-Modellen:** Mit der App werden die anspruchsvollen TensorFlow-Lite-KI-Modelle auf deinem Smartphone ausgeführt. Dies ermöglicht Funktionen wie Objekterkennung, das Verfolgen von Personen oder die autonome Pfadplanung.
- **Bereitstellung der Benutzeroberfläche:** Die App stellt das gesamte User-Interface zur Verfügung, über das du den OpenBot manuell steuern und zwischen den verschiedenen autonomen Modi umschalten kannst.

25.1.2 ESP32-Seite der Roboter-Auto-Controller

Der ESP32 auf deinem Roboter-Auto agiert als die zuverlässige und reaktionsschnelle Steuerzentrale. Seine Firmware ist darauf spezialisiert, die Befehle vom Smartphone exakt und ohne Verzögerung umzusetzen:

- **Empfang von Steuerbefehlen:** Die Aufgabe der Firmware im ESP32 ist es, die Fahrbefehle für Geschwindigkeit und Richtung vom Smartphone zu empfangen.
- **Präzise Motoransteuerung:** Der ESP32 wandelt diese Befehle in exakte PWM-Signale um, um die Motoren des Roboter-Autos präzise anzusteuern.
- **Auslesen und Senden von Fahrzeugdaten:** Die Firmware kann wichtige Fahrzeugdaten wie die Batteriespannung oder die Geschwindigkeit der Räder erfassen und zur Analyse an die Smartphone-App zurücksenden.

25.1.3 Kommunikation über Bluetooth oder USB-Kabel

Die Kommunikation zwischen dem Smartphone und dem ESP32 ist das Nervensystem des Roboters. Sie erfolgt idealerweise über Bluetooth Low Energy (BLE). Die ESP32-Firmware richtet dafür einen speziellen BLE-Dienst ein, der die Steuerbefehle vom Smartphone empfängt und die Sensordaten des Fahrzeugs zurückmeldet, sobald du beide miteinander verbunden hast.

Möchtest du nicht Bluetooth verwenden, so kannst du dein Smartphone auch via USB-Kabel mit dem ESP32 verbinden. Allerdings brauchst du dann ein spezielles USB-Kabel, das auf der Seite des Smartphones vermutlich einen USB-C-Stecker hat und auf der anderen Seite hin zum ESP32 über einen Micro-USB-Anschluss verfügt.

Daher ist meine Empfehlung, die Verbindung zwischen Smartphone und ESP32, also der OpenBot-Firmware, über Bluetooth zu konfigurieren. So sind dein OpenBot und das Smartphone auch nicht physisch über ein Kabel fest miteinander verbunden. Du kannst das Smartphone in die Hand nehmen, die OpenBot-App konfigurieren und anschließend das Smartphone in die Halterung am OpenBot einsetzen und losfahren.

Warum dieser Ansatz so leistungsfähig ist

Die klare Arbeitsteilung in der OpenBot-Architektur ist der Grund für ihre beeindruckende Leistungsfähigkeit und Zugänglichkeit:

- Du erhältst Zugriff auf fortschrittliche KI-Funktionen, da die komplexe Rechenarbeit auf dem leistungsstarken Prozessor deines Smartphones stattfindet, ohne dass du teure Spezialhardware auf dem Roboter benötigst.
- Du profitierst direkt von der hochentwickelten Kamera- und Sensortechnologie, die bereits in modernen Smartphones verbaut ist und die Qualität vieler günstiger Robotik-Sensoren übertrifft.
- Du musst nicht spezielle Kameras kaufen, die mit dem Mikrocontroller verbunden werden können, sondern nutzt dein Smartphone einfach für dieses Projekt.

25.2 Überblick über die autonomen Fähigkeiten mit OpenBot

Die OpenBot-App, die du auf deinem Smartphone installierst, kommt bereits mit einer Reihe von beeindruckenden, KI-gestützten Funktionen, die du direkt ausprobieren kannst:

- **Controller-Modus:** Dies ist die Basisfunktion zur manuellen Fernsteuerung deines Roboters über einen Touchscreen-Controller in der App.
- **Personenverfolgung:** In diesem Modus kann das Roboter-Auto eine Person im Sichtfeld der Kamera erkennen und ihr selbstständig folgen.
- **Objektverfolgung:** Ähnlich wie bei der Personenverfolgung kannst du in der App ein beliebiges Objekt auswählen, dem der Roboter dann autonom folgt.
- **Autonomes Fahren basierend auf trainierten KI-Modellen:** Die App kann verschiedene, vortrainierte KI-Modelle laden, mit denen der Roboter zum Beispiel einer Fahrspur folgt oder autonom navigieren kann.
- **Datensammlung für das Training eigener Modelle:** Dies ist eines der mächtigsten Werkzeuge des OpenBot-Projekts. Die App erlaubt es dir, während der Fahrt Bilderdaten zusammen mit deinen Steuerbefehlen des Gamepads aufzuzeichnen, um damit später am PC deine eigenen, spezialisierten KI-Modelle zu trainieren.

Kapitel 26

Vom Roboter-Auto zum OpenBot: Vorbereitung und Firmware-Installation

In diesem entscheidenden Kapitel setzen wir zusammen das letzte große Puzzleteil ein, das dein Roboter-Auto von einem ferngesteuerten Auto in einen intelligenten OpenBot verwandelt und die Tür zu dem spannenden Thema der künstlichen Intelligenz aufstößt.

Du hast ein voll funktionsfähiges ESP32-Roboter-Auto gebaut, das von Beginn an perfekt auf die Anforderungen des OpenBot-Projekts zugeschnitten ist. In diesem Kapitel führen wir die entscheidenden letzten Schritte durch, um dein Roboter-Auto mit der offiziellen OpenBot-Firmware auszustatten. So erfolgt ab dann die Steuerung durch dein Smartphone, auf dem KI-Modelle laufen, die die Steuerung des Roboter-Autos übernehmen. Wir konzentrieren uns auf die notwendige Hardware-Anpassung und die korrekte Konfiguration der Software.

26.1 Letzte Hardware-Vorbereitung: die Smartphone-Halterung

Da dein Roboter bereits mit dem passenden ESP32, dem L298N-Motortreiber und einer stabilen Spannungsversorgung ausgestattet ist, entfällt ein größerer Umbau. Die einzige größere notwendige Ergänzung ist eine stabile Halterung für dein Smartphone.

- **Wichtig:** Eine stabile Halterung ist entscheidend. Das Smartphone darf während der Fahrt nicht wackeln oder verrutschen, da dies die Videoaufnahmen für die KI-Steuerung erschweren bzw. unbrauchbar machen würde.
- **Ausrichtung:** Montiere die Halterung so, dass die Hauptkamera deines Smartphones eine freie und gerade Sicht nach vorne hat. Eine zentrale Position auf dem Roboter-Auto ist hierfür ideal.

- **Optionen:** Du kannst auf günstige Universalhalterungen für Fahrräder oder Autos zurückgreifen oder eine eigene Lösung, zum Beispiel aus einem 3D-Drucker oder aus Pappe, anfertigen.

26.2 Die OpenBot-Firmware: Vorbereitung und Konfiguration

Jetzt spielen wir die OpenBot-Firmware, die deinem bisherigen Roboter-Auto die Smartphone-Intelligenz bringt, auf deinen ESP32 auf. Wir laden die offizielle Firmware herunter und passen sie exakt an die Verkabelung an, die hier im Buch beschrieben wurde und zu deinem Roboter-Auto passt.

Bevor wir starten, muss die Entwicklungsumgebung korrekt eingerichtet sein. Der wichtigste Schritt hierbei ist die korrekte Version der ESP32-Boardunterstützung.

- Öffne in der Arduino IDE den Boardverwalter.
- Suche nach ESP32 BY ESPRESSIF SYSTEMS.
- Wichtig: Wähle aus dem Dropdown-Menü die Version 2.0.17 aus, und installiere sie. Neuere Versionen (3.x.x und höher) sind derzeit nicht mit der OpenBot-Firmware kompatibel und werden nicht funktionieren!

Mehr zur Kompatibilität erfährst du in der offiziellen Dokumentation des OpenBot-Projekts:

https://github.com/ob-f/OpenBot/blob/master/firmware/README.md

Da wie bereits erwähnt das OpenBot-Projekt nicht von mir selbst ist, kann ich auch nur bedingt bei Fragen unterstützen. Aber ich habe gute Erfahrungen gemacht: Die Community ist sehr hilfsbereit und aktiv. Über den folgenden Link ist es möglich, sich bei Fragen oder Problemen an das OpenBot-Projekt zu wenden.

https://github.com/ob-f/OpenBot/issues

26.3 Die Firmware konfigurieren

Lade zunächst die OpenBot-Firmware des OpenBot-Projekts von GitHub herunter, oder klone das gesamte Projekt, wenn du dich bereits damit auskennst. Die OpenBot-Firmware findest du direkt hier in der Datei `openbot.ino`:

https://github.com/ob-f/OpenBot/tree/master/firmware/openbot

Öffne dann die Firmware-Datei `openbot.ino` in deiner vorbereiteten Arduino IDE. Wenn du das gesamte OpenBot-Projekt heruntergeladen hast, findest du die Datei im folgenden Pfad innerhalb des Projekts: `<dein Ablageort am PC>/firmware/openbot/openbot.ino`

In dieser Datei `openbot.ino`, die die Firmware des OpenBot-Projekts verkörpert, müssen wir den Code noch leicht anpassen bzw. konfigurieren. Die Firmware-Version, die ich hier im Buch zeige, ist ein Stand aus Juni 2025. Zukünftig könnten sich mit der Weiterentwicklung des OpenBot-Projekts Veränderungen am Code und somit an der Konfiguration ergeben. Wenn dir eine größere Abweichung auffällt, dann schaue auf meinem Blog vorbei. Dort werde ich auf Änderungen, die für das Buch relevant sind, hinweisen.

Jetzt musst du innerhalb des Programms in der Datei `openbot.ino` einstellen, welchen Robotertyp du verwendest und welche Pins für die Steuerung des Motortreibers, des Ultraschallsensors etc. verwendet werden sollen.

26.3.1 Robotertyp festlegen

Suche in der Datei `openbot.ino` die folgende Zeile, und stelle sicher, dass sie auf `DIY_ESP32` gesetzt ist. Diese Anpassung aktiviert die richtige Konfiguration für unseren verbauten ESP32-Mikrocontroller, also unseren Eigenbau-Roboter.

```
// Setup the OpenBot version (DIY, PCB_V1, PCB_V2, RTR_TT, RC_CAR, LITE,
// RTR_TT2, RTR_520, DIY_ESP32)
#define OPENBOT DIY_ESP32
```

Wenn du diese Änderung vorgenommen hast, geht es weiter mit der Konfiguration.

26.3.2 GPIO-Pin-Belegung für dein Roboter-Auto anpassen

Durch die Auswahl von `DIY_ESP32` wird ein spezieller Konfigurationsblock in der Firmware aktiv. Dieser Block muss exakt die GPIO-Pins deines ESP32 widerspiegeln, die mit dem Motortreiber verbunden sind. Suche jetzt in der Firmware, also in der `openbot.ino`-Datei, die folgende Zeile:

```
#elif (OPENBOT == DIY_ESP32)
```

In Listing 26.1 findest du den kompletten Block, wie er bei mir nach der Anpassung aussieht und auch bei dir aussehen sollte, wenn du die Anpassungen Zeile für Zeile vorgenommen hast, die ich dir nachfolgend im Detail erklären werde.

```
//------------------------DIY_ESP32---------------------//
#elif (OPENBOT == DIY_ESP32)
const String robot_type = "DIY_ESP32";
#define MCU ESP32
#include <esp_wifi.h>
#define HAS_BLUETOOTH 1
#define analogWrite ledcWrite
#define attachPinChangeInterrupt attachInterrupt
#define detachPinChangeInterrupt detachInterrupt
#define digitalPinToPinChangeInterrupt digitalPinToInterrupt
#define PIN_PWM_L1 CH_PWM_L1
#define PIN_PWM_L2 CH_PWM_L2
#define PIN_PWM_R1 CH_PWM_R1
#define PIN_PWM_R2 CH_PWM_R2
#define HAS_VOLTAGE_DIVIDER 1
const float VOLTAGE_DIVIDER_FACTOR = (30 + 10) / 10;
const float VOLTAGE_MIN = 6.0f;
const float VOLTAGE_LOW = 9.0f;
const float VOLTAGE_MAX = 12.6f;
const float ADC_FACTOR = 3.3 / 4095;
#define HAS_INDICATORS 0
#define HAS_SONAR 1
#define SONAR_MEDIAN 0
#define HAS_SPEED_SENSORS_FRONT 1
//PWM properties
const int FREQ = 5000;
const int RES = 8;
const int CH_PWM_L1 = 0;
const int CH_PWM_L2 = 1;
const int CH_PWM_R1 = 2;
const int CH_PWM_R2 = 3;
const int CH_LED_LF = 4;
const int CH_LED_RF = 5;
const int CH_LED_LB = 6;
const int CH_LED_RB = 7;
const int PIN_PWM_LF1 = 12;
const int PIN_PWM_LF2 = 13;
const int PIN_PWM_LB1 = 12;
```

```
const int PIN_PWM_LB2 = 13;
const int PIN_PWM_RF1 = 33;
const int PIN_PWM_RF2 = 27;
const int PIN_PWM_RB1 = 33;
const int PIN_PWM_RB2 = 27;
const int PIN_SPEED_LF = 35;
const int PIN_SPEED_LB = 34;
const int PIN_SPEED_RF = 22;
const int PIN_SPEED_RB = 23;
const int PIN_VIN = 4;
const int PIN_TRIGGER = 26;
const int PIN_ECHO = 25;
const int PIN_LED_LI = 5;
const int PIN_LED_RI = 18;
const int PIN_LED_LB = 5;
const int PIN_LED_RB = 18;
const int PIN_LED_LF = 19;
const int PIN_LED_RF = 21;
const int PIN_LED_Y = 14;
const int PIN_LED_G = 27;
const int PIN_LED_B = 26;
#endif
//-----------------------------------------------------//
```

Listing 26.1 Beschreibung der Konfiguration des DIY_ESP32-OpenBots

Jetzt gehen wir zusammen von oben nach unten durch diesen `elif`-Block, und du nimmst die Anpassungen an deiner Firmware vor.

- **Bluetooth aktivieren:**

  In diesem `elif`-Block der Firmware musst du, wenn du dein Smartphone mit dem ESP32 via Bluetooth verbinden möchtest, noch `HAS_BLUETOOTH 1` setzen. Die Zeile sieht nach der Anpassung dann wie folgt aus:

  ```
  #define HAS_BLUETOOTH 1
  ```

- **Motortreiber-GPIO-Pins setzen:**

  Gehen wir ein paar Zeilen tiefer in dem `elif`-Block, kommen jetzt die Pins, die die logische Verkabelung des Motortreibers steuern. Die Anpassung der GPIO-Pins für den Motortreiber ist der entscheidende Schritt, damit sich das Roboter-Auto überhaupt bewegt. Sie stellt sicher, dass die Befehle der OpenBot-App (zum Beispiel »fahre links«) korrekt an die richtigen Pins des Motortreibers weitergeleitet werden.

Hier für eine bessere Übersicht der Anpassung der Auszug des Programms noch einmal im Detail:

```
// Pin-Definitionen für die Motoren
const int PIN_PWM_LF1 = 12;
const int PIN_PWM_LF2 = 13;
const int PIN_PWM_LB1 = 12;
const int PIN_PWM_LB2 = 13;
const int PIN_PWM_RF1 = 33;
const int PIN_PWM_RF2 = 27;
const int PIN_PWM_RB1 = 33;
const int PIN_PWM_RB2 = 27;
```

- **Ultraschallsensor-GPIO-Pins setzen:**

  Du hast ja im Roboter-Auto bereits einen Ultraschallsensor angeschlossen. Wenn die OpenBot-Firmware ebenfalls den Ultraschallsensor nutzen soll, musst du noch `HAS_SONAR 1` setzen. Darüber hinaus musst du noch die GPIO-Pins für die beiden Anschlüsse `PIN_TRIGGER = 26` und `PIN_ECHO = 25` des Ultraschallsensors richtig setzen, so wie du den Sensor am ESP32 angeschlossen hast. Nur so kann die Entfernungsmessung funktionieren.

```
// Pin-Definition für Ultraschallsensor (optional)
#define HAS_SONAR 1
const int PIN_TRIGGER = 26;
const int PIN_ECHO = 25;
```

Jetzt ist die Firmware fertig konfiguriert und kann auf deinen ESP32 aufgespielt werden.

26.4 Firmware auf den ESP32 aufspielen

Nachdem die Konfiguration der OpenBot-Firmware gespeichert ist, kannst du die Firmware auf dein Roboter-Auto übertragen.

- Verbinde dein Roboter-Auto per USB-Kabel mit dem Computer.
- Wähle in der Arduino IDE unter Werkzeuge • Board das passende ESP32-Board aus (zum Beispiel ESP32 Dev Module).

- Wähle unter WERKZEUGE • PORT den korrekten COM-Port aus.
- Klicke auf den UPLOAD-Pfeil in der Arduino IDE.

Der Code wird nun kompiliert und auf den ESP32 geschrieben.

Falls das Flashen der Firmware nicht klappen sollte, überprüfe bitte, ob du die richtige Version 2.0.17 der ESP32-Board-Software in der Arduino IDE installiert hast.

26.5 Der erste Test

Öffne nach dem erfolgreichen Hochladen der Software auf den ESP32 den seriellen Monitor in der Arduino IDE (Baudrate: 115200). Du solltest im seriellen Monitor Statusmeldungen der OpenBot-Firmware sehen, die bestätigen, dass alles funktioniert und der ESP32 bereit ist, sich mit der Smartphone-App zu verbinden.

Im nächsten Abschnitt 26.6 installieren wir die OpenBot-App auf deinem Smartphone und stellen die erste Verbindung zu deinem OpenBot her.

26.6 Die OpenBot-Smartphone-App – Installation und erste Verbindung

Nachdem du die Firmware erfolgreich auf deinem ESP32 zum Laufen gebracht hast und die OpenBot-Software jetzt auf eine Verbindung zu einem Smartphone mit OpenBot-App wartet, ist es an der Zeit, den Supercomputer, das neue Gehirn des Roboters, zu aktivieren: die OpenBot-App auf deinem Smartphone.

In diesem Abschnitt installieren wir die App und stellen die erste Verbindung zu deinem OpenBot, ehemals Roboter-Auto, her.

Die richtige App für dein System
Das OpenBot-Projekt stellt Apps für die beiden gängigsten mobilen Betriebssysteme zur Verfügung.

- **Android:** Die Android-App kannst du direkt als Installationsdatei (APK) von der offiziellen GitHub-Seite des OpenBot-Projekts herunterladen und manuell installieren.
- **iOS:** Für Apple-Nutzer ist der Prozess unkompliziert. Suche einfach im App Store nach »OpenBot«, und installiere die offizielle Anwendung.

Neuer ist besser

Generell gilt: Je neuer dein Smartphone, desto besser. Eine gute Kamera und ausreichende Rechenleistung sind für die KI-Funktionen von Vorteil. Für technisch versierte Nutzer besteht auch die Möglichkeit, die App aus dem Quellcode selbst zu kompilieren, was hier aber nicht weiter thematisiert wird.

Du findest stets die aktuelle Anleitung zur Installation der jeweiligen App für dein Smartphone hier unter dem folgenden Link. Da eine detaillierte Installationsanleitung hier im Buch sehr schnell veraltet sein kann, möchte ich an dieser Stelle auf die offizielle Website des OpenBot-Projekts verweisen, damit du immer die neueste Anleitung findest.

- Android:
  https://github.com/ob-f/OpenBot/blob/master/android/README.md
- iOS:
  https://github.com/ob-f/OpenBot/blob/master/ios/OpenBot/README.md

26.6.1 Installation und Einrichtung der App

Nach der Installation der App auf deinem Smartphone wird dich die App beim ersten Start um einige Berechtigungen bitten. Diese sind für die Funktion der App unerlässlich. Erteile der App daher den Zugriff auf:

- **Kamera:** Wird für die gesamte visuelle Wahrnehmung, die Objektverfolgung und das autonome Fahren benötigt.
- **Bluetooth:** Notwendig, um die Verbindung zu deinem ESP32-Roboter-Auto herstellen zu können.
- **Speicher:** Wird benötigt, wenn du Fahrdaten für das Training eigener KI-Modelle aufzeichnen und speichern möchtest.

Nimm dir nach der Erteilung der Berechtigungen einen Moment Zeit, um dich in den Einstellungen der App umzusehen. Hier kannst du oft verschiedene Parameter anpassen, die wir später noch benötigen werden.

Abbildung 26.1 zeigt, wie die Android-Version der OpenBot-App auf meinem Smartphone aussieht.

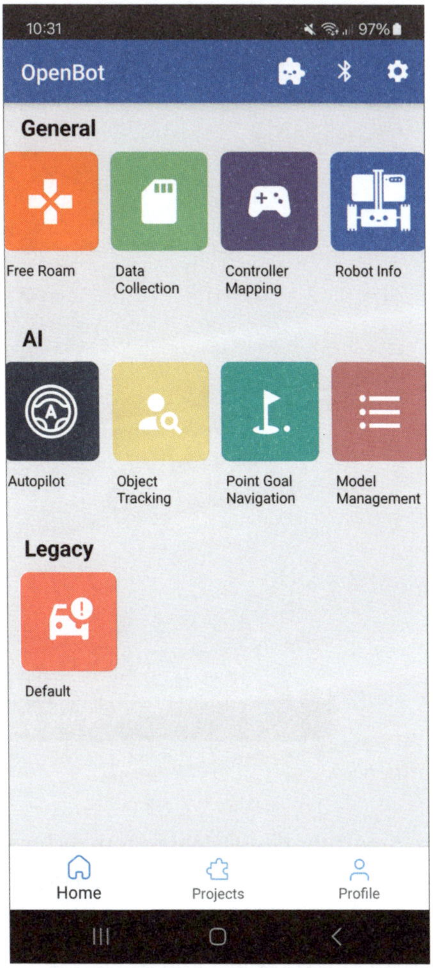

Abbildung 26.1 OpenBot-Android-App

26.6.2 Bluetooth-Verbindung zwischen Smartphone und ESP32 herstellen

Jetzt kommt der spannende Moment, ob sich das Smartphone mit dem ESP32 und der darauf laufenden OpenBot-Firmware über Bluetooth verbinden lässt.

- Stelle sicher, dass dein OpenBot eingeschaltet ist. Der ESP32 mit der aufgespielten OpenBot-Firmware startet, und diese öffnet eine Bluetooth Verbindung, mit der wir unser Smartphone verbinden können.
- Öffne die OpenBot-App auf deinem Smartphone, und aktiviere in den Einstellungen über das Zahnradsymbol ❶ recht oben in der App BLUETOOTH als Schnittstelle ❷.

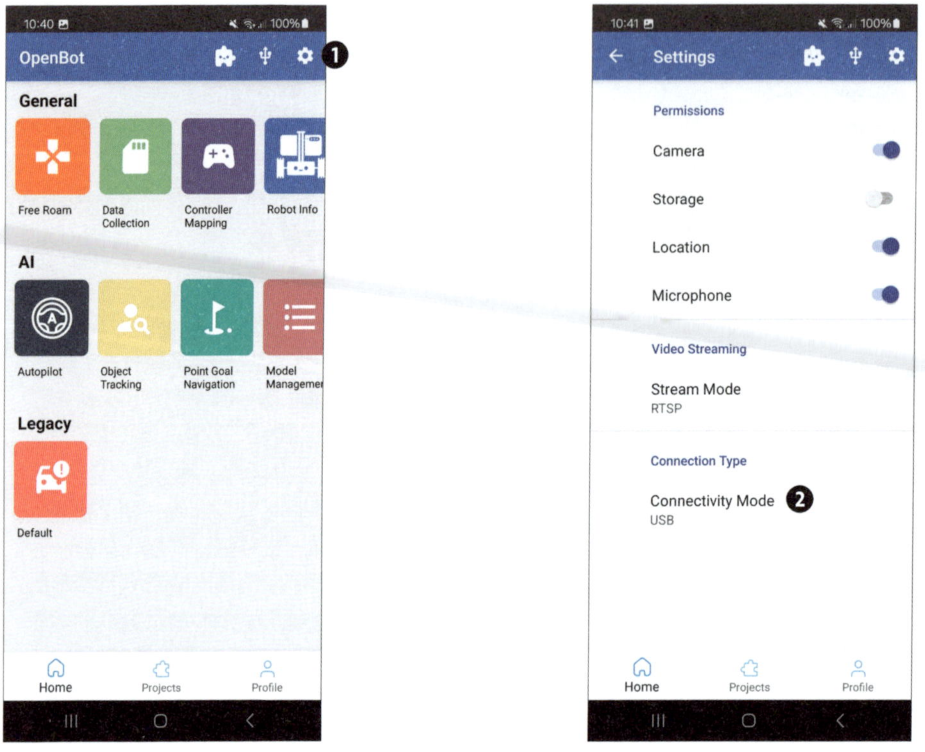

Abbildung 26.2 Einstellungen der OpenBot-App öffnen

- Eventuell kommen hier noch einmal von dem Smartphone-Betriebssystem Sicherheitsfragen, ob die OpenBot-App Bluetooth verwenden darf. Bestätige diese Fragen bitte mit JA.
- Anschließend wählst du den Verbindungstyp BLUETOOTH ❸ aus und bestätigst die Nachfrage mit JA.
- Jetzt startet die OpenBot-App neu, und rechts oben wird statt des USB-Symbols jetzt das Bluetooth-Symbol ❹ angezeigt.
- Jetzt klickst du im oberen rechten Bereich auf das Bluetooth-Symbol. Es öffnet sich die Bluetooth-Suche-Oberfläche.
- Die App sucht nun nach OpenBot-Fahrzeugen in der Nähe. Nach einem kurzen Moment sollte ein Gerät mit dem Namen OpenBot und einer eindeutigen ID in der Liste erscheinen.
- Tippe auf CONNECT ❺ zu dem OpenBot-Eintrag, mit dem du eine Verbindung aufbauen möchtest.

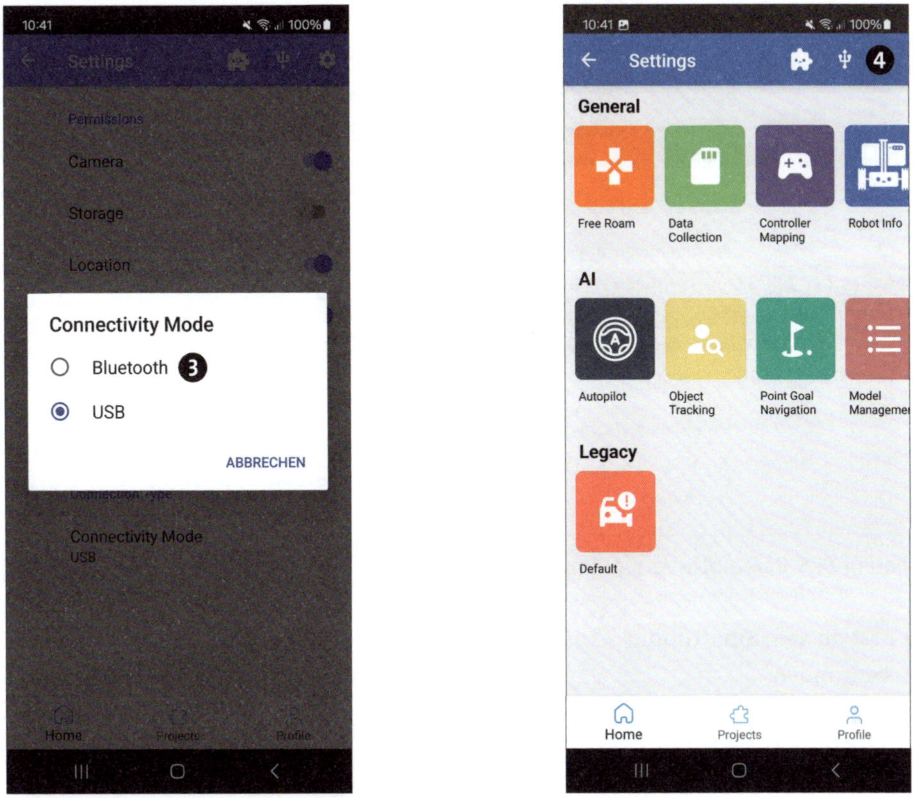

Abbildung 26.3 Bluetooth-Verbindungstyp wählen

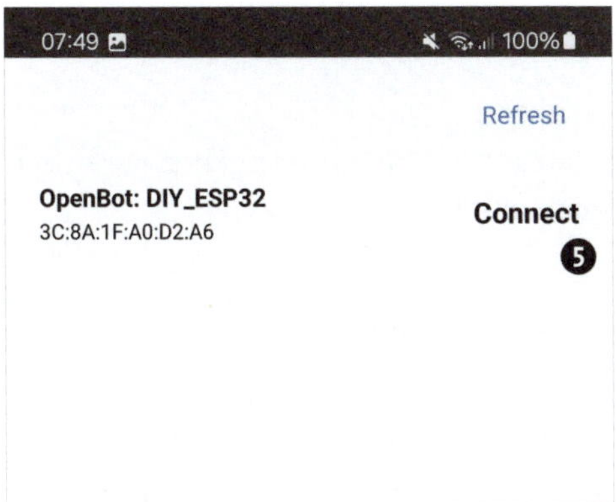

Abbildung 26.4 Bluetooth-Verbindung herstellen

Es sollte jetzt kurz die Textanzeige CONNECTING in der App erscheinen, und wenn die Verbindung erfolgreich aufgebaut ist, steht in der App DISCONNECT ❻ für den Fall, dass man die Verbindung zu diesem OpenBot wieder trennen möchte.

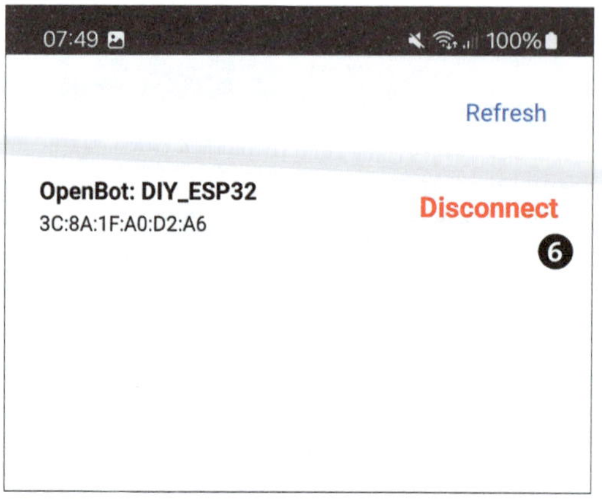

Abbildung 26.5 Bluetooth-Verbindung trennen

Jetzt hast du dein Smartphone über die OpenBot-App erfolgreich mit deinem OpenBot-Auto verbunden.

26.7 Die Benutzeroberfläche der OpenBot-App

Die Hauptansicht der OpenBot-App ist dein Cockpit, und diese Ansicht ist in unterschiedliche Kategorien und Kacheln unterteilt. Über diese Kacheln findest du alle Funktionen, die du benötigst, um den OpenBot zusammen mit deinem Smartphone als Schaltzentrale nutzen zu können.

Wir befinden uns jetzt in der übergeordneten Kategorie GENERAL und gehen die einzelnen Kacheln und deren Funktion jetzt zusammen durch.

26.7.1 Der Diagnose-Modus: der Bildschirm »Robot Info«

Bevor du mit deinem Roboter auf die Rennstrecke gehst, ist ein kurzer Boxenstopp in der Werkstatt immer eine gute Idee. Genau das verkörpert der Bildschirm ROBOT INFO, den du über den blauen Button ROBOT INFO ❶ öffnest. Als Nächstes siehst du den Bildschirm, der ein Diagnose- und Testwerkzeug ist, mit dem du die grundlegenden Funktionen deines OpenBots überprüfen kannst, noch bevor du ein Gamepad oder den PS5-Controller mit deinem Smartphone verbindest. Hier siehst du, ob die Kommunikation zwischen der App und deinem ESP32-Mikrocontroller richtig klappt, und kannst erste Funktionstests durchführen.

Abbildung 26.6 So findest du den Bildschirm »Robot Info«.

Sobald du den Bildschirm ROBOT INFO öffnest, erhältst du einen schnellen Überblick über den Status und die Fähigkeiten deines verbundenen Roboters (siehe Abbildung 26.7):

- **Robotertyp:** Als Erstes zeigt dir die App an, welchen Robotertyp deine Firmware gemeldet hat. Neben dem Namen siehst du auch ein kleines Bild des erkannten Modells. Das ist die perfekte erste Bestätigung, dass die App und der Roboter miteinander verbunden sind.

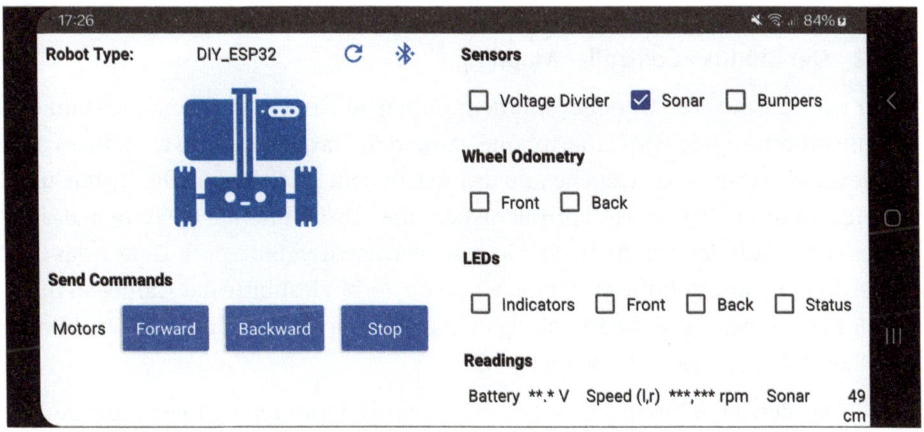

Abbildung 26.7 Der Bildschirm »Robot Info«

- **Unterstützte Funktionen:** Die kleinen Häkchen sind deine persönliche Checkliste. Sie zeigen dir auf einen Blick, welche Features die auf deinem ESP32 installierte Firmware grundsätzlich unterstützt. Dazu gehören typischerweise:
  - **Sensoren:** Sind Sensoren wie ein Ultraschallsensor (Sonar) oder der Spannungsmesser vorhanden?
  - **Raddrehzahl:** Kann die Geschwindigkeit der Räder gemessen werden?
  - **LEDs:** Ist eine Ansteuerung der LEDs vorgesehen?
  - **Live-Daten**: Hier werden dir Messwerte angezeigt.

  In diesem Abschnitt werden die wichtigsten Sensordaten deines Roboters live angezeigt. Das ist extrem nützlich, um zum Beispiel die aktuelle Batteriespannung zu überprüfen und sicherzustellen, dass die Sensoren korrekte Werte liefern.
- **Der Funktionstest: Befehle manuell senden**

  Das ist der interaktive Teil der Werkstatt. Hier kannst du grundlegende Befehle direkt an deinen Roboter senden, um die Hardware zu testen, ohne dass ein Gamepad verbunden sein muss.

  Mit den simplen Buttons für Vorwärts, Rückwärts und Stopp kannst du den Motoren kurze Fahrbefehle geben. Das ist ideal für einen ersten »Trockenlauf« nach dem Umbau der Software auf den OpenBot. So prüfst du schnell und einfach, ob die Motoren richtig angeschlossen sind und der OpenBot in die erwartete Richtung fährt.

Wenn der Ultraschallsensor die richtigen Messwerte liefert und dein OpenBot vorwärts sowie rückwärts fährt und auf Knopfdruck auch wieder stoppt, ist alles so weit in Ordnung, und wir haben getestet, was wir aktuell in diesem Bildschirm testen können.

26.7.2 Der Modus »Controller Mapping«

Bevor wir jetzt unseren OpenBot mit dem Gamepad steuern können, musst du dieses über Bluetooth mit deinem Smartphone verbinden. Dazu öffnest du an deinem Smartphone die Bluetooth-Gerätesuche und drückst an deinem Gamepad die Tasten, um das Pairing zu starten. Beim PS5-Controller ist das die Create- und die PS-Taste in der Mitte deines Gamepads. Jetzt sollte in der Liste der verfügbaren Bluetooth-Geräte das Gamepad in deinem Smartphone erscheinen, und du verbindest bitte das Gamepad mit deinem Smartphone. Wenn die Kopplung erfolgreich war, öffnest du in der OpenBot-App den Bildschirm CONTROLLER MAPPING ❷.

Jetzt öffnet sich der Bildschirm, und du kannst durch Drücken der Tasten und durch Bewegen der Joysticks am Gamepad erkennen, ob die OpenBot-App dein Gamepad richtig erkannt hat und die Befehle des Gamepads in der OpenBot-App ankommen.

Abbildung 26.8 OpenBot-App – Controller Mapping

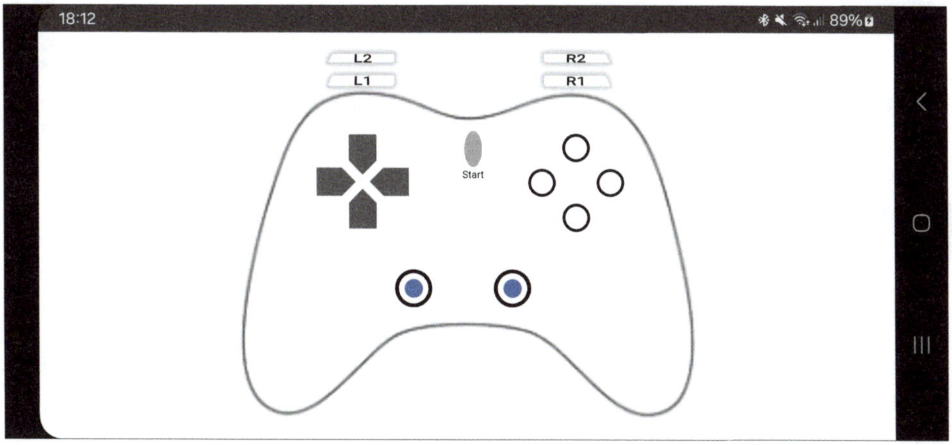

Abbildung 26.9 OpenBot-App – Gamepad Mapping

Wenn die Verbindung zwischen Gamepad, Smartphone und OpenBot-App so weit geklappt hat, können wir jetzt eigentlich den OpenBot mit dem Gamepad fernsteuern. Lass uns das im folgenden Abschnitt einmal ausprobieren.

26.7.3 Der Modus »Freies Fahren / Free Roam«

Nachdem die OpenBot-App auf deinem Smartphone installiert ist, das Gamepad mit dem Smartphone verbunden ist, die OpenBot-App auf Gamepad-Eingaben reagiert und die OpenBot-App wiederum in einer jetzt schon etwas längeren Kette mit dem Roboter-

Auto bzw. OpenBot verbunden ist, tauchen wir nun in die wichtigste Funktion für die manuelle Steuerung ein: den Modus *Freies Fahren*. Stell dir diesen Bildschirm wie das Cockpit deines Roboter-Autos vor. Hier siehst du alle wichtigen Fahrzeugdaten auf einen Blick und kannst das Fahrverhalten präzise an deine Wünsche anpassen.

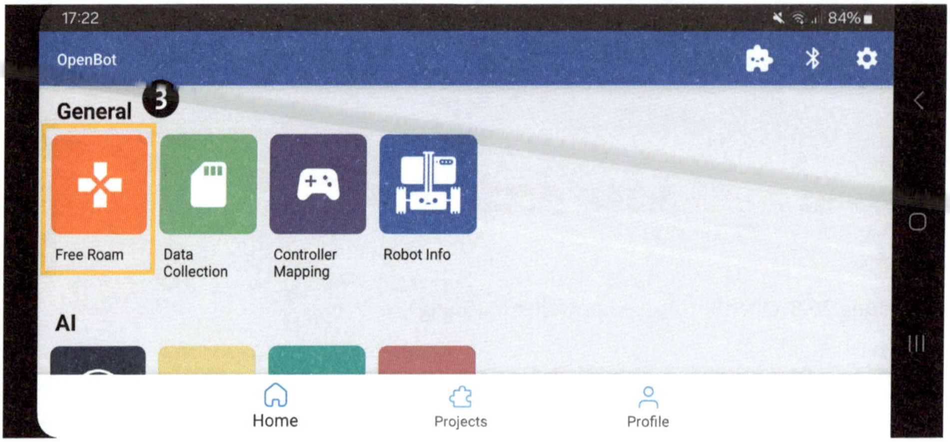

Abbildung 26.10 So startest du den Free-Roam-Modus und fährst frei.

Starte jetzt den Bildschirm für das freie Fahren, indem du auf den Funktionsbutton FREE ROAM ❸ drückst.

Das Cockpit: alle Anzeigen im Blick

Der obere Bereich des Bildschirms versorgt dich mit Echtzeit-Informationen direkt von deinem Roboter:

- **Batterieanzeige:** Das kleine Batteriesymbol zeigt dir live den Ladestand der Akkus in deinem Roboter an, wenn du den entsprechenden Sensor in deinem OpenBot verbaut hast. So weißt du immer, wann es Zeit für einen Boxenstopp ist. In unserem Roboter-Auto haben wir die Schaltung für den Batterieladezustand bisher nicht integriert, und daher erscheint hier auch keine Information zu den Batterien und deren Ladezustand.
- **Fahranzeige (D/N/R):** Ähnlich wie bei einem Automatikgetriebe zeigt dir die App den aktuellen Fahrzustand an:
  - **D** (Drive): Der Roboter ist im Vorwärtsgang.
  - **N** (Neutral): Der Roboter steht still.
  - **R** (Reverse): Der Roboter ist im Rückwärtsgang.

- **Geschwindigkeitsanzeige (Tacho):** Ein klassischer Tacho informiert dich über die aktuelle Geschwindigkeit deines Roboters.
- **Abstandsanzeige:** Diese Anzeige (oft als Sonar bezeichnet) gibt den Abstand zu einem Hindernis vor dem Roboter in Zentimetern an. Die App nutzt dafür den Ultraschallsensor, der vorne am OpenBot montiert ist.
- **Bluetooth-Status:** Das Bluetooth-Symbol zeigt an, ob die Verbindung zum ESP32 deines Roboters aktiv ist. Ein Tipp auf das Symbol bringt dich direkt zum Verbindungsbildschirm, falls du die Verbindung überprüfen oder ändern musst.

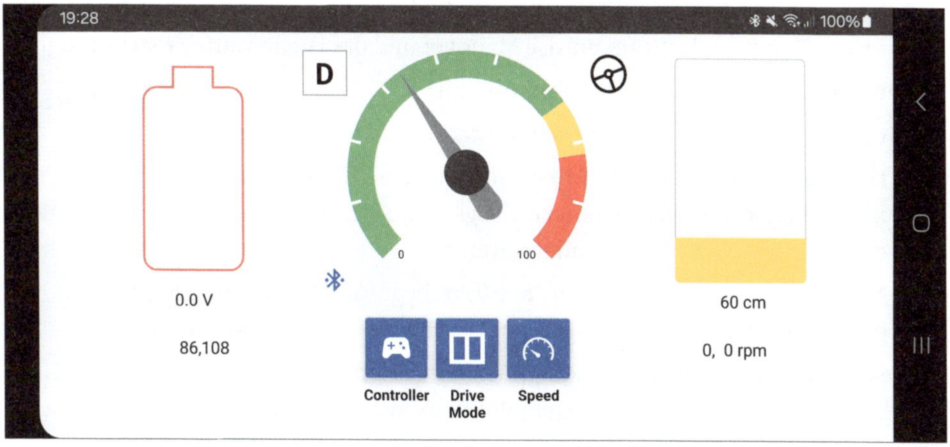

Abbildung 26.11 Freies Fahren (Free Roam)

Die Steuerung: Passe das Fahrverhalten an
Im unteren Bereich des Bildschirms findest du drei entscheidende Knöpfe, mit denen du die Steuerung deines Roboters konfigurierst.

1. **Der Steuermodus – Controller (woher die Befehle kommen)**

   Mit dieser Auswahl legst du fest, wie du den Roboter steuerst.

   – **Gamepad:** Dies ist der von mir empfohlene Modus. Die App empfängt alle Steuerbefehle von einem verbundenen Bluetooth-Controller (zum Beispiel einem PS4- oder PS5-Controller).

   – **Telefon (Phone):** In diesem Modus könnte der Roboter über dein Smartphone gesteuert werden. Für unser Projekt konzentrieren wir uns aber auf die präzise und praktische Steuerung per Gamepad.

   – **Browser (PC/Smartphone):** In diesem Modus ist es möglich, dass der OpenBot über eine Web-Oberfläche von einem PC oder Smartphone, das sich im gleichen WLAN befindet, ferngesteuert wird.

26

2. **Der Fahrmodus – Drive Mode (wie du lenkst)**

   Hier stellst du die Art der Lenkung ein, ganz wie bei einem Videospiel.

   - **Spiel (Game):** Dieser Modus imitiert klassische Autorennspiele. Du gibst mit den rechten und linken Schultertasten (R2/L2) Gas oder bremst/fährst rückwärts und lenkst mit einem der Joysticks.
   - **Joystick:** Hier steuerst du Beschleunigung, Bremsen und Lenken gleichzeitig mit nur einem einzigen Joystick – sehr intuitiv!
   - **Dual:** Dieser Modus ist für Profis und ermöglicht eine Panzerlenkung (Differentiallenkung). Der linke Joystick steuert die linke Motorseite, der rechte Joystick die rechte. Damit sind extrem präzise Manöver und das Drehen auf der Stelle möglich.

3. **Der Geschwindigkeitsmodus (Tempo-Limit)**

   Mit dieser Einstellung drosselst du die Maximalleistung deines Roboters.

   - **Langsam (Slow):** Das an die Motoren angelegte PWM-Signal wird auf 50 % der maximal möglichen Geschwindigkeit begrenzt. Perfekt für die ersten Fahrversuche oder für präzises Fahren in Innenräumen.
   - **Normal:** Das PWM-Signal wird auf 75 % begrenzt. Ein guter Alltagsmodus mit einem ausgewogenen Verhältnis aus Geschwindigkeit und Kontrolle.
   - **Schnell (Fast):** Keine Begrenzung! Bei Vollgas wird das PWM-Signal an sein Limit von 100 % gefahren, und der OpenBot fährt maximal schnell.

!

Verkürzte Lebenszeit

Dieser Modus ist die Standardeinstellung für den Betrieb der KI-Modelle, damit diese das volle Potenzial des Roboters nutzen können. Beachte jedoch, dass das Fahren mit konstant hohen Geschwindigkeiten die Lebensdauer der Motoren und Akkus verkürzen kann.

Test der manuellen Steuerung

Bevor wir uns den KI-Funktionen widmen, testen wir die grundlegende Steuerung.

- Vergewissere dich, dass der Modus *Controller* (manchmal auch *Free Roam* genannt) in der App ausgewählt ist.
- Stelle den Roboter auf den Boden, und sorge für etwas freien Platz.
- Bewege den Geschwindigkeitsregler vorsichtig nach vorne. Die Räder des OpenBots sollten sich nun drehen.
- Teste alle Grundfunktionen: langsam vorwärts, langsam rückwärts, eine Linkskurve und eine Rechtskurve.

Reagiert der Roboter korrekt auf deine Befehle, ist die Einrichtung abgeschlossen! Sollte sich das Fahrverhalten zu schnell oder zu träge anfühlen, kannst du oft Parameter wie die Maximalgeschwindigkeit direkt in den App-Einstellungen anpassen.

26.7.4 Der Modus »Daten sammeln / Data Collection«

Du wirst jetzt zum Fahrlehrer und dein OpenBot ist der Fahrschüler. Genau diese Rolle nimmst du im Modus *Data Collection* ein. Dies ist der vielleicht mächtigste und spannendste Teil des OpenBot-Projekts, denn hier legst du den Grundstein für die künstliche Intelligenz deines eigenen KI-Modells.

Das Prinzip ist genial einfach: Du fährst den OpenBot manuell mit deinem Gamepad durch eine bestimmte Umgebung, zum Beispiel einen kleinen Parcours in deinem Wohnzimmer. Während du fährst, schaut der Roboter dir quasi über die Schulter:

- **Er sieht:** Die Smartphone-Kamera, die ja in der Halterung vorne am OpenBot sitzt, zeichnet als Einzelbilder die Sicht vor dem OpenBot auf. So halten die Bilder fest, was genau vor dem OpenBot passiert, also wie dein Parcours aufgebaut ist und wie die Umgebung, in der du den Parcours aufgebaut hast, aussieht.
- **Er spürt:** Die App protokolliert exakt deine Lenkbefehle vom Gamepad zu jedem aufgezeichneten Bild. Das bedeutet, wenn du zum Beispiel geradeaus mit 80 % Motorleistung fährst oder eine leichte Linkskurve fährst, mit den linken Motoren bei 40 % Leistung und mit den rechten Motoren bei 80 % Leistung, wird diese Information zu jedem Bild aufgezeichnet, also als ein Informationspärchen bestehend aus Bild und Lenkbefehl gespeichert.

Aus diesen beiden Informationsströmen – den Bildern und den zugehörigen Befehlen bzw. Geschwindigkeiten der Motoren zum Augenblick der Bildaufzeichnung – entsteht ein einzelner Trainingsdatensatz. Wenn du jetzt den Parcours länger entlangfährst, vielleicht zehn Minuten lang, und die Daten aufzeichnest, hast du schnell ein paar Tausend Trainingsdatensätze aufgezeichnet.

Der Parcours in meinem Wohnzimmer sah wie in Abbildung 26.12 aus.

Mit diesen Datensätzen kannst du später an deinem PC ein eigenes KI-Modell trainieren. Dieses KI-Modell lernt anhand der gesammelten Trainingsdaten, deine Fahrweise in dieser spezifischen Umgebung, also dem Parcours, zu imitieren. Wenn du sehr langsam und defensiv gefahren bist, wird das KI-Modell diese Fahrweise übernehmen. Bist du sehr flott unterwegs gewesen und hast die Kurven geschnitten, dann wird es lernen, in dieser Fahrweise den Parcours zu umrunden.

Abbildung 26.12 OpenBot-Wohnzimmer-Parcours

Durch Drücken der Kachel DATA COLLECTION ❹ startest du diesen Modus und Bildschirm.

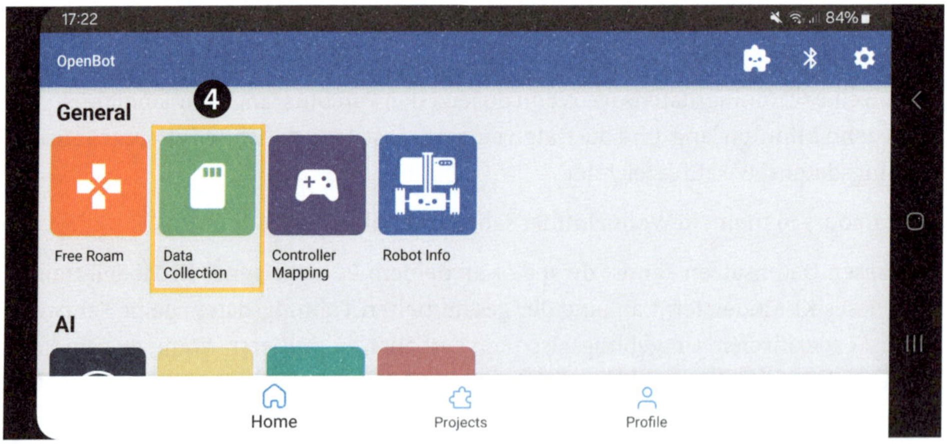

Abbildung 26.13 OpenBot-App – Daten sammeln (Data Collection)

Der Aufnahmemodus: So sammelst du Trainingsdaten

Der Bildschirm für die Datensammlung der Trainingsdaten ist übersichtlich gestaltet. Du siehst das Live-Bild der Kamera links, und im rechten Bereich hast du die Kontrolle und Einstellmöglichkeiten über die Aufzeichnung der Trainingsdaten. Ich werde dir jetzt Einstellung für Einstellung die Funktionen erklären.

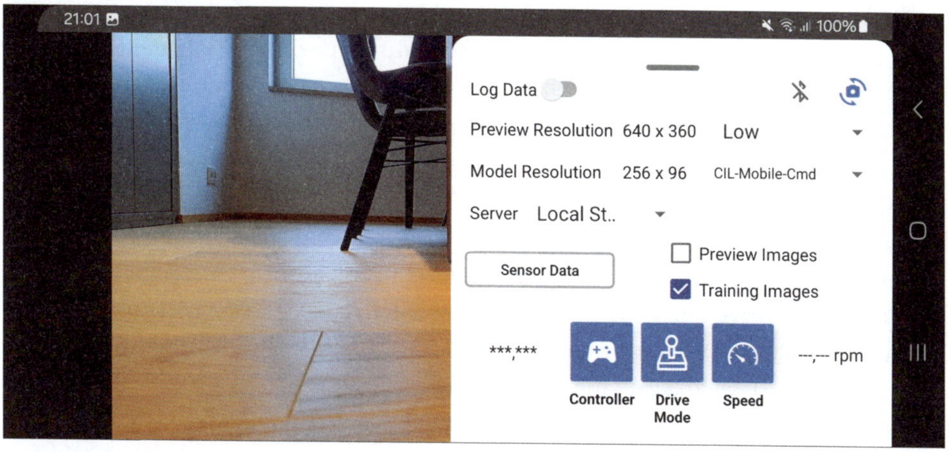

Abbildung 26.14 OpenBot-App – Bildschirm »Data Collection«

- **Datenaufzeichnung (Log Data):** In Abbildung 26.14 oben in der Mitte siehst du den Schiebeschalter LOG DATA. Dieser hat in erster Linie die Aufgabe, dir zu zeigen, ob Daten aufgezeichnet werden. Bei mir ist er in Abbildung 26.14 ausgeschaltet, da gerade keine aktive Datenaufzeichnung läuft. Aber jetzt schaltest du die Aufzeichnung über den Schiebeschalter einmal ein. Denn beim ersten Mal, als ich den Schiebeschalter eingeschaltet habe, wurde ich direkt von meinem Smartphone gefragt, ob die OpenBot-App Zugriff auf meinen internen Speicher des Smartphones erhalten darf. Kommt bei dir auch diese Nachfrage, wenn du den Schalter umlegst, dann bestätige diese Nachfrage mit JA. Denn wenn du Trainingsdaten aufzeichnen möchtest, müssen diese im Smartphone gespeichert werden.

  Es gibt drei Möglichkeiten, die Trainingsdaten zu speichern:

  - im Smartphone selbst (Local Storage)
  - in der Google Cloud (Google Drive)
  - auf dem lokalen Server der Trainings-Web-App (Local Server)

  Jetzt setzt du den Schiebeschalter wieder auf inaktiv, denn wir starten und stoppen später die Trainingsdatenaufzeichnung über Buttons am PS5-Controller und nicht hier direkt am Smartphone.

- **Bildvorschau (Preview Resolution):** Hier gibt es eine Dropdown-Box, die dir drei Optionen – Niedrig, Mittel und Hoch (Low, Medium und High) – anbietet. Diese drei Optionen legen die Auflösung der Vorschaubilder fest. Meine Empfehlung ist, hier zunächst die niedrigste Auflösung zu wählen. Wenn du mehr Erfahrung gesammelt hast und eine höhere Auflösung verwenden möchtest, kannst du diese hochsetzen.
- **Modellauflösung (Model Resolution):** In Abbildung 26.14 siehst du eine Bildauflösung von 256 × 96 Pixel. Diese Auflösung setzt du durch die Auswahl des KI-Modells, für das du die Trainingsdaten aufzeichnest. In der Dropdown-Box rechts neben der Auflösung kannst du aus drei Modellen wählen: CIL-Mobile-Cmd, PilotNet-Goal und MobileNetV1-300. Mit der Auswahl des Modells setzt du auch die Auflösung, die dieses Modell zur Bilderkennung verarbeitet.
- **Server:** Rechts neben dem Eintrag Server kannst du den Speicherort auswählen, an dem die Trainingsdaten gespeichert werden. Du kannst zwischen dem lokalen Speicher, Google Drive und dem lokalen Server wählen (Local Storage, Google Drive und Local Server). Ich habe die Option Local Storage gewählt, um die Trainingsdaten als ZIP-Datei lokal auf meinem Smartphone zu speichern.
- **Checkboxen:** Rechts unten gibt es dann noch jeweils eine Checkbox für Preview Images und Training Images. Hier habe ich die Checkbox Training Images aktiviert, damit diese gespeichert werden.
- **Trainingsdatenaufzeichnung starten, stoppen, abbrechen:** Wichtig ist noch, zu verstehen, wie du jetzt die Aufzeichnung der Trainingsdaten startest, stoppst oder abbrichst. Das geht über die Knöpfe an deinem Gamepad bzw. PS5-Controller.
  - Drücke die A-Taste an deinem Gamepad, um die Aufzeichnung zu starten.
  - Wenn du die A-Taste wieder drückst, wird die Aufzeichnung angehalten und eine ZIP-Datei mit den Trainingsdaten an dem von dir eingestellten Speicherort gespeichert.
  - Wenn du die Taste R1 drückst, wird die Aufzeichnung gestoppt, und die aufgezeichneten Daten werden verworfen. Das kannst du machen, wenn du einen Fehler gemacht hast, wie zum Beispiel, wenn du falsch gefahren bist.

Jetzt sind wir einmal alle Optionen des Bildschirms Data Collection durchgegangen und können mit der Aufzeichnung der Trainingsdaten also unseren Fahrunterricht für den OpenBot beginnen.

Mehr zum Thema Datensammeln und KI-Training findest du in Kapitel 27.

26.8 Die Benutzeroberfläche der OpenBot-App (AI)

Jetzt bewegen wir uns in der Kategorie AI und werden uns anschauen, was hier hinter den vier einzelnen Kacheln AUTOPILOT, OBJECT TRACKING, POINT GOAL NAVIGATION und MODEL MANAGEMENT an Funktionen verborgen ist.

Abbildung 26.15 OpenBot-App – Kategorie »AI«

In den vorherigen Abschnitten hast du schon sehr viel darüber gelernt, wie die OpenBot-App generell funktioniert. Daher werde ich jetzt nicht mehr auf die einzelnen Schritte im Detail eingehen, wie zum Beispiel, dass das Gamepad mit dem Smartphone verbunden sein muss und das Smartphone über die OpenBot-App mit dem OpenBot selbst.

26.8.1 Der Modus »Autopilot«

Im Autopilot-Modus ❶ wählst du in der Dropdown-Box mit dem Namen MODEL ein KI-Modell aus, das du idealerweise selbst zum Beispiel für einen Parcours trainiert hast, den du aufgebaut hast. So ein eigenes Modell musst du nach dem erfolgreichen Training auf dein Smartphone übertragen haben, um es hier auswählen zu können. In Abbildung 26.15 ist solch ein von mir trainiertes Modell mit dem Namen »Ingmar race track 03« zu sehen, das ich in der Dropdown-Box ausgewählt habe. Wenn ich jetzt das Modell testen möchte, wie gut es um die Wohnzimmerstühle fährt, was in diesem Fall mein Race Track ist, betätige ich die R1-Taste an meinem Gamepad. So wird der *Auto Mode* aktiviert, und das Modell »Ingmar race track 03« übernimmt die Steuerung des OpenBot und lässt den OpenBot losfahren.

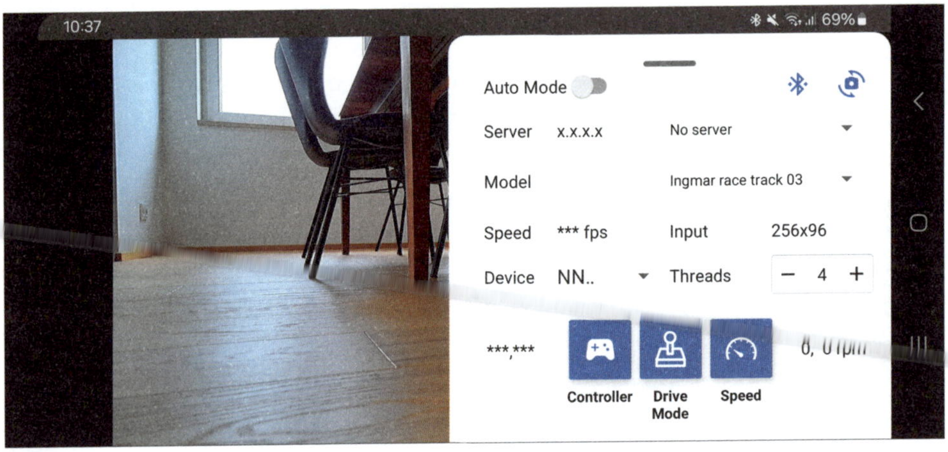

Abbildung 26.16 OpenBot-App – Modus »Autopilot«

Abhängig von deinem Smartphone kannst du noch in der Dropdown-Box DEVICE die Hardwareunterstützung für den KI-Beschleuniger auswählen, der in deinem Smartphone verbaut ist. Probiere einfach aus, welches am meisten Speed, also Bilder pro Sekunde (fps) an Durchsatz hat.

Damit wären bei diesem Bildschirm auch schon die wichtigsten Punkte erklärt – neben den vielen Informationsanzeigen und bereits erklärten und bekannten Buttons.

26.8.2 Der Modus »Objektverfolgung / Object Tracking«

Ein sehr spannender und vielseitig einsetzbarer Modus ist der Objektverfolgungsmodus ❷ der OpenBot-App. In diesem Modus kannst du direkt nach der Installation der App eine Vielzahl an Objekten verfolgen, die das KI-Modell »MobileNetV1-300« bereits gelernt hat. Durch dieses KI-Modell ist dein OpenBot bereits jetzt in der Lage, einer Person zu folgen, einen Apfel wie in Abbildung 26.17 zu erkennen und zu diesem hinzufahren oder eine Vielzahl an anderen Objekten zu verfolgen, die du in der Dropdown-Box OBJECT auswählen kannst.

Wenn du dich fragst, wofür der Prozentwert CONFIDENCE steht: Du gibst hier mit einem Prozentwert an, ab wann der Apfel im Bild markiert werden soll. Ist das KI-Modell nur zum Beispiel zu 35 % sicher, dass es sich um einen Apfel handelt, dann wird der blaue Rahmen nicht um das Objekt gemalt. Ist sich das KI-Modell aber zu mehr als 50 % sicher, dass ein Apfel erkannt wurde, dann wird der blaue Rahmen angezeigt.

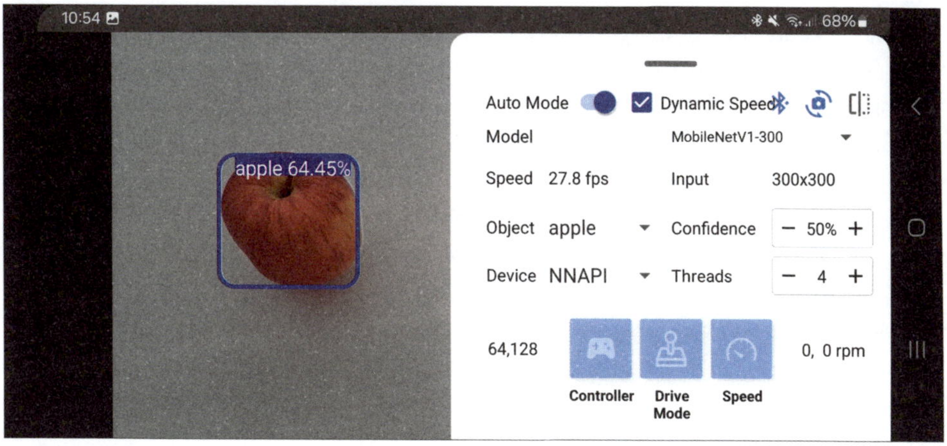

Abbildung 26.17 OpenBot-App – Object Detection, Erkennung eines Apfels

Mit der aktiven Checkbox DYNAMIC SPEED fährt der OpenBot immer langsamer, je näher er dem Objekt kommt, und hält kurz vor dem Objekt an. Dieser Modus der dynamischen Geschwindigkeit ist natürlich gut, wenn er zum Beispiel einer Person folgen soll.

26.8.3 Der Modus »Ziel setzen / Set Goal«

Richtig spannend und interessant, wenn du den OpenBot und seine Fähigkeiten erleben möchtest, ist der intelligente Navigatormodus, mit dem du Ziele ansteuerst.

Stell dir vor, du sagst deinem OpenBot nicht mehr jeden einzelnen Schritt vor, sondern gibst ihm einfach ein Ziel, und er findet selbstständig den Weg dorthin. Genau das ermöglicht der Modus *Set Goal*, auch als *Point Goal Navigation* bezeichnet. Dieser Modus ist sehr beeindruckend und gibt einen Ausblick auf echte autonome Robotik, bei der das Fahrzeug nicht nur Befehle ausführt, sondern selbstständig Entscheidungen trifft.

Das Prinzip ist clever: Du gibst dem Roboter kein Ziel auf einer Landkarte, sondern eine relative Position von seinem aktuellen Standpunkt aus. Du sagst ihm also: »Fahre 2 Meter nach vorne und 1 Meter nach links.« Daraufhin übernimmt eine spezielle KI die Kontrolle, um dieses Ziel zu erreichen, und versucht auf der Fahrt sogar, Hindernissen auszuweichen.

> **Wichtige Voraussetzung: Google ARCore**
> Bevor du diesen Modus nutzen kannst, gibt es eine entscheidende technische Anforderung: Dein Smartphone muss ARCore unterstützen.

Was ist ARCore? Das ist Googles Plattform für Augmented Reality (erweiterte Realität). Sie erlaubt es dem Smartphone, seine eigene Position in Kombination mit einer Bewegung des Smartphones im Raum extrem präzise zu verfolgen. Das ist eine extrem wichtige Fähigkeit, die für diese Art der Zielnavigation unerlässlich ist.

Die OpenBot-App wird nicht richtig funktionieren, wenn du versuchst, diesen Modus auf einem nicht unterstützten Gerät zu starten. Das Verhalten in solch einem Fall konnte ich mangels eines entsprechenden Geräts nicht testen.

Wie prüfst du, ob dein Smartphone ARCore unterstützt? Suche im Google Play Store nach der App »Google Play Services for AR«. Wenn du sie installieren kannst oder sie bereits installiert ist, ist dein Handy kompatibel.

Wie du ein Ziel definierst: das Koordinatensystem des Roboters

In diesem Modus definierst du das Ziel mit zwei Werten in Metern, die sich immer auf die aktuelle Ausrichtung deines Roboters beziehen:

- **Distanz nach vorne:**

  Ein positiver Wert bedeutet »fahre vorwärts«, ein negativer Wert bedeutet »fahre rückwärts«.

- **Distanz nach links:**

  Ein positiver Wert bedeutet »fahre nach links«, ein negativer Wert bedeutet »fahre nach rechts«.

Beispiele zur Verdeutlichung:

- *Ziel*: Fahre 1,5 Meter geradeaus.

  Eingabe: Vorne: 1.5, Links: 0

- *Ziel*: Parke 0,5 Meter rückwärts ein.

  Eingabe: Vorne: –0.5, Links: 0

- *Ziel*: Fahre zu einem Punkt, der 1 Meter rechts von dir ist.

  Eingabe: Vorne: 0, Links: –1.0

- *Ziel*: Erreiche einen Punkt schräg vorne links.

  Eingabe: Vorne: 2.0, Links: 0.5

In Abbildung 26.18 wird die Zielmarke 2 m vor dem Roboter-Auto und 1 m nach links gesetzt.

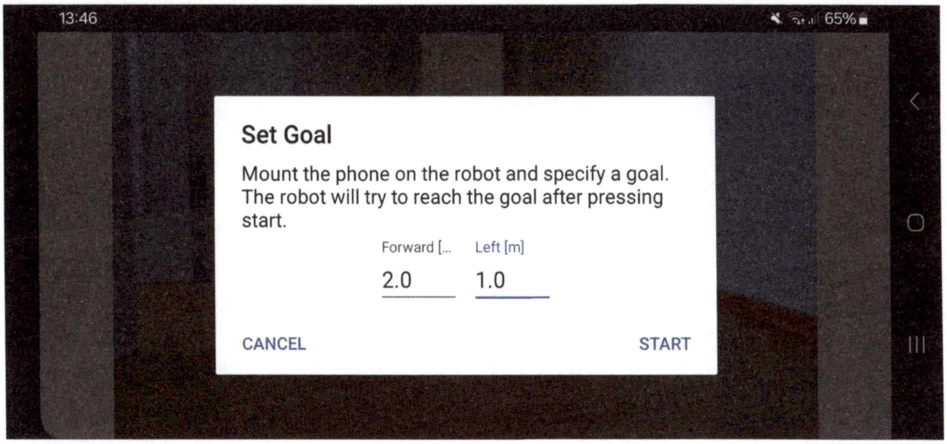

Abbildung 26.18 OpenBot-App – Ziel setzen

Die autonome Fahrt starten
Nachdem du die beiden Werte für dein Ziel eingegeben hast, tippst du auf START. Ab diesem Moment übernimmt die KI in deinem Smartphone das Steuer über den OpenBot. Sie versucht nun, den OpenBot auf dem besten Weg zum definierten Zielpunkt zu manövrieren. Das Besondere dabei ist, dass die KI während der Fahrt die Kameradaten nutzt, um Hindernisse zu erkennen und diese aktiv zu umfahren. Du kannst also live beobachten, wie dein Roboter seine erste intelligente und autonome Mission erfüllt.

In Abbildung 26.19 siehst du die Zielmarke, kurz bevor der OpenBot diese erreicht.

Abbildung 26.19 OpenBot-App – ARCore-Zielnavigation

Ich persönlich finde diesen Modus unglaublich interessant, und er zeigt, wie leistungsstark unsere Smartphones und die KI-Technologie, die wir einfach so in unserer Hosentasche mit uns herumtragen, doch schon sind.

26.8.4 Das Model Management

Du kannst die verschiedenen Modelle in der OpenBot-App über den Modus *Model Management* (*Modellverwaltung*) verwalten. Hier siehst du alle Modelle, die bereits in der OpenBot-App verfügbar sind, sowie eine Vielzahl an weiteren Modellen, die du herunterladen kannst. Auch siehst du hier deine eigenen Modelle, wenn du welche trainiert und sie in die OpenBot-App hochgeladen hast.

In Abbildung 26.20 siehst du, dass die ersten drei Modelle, die angezeigt werden, bereits in der OpenBot-App verfügbar sind. Ist rechts neben einem Modell zum Beispiel eine kleine Wolke zu sehen, kannst du dieses Modell aus dem Internet herunterladen.

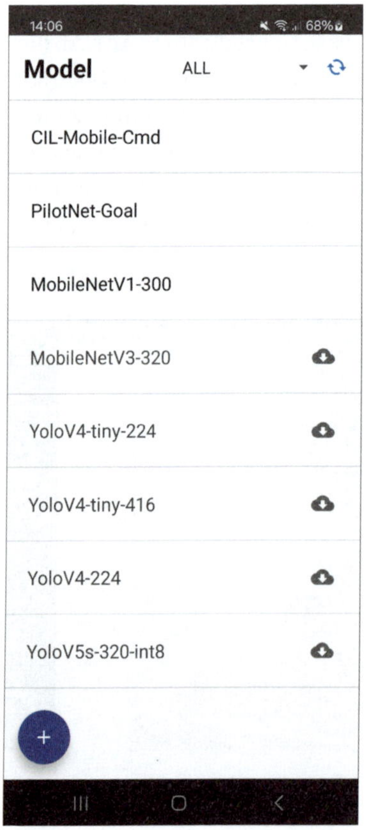

Abbildung 26.20 OpenBot-App – KI-Modell-Verwaltung

Über den großen blauen +-Button kannst du zum Beispiel von deinem Google Drive weitere eigene Modelle hinzufügen, um diese in der OpenBot-App zu verwenden. Wichtig dabei zu wissen ist, dass die OpenBot-App KI-Modelle im TensorFlow-Lite-Format erwartet. Die KI-Modell-Dateien müssen daher die Endung *.tflite* haben.

Jetzt haben wir uns zusammen die OpenBot-App mit fast all ihren Funktionen erarbeitet. Eine sehr spannende Möglichkeit, über Block-Programmierung dem OpenBot eigene Programme beizubringen, fehlt noch – das werde ich in Kapitel 28 erklären.

Im folgenden Kapitel 27 möchte ich dich mit in die spannende Fahrstunde nehmen und erklären, wie du eigene KI-Modelle für den OpenBot trainierst und diese anschließend auf deinem OpenBot ausführen kannst.

Kapitel 27

Datensammlung und KI-Training in der Praxis: eine Schritt-für-Schritt-Anleitung

Hast du dich jemals gefragt, was den entscheidenden Unterschied zwischen einem ferngesteuerten Spielzeug und einem intelligenten Roboter ausmacht? Die Antwort ist die Fähigkeit zu lernen. Und genau diese Schwelle überschreiten wir jetzt zusammen.

Bevor du jetzt aber loslegst mit dem Sammeln von Trainingsdaten und dem KI-Training, möchte ich dich aber erst an meinen persönlichen Erfahrungen teilhaben lassen, was ich über mehrere Jahre hinweg schon so gelernt habe mit dem OpenBot-Projekt und ähnlichen Projekten mit autonom fahrenden Modell-Roboter-Autos.

Ich habe aus persönlichem und beruflichem Interesse seit ca. 2018 verschiedene Projekte ausprobiert, die dem OpenBot-Projekt alle sehr ähnlich waren und das Ziel hatten, kleinen Roboter-Auto-Modellen das autonome Fahren beizubringen. So möchte ich dir nachfolgend ein paar Punkte an die Hand geben, die dir hoffentlich helfen, gute Trainingsdaten zu sammeln. Viel musst du aber selbst entdecken und lernen. Auch hier gilt wieder: Versuch macht klug.

27.1 Trainingsdaten sammeln

Bevor wir überhaupt daran denken können, ein KI-Modell zu trainieren, müssen wir qualitativ gute Trainingsdaten in ausreichender Anzahl erstellen, also aufzeichnen. Dazu haben wir schon in Abschnitt 26.7.4 gelernt, wie wir mit der OpenBot-App und unserem Smartphone Trainingsdaten aufzeichnen können.

Die wichtigsten Tipps für das Sammeln von Trainingsdaten sind:

- **Vorbereitung:** Baue einen kleinen, festen Parcours auf, der auch mehrere Tage so stehen bleiben kann. Alternativ kannst du dir eine Strecke suchen, die bereits besteht, wie zum Beispiel das Umkreisen eines Tisches im Wohnzimmer. Wichtig ist, dass du die Strecke mehrfach über den Tag verteilt abfahren kannst. Sorge für eine gute, gleichmäßige Beleuchtung und ein stabiles Umfeld. In Abbildung 26.12 ist gut zu sehen, wie das Licht über die Terassentür auf die Strecke fällt, der Boden leicht spiegelt und sich über den Tag der Lichteinfall verändern wird. Das führt ständig zu einer Veränderung der Ausleuchtung der Strecke und damit zu einer sich verändernden Sicht der Smartphone-Kamera auf die Strecke.

- **Streckenbau:** Die Strecke sollte in beide Richtungen gut befahrbar sein, also einmal im Uhrzeigersinn und einmal gegen den Uhrzeigersinn. Denn wenn du immer nur zum Beispiel im Uhrzeigersinn fährst, lernt dein OpenBot anhand der Trainingsdaten primär, nach rechts zu lenken. Willst du dann die Strecke gegen den Uhrzeigersinn fahren, wird sich der OpenBot schwertun, dies fehlerfrei zu erledigen. Du kannst auch in die Strecke, falls diese eine lange Gerade hat, einen Bogen einbauen und so das Lenken in die andere Richtung erzwingen.
- **Die Trainingsfahrt:** Drücke den Aufnahme-Knopf mit der zugewiesenen Taste A auf deinem Gamepad, um die Aufnahme zu starten. Fahre nun die Strecke mehrmals sauber und in dem Fahrstil ab, den die KI später anhand der Trainingsdaten lernen soll. Anschließend fährst du die Strecke noch einmal genauso oft in die andere Richtung ab, sodass dein Auto zum Beispiel nicht nur lernt, die Strecke im Uhrzeigersinn abzufahren.
- **Aufnahme beenden:** Drücke den A-Knopf erneut, um die Aufzeichnung zu stoppen und zu speichern.

Achte auf das Licht

Bei der Aufzeichnung werden auch die Lichtverhältnisse und alles neben, auf und im Parcours aufgezeichnet. Das soll heißen, wenn sich zum Beispiel ein Schatten in deinem Wohnzimmer, der durch direkte Sonneneinstrahlung entstanden ist, über den Tag hin verändert hat, kann es passieren, dass das trainierte KI-Modell in der Nacht bei künstlichem Licht, also wenn genau dieser Schatten fehlt, den Parcours nicht mehr fehlerfrei abfahren kann.

Auch habe ich es einmal erlebt, dass neben dem Parcours während der Aufzeichnung der Trainingsdaten jemand auf einem Stuhl saß. Als das Modell fertig trainiert war und der OpenBot die Strecke abfahren sollte, saß die Person nicht mehr auf dem Stuhl, und das trainierte Modell machte immer an dieser Stelle des Parcours Lenkfehler. Als wir wieder jemanden auf den Stuhl setzten, konnte der OpenBot zusammen mit dem trainierten KI-Modell die Strecke ohne Fehler abfahren.

Wenn du mit deinem OpenBot im Garten unterwegs bist und dort eine Strecke zum Beispiel mit weißen Bändern aufgebaut hast, lernt das KI-Modell auch die Schattierungen im Rasen. Bei mir war es dann einmal so, dass mein OpenBot im Garten noch die exakte Bahn abgefahren ist, obwohl ich die weißen Bänder bereits aufgerollt hatte. So muss meiner Meinung nach das KI-Modell anhand der Pflanzen und Schattierungen im Rasen die Strecke gelernt haben und hat sich wohl weniger auf die weißen Bänder konzentriert. Denn auch ohne die weißen Bänder wusste es ja noch, wann es wie zu lenken hatte. So waren die Bänder wohl mehr eine Hilfe für mich als Menschen als für das KI-Modell, das wunderbar mit den Pflanzen und Schattierungen im Rasen zurechtgekommen ist.

Aber jetzt zeichne ein paar Runden mit deinem OpenBot auf deinem Parcours auf, damit du eigene Trainingsdaten zur Verfügung hast. Öffne dazu in der OpenBot-App in der Kategorie GENERAL die Kachel mit dem Namen DATA COLLECTION. Ich habe in der Dropdown-Box rechts das KI-Modell mit dem Namen CIL-MOBILE-CMD ausgewählt, um mit der Einstellung dieses Modells bezüglich der Bildauflösung von 160 × 90 die Trainingsdaten aufzuzeichnen. Anschließend habe ich mein Smartphone in der Smartphone-Halterung vorne am OpenBot befestigt und die Aufzeichnung gestartet.

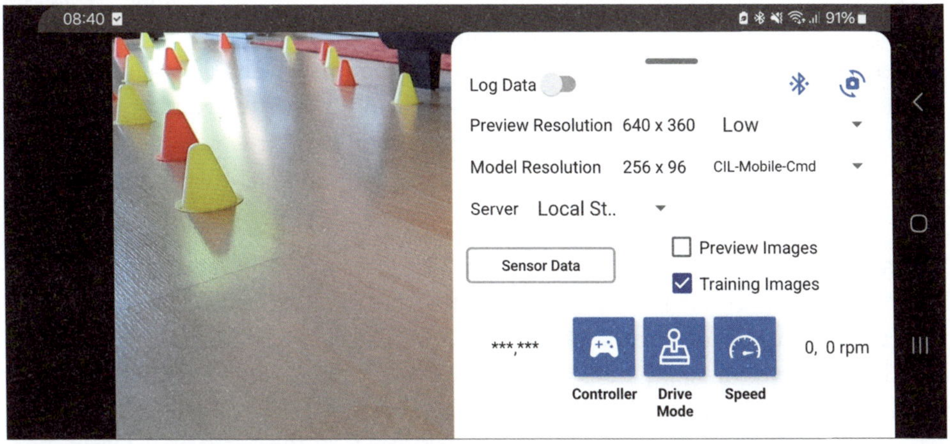

Abbildung 27.1 OpenBot-App – Data-Collection-Bildschirm mit den vorgenommenen Einstellungen für die Trainingsdatenaufzeichnung

Denke daran, vielleicht nach jeder fünften erfolgreichen Runde die Aufnahme zu stoppen und neu zu starten. So kannst du fehlgeschlagene Aufzeichnungen löschen, ohne zum Beispiel alle guten Runden, die du vor dem Fahrfehler bereits aufgezeichnet hast, ebenfalls löschen zu müssen.

Lasse deinem Smartphone etwas Zeit (ca. 20 Sekunden) zwischen dem Stoppen der Aufnahme und dem Start einer neuen Aufnahme, damit es die Trainingsdaten als ZIP-Datei speichern kann. Bei mir kam es zu Fehlern, wenn ich zu schnell wieder eine weitere Aufnahme gestartet habe, da ich selbst kein topaktuelles und technisch leistungsstarkes Android-Smartphone besitze. Diese Fehler traten dann später beim Training auf und bestanden darin, dass die Trainingsdaten nicht vollständig waren oder keine ZIP-Datei erstellt wurde.

Jetzt zeichne deine Trainingsdaten auf, und drehe dazu mindestens zehn Runden im Uhrzeigersinn und noch einmal zehn Runden gegen den Uhrzeigersinn auf deinem Parcours. Wenn du diese fehlerfrei aufgezeichnet hast, drehe noch einmal jeweils drei Runden in beide Richtungen als Testdaten. Diese Testdaten brauchst du für das Training, damit sich das Modell während des Trainingsprozesses testen kann.

Das Ergebnis: dein eigener Trainingsdatensatz

Nachdem du die Aufnahme bzw. die vielen Aufnahmen gespeichert hast, findest du im Speicher deines Smartphones eine neue ZIP-Datei pro neuer Aufzeichnung. Bei mir lagen die Dateien auf meinem Android-Smartphone im Ordner */<Smartphone Name>/Interner Speicher/Documents/OpenBot/*. Die Namen der einzelnen ZIP-Dateien bestehen aus dem Datum und der Uhrzeit der Aufnahme, wie zum Beispiel *20250607_193000.zip*. In diesen ZIP-Dateien befinden sich die Trainingsdatensätze. Wenn du so eine ZIP-Datei auf deinem PC entpackst, hast du ein Verzeichnis mit tausenden von Kamerabildern und eine Textdatei, die angibt, wie lange du gefahren bist. Ein Trainingsdatensatz besteht aus einem Bild und den Prozentwerten bzw. dem Fahrbefehl, wie schnell sich die Motoren in welche Richtung gedreht haben.

Wenn du mit diesen Trainingsdaten zufrieden bist, lege zu der ZIP-Datei noch eine kurze Beschreibung an, die dokumentiert, was genau in diesen Trainingsdaten steckt und welchen Schwerpunkt du diesem Trainingsdatensatz gegeben hast. Ein Schwerpunkt könnte zum Beispiel sein: Anfahren oder vor einer Kurve verzögern. Aber es könnte auch ein Trainingsdatensatz sein, in dem extra langsam gefahren wurde oder eben schnell. Tage oder Wochen später, wenn du viele solcher Datensätze hast, kannst du diese für das Training anhand ihrer Beschreibung kombinieren und so vielleicht ein noch besseres KI-Modell anlernen, als es ohne das Wissen zu den Trainingsdaten möglich wäre.

Was kommt als Nächstes?

Diese Datensätze sind der Rohstoff für deine KI-Modelle, die du jetzt trainieren kannst. Im Jahr 2006 war es wohl, als der Mathematiker Clive Humby den Satz sagte: »Daten sind das neue Erdöl.«

Der nächste Schritt, der aber nicht mehr auf dem Handy stattfindet, ist das Training des KI-Modells auf Basis der von dir gesammelten Daten. Mehr dazu im folgenden Abschnitt.

27.2 Vom Rohstoff zum Gehirn – dein eigenes KI-Modell trainieren

Im letzten Abschnitt haben wir den wertvollen Rohstoff für unsere künstliche Intelligenz gesammelt: Trainingsdaten. Wir haben gelernt, dass Daten das neue Erdöl sind. Aber wie wird aus diesem »Rohöl« – den tausenden von Bildern und Fahrbefehlen – ein echtes, funktionierendes Gehirn für unseren Roboter? Genau das erkläre ich dir jetzt.

Der KI-Trainingsprozess ist wie eine Schulstunde: Du übernimmst die Rolle des Lehrers, und dein Computer wird zum fleißigen Schüler. Deine Aufgabe als Lehrer war es, perfektes Unterrichtsmaterial in Form von Datensätzen bereitzustellen. Der Computer wird sich dieses Material nun ansehen. Er analysiert jedes einzelne Bild und schaut sich genau an, welchen Fahrbefehl – also welche Lenkung und Geschwindigkeit – du in exakt dieser Situation über dein Gamepad an den OpenBot gegeben hast.

Durch die Analyse unzähliger Beispiele beginnt er, Muster und Zusammenhänge zu erkennen: »Aha, wenn die weiße Linie so eine Kurve macht, muss ich nach links lenken«, oder: »Wenn die Wand so im Bild erscheint, sollte ich besser abbremsen«.

Das Ziel dieses gesamten Lernprozesses ist es, dass der Computer sein erworbenes Wissen in einer einzigen, kompakten Datei zusammenfasst: dem fertigen KI-Modell.

Diese Datei hat das TensorFlow-Lite-Format und endet auf *.tflite*. Sie ist das fertige Gehirn, das wir später wieder auf unser Smartphone laden. Dieses Gehirn bzw. KI-Modell ist dann in der Lage, blitzschnell und selbstständig die richtigen Fahrbefehle für ein ihm gezeigtes Kamerabild vorherzusagen.

Ein wichtiger Hinweis vorab

Dieser Trainingsprozess, bei dem riesige Datenmengen verarbeitet werden, ist sehr rechenintensiv. Er findet daher nicht auf deinem Smartphone, sondern auf einem leistungsstarken PC oder Laptop statt. Besonders schnell geht es, wenn dein Computer über eine moderne Grafikkarte (eine GPU, idealerweise von NVIDIA) verfügt, da diese darauf spezialisiert ist, tausende solcher Berechnungen parallel durchzuführen. Aber keine Sorge, das Training geht auch ohne eine GPU – es dauert nur etwas länger.

Lasst uns also die Werkstatt am PC einrichten und unseren ersten Schüler zum Meister ausbilden!

27.2.1 Die Werkstatt einrichten: Vorbereitung der Trainingsumgebung am Windows-PC

Im vorigen Abschnitt haben wir die Theorie besprochen, jetzt wird es praktisch! Bevor wir unsere KI trainieren können, müssen wir unseren Windows-PC in eine leistungsfähige Werkstatt für künstliche Intelligenz verwandeln. Wir werden eine saubere und isolierte Umgebung schaffen, damit unsere spezialisierten Werkzeuge nicht mit anderer Software auf deinem Computer in Konflikt geraten.

Diese Anleitung ist für Windows geschrieben und basiert auf der Installation der Virtualisierungssoftware *Miniconda*. Das gezeigte Vorgehen hat sich so in der Praxis bewährt. Folge einfach den Schritten, dann ist deine Werkstatt im Handumdrehen einsatzbereit.

Schritt 1: Miniconda installieren (das Fundament)
Miniconda ist ein leichtgewichtiger Manager für zum Beispiel Programmierumgebungen oder in unserem Fall für die Trainingswerkstatt. Mit diesem Manager können wir unsere Werkstatt erstellen, ohne unser restliches System zu beeinflussen.

1. Lade den Miniconda-Installer für Windows von der offiziellen Webseite herunter: *https://www.anaconda.com/download/success*
2. Wähle die neueste Version, zum Beispiel *Miniconda3-latest-Windows-x86_64.exe*.
3. Führe die heruntergeladene Datei aus, und folge den Anweisungen. Die Standardeinstellungen sind in der Regel ausreichend.

Schritt 2: Die Kommandozentrale öffnen und Git installieren
Nach der Installation finden wir im Windows-Startmenü eine neue Anwendung, die sogenannte Anaconda PowerShell Prompt.

1. Öffne die ANACONDA POWERSHELL PROMPT und nicht nur die WINDOWS POWERSHELL. Diese Anaconda PowerShell Prompt ist unsere spezielle Kommandozeile, die wir extra über die Miniconda-Installation im vorherigen Abschnitt installiert haben. Jetzt werden wir alle weiteren Schritte in der Anaconda PowerShell Prompt ausführen.
2. Um das OpenBot-Projekt später herunterladen zu können, benötigen wir das Werkzeug Git. Anstatt es separat zu installieren, nutzen wir einen Trick und installieren es direkt mit Conda. Gib dazu folgenden Befehl ein und bestätige mit [↵]:

```
conda install -c anaconda git
```

Schritt 3: C++ Build Tools installieren (das Spezialwerkzeug)
Die Installation der OpenBot-Web-App unter Windows benötigt ein Spezialwerkzeug von Microsoft, die sogenannten Build Tools, damit Python bestimmte Pakete bei der Installation kompilieren, also quasi zusammenbauen kann.

1. Lade die Build Tools von der offiziellen Microsoft-Webseite herunter: *https://visualstudio.microsoft.com/visual-cpp-build-tools/*
2. Führe die heruntergeladene Datei *vs_BuildTools.exe* aus.
3. Im Installationsfenster wähle unter dem Reiter WORKLOADS die Option DESKTOPENTWICKLUNG MIT C++ aus, und klicke auf INSTALLIEREN.
4. Starte deinen PC nach der Installation neu. Dieser Schritt ist sehr wichtig!

Schritt 4: Das OpenBot-Projekt herunterladen/klonen

Falls du das offizielle OpenBot-Projekt noch nicht von GitHub heruntergeladen hast, machen wir das jetzt zusammen. Wichtig ist, dass du die frisch installierte Anaconda PowerShell Prompt öffnest und nicht nur die klassische Windows PowerShell.

1. Öffne nach dem Neustart wieder die Anaconda PowerShell Prompt.
2. Klone nun das OpenBot-Projekt von GitHub auf deinen Computer. Ich habe das OpenBot-Projekt direkt in mein eigenes Benutzerverzeichnis unter Windows geklont. Mit dem folgenden Befehl klonst du das OpenBot-Repository in das Verzeichnis, in dem du dich aktuell in der Anaconda PowerShell Prompt befindest:

   ```
   git clone https://github.com/ob-f/OpenBot.git
   ```

Schritt 5: Die Conda-Umgebung erstellen (die Werkstatt bauen)

Jetzt kommt der magische Moment. Wir weisen Conda an, die komplette OpenBot-Werkstatt mit allen dutzenden Werkzeugen und Abhängigkeiten automatisch für uns zu bauen.

1. Wechsle zuerst in das heruntergeladene OpenBot-Projektverzeichnis innerhalb der Anaconda PowerShell Prompt und von dort direkt in den *policy*-Unterordner. Hier die beiden Befehle, die du dafür in der Shell ausführen musst:

   ```
   cd OpenBot
   cd policy
   ```

2. Starte nun die Erstellung der virtuellen Anaconda-OpenBot-Umgebung. Dieser Befehl liest die Konfigurationsdatei *environment_win.yml* ein und installiert alles Notwendige, damit du die OpenBot-Web-App auf deinem Windows-Rechner ausführen kannst. Dieser Vorgang kann abhängig von deiner Internetanbindung ein paar Minuten dauern.

   ```
   conda env create -f environment_win.yml
   ```

Schritt 6: Die Werkstatt betreten (Anaconda-Umgebung aktivieren)
Nachdem die Installation erfolgreich abgeschlossen ist, wurde eine neue, isolierte virtuelle Umgebung namens *openbot* erstellt. Um sie zu benutzen, müssen wir sie »betreten« bzw. aktivieren.

1. Gib folgenden Befehl immer noch in dem Fenster der Anaconda PowerShell Prompt ein:

   `conda activate openbot`

2. Dass die virtuelle *openbot*-Umgebung gestartet wurde, erkennst du daran, dass der Name in der Klammer am Anfang der Zeile von `(base)` zu `(openbot)` wechselt. Du bist jetzt in deiner Werkstatt!

Abbildung 27.2 Anaconda PowerShell Prompt mit aktiver virtueller OpenBot-Umgebung

Schritt 7: Den Webserver starten (für die grafische Oberfläche)
Als letzten Schritt starten wir die OpenBot-Web-App auf deinem Rechner, sodass du diese über den Browser öffnen kannst.

1. Stelle sicher, dass du dich immer noch im *.../OpenBot/policy*-Ordner befindest und deine virtuelle *openbot*-Umgebung aktiv ist.
2. Starte den Server mit folgendem Befehl:

   `python -m openbot.server`

Wenn du den Befehl ohne Fehler ausführen konntest, also alles geklappt hat, siehst du in der Shell eine solche Meldung:

```
======== Running on http://localhost:8000 ========
```

Ab jetzt ist dein PC bereit, zusammen mit der OpenBot-Web-App deine Trainingsdaten zu verarbeiten, und du kannst dein erstes eigenes KI-Modell trainieren.

Mit der folgenden URL kannst du die OpenBot-Web-App auf deinem PC in einem Browser deiner Wahl jetzt öffnen.

http://localhost:8000

Bei dir sollte sich die Oberfläche der Web-App öffnen und der Reiter DATASETS ausgewählt sein, wie dies in Abbildung 27.3 zu sehen ist. Da ich bereits zwei Trainingsdatensätze eingefügt habe, sind diese auch schon auf der Oberfläche zu sehen.

Wenn du den Reiter MODELS anklickst, siehst du alle bereits von dir trainierten Modelle. Dieser ist sehr wahrscheinlich noch leer.

Navigierst du weiter durch die Oberfläche und klickst auf den Reiter UPLOADED, siehst du alle auf dein Smartphone hochgeladenen Modelle bzw. deren aktuellen Fortschritt beim Hochladen.

Der letzte Reiter TRAIN bietet dir die Möglichkeit, ein eigenes Modell zu trainieren. Das ist eigentlich der spannendste Reiter, da du hier auch ein paar Parameter für das Training einstellen kannst. Mehr zum Training deines eigenen Modells dann im nächsten Abschnitt.

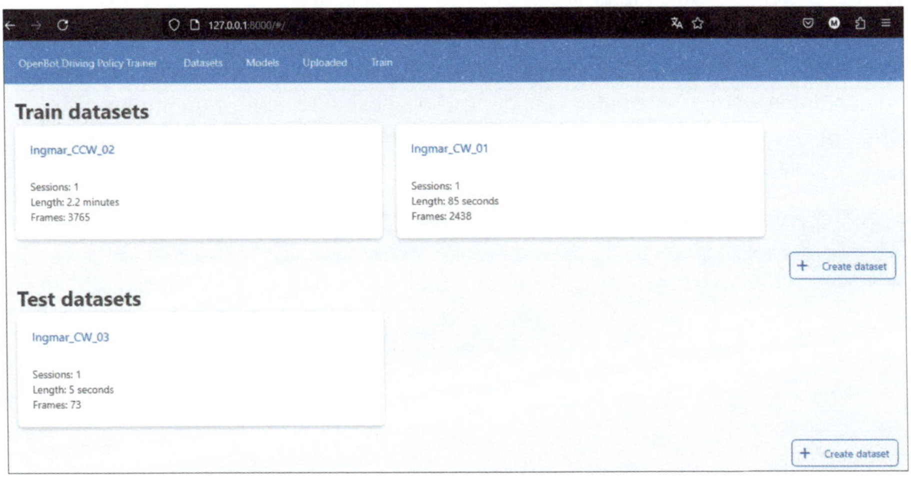

Abbildung 27.3 OpenBot-Web-App

27.2.2 Das Training kopieren, konfigurieren und starten

Bevor du mit dem Training beginnen kannst, musst du erst einmal die Trainingsdaten auf deinem PC speichern. Dazu musst du dein Smartphone mit deinem PC verbinden und die ZIP-Dateien mit den Trainingsdaten lokal auf deinem PC speichern. Gehe in den Ordner *\<OpenBot Installationsverzeichnis>\policy\dataset\train_data*, und lege dort einen Unterordner an, der deine Trainingsdaten beschreibt. Ich habe zwei Unterordner angelegt, die einmal die Trainingsdaten von meinem Parcours im Uhrzeigersinn (Clockwise, CW) enthalten und einen Unterordner mit den Trainingsdaten gegen den Uhrzeigersinn (Counter Clockwise, CCW). Die beiden Ordner sind in Abbildung 27.3 zu sehen. In diese extra angelegten Ordner entpacke jetzt entsprechend die ZIP-Dateien, die deine Trainingsdaten enthalten.

Im Ordner *\<OpenBot Installationsverzeichnis>\policy\dataset\test_data* habe ich eine kleine Auswahl an Testdaten ebenfalls in einem extra Unterordner abgelegt, anhand derer das KI-Modell sich während des Trainings selbst testen kann. Die Testdaten sollten in etwa 10 % der gesamten Trainingsdaten ausmachen. Meine Auswahl ist daher etwas zu gering.

Dann bin ich auf den Reiter TRAIN gegangen und habe das Training konfiguriert und anschließend gestartet.

Dateien ablegen

Für das Training werden immer alle Ordner genommen, die im Verzeichnis *\<OpenBot Installationsverzeichnis>\policy\dataset\train_data* abgelegt wurden. Eine separate Auswahl von Verzeichnissen bzw. Trainingsdaten kann hier auf der Oberfläche nicht vorgenommen werden, wie du in Abbildung 27.4 siehst. Also solltest du immer nur die Daten im Ordner *...\dataset\training_data\...* liegen haben, die du für das aktuell geplante Training verwenden möchtest.

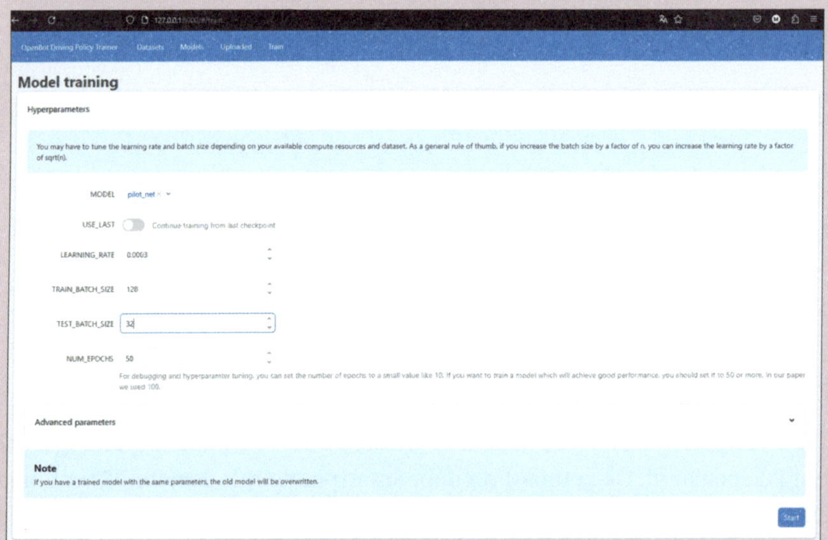

Abbildung 27.4 OpenBot-Web-App – Modelltraining-Konfiguration

Aber du hast die Möglichkeit, ein paar Konfigurationen vorzunehmen, die ich dir im kommenden Abschnitt erklären möchte.

27.2.3 Am Mischpult der KI: die Trainingsparameter der Web-App erklärt

Die auf dem Reiter TRAIN zu sehenden Einstellungen nennt man auch *Hyperparameter*.

Stell sie dir wie die Regler an einem Mischpult vor. Indem du sie veränderst, beeinflusst du, wie das KI-Modell lernt und wie gut das Endergebnis sein wird. Für den Anfang sind die Standardeinstellungen eine sehr gute Basis, aber es ist wichtig zu verstehen, was jeder Regler bewirkt.

Die Hyperparameter im Detail:

1. `MODEL` (Modellarchitektur)

   Mit dieser Dropdown-Box wählst du den grundlegenden Bauplan des KI-Modells aus, das du trainieren möchtest. Verschiedene Architekturen haben unterschiedliche Stärken und lernen auf andere Weise.

   Das KI-Modell *pilot_net* ist eine bewährte Architektur, die ursprünglich von NVIDIA für das autonome Fahren entwickelt wurde. Für den Anfang ist dies eine exzellente Wahl, die du so belassen solltest.

2. `USE_LAST` (Training fortsetzen)

   Diese Funktion ist als ein Art Schalter zu verstehen, um ein bereits begonnenes Training fortzusetzen, anstatt wieder bei null anzufangen.

   Die beiden Optionen bedeuten für dein Training das Folgende:

   – Ausgeschaltet: Wenn du ein komplett neues KI-Modell trainierst.
   – Eingeschaltet: Wenn du ein Modell bereits für 50 Runden (Epochen) trainiert hast und es nun für weitere 50 Runden trainieren möchtest, um es zu verbessern. Dies spart enorm viel Zeit.

3. `LEARNING_RATE` (Lernrate)

   Das ist wohl eine der wichtigsten Einstellungen, wenn es um das Training von KI-Modellen geht. Sie bestimmt, wie *groß die Lernschritte* sind, die die KI bei jeder Korrektur macht.

   Hier der Versuch einer Analogie: Stell dir vor, du gehst im Nebel einen Berg hinab und suchst den tiefsten Punkt. Eine zu hohe Lernrate ist wie riesige Sprünge – du kommst schnell voran, könntest aber über das Tal hinwegspringen. Eine zu niedrige Lernrate sind winzige, vorsichtige Schritte – es dauert länger, aber du findest den tiefsten Punkt wesentlich genauer.

   Der voreingestellte Standardwert von 0.0003 ist ein sehr guter und erprobter Ausgangspunkt. Lass ihn für das erste Training unverändert.

4. `TRAIN_BATCH_SIZE` (Trainings-Stapelgröße)

   Die Batch-Size bestimmt die Anzahl der Bilder, die sich das KI-Modell *auf einmal* ansieht, bevor es seine Schlüsse daraus zieht und sein Wissen, also die Gewichtungen der einzelnen Neuronen, anpasst.

   Die Analogie hier wäre, dass sich das KI-Modell, anstatt aus jedem einzelnen gezeigten Bild sofort etwas zu lernen, einen Stapel von zum Beispiel 128 Bildern anschaut und aus der durchschnittlichen Lektion dieses ganzen Stapels lernt. Das macht den Lernprozess stabiler und effizienter, erfordert aber auch mehr Speicher, je höher die Batch-Size gewählt wird.

   Meine Wahl: 128 ist ein guter Wert für moderne Grafikkarten/GPUs, aber auch für deinen PC, wenn dieser keine GPU hat. Solltest du beim Training eine `Out of Memory`-Fehlermeldung erhalten, ist dein Speicher vollgelaufen und war damit zu klein. Reduziere diesen Wert dann schrittweise (zum Beispiel auf 64 oder 32), aber immer auf einen Wert, der durch 8 ohne Rest geteilt werden kann.

5. `TEST_BATCH_SIZE` (Test-Stapelgröße)

   Bei der Test-Batch-Size handelt es sich um dasselbe wie bei der Trainings-Batch-Size. Aber diese wird nur für die kurzen Testphasen zwischen den Trainingsrunden verwendet, wenn du Testdaten bereitgestellt hast.

   Dieser Wert ist weniger kritisch. Der als Default gesetzte Wert von 32 ist ein üblicher Wert, den du so belassen kannst.

6. `NUM_EPOCHS` (Anzahl der Epochen)

   Eine Epoche ist eine vollständige Trainingsrunde, in der die KI jedes einzelne Bild aus deinem Datensatz genau einmal gesehen hat.

   Hier legst du die Dauer und Intensität des Trainings fest. Die Entwickler geben im Text einen guten Hinweis:

   - Für einen schnellen Test, ob alles funktioniert, kannst du 10 eintragen.
   - Für ein gutes erstes Ergebnis, mit dem dein OpenBot wirklich fahren kann, solltest du mindestens 50 wählen. Mehr Epochen führen oft zu besseren Ergebnissen, dauern aber auch entsprechend länger.

Weitere Einstellungen sind:

- Advanced parameters (erweiterte Parameter): Diesen Bereich kannst du für den Anfang getrost ignorieren. Er enthält weitere Stellschrauben für Experten.
- Note (wichtiger Hinweis): Die App warnt dich hier: Wenn du ein Training mit den exakt gleichen Parametern wie ein früheres Training startest, wird das alte Modell ohne Rückfrage überschrieben!

Damit das Training deines KI-Modells erfolgreich durchlaufen werden kann, musst du Testdaten bereitstellen. Es gilt die Faustregel, dass die Testdaten ca. 10 % der Trainingsdaten ausmachen sollten. Andernfalls kommt es am Ende des Trainings zu einem Fehler. Aber das Modell selbst sollte erfolgreich gespeichert werden, auch wenn keine Tests durchgeführt werden konnten und die entsprechende Grafik nicht erstellt werden konnte.

Wenn du mit deiner Konfiguration zufrieden bist, klickst du auf START, lehnst dich zurück und schaust deinem KI-Modell in der animierten Grafik der OpenBot-Web-App beim Lernen zu!

Wenn du START gedrückt hast, dann sollte nach ein paar Minuten die Oberfläche des Reiters TRAIN wie in Abbildung 27.5 aussehen, und du kannst den Balken und Zwischenergebnissen des KI-Modell-Trainings live zuschauen.

Abbildung 27.5 OpenBot-Web-App – aktives KI-Modell-Training

Bei mir hat das Training des hier gezeigten KI-Models mit 6.203 Trainingsdatensätzen auf meinem Laptop ca. 1 Stunde gedauert. Ich habe in meinem Laptop eine AMD Ryzen 7 PRO 8840U CPU verbaut und keine weitere GPU als Unterstützung für das rechenintensive Training des KI-Modells.

27.2.4 Das Abschlusszeugnis: die Trainingsergebnisse verstehen

Herzlichen Glückwunsch! Wenn du den Bildschirm in Abbildung 27.6 im Browser angezeigt bekommst, hat dein Computer erfolgreich das Training deines eigenen KI-Modells für den OpenBot abgeschlossen. Man könnte diese Anzeige mit den verschiedenen Analysediagrammen als das Abschlusszeugnis deiner KI betrachten, die du anhand deiner zuvor erstellten Trainingsdaten trainiert hast. Es zeigt dir im Detail, wie gut sie gelernt hat und wo ihre Stärken liegen.

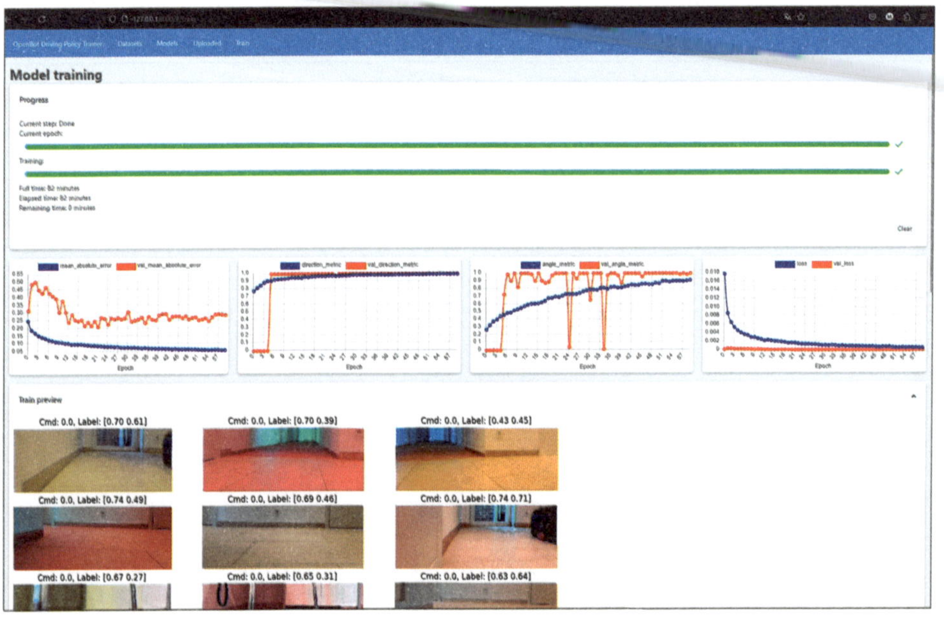

Abbildung 27.6 OpenBot-Web-App – Zusammenfassung des KI-Modell-Trainings

Lass uns die einzelnen Abschnitte der OpenBot-Web-App-Oberfläche gemeinsam durchgehen.

Der Fortschrittsbalken (Progress)

Dieser obere Bereich ist eine einfache Bestätigung und Zusammenfassung deines aktiven Trainingslaufs. Wenn ein Training aktiv läuft, bauen sich die Balken von links nach rechts auf und zeigen den Fortschritt an. In Abbildung 27.6 siehst du die Zusammenfassung eines erfolgreich abgeschlossenen Trainings.

- CURRENT STEP: DONE: Der Prozess ist erfolgreich beendet.
- ELAPSED EPOCHS / TRAINING: Die beiden grünen Balken sind bei 100 % und zeigen, dass alle geplanten Trainingsrunden (Epochen) absolviert wurden.

- TIME: Hier siehst du, wie lange das gesamte Training gedauert hat – eine nützliche Information für zukünftige Trainingsläufe.

Die Analysediagramme: die Noten deines KI-Modells im Detail

Diese Diagramme sind der wichtigste Teil der Informationen über das Training und das trainierte Modell. Du kannst dir für jedes Modell, das du in der OpenBot-Web-App trainiert hast, diese Diagramme zu deinem Modell über den Reiter MODELS immer wieder anzeigen lassen.

Diese vier Diagramme visualisieren den Lernprozess deines KI-Modells über die Zeit. Grundsätzlich gilt für alle Diagramme:

- Die horizontale Achse (X-Achse) zeigt die Epochen, also den zeitlichen Verlauf des Trainings.
- Die blaue Linie zeigt die Leistung auf den Trainingsdaten (dem Lernmaterial).
- Die rote Linie zeigt die Leistung auf den Testdaten (dem Prüfungsbogen). Hier hatte ich ja im Verhältnis zu den Trainingsdaten etwas wenige Testdaten für das Training bereitgestellt.

Das Loss-Diagramm (die Fehlerkurve)

Dies ist das wichtigste Diagramm. *Loss* ist ein mathematisches Maß für den Fehler, den die KI macht.

- *Ziel*: Diese Kurve muss nach unten gehen.
- *Bedeutung*: Eine fallende Kurve bedeutet, dass die KI im Laufe der Zeit immer weniger Fehler macht und ihre Vorhersagen immer genauer werden.
- *Interpretation*: Idealweise fallen beide Linien (blau und rot) steil ab und flachen dann auf einem möglichst niedrigen Niveau ab. Das ist das beste Zeichen für einen erfolgreichen Lernprozess.

Das Direction-Metric-Diagramm (Treffsicherheit der Richtung)

- *Ziel*: Diese Kurve sollte nach oben gehen.
- *Bedeutung*: Diese Metrik misst, wie oft die KI die korrekte allgemeine Richtung (vorwärts/rückwärts in Kombination mit links/rechts/geradeaus) im Vergleich zu deiner menschlichen Fahrweise vorhersagt.
- *Interpretation*: Ein Wert nahe 1.0 (oder 100 %) bedeutet, dass das Modell die grundlegende Fahrtrichtung fast immer richtig einschätzt.

Das Angle-Metric-Diagramm (Genauigkeit des Lenkwinkels)

- *Ziel*: Diese Kurve sollte ebenfalls nach oben gehen.
- *Bedeutung*: Hier wird gemessen, wie genau der von der KI vorhergesagte Lenkwinkel mit dem von dir gefahrenen Lenkwinkel übereinstimmt.
- *Interpretation*: Je höher diese Kurve steigt, desto präziser und feinfühliger imitiert das Modell deine eigenen Lenkbewegungen.

Das vierte Diagramm in der Ansicht ist oft eine Wiederholung des Loss-Diagramms und kann daher ignoriert werden, solange das erste Loss-Diagramm gut aussieht.

Train Preview: die Fahrprüfung in Bildern

In diesem unteren Bereich von Abbildung 27.6 siehst du eine Stichprobe von Bildern aus deinem Testdatensatz. Er dient der visuellen Kontrolle.

- *Label*: Das ist die richtige Antwort. Die beiden Zahlen zeigen den Lenk- und Geschwindigkeitsbefehl, den du als Mensch in dieser Situation gegeben hast.
- *Cmd* (Command): Das ist die Antwort der KI. Diese Zahlen zeigen den Befehl, den dein fertig trainiertes Modell für dieses Bild vorhersagen würde.

Hier kannst du mit einem Blick prüfen, ob die Vorhersagen der KI Sinn ergeben. Wenn das Bild eine Linkskurve zeigt und sowohl dein *Label* als auch der *Cmd* der KI eine Linkslenkung anzeigen, ist das ein hervorragendes Zeichen. Allerdings hatte ich keinen Parcours mit Begrenzungslinie aufgebaut, und so musste das KI-Modell anhand der Objekte in meiner Wohnung lernen, wie es den OpenBot zu steuern hat. Ich habe es der KI also nicht leicht gemacht. Falls es auf deiner Rennstrecke wenige Merkmale gibt, an der sich die KI orientieren kann, kannst du ihr helfen, indem du eindeutige und gut erkennbare Orientierungspunkte aufstellst oder eine Begrenzungslinie anlegst.

Jetzt musst du das fertige KI-Modell nur noch auf dein Smartphone in die OpenBot-App übertragen, um es einmal live ausprobieren zu können.

27.3 Das fertige KI-Modell: Export und Übertragung auf das Smartphone

Du bist sicher auch sehr gespannt, wie gut dein KI-Modell deinen OpenBot um den Parcours lenkt.

Dann lass uns zusammen das KI-Modell, also die fertige **.tflite*-Datei, auf das Smartphone übertragen.

27.3.1 Schritt 1: Das fertige Modell auf dem PC finden

1. Gehe auf deinem PC in das Verzeichnis, in dem du die OpenBot-Web-App installiert hast und das Training durchgeführt hast.

   Der Pfad lautet in etwa: ...\<Benutzername>\OpenBot\policy\models\

2. Dort findest du einen neuen Ordner, der nach deinem Modell und der Learning Rate und Batch Size benannt ist. Der Name des Ordners bei mir hatte den Namen *openbot_pilot_net_lr0.0003_bz128_bn* erhalten.
3. In diesem Ordner im Unterordner ...\checkpoints\ liegt die entscheidende Datei, zum Beispiel *best.tflite*, die dein trainiertes KI-Modell enthält.

Aber wir müssen erst einmal verstehen, welche Bedeutung die einzelnen **.tflite*-Dateien in diesem Ordner haben. Lass uns einen Blick in den Ergebnisordner auf deinem PC unter ...\OpenBot\policy\models\<KI-Modell Name>\checkpoints\ werfen, in dem dein gerade trainiertes KI-Modell liegt. Du wirst feststellen, dass dort nicht nur eine einzige Datei liegt, sondern mehrere Ordner und **.tflite*-Dateien. Das gibt dir Optionen, aber es gibt eine klare Empfehlung, welche Datei du verwenden solltest.

Bei mir sieht der Ordner mit den **.tflite*-Dateien wie in Abbildung 27.7 gezeigt aus.

[..]		<DIR>	08.06.2025 20:30	----
[cp-best-train.ckpt]		<DIR>	08.06.2025 23:12	----
[cp-best-val.ckpt]		<DIR>	08.06.2025 22:18	----
[cp-last.ckpt]		<DIR>	08.06.2025 23:12	----
last	tflite	9.588.984	08.06.2025 23:12	-a--
best	tflite	9.588.984	08.06.2025 23:12	-a--
best-val	tflite	9.588.984	08.06.2025 23:12	-a--
best-train	tflite	9.588.984	08.06.2025 23:12	-a--

Abbildung 27.7 OpenBot-Web-App – Übersicht der »*.tflite«-Dateien

Lass uns kurz klären, was was ist:

Die Checkpoint-Ordner (.ckpt) – das Gedächtnis des Trainings
Die Ordner mit der Endung *.ckpt* sind die Notizbücher deiner KI während des Lernens.

- **cp-last.ckpt:** Enthält den Wissensstand nach der allerletzten Trainingsrunde.
- **cp-best-train.ckpt:** Speichert den Zustand, in dem die KI am besten beim Auswendiglernen der Trainingsdaten war.
- **cp-best-val.ckpt:** Speichert den Zustand, in dem die KI am besten im Prüfungstest mit den unbekannten Testdaten abgeschnitten hat.

Normalerweise musst du mit diesen Ordnern nichts direkt machen. Sie sind eher für fortgeschrittene Zwecke da, zum Beispiel um ein Training genau von einem bestimmten Punkt aus fortzusetzen.

Die fertigen Modelle (.tflite) – das Gehirn für den Roboter
Viel wichtiger für uns sind die **.tflite*-Dateien. Das Trainingsskript war so freundlich, aus den wichtigsten Checkpoints bereits fertige, einsatzbereite Modelldateien für uns zu erstellen, die wir in der OpenBot-App direkt ausführen können.

- **last.tflite:** Das Modell, das aus dem allerletzten Checkpoint erstellt wurde. Es hat am längsten trainiert. Es muss aber deswegen nicht das beste sein.
- **best-train.tflite:** Dieses Modell war der Klassenbeste beim Wiedergeben der Trainingsdaten. Es besteht hier eine leichte Gefahr, dass es zu sehr auswendig gelernt hat (*Overfitting*) und mit leicht veränderten Situationen schlechter umgehen kann.
- **best-val.tflite:** Dieses Modell hat im Test mit neuen, unbekannten Daten, unseren Testdaten, die nie ein Teil des Trainings waren, am besten abgeschnitten. Es konnte das Gelernte am besten verallgemeinern.
- **best.tflite:** Dies ist in der Regel eine Kopie der *best-val.tflite*-Datei und gilt als das insgesamt beste Modell des gesamten Trainingslaufs.

Die Empfehlung: Welches Modell soll ich nehmen?
Für die Übertragung auf dein Smartphone solltest du immer das *best-val.tflite*-Modell verwenden.

Warum? Weil dieses Modell im Prüfungstest bewiesen hat, dass es das Gelernte am besten auf neue, unbekannte Situationen anwenden kann. Es ist sozusagen das Modell, das am besten generalisiert und nicht nur stur auswendig gelernt hat. Es wird auf deiner echten Strecke wahrscheinlich die robusteste und zuverlässigste Leistung zeigen.

Was, wenn es keine *best-val.tflite* gibt? Falls du keine Testdaten bereitgestellt hast, wird diese Datei nicht erstellt. In diesem Fall ist die *last.tflite* deine beste Wahl.

27.3.2 Schritt 2: Das Smartphone mit dem PC verbinden

1. Verbinde dein Smartphone mit einem USB-Kabel mit deinem PC.
2. Entsperre dein Smartphone. In der Benachrichtigungsleiste erscheint eventuell eine Meldung zur USB-Verbindung. Tippe darauf, und wähle die Option DATEIÜBERTRAGUNG (manchmal auch FILE TRANSFER oder MTP genannt).
3. Dein Smartphone sollte nun im Windows Explorer als neues Laufwerk oder Gerät erscheinen.

27.3.3 Schritt 3: Die Modelldatei auf das Smartphone kopieren

1. Öffne den Speicher deines Smartphones im Windows Explorer.
2. Navigiere zum Ordner *Download* auf deinem internen Speicher des Smartphones.
3. Lege dort deine **.tflite*-Datei ab, die du zur Steuerung deines OpenBots verwenden möchtest.

27.3.4 Schritt 4: Die Modelldatei in die OpenBot-App importieren

1. Öffne die OpenBot-App auf deinem Smartphone, und öffne den Bildschirm MODEL MANAGEMENT.
2. Drücke auf den großen +-Button, um das neue Modell zu importieren.
3. Klicke ganz oben links auf das sogenannte Burger-Menü, und wähle den Ordner *Download* auf deinem Smartphone aus.
4. Du solltest jetzt die zuvor im Ordner *Download* abgelegte **.tflite*-KI-Modell-Datei sehen und anklicken können.
5. Es öffnet sich ein weiterer Bildschirm, der eine kurze Zusammenfassung zeigt und zum Beispiel die Möglichkeit bietet, der Datei mit dem KI-Modell noch einen anderen Namen zu geben. Drücke jetzt auf den Button DONE, um das KI-Modell in die OpenBot-App zu importieren.

Jetzt kannst du in den Modus *Autopilot* in der OpenBot-App wechseln, dein Modell dort auswählen und auf dem Parcours testen. In Abbildung 27.8 ist mein trainiertes Modell *best-train-2025-06-09.tflite* in der Dropdown-Box für die Modelle ausgewählt.

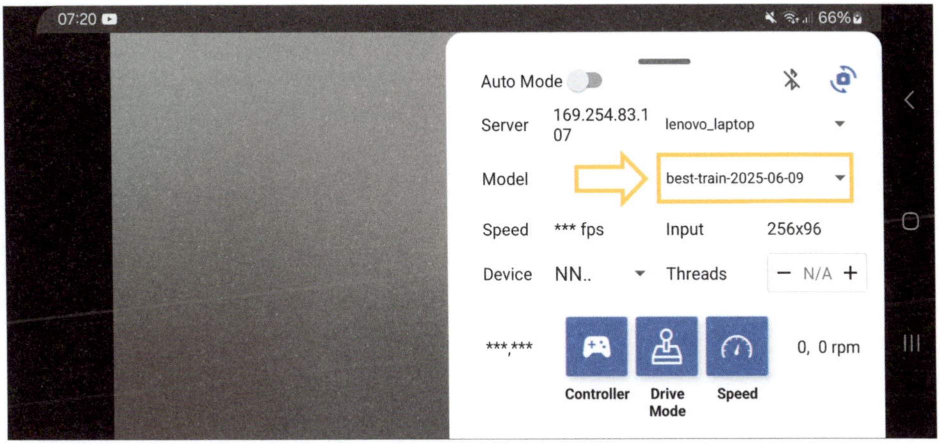

Abbildung 27.8 OpenBot-App – Autopilot mit eigenem KI-Modell

Ich wünsche dir viel Spaß beim Ausprobieren deines ersten eigenen KI-Modells und natürlich auch dabei, weiter zu lernen, Daten zu sammeln, zu testen und durch die Gegend zu fahren!

27.4 Fazit: Die erste autonome Fahrt mit deinem eigenen Modell

Es ist geschafft, die Kommandozeilen können geschlossen, der PC mit der Trainingsumgebung kann heruntergefahren werden – die eigentliche Arbeit ist getan. Vor dir liegt nun der vielleicht aufregendste und lohnendste Moment des gesamten Projekts: die Jungfernfahrt deines Roboters mit seinem eigenen, von dir geschaffenen KI-Modell, das in der Lage ist, die Umgebung des aufgebauten Parcours zu interpretieren.

Zögere also nicht länger. Schnapp dir dein Smartphone, starte die OpenBot-App, und wechsle in den autonomen Fahrmodus. Wähle dein brandneues, selbst trainiertes Modell aus der Liste aus, stell den Roboter auf seine Strecke, und drücke am PS5-Controller den Start-Knopf.

Lehn dich zurück und genieße den Augenblick, in dem dein OpenBot seine erste Runde dreht – nicht mehr ferngesteuert, sondern gelenkt von der Intelligenz, die du ihm beigebracht hast. Herzlichen Glückwunsch, du bist jetzt der Lehrer für deinen OpenBot, der ihm neue Fähigkeiten beibringt!

Kapitel 28

Der visuelle Baukasten – eigene Programme mit OpenBot Playground erstellen

Was wäre, wenn du die künstliche Intelligenz deines Roboters so einfach programmieren könntest, wie du Klemmbausteine kombinierst? Genau das machen wir jetzt mit dem OpenBot Playground, einem visuellen Baukasten, mit dem selbst Kinder dem Roboter clevere Tricks beibringen können.

Bisher haben wir unser Roboter-Auto bzw. den OpenBot entweder manuell ferngesteuert oder ihm eine einzige, spezifische Aufgabe beigebracht: das autonome Fahren auf einer Strecke. Doch was, wenn du deinem Roboter ganz neue, eigene Verhaltensweisen beibringen möchtest? Was, wenn er auf seine Umwelt reagieren, Geräusche machen oder sich freuen soll, wenn er etwas Bestimmtes sieht, wie einen Apfel oder eine Banane?

Genau hier kommt der *OpenBot Playground* ins Spiel, der es vor allem Kindern ermöglicht, durch die Kombination von Bausteinen eigene Programme für den OpenBot zu erstellen – ohne den Einsatz eines KI-Assistenten.

Stell dir einen digitalen Baukasten mit vielen verschiedenen Bausteinen vor. Anstatt selbst Code mit einer komplexen Programmiersprache zu schreiben oder Prompts am Computer zusammen mit einem KI-Assistenten zu erstellen, schnappst du dir einfach bunte Blöcke und steckst sie zu einem Programm zusammen. Dieser visuelle Ansatz ist so intuitiv, dass man auch ohne Vorkenntnisse einer Programmiersprache in wenigen Minuten die ersten eigenen Programme für den Roboter erstellen und ihm eine Persönlichkeit verleihen kann.

28.1 Der OpenBot-Online-Dienst: einfach im Browser loslegen

Das Beste am Playground ist, dass du dafür nichts Kompliziertes auf deinem PC installieren musst. Das OpenBot-Projekt stellt eine fertige Online-Version zur Verfügung, die du direkt in deinem Webbrowser aufrufen kannst.

https://www.playground.openbot.org/

Hinweis für Experten: Es gibt auch die Möglichkeit, die Playground-Software lokal auf einem eigenen Server zu installieren, aber für unsere Zwecke ist der fertige Online-Dienst perfekt und am einfachsten zu nutzen.

28.2 Die magische Verbindung: PC und Roboter koppeln

Damit die auf deinem PC im Browser erstellten Block-Programme auf dem OpenBot laufen, müssen wir die beiden Geräte miteinander verbinden. Das funktioniert genial einfach über einen QR-Code.

- **Am PC:** Öffne die Playground-Webseite in deinem Browser. Du siehst dort einen QR-Code.
- **Anmelden:** Melde dich mit deinem Google-Konto am Playground an. Wenn du kein Google-Konto hast, musst du dir bitte eines anlegen.
- **Am Smartphone:** Öffne die OpenBot-App auf deinem Roboter, und navigiere zum Bildschirm OPENCODE – so heißt die Playground-Funktion in der OpenBot-App.
- **Der Scan:** Die App startet die Kamera. Richte sie auf den QR-Code auf deinem PC-Bildschirm.

Sobald der Code gescannt ist, sind die beiden Geräte verbunden. Dein PC ist nun das »Reißbrett« für deine Ideen, und das Smartphone auf dem Roboter ist bereit, sie auszuführen und die Befehle an den OpenBot zu senden.

28.3 Der Baukasten: Logik und KI mit Blöcken erschaffen

Das Herzstück des Playgrounds ist die einfache Drag-and-Drop-Oberfläche, auf der du die Bausteine zu einem Programm mit Ablauf kombinierst. Auf der linken Seite, wie in Abbildung 28.1 zu sehen ist, findest du eine Palette mit allen verfügbaren Blöcken, sortiert nach Kategorien wie Schleifen (LOOP), Variablen (VARIABLES) oder KI (AI).

Du ziehst einfach die Blöcke, die du brauchst, in den Arbeitsbereich auf der rechten Seite und steckst sie zu einem Programm logisch zusammen. Kinder müssen hier noch etwas angeleitet werden; sie finden in der Regel sehr schnell Zugang zur Programmierung über die grafische Darstellung der Logik-Blöcke.

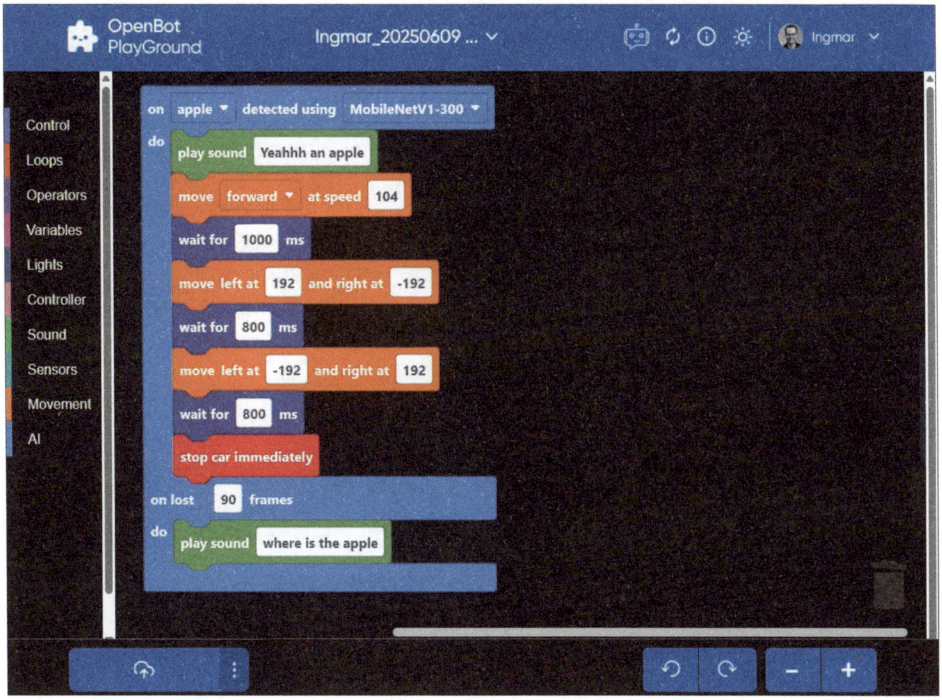

Abbildung 28.1 Der Playground

Die wahre Magie zusammen mit dem OpenBot entfaltet sich, wenn wir die KI-Blöcke verwenden. Dein Roboter kann die trainierten Objekterkennungsmodelle nutzen, um auf seine Umwelt zu reagieren.

Beispielprogramm: der Apfel-Freudentanz

Lass uns das kleine Beispiel gleich einmal bauen. Die Idee ist, dass der OpenBot sich kurz auf das erkannte Objekt, den Apfel, zubewegt, wenn er ihn erkannt hat, und sich dann im Kreis dreht.

1. Aus der Kategorie KI im Playground nimmst du den Block Do Objekt Apfel (apple) und ziehst ihn in die Bedingungslücke des wenn-Blocks.
2. Aus der Bewegung-Kategorie nimmst du den Block drehe [rechts] und platzierst ihn innerhalb des wenn-Blocks.
3. Aus der Kategorie Sound kannst du noch Blöcke nehmen, die über das Smartphone einen Sound abspielen bzw. einen Text als Sprache ausgeben.

Das war's schon! Wenn du jetzt unten links auf UPLOAD CODE klickst, wird das Programm vorbereitet und dir ein QR-Code angezeigt. Wenn du den angezeigten QR-Code mit der OpenBot-App scannst, wird das Programm in die OpenBot-App geladen. Jetzt muss du dein Smartphone am OpenBot vorne befestigen und als Nächstes vor die Kamera deines Smartphones einen Apfel halten. Wenn das KI-Modell den Apfel erkannt hat, wird sich der OpenBot kurz nach vorne auf den Apfel zubewegen und im Kreis drehen.

Genau auf diese Weise können Kinder (und Erwachsene!) spielerisch die Grundlagen der Programmierung und der künstlichen Intelligenz in Kombination entdecken. Man könnte das Programm leicht erweitern, sodass der Roboter zusätzlich seine Bewegungen, die er ausführt, kommentiert und nicht nur sagt »Yeahhh an apple«. Der Sound wird dann über das Smartphone abgespielt. Der Kreativität sind hier kaum Grenzen gesetzt.

Kapitel 29
Dein intelligenter Roboter – Zusammenfassung und nächste Abenteuer

Am Anfang dieser Reise stand vielleicht nur ein Karton voller Bauteile und die Idee eines intelligenten Roboters. Jetzt, am Ende dieses Weges, steht nicht nur ein autonomes Fahrzeug, sondern vor allem ein Entwickler, der bereit für die Zukunft ist: du.

Wenn du dieses Kapitel am Ende des Buchs liest, hast du ein beeindruckendes Abenteuer hinter dir. Du hast nicht nur ein Buch gelesen, du hast gebaut, gelernt, programmiert, KI-Assistenten eingesetzt, trainiert und erschaffen. Aus einem anfänglichen Interesse an Robotik ist praktisches, anwendbares Wissen geworden. Lass uns kurz zurückblicken, was du alles gemeistert hast, und einen Blick darauf werfen, was jetzt alles möglich ist.

29.1 Was du gelernt hast: dein Weg zum Roboter-Entwickler

Deine Reise bestand aus drei entscheidenden Etappen, die dich zu einem echten Full-Stack-Roboter-Entwickler gemacht haben:

- **Vom Bauteil zum funktionierenden Roboter:** Im ersten Teil hast du gebaut, geklebt und hauptsächlich physisch am Roboter-Auto gearbeitet. Aus einem Haufen von Kabeln, Motoren, Schrauben und einem Mikrocontroller hast du ein solides, funktionierendes und ferngesteuertes Fahrzeug erschaffen. Du weißt jetzt, wie die Hardware zusammenspielt und wie man aus Komponenten ein Ganzes baut, das viel mehr ist als die Einzelteile.
- **Vom Code-Schreiben zum Code-Dirigieren:** Danach hast du in der Prompt-Schule gelernt, auf eine völlig neue Art zu programmieren: im Dialog mit einer künstlichen Intelligenz. Du bist nicht mehr nur ein Programmierer, der Befehle eintippt, sondern ein Dirigent, der einen mächtigen KI-Assistenten anleitet, um schnell und effizient

komplexen Code zu erstellen. Du hast gelernt, das mächtigste Werkzeug unserer Zeit für dich zu nutzen.

- **Vom ferngesteuerten Auto zur denkenden Maschine:** Im letzten Teil haben wir alles zusammengefügt und die höchste Stufe der Robotik in diesem Buch erreicht. Du bist eingetaucht in das OpenBot-Projekt und hast deinem Roboter-Auto das Sehen und Lernen in Kombination mit deinem Smartphone beigebracht. Du hast als Fahrlehrer Daten gesammelt, am PC ein eigenes neuronales Netz trainiert und ihm mit dem visuellen Baukasten von Playground sogar eine eigene, kreative Persönlichkeit verliehen. Dein Roboter ist nicht mehr nur ein Empfänger von Befehlen, sondern eine autonome Maschine, die auf ihre Umwelt reagiert – gelenkt von einem Gehirn, das du selbst geschaffen hast.

29.2 Was jetzt möglich ist: deine Reise beginnt hier

Dieses Buch gibt dir ein Fundament, aber es ist vor allem eine Einladung, weiterzubauen und zu experimentieren. Das Wissen aus allen drei Teilen macht dich unglaublich handlungsfähig. Du kannst jetzt ...

- **... neue KI-Modelle trainieren:** Bringe deinem Roboter bei, immer besser neue Strecken zu fahren. Wie wäre es, wenn er Hindernissen auf der Rennstrecke ausweichen könnte?
- **... kreative Programme im Playground entwerfen:** Erfinde kleine Spiele. Was soll der Roboter tun, wenn er eine Person sieht? Soll er ihr folgen, sich freuen oder sie mit einem Spruch begrüßen, den du ihm über die Text-zu-Sprache-Funktion vorgibst?
- **... die Hardware erweitern:** Du hast die Grundlagen des Aufbaus gelernt. Was hält dich davon ab, neue Sensoren hinzuzufügen? Einen Greifarm? Eine stärkere Beleuchtung?
- **... Probleme mit KI-Hilfe lösen:** Wenn du auf ein Problem stößt, weißt du jetzt, wie du einen KI-Assistenten präzise befragen kannst, um eine Lösung für den Code oder die Elektronik zu finden.

Du hast in diesem Buch weit mehr gelernt, als nur ein Roboter-Auto nachzubauen. Du hast gelernt, wie moderne Produktentwicklung funktioniert: das Zusammenspiel von Hardware, Software und künstlicher Intelligenz.

Die Werkzeuge liegen bereit, das Wissen hast du nun. Geh hinaus in die Welt, sei neugierig, sei kreativ und baue die Zukunft.

Deine Reise als Roboter-Entwickler hat gerade erst begonnen. Viel Spaß dabei!

Kapitel 30

Die abschließenden Worte: Was du bis jetzt erreicht hast und wie es weitergeht

Herzlichen Glückwunsch, du hast es geschafft! Du hast nicht nur ein ferngesteuertes Roboter-Auto gebaut, sondern zusätzlich auch sehr viel zum Thema Prompt-Schreiben und zum Programmieren von Sensoren gelernt. Dieses finale Kapitel ist dazu da, einen Moment innezuhalten, auf das Gelernte zurückzublicken, das Erreichte zu würdigen und zu versuchen, einen Ausblick auf die Zukunft mit KI zu geben.

Du hast das Projekt gemeistert und ein fahrbereites Roboter-Auto vor dir stehen. Dabei hast du sehr viel gelernt – vom Bau deines individuellen Chassis über die sorgfältige Montage der Elektronik und Verkabelung bis hin zur Entwicklung der Software mit KI-Assistenten-Unterstützung im zweiten Teil des Buches. Angefangen bei der grundlegenden Gamepad-Steuerung und coolen LED-Effekten, hast du deinen Roboter um wichtige Fähigkeiten erweitert, indem du ihn mit verschiedenen Sensoren ausgestattet hast und ihm so beigebracht hast, seine Umwelt wahrzunehmen und autonom auf Hindernisse zu reagieren. Weiter hast du die Prompt-Schule gemeistert und hast gelernt, wie du zusammen mit einem KI-Assistenten Code für dein Roboter-Auto in C++ schreiben lässt. Die Prompts und auch der generierte Code wurden von Kapitel zu Kapitel immer komplexer. In die Navigation mit einem GPS-Empfänger sind wir zusammen eingestiegen, und du hast gelernt, die GPS-Position des Roboter-Autos zu ermitteln. Darüber hinaus hast du die Möglichkeiten der drahtlosen Kommunikation des ESP32 genutzt, um ein einfaches Web-Interface zur komfortablen Steuerung des Roboter-Autos zu nutzen. Im dritten Teil des Buches haben wir dein Roboter-Auto zu einem OpenBot gemacht und von einem KI-Modell auf deinem Smartphone steuern lassen. Du hast auch gelernt, ein KI-Modell selbst zu trainieren, und das genau so, dass der OpenBot die gestellte Aufgabe richtig gut meistern konnte. Damit hast du nicht nur ein Roboter-Auto gebaut, sondern für dich selbst einen soliden Grundstein in der Robotik und Programmierung mit KI-Assistenten gelegt.

30.1 Was Kinder und auch Erwachsene mitnehmen können

Dieses Projekt ist weit mehr als nur der Zusammenbau eines Roboter-Autos. Wenn du als Mutter oder Vater mit dem Nachwuchs zusammen dieses Projekt gemeistert hast, habt ihr neben dem Spielen auch gelernt, wie modern und im Grunde einfach mittlerweile die Softwareprogrammierung ist. Ihr habt zusammen wichtige Fähigkeiten gelernt und auch das Interesse an technischen Themen gefördert. Lasst mich kurz zusammenfassen, was ihr bis jetzt alles kennengelernt habt:

- **Technisches Verständnis:** Einblick in Elektronik, Mechanik, den Aufbau von Stromkreisen, die Funktion von Motoren in einem Roboter, Sensoren, digitale Schnittstellen wie den I2C-Bus und drahtlose Kommunikation durch die Nutzung von Bluetooth und WLAN.
- **Logisches Denken und Problemlösung:** Entwicklung von Algorithmen für ein ganz einfaches autonomes Verhalten, systematisches Suchen und Beheben von Fehlern (Debugging) bei Verkabelung, Hardware oder Code, Verständnis für schrittweises Vorgehen und das Finden eigener kreativer Lösungswege.
- **Kreativität und Gestaltung:** Eigene Ideen beim Roboter-Auto aus Pappe oder Klemmbausteinen, Auswahl von Farben für den 3D-Druck, Programmierung von Lichteffekten, Design von Anbauteilen und die Gestaltung eigener Web-Oberflächen.
- **Programmierung mit KI-Assistenten:** Du hast gesehen, wie einfach es jetzt mit KI-Assistenten geworden ist, Software für ein Roboter-Auto mit dem ESP32 zu schreiben. Warum nicht auch andere Programme für andere Plattformen schreiben lassen?
- **Neugier und Motivation:** Wecken der Begeisterung für MINT-Themen (Mathematik, Informatik, Naturwissenschaft, Technik) durch praktisches Erleben und die stärkende Erkenntnis: »Ich kann selbst etwas bauen, das funktioniert und auf meine Befehle reagiert!«

30.2 Was du als Nächstes machen kannst

Dein ESP32-Roboter-Auto ist eine sehr leistungsfähige und vielseitige Plattform. Die in diesem Buch erlernten Grundlagen öffnen dir die Tür zu unzähligen weiteren spannenden Projekten. Ich habe schon einige Ideen, um dein Roboter-Auto weiter auszubauen und deine Fähigkeiten auf das nächste Level zu heben. Vielleicht sind die Ideen ein bisschen herausfordernd, aber schau doch einfach mal selbst, was du umsetzen kannst.

- **Erweiterte Sensorik:** Integriere weitere Sensoren wie Farbsensoren zur Erkennung von farblichen Markierungen oder Time-of-Flight-Sensoren, die mit einem Laser statt einem Ultraschallsignal arbeiten, für ein verbessertes Hinderniserkennungssystem an allen Seiten.

- **Komplexere Autonomie:** Entwickle fortgeschrittenere Navigationsalgorithmen, die nicht nur Hindernissen ausweichen, sondern auch unbekannte Umgebungen erkunden oder einfache Karten erstellen.
- **Verbesserte Websteuerung und Visualisierung:** Erstelle ein komplexeres und benutzerfreundlicheres Web-Interface, das Sensorwerte in Echtzeit anzeigt oder die Position auf einer einfachen Karte darstellt.

30.3 Das ESP32-Roboter-Auto-Projekt in Familie und Schule

Dieses Roboter-Auto eignet sich hervorragend als pädagogisches Projekt und kann eine tolle Aktivität für die ganze Familie oder im schulischen Umfeld sein:

- **Eltern-Kind-Projekt:** Gemeinsam bauen, lernen und spielen – eine unbezahlbare Möglichkeit, Zeit miteinander zu verbringen, die Beziehung zu stärken und Technik auf spielerische Weise greifbar zu machen.
- **Schulprojekt/AG:** Ideal für Technik-, Informatik-, Physik- oder Robotik-AGs. Der modulare Aufbau ermöglicht es, das Projekt in Etappen zu bearbeiten. Schüler können verschiedene Rollen übernehmen (Design, 3D-Druck, Elektronik, Verkabelung, Programmierung, Testen) und dabei im Team arbeiten.
- **Wettbewerbe:** Veranstalte interne oder externe Wettbewerbe wie Rennen, Parcours-Fahrten, Ballspiele oder autonome Navigationsaufgaben, um den Lerneffekt zu verstärken und den Spaß zu erhöhen.
- **Präsentationen:** Ermutige Teilnehmer, ihre Roboter, die erreichten Funktionen und ihre Lernerfolge vorzustellen.

Im nächsten Abschnitt 30.4 möchte ich versuchen, einen Eindruck zu vermitteln, wie hochmoderne Roboter am Beispiel der humanoiden Roboter ihre Software, die sie benötigen, um eine Aufgabe zu lösen, in der Zukunft vielleicht live schreiben könnten.

30.4 Wie ein humanoider Roboter zukünftig mit KI-Unterstützung Probleme lösen könnte – einfach erklärt

Stell dir einen humanoiden Roboter vor, der vor einer komplexen Aufgabe steht – vielleicht soll er ein bestimmtes Objekt in einem unaufgeräumten Zimmer finden und greifen oder einem Koch bei seiner alltäglichen Arbeit in der Küche helfen. Wie meistert er solche Herausforderungen mithilfe von künstlicher Intelligenz? Der Prozess gleicht oft einem intelligenten Dialog zwischen dem Robotergehirn und den Informationen, die er aus seiner Umwelt bekommt, also einem Kreislauf aus Wahrnehmung, Analyse, Planung und Aktion. Wie du es eigentlich zusammen mit einem KI-Assistenten bereits selbst erlebt hast bei der Programmierung des Roboter-Autos, nur das du als Mensch noch dazwischensaßest. Das nennt man auch im Englischen »human in the loop«.

Alles beginnt damit, dass zum Beispiel der humanoide Roboter seine Umgebung erfasst. Seine Kameras und Mikrofone, die wie unsere Augen und Ohren funktionieren nehmen ein Bild, Bilderserien oder Videos zusammen mit dem Ton der aktuellen Situation auf. Dieses visuelle und akustische Abbild der Realität wird dann unmittelbar von einem fortschrittlichen KI-Modell verarbeitet, häufig einem sogenannten multimodalen Sprachmodell. Der Begriff *multimodal* ist hier entscheidend: Er bedeutet, dass das KI-Modell nicht nur mit reinem Text umgehen kann, sondern auch verschiedenste andere Informationsarten versteht und in Beziehung setzen kann – eben Bilder, aber auch Töne oder Daten von anderen Sensoren. So kann das KI-Modell die visuellen Eindrücke des Roboters »verstehen« und intern beschreiben, was gerade vor ihm vor sich geht. So könnte er sich, wenn er die Küche erkennt, den Küchenplan laden und erkennen, wo welche Schubfächer sind und was dort vorzugsweise zu finden wäre. Auch könnte er aus diesem Plan erkennen, wie die Küche funktioniert, wie er also Fächer oder Rondelle öffnen kann. Dieses Konzept eines Kreislaufs der Roboter-Steuerung aus Wahrnehmung, Analyse, Programmgenerierung und Aktion nennt man auch die Zeit von KI in der Physik, im Englischen *Physics AI*.

Parallel zu dieser Analyse der Umgebung und den zusätzlichen Informationen ist dem KI-Modell auch das Ziel, die gestellte Aufgabe, bekannt. Diese Aufgabe kann ihm zum Beispiel als einfacher Sprachbefehl mitgeteilt worden sein, etwa: »Bringe mir bitte die blaue Flasche vom Küchentisch.« Ausgestattet mit diesen beiden grundlegenden Informationen – dem Verständnis der aktuellen Situation seiner Umwelt (»Was ist los?«) und der Kenntnis des Ziels (»Was soll erreicht werden?«) – beginnt das KI-Modell, einen Lösungsweg zu entwickeln. Es entwirft eine Strategie und schlägt eine mögliche Vorgehensweise vor, um vom Ist-Zustand zum Soll-Zustand zu gelangen.

Dieser erste, oft noch abstrakte Lösungsansatz wird anschließend in eine konkretere, schrittweise Handlungsanweisung umgewandelt, eine Art Programmstruktur oder Ablaufplan. Damit der Roboter diese geplanten Schritte aber auch tatsächlich physisch umsetzen kann, muss das KI-System seine genauen technischen Fähigkeiten berücksichtigen: Welche Motoren und Sensoren sind verbaut? Wie kann er sich bewegen? Ist er in der Lage, zu greifen, zu hören oder komplexe Objekte zu erkennen?

Auf Basis dieser detaillierten Kenntnis seiner eigenen Hardware und der zuvor erstellten Programmstruktur generiert das KI-System schließlich einen passenden Steuerungscode, der exakt auf diesen spezifischen Roboter und die aktuelle Aufgabe zugeschnitten ist. Je nach System wird der Code vielleicht erst in einer Simulation ausgeführt, um zu überprüfen, ob dieser fehlerfrei und ohne Gefahr für die Roboter-Hardware und Umgebung physisch vom Roboter ausgeführt werden kann.

Wenn das erfolgreich war, tritt der Roboter tatsächlich physisch in Aktion und führt diesen maßgeschneiderten Code für die Aufgabenstellung aus. Währenddessen und unmittelbar danach überprüft das KI-System kontinuierlich – beispielsweise anhand neuer Kamerabilder oder anderer Sensordaten –, ob das angestrebte Ziel erreicht wurde. Sollte der erste Versuch nicht zum Erfolg führen, ist das kein Scheitern, sondern der Beginn einer neuen Optimierungsrunde.

Der gesamte Kreislauf startet von vorn: Die Kamera liefert ein aktualisiertes Bild der nun leicht veränderten Situation, das KI-Modell analysiert die neue Lage, passt den Lösungsansatz und den Steuerungscode entsprechend an, und der Roboter unternimmt einen neuen, verfeinerten Versuch. Dieser hoch dynamische Zyklus aus Wahrnehmen, Analysieren, Planen, Handeln und erneutem Überprüfen wiederholt sich iterativ, bis die gestellte Aufgabe zur Zufriedenheit gelöst ist. Jetzt blicken wir in die Zukunft und sehen die Physics AI vor uns, die tatsächlich lernt, in der für Menschen gemachten Umgebung zu handeln.

30.5 Gedanken über die Zukunft des Zusammenlebens mit Large Language Models

Stell dir vor, es ist der 23. Dezember 1947. In den Bell Laboratories in den Vereinigten Staaten wird der erste funktionierende Bipolartransistor präsentiert. Damals war das ein winziges, unscheinbares Bauteil, kaum größer als ein Fingernagel. Nur wenige Menschen konnten zu diesem Zeitpunkt erahnen, welche Revolution dieser kleine Schalter auslösen würde.

Heute steckt der Transistor in jedem elektronischen Gerät, das du kennst: in deinem Smartphone, deinem Computer, deinem Roboter-Auto. Millionen, ja Milliarden dieser winzigen Schalter arbeiten für uns, und wir nutzen sie ganz selbstverständlich, ohne uns jemals Gedanken darüber zu machen, welcher Typ von Transistor gerade für uns arbeitet oder wie viele es sind. Sie sind einfach da und funktionieren.

Wir erleben gerade einen ähnlichen epochalen Moment – unseren eigenen »Transistor-Moment«. Mit dem Aufkommen von Systemen wie ChatGPT und anderen *Large Langu-*

age Models (LLMs) ist plötzlich eine neue Ära der künstlichen Intelligenz angebrochen. Diese komplexen Sprachmodelle können Sprache verstehen, generieren, Texte zusammenfassen oder sogar programmieren. Für uns, die wir diese Tools heute nutzen, fühlt sich das vielleicht noch neu und manchmal magisch an.

Doch die Entwicklung ist rasant. Es ist sehr wahrscheinlich, dass wir in Zukunft LLMs einfach nutzen werden, ohne uns Gedanken darüber zu machen, welcher spezielle Typ von LLM gerade für uns arbeitet. Genauso wie wir heute nicht fragen, ob unser Computer Bipolartransistoren, Feldeffekttransistoren oder MOSFETs nutzt, werden wir in ein paar Jahren ganz selbstverständlich auf die Fähigkeiten von LLMs zugreifen. Sie werden uns beim Lernen helfen, bei der Problemlösung unterstützen oder uns kreative Ideen liefern – ganz einfach, weil sie da sind und für uns arbeiten, genau wie die Milliarden von Transistoren in der Elektronik von heute. Es ist der Beginn einer neuen, aufregenden Zeit!

Du hast selbst erlebt, wie mächtig bereits im Jahr 2025 KI-Services sind, wenn es um das Generieren von Code für unser Roboter-Auto geht. Vielleicht war das für dich genauso ein Moment des Staunens und Verstehens wie am 23. Dezember 1947 in den Bell Laboratories. Natürlich haben wir nur kleine Programme geschrieben, aber dennoch, so hoffe ich, war das von mir gezeigte Vorgehen auch bei dir mit einem »guten« und ausführlichen Prompt bereits sehr erfolgreich. Zukünftig werden Systeme ihre eigenen Programme schreiben, die sie aktuell brauchen, um eine Aufgabenstellung zu lösen. Wie das dann wohl in zwei Jahren sein wird oder 2035?

Auch dann wird sicher noch gelten: *Try, fail, learn – fast.* Du probierst etwas aus, das vielleicht nicht auf Anhieb funktioniert, aber aus dem du lernen kannst. Und zwar noch schneller, als es jetzt schon möglich ist, ja vielleicht schneller als Echtzeit parallel ein paar tausend Mal, und die beste Lösung wird genommen und tatsächlich ausgeführt. Wenn ich mich an 2015 zurückerinnere, an mein erstes Roboter-Auto-Buch mit dem Raspberry Pi, und wie viele Tage ich mit Lesen, Lernen und Programmieren beschäftigt war, dann ist es jetzt, zehn Jahre, später eine ganz andere Situation, in der ich als Autor und Softwareentwickler lebe und arbeite.

Auswirkungen auf das Programmieren

- **Die Rolle des Entwicklers wandelt sich:** Vom reinen »Code-Schreiber« hin zum KI-Dirigenten, zum Systemarchitekten und zum präzisen Problem-Spezifizierer in einer Person. Die Fähigkeit, komplexe Probleme präzise zu beschreiben und in logische Schritte zu zerlegen, die eine KI verstehen und umsetzen kann, das gute Prompting, wird zur Kernkompetenz. Es geht weniger darum, jede Syntaxregel auswendig zu kennen, als vielmehr darum, das *Was* und *Warum* einer Software zu definieren und mit einem KI-Assistenten zusammen eine Lösung zu finden. Das reine Programmieren wird immer weniger gefordert sein. Vielmehr ist es wichtig zu verstehen, wie ein KI-Assistent angeleitet und eingesetzt werden kann, um immer komplexere Probleme automatisch für uns zu lösen. Vielleicht werden wir noch vor 2030 erleben, dass ein Startup mit einem Softwareprodukt bzw. Service bestehend aus einer einzigen Person, dem KI-Dirigenten, unglaublich erfolgreich wird: Ein *Unicorn*– also ein Startup, das eine Börsenbewertung von 1 Milliarde US-Dollar erreicht.

- **Demokratisierung der Technologieentwicklung:** KI-gestützte Werkzeuge können die Einstiegshürden in die Softwareentwicklung dramatisch senken. Menschen mit guten Ideen, aber weniger formaler Programmierausbildung, sind ab jetzt in der Lage, funktionierende Prototypen oder sogar fertige Produkte zusammen mit unterschiedlichen KI-Assistenten in Kombination zu erstellen. Dies könnte eine neue Welle von Innovationen auslösen.
- **Fokus auf höhere Abstraktionsebenen:** Wenn KI die Implementierungsdetails übernimmt, können sich alle stärker auf das Design, die Benutzererfahrung (UX), die ethischen Implikationen und die Integration komplexer Systeme konzentrieren.
- **Debugging und Verifizierung werden anders, aber nicht unwichtiger:** Statt Syntaxfehler zu jagen, wird es wichtiger, das Verhalten von KI-generiertem Code zu verstehen, dessen »Entscheidungen« nachzuvollziehen und sicherzustellen, dass er keine ungewollten Seiteneffekte oder Verzerrungen, den sogenannten Bias, enthält.

Das kritische Hinterfragen der KI-Ergebnisse ist essentiell und muss gelernt sein. Genau das könnte zu einem Problem werden – in solch einer Zeit noch die Chance zu haben, zu lernen, welche Fragen ich einem KI-Programmierservice stellen muss, damit das generierte Code-Stück sicher ist. Ich vermute ganz stark, dass auch diese Aufgabe in zwei Jahren weitestgehend von den KI-Systemen gelöst sein. Was bleibt dann noch für uns als Menschen übrig, als kreativ zu sein und tolle Ideen für Produkte, Programme und Services zu haben?

Auswirkung auf das Schulsystem und zukünftige Generationen

Wird es dann nicht in unserem Schulsystem immer wichtiger, gute Geschichten erzählen zu können, Dinge durch Erleben beschreiben zu können und weniger für eine Prüfung auswendig zu lernen? Ob sich das Schulsystem hier in Deutschland den neuen Gegebenheiten anpassen wird, und wenn es das tut, wie? Ich persönlich bin mir sicher, dass es immer wichtiger sein wird, etwas gut erklären zu können, als Dinge zu einem Stichtag auswendig gelernt zu haben.

Es ist eine spannende, aber auch herausfordernde Zukunft, die vor uns liegt. Die Fähigkeit, gut zu erklären und Probleme präzise zu beschreiben, wird weiter an Bedeutung gewinnen. Das ist einer der zentralen Punkte meiner persönlichen Beobachtung. Die KI wird ein Werkzeug sein – ein sehr mächtiges zwar –, aber der Mensch wird weiterhin derjenige sein müssen, der die Fragen stellt, die Ziele definiert und die Ergebnisse kritisch bewertet.

30.6 Und jetzt? Feiern und Teilen!

Sei stolz auf das, was du geschaffen hast! Du hast nicht nur einen Roboter gebaut, sondern eine beeindruckende Leistung vollbracht und viele neue Fähigkeiten erworben.

Mach ein paar Fotos oder ein kurzes Video von deinem fertigen Roboter in Aktion. Zeige deinen Freunden, Familie, Lehrern oder Kollegen, was du gebaut hast. Teile deine Erfolge auf Social Media unter Hashtags wie #ESP32Robot, #DIYRobot, #Maker, #Robotik4-MINT, um andere zu inspirieren! Zeige dein Projekt in deiner Schule, bei lokalen Maker-Treffen oder in Online-Communitys.

Die Welt der Robotik und Mikrocontroller ist riesig und voller Möglichkeiten. Dein ESP32-Roboter-Auto und OpenBot ist nun dein persönliches Labor auf Rädern. Hab weiterhin Spaß beim Entdecken, Lernen und Bauen!

Abbildung 30.1 Roboter-Autos für einen Projekttag in der 2. Klasse meiner Tochter im Jahr 2025

Index

G

H

I

J

K

L

M

N

O

P

R

S

T

U

V

W

Z